고린도전서 13장

사랑

Charity and Its Fruits

JONATHAN EDWARDS

고린도전서 13장 사랑

조나단 에드워즈 지음
서문강 옮김

청교도신앙사

CONTENTS

먼저 이 책의 '개정 쇄신판'을 내도록 섭리하신 성삼위께 감사와 찬송을 드리나이다.

다른 여러 추천의 말이 없어도 이 책의 주제와 내용, 그리고 저자 조나단 에드워즈의 이름만으로도 이 책의 가치를 대변하기에 충분합니다. 하나님께서는 당신의 이름과 그 복음의 영광과 능력을 위하여 저자를 당대의 '참된 부흥과 영적 대각성'의 주역으로 삼으셨고, 그 이후 교회사 속에서 그의 저작들은 우뚝 솟은 성봉처럼 당신의 신실한 백성들과 종들의 길잡이가 되게 하신 것이 분명합니다. 로이드 존스 목사님은 존 칼빈과 존 오웬을 알프스와 히말리아에 비유한다면 조나단 에드워즈야말로 에베레스트와 같다고 하였습니다. 인간 본성과 진리의 깊은 샘으로 유도하는 그의 직관, 그리고 지성적 논리의 섬세함과 견실함은 일반 철학계 사람들로 하여금 '미국이 낳은 최고의 철학자'로 그를 높이게 하였습니다. 그 모든 것은 하나님의 은혜로 말미암은 것으로, 성령님의 능력을 힘입어 성경을 아는 거룩한 지각과 개인의 경건이 어우러진 결과입니다.

이 책의 내용은 1738년 저자가 목회하던 노샘프턴 교회 회중에게 가장 먼저 강론된 것들입니다. 청교도의 전통에 속한 설교자들은 설교를 준비하여 증거한다는 것과 책을 내기 위해 글을 쓴다는 것을 별개의 일로 여기지 않았음은 주지의 사실입니다. 존 오웬이나 리차드 백스터, 리차드 십스, 존 플라벨, 존 녹스와 그 외에 유수한 청교도 전통의 설교자들은 하나님의 말씀으로써의 성경에 자신들의 전부를 걸고 거기서 받은 은혜를 강단에서 쏟아냈으며, 그 쏟아낸 것을 책으로 남기는 일을 거룩한 소명으로 여겼습니다. 저자도 이 강론을 할 때부터 책을 낼 것을 염두에 두고 있었음이 분명합니다. 그것은 그 원고가 그대로 보전되어 있었기 때문입니다. 그래서 그의 사후 94년 뒤인 1852년 그의 손자 대에 가서 처음 책으로 출판하게 되었습니다.

저자는 먼저 고린도전서 13장에서 사도를 통하여 증거된 그리스도 안에 있는 '하나님의 사랑'의 실체를 밝히고 있습니다. 그런 후에 성령께서 그리스도인의 마음에서 어떤 '사랑의 열매'를 맺게 하시는지를 보여주어 하나님의 구원의 목적에 어떻게 부합하게 하시는지를 집중적으로 역설하고 있습니다. 더 나아가 참된 구원받을 만한 믿음의 진정한 표지로써 사랑이 없으면 아무것도 아닌 이유를 주밀하게 논증하고 있습니다. 마지막 16강에서 '완전한 사랑의 세계로써 하늘의 지복 상태'를 강론하여 백미를 장식합니다. 그리고 본문에 언급된 성령의 여러가지 특이한 은사들과 '사랑의 은혜' 사이를 비교 분석하여 본문에서 말씀하시는 성령의 가르침을 분명하게 제시합니다.

역자가 이 책을 처음 우리 한국교회에 소개한 것은 1984년이었습니다. 도서출판 엠마오를 통하여 '사랑의 열매'라는 제하로 출간하였습니다. 그 후 1992년 본 청교도신앙사에서 판형을 바꾸고 새롭게 하여 '사랑과 그 열매'

로 재출간하며 여러 판을 거듭하였습니다. 그 동안 많은 이들이 책을 읽고 받은 은혜를 제게 수도 없이 증거하였습니다. 어떤 이의 친지는 암으로 세상을 떠날 준비를 하면서 이 책을 통하여 '사랑의 세계인 하늘'의 영광을 확신하게 되었고, 그 소망 중에서 부르심을 받아 세상을 떠났다고 제게 일러 주기도 하였습니다.

본인은 다시 우리 한국교회 성도님들의 참된 복음적 경건을 위해서 이 책을 더 잘 내고 싶은 거룩한 열정에 빠졌습니다. 지평서원에서 본서의 저자 조나단 에드워즈의 '신앙과 정서Religious Affections'도 처음 25년 전에 번역하여 내었다가 4년 전에 원문과 대조하여 역문譯文을 더 충실하게 다듬었습니다. 그랬더니 더 많은 이들이 그 책을 읽고 이해가 더 빠르다고 귀띔해 주었습니다. 지금도 지평서원에서 계속 그 책을 많은 독자들에게 공급하고 있으며, 백석대학 신학대학원에서는 입학시험에 응시하는 수험생들에게 필독서로 이 책을 읽고 와서 시험을 치르게 하고 있습니다.

본인은 다시 이 책의 쇄신판을 위해서 원문과 일일이 대조하여 우리 모든 성도들의 이해를 유념하고 역문을 다듬었습니다. 이 쇄신판을 내느라 이미 나온 '사랑과 그 열매'의 역문도 살펴보았습니다. 그것도 역시 원문의 의미의 중심을 전하는 데는 크게 무리가 없었습니다. 그러나 독자들이 원저자의 의도를 편하게 접하도록 하기 위해서 다듬거나 수정할 부분들을 찾아내는 데 심혈을 기울였습니다. 그 결과 이 쇄신판이 나왔습니다. 책의 표제도 '고린도전서 13장 사랑'으로 바꾸었습니다. 원저의 제목은 'Charity and Its Fruits'(사랑과 그 열매)이나 우리 한국교회 독자들에게 '고린도전서 13장 사랑'이 더 친근감을 가질 것 같다는 생각으로 그렇게 정하였습니다. 아직도 '100% 완전한 역문'이라고 하기에는 미흡한 점이 있을 것입니다. 사실 어떤 역문도 '100% 역문'이라는 별을 붙여주지 못하는 법입니다. 번역이란 것이 문화권의 차이 때문에 아주 미세하고 섬세한 부분까지 완전하지는 못하기 마련입니다. 예를 들어서 김소월의 '진달래꽃'이라는 시의 '죽어도 아니 눈물 흘리오리다' '사뿐히 즈려 밟고 가시옵소서'라는 표현이 주는 한국어 특유의 뉘앙스를 어떤 언어로 100% 제대로 옮기겠습니까? 그와 같이 역문譯文의 한계가 있으나 그러면서도 저자의 본질적인 의도를 손상하지 않을 정도의 한국어 표현을 찾으려고 애를 썼습니다. 그러함에도 여전히 부족한 점이 많으리라 여겨지고 그런 것이 발견되는 경우에는 즉시 수정하여 더 나은 책으로 승화시키려 합니다.

역자는 이번에 이 책을 내는 과정 중에서 저자의 강조대로 성령께서 그리스도 안에서 하나님 아버지의 의도를 따라 참 성도들의 심령 속에서 역사하는 그 아름다우시고 거룩하신 감화를 맛보았습니다. 하나님의 복음이 사람의 영혼 속에서 죄와 사망의 법을 이기고 어떻게 의와 거룩의 능력으로 작용하여 그리스도의 형상에 이르게 하는시 정말 놀랍고 놀랍습니다. 이 책은 바로 그 일에 있어서 웅변적인 증거입니다.

이 책을 위해서 수고한 모든 하나님의 사람들에게 감사합니다.

주여, 당신의 진정한 복음의 영광과 말씀이 담긴 살아있는 책들이 더 많이 나오게 하시어 이 시대 당신의 은혜로 택하신 남은 백성들을 먹이시옵소서. 아멘.

주후 2012년 2월 하순 새봄의 전령의 소리가 더 분명해지는 때에

녹번동 중심교회 목양실에서

내가 사람의 방언과 천사의 말을 할지라도

사랑이 없으면

소리 나는 구리와 울리는 꽹과리가 되고

내가 예언하는 능력이 있어 모든 비밀과 모든 지식을 알고

또 산을 옮길 만한 모든 믿음이 있을지라도

사랑이 없으면

내가 아무것도 아니요

내가 내게 있는 모든 것으로 구제하고

또 내 몸을 불사르게 내어 줄지라도

사랑이 없으면

내게 아무 유익이 없느니라.

고린도전서 13장 1-3절

CHAPTER 1

모든 덕행의 총합으로써의 사랑

Charity, Or Love, The Sum Of All Virtue

이 본문 말씀 속에서 우리는 대번에 그리스도인들에게 특별하게 중요하고 고유한 진수眞髓가 되는 것이 진술되고 있음을 주목합니다. 사도는 그것을 '사랑'이라고 불렀습니다. 신약성경에서 그리스도와 그의 사도들이 나른 어떤 덕행보다도 더 풍성하고 줄기차게 강조하는 것이 바로 이 '사랑'입니다.

그런데 신약성경에서 사용된 '사랑'이라는 단어는 사람들의 일반적인 대화에서 사용될 때 보다 훨씬 크게 확장된 의미가 있습니다. 일상적인 대화에서 사람들이 '사랑'이라는 말을 사용할 때에는 흔히 다른 이들의 최고의 유익을 희망하고 생각하는 마음의 정의情誼, dispostion를 뜻합니다. 그리고 다른 이들의 말이나 행동에 호감을 표현하는 경우에도 그 단어를 사용하곤 합니다. 또 어떤 경우에는 불쌍한 사람을 동정하여 무엇인가를 베풀 때도 그 '사랑'이라는 말을 사용합니다. 하지만 그 모든 것들은 신약에서 우리 주님과 사도들이 그처럼 강하게 강조했던 '사랑'의 큰 덕행에서 나온 어떤 가지나 열매들에 불과합니다.

'사랑'이라는 단어는 본래 '서로 간에 친밀감을 가지는 정의情誼나 정서情

緖, affection'를 의미합니다. 여기서 '사랑'이라고 번역된 헬라 원어 '아가페'를 영어의 charity(자애)로 번역하기 보다는 love(사랑)로 번역하였으면 더 나을 뻔하였습니다(KJV의 역본에 charity로 되어 있음-역자 주). 그 단어가 원문을 영어로 번역하기에 더 합당해 보이기 때문입니다. 그러니 신약성경의 영역본에 charity라는 단어가 나오면 '기독교적 사랑'으로 이해하는 것이 좋습니다. 물론 그 charity라는 단어가 사람들을 사랑할 때에 더 자주 쓰고 있기는 합니다. 그러나 때로 그 단어는 사람들 뿐 아니라 하나님을 사랑하는 경우에도 사용 됩니다. 고린도전서 8장 1절에서 사도가 "지식은 교만하게 하며 사랑은 덕을 세운다"고 했을 때도 바로 그 단어를 사용하였습니다. 사도는 바로 그 본문에서 지식과 사랑을 비교하면서 사랑에 더 점수를 주고 있습니다. 왜냐하면 지식이 사람으로 거만하게 하고 사랑은 덕을 세우기 때문입니다. 사도는 그 다음에 계속되는 두 구절의 말씀에서 어떻게 지식이 교만을 가져오며 사랑이 덕을 세우게 되는지 그 사리를 부연하여 설명합니다. 그러므로 8:1의 '사랑'이란 말로 표현된 것이 8:3에서는 "하나님을 사랑하는 것"을 의미합니다. 왜냐하면 그 두 구절 속에서 그 점이 명백하게 밝혀지고 있기 때문입니다.

사도는 고린도전서 13장에서도 의심할 여지없이 그 '사랑'을 8장에서와 같은 의미로 사용하고 있습니다. 13장에서도 8장에서와 같이 '지식'과 '사랑'을 비교하고 있기 때문입니다.

"내가 모든 지식을 알고…할지라도 사랑이 없으면 내가 아무것도 아니요"

그런 다음에 뒤에 가서 "사랑은 언제까지든지 떨어지지 아니하나…지식도 폐하리라."라고 부연하고 있습니다. 그러므로 우리는 여기서 말하는 '사랑'을 의심할 나위 없이 '기독교적인 사랑'으로 이해해야 합니다. 그것이 하나님을 사랑하는 것이든 사람들 사이의 사랑이든지 문제가 되지 않습니다.

그리고 여기서는 매우 독특한 방식으로 '사랑'이란 위대하고 본질적인 것이라고 말하고 있습니다. 우리들이 관찰하여 나아감에 따라서 그 점이 분명하게 밝혀질 것입니다.

다음으로 사랑이 없으면 어떤 것들이 아무것도 아니게 되는지를 본문이 언급하고 있습니다. 곧 자연인自然人에게 속한 탁월한 것들, 가장 훌륭한 특권과 가장 뛰어난 업적 등이 열거되어 있습니다. 우선 여러 방언으로 설교하는 것, 예언의 은사, 모든 비밀을 아는 지식, 산을 옮길 만한 믿음 등이 열거됩니다. 그 다음으로 모든 가산家産을 불쌍한 사람들을 돕기 위하여 선뜻 내어주거나, 몸을 불사르게 내어 주는 것과 같은 것들이 언급됩니다. 그런 일들은 자연인이 도저히 엄두를 내지 못할 더 큰 일들입니다. 그런 일들을 하는 이들의 성향이 아주 독특합니다. 그러나 사도는 선언하기를, 우리가 그 모든 것들을 해낸다 하여도 사랑이 없으면 아무것도 아니라고 합니다.

그러니 여기서 우리가 배울 교리는 이것입니다.

'기독교적 사랑에는 참된 그리스도인들과 불신자들 사이를 구별하는 구원에 속한 모든 덕행이 함축되어 있다.'

이 점이 본문 말씀 속에서 나타나고 있습니다. 그것은 자연인이 가질 수 있는 가장 높은 수준의 것들도 사랑이 없으면 아무 소용이 없기 때문입니다. 언급된 것들은 거듭나지 않는 자연인들이 가질 수 있는 특권이나 업적 중에서 최고의 것들입니다. 그럼에도 사랑이 없으면 그와 같은 것들이 아무런 유익이 없다고 말하고 있습니다. 그에 반하여 그런 것들 중에 어느 것이라도 구원에 속했다면 사랑이 없이도 무언가 쓸모가 있겠지요.

그와 같이 수준 높은 것들을 많이 언급하고 나서 사도는 '그 모든 것들이 사랑이 없으면 아무런 유익이 없다' 고 종합하여 말합니다. 사도의 말을 통하여 우리는 다음과 같이 정당한 결론을 내릴 수 있습니다. 사랑이 없으면 어느 것도 소용이 없다고 말입니다. 누가 무엇을 하려고 마음을 먹고 시행한다 해도 사랑으로 하지 않으면 아무것도 아닙니다. 그로 보건대 사랑이 위대한 것이며, 어떤 방식으로든지 그 속에 사랑을 함축하고 있지 않으면 모든 것이 아무것도 아님을 분명하게 시사하고 있습니다. 이 사랑이 참 신앙의 생명과 혼魂입니다. 사랑이 없이는 덕행의 이름을 걸치고 있는 모든 것들은 텅 비고 헛된 것들입니다.

1. 저는 이제 참된 그리스도인에게 있어서 사랑의 본질에 대하여 말하려고 합니다.

모든 참된 그리스도인의 사랑은 그 원리가 하나입니다.

사랑의 형식이나 대상은 다양할 수 있습니다. 또한 그 사랑이 하나님을 향한 것일 수도 있고 사람을 향한 것일 수도 있습니다. 그러나 그 사랑의 대상이 어떠하든 참된 그리스도인의 사랑의 실천은 마음에 있는 한 원리에 기초한 것입니다.

그리스도인의 마음에 있는 거룩한 사랑과 믿지 않는 이들의 사랑은 원리가 다릅니다. 불신자들이 여러 다른 대상들에 대한 사랑을 보일 때 다양한 동기와 원리들에서 나온 것일 수 있습니다. 경우마다 다른 관점들을 가지고 사랑을 보일 수도 있습니다. 그러나 참된 그리스도인의 사랑은 그 점에서 차이가 납니다. 그리스도인의 사랑이 어떤 대상을 향하든지 사랑을 뿜어내는 원리는 하나입니다. 사랑이 흘러가는 경로와 방향이 다양하다 해도 마음에 있는 하나의 샘 근원에서 우러나옵니다. 그래서 그리스도인들의 사랑의 그 모든 행사들을 본문에서 '사랑'이라는 한 단어 속에 함축시키는 것은 합당합니다. 대상이 어떠하든 그리스도인의 사랑은 한 원리에서 나오는 이치를 이제 알아봅시다.

첫째, 그리스도인의 사랑은 다 마음을 감동하시는 '한 성령님'으로부터 나옵니다. 참된 그리스도인의 사랑은 하나님을 향한 것이든 사람을 향한 것이든 같은 성령의 감동으로 나오는 것입니다. 하나님의 성령님은 사랑의 영이십니다. 성령께서 영혼에 들어오실 때 사랑도 함께 들어옵니다. 성령님으로 말미암아 하나님을 내면에 모시고 있는 이의 마음에는 사랑도 거하고 있습니다. 성령님의 성품이 사랑입니다. 성도들의 마음이 하나님의 사랑으로 가득참은 성령님께서 자신의 성품대로 자신을 그들에게 전달하시기 때문입니다. 그래서 우리는 성경에서 성도들이 하나님의 성품에 참여한 자들임을 확인하게 되며, 그리스도인의 사랑을 '성령의 사랑'(롬 15:30), 혹은 '성령 안에서 너희의 사랑'(골 1:8)이라 부르는 것입니다. 그리고 사랑과 긍휼의 심정을 '성령의 교제'(빌 2:1)와 같은 것으로 간주하고 있음을 발견합니다. 하나님을 향한 사랑을 고취시키는 분도 성령님이십니다(롬 5:5). 우리 영혼이 하나님과 사람을 사랑하는데 계속 거하는 것도 다 바로 이 성령님의 내주內住하심으로 말미암습니다(요일 3:23,24 ; 4:12,13).

둘째로, 하나님을 사랑하든지 사람을 사랑하든지 그리스도인의 참 사랑은 '같은 성령의 역사로 말미암아' 시행됩니다. 하나님을 사랑하도록 하시는 성령님의 역사와 사람을 사랑하게 하시는 역사는 분리되지 않습니다. 성령께서는 하나님에 대한 사랑을 고취시킬 때 아울러 사람에 대한 사랑도 고취시키시며, 회심하게 하는 역사 가운데서도 신적神的인 성품을 부여하시어 마음을 새롭게 하십니다. 하나님을 사랑하는 것이나 사람을 사랑하는 것이나 그 사랑은 하나의 신적인 성품이 마음속에서 시행되는 것입니다.

셋째로, 참된 그리스도인의 사랑으로 하나님과 사람을 사랑하게 될 때도 그 '동기는 여전히 동일' 합니다. 하나님은 탁월하심 때문에 마땅히 사랑을 받으셔야하며, 그의 성품의 아름다움과 거룩함 때문에 사랑을 받기에 합당하십니다. 성도들이 사랑을 받는 것도 역시 같은 동기에서 비롯됩니다. 곧 성도들이 가진 바, 하나님께 대한 거룩한 경외심 때문에 참다운 사랑을 받습니다. 하나님을 사랑하는 것이 사람을 사랑하는 은혜의 원천입니다. 사람들이 사랑을 받는 것은, 그들이 가진 하나님의 영적인 형상과 하나님께 대한 관계, 곧 하나님의 피조물이요 자녀이기 때문입니다. 그 사람이 하나님의 복을 받았거나 하나님의 긍휼을 넘치게 받았거나 어떤 방식으로든지 하나님과의 관계 때문에 사랑을 받습니다. 여기서 주목해야 할 한 가지 요점이 있습니다. 그리스도인의 사랑이 그 원리에서는 하나이지만, 그 대상과 시행의 종류에 있어서는 구별이 되고 다양하게 거론된다는 사실입니다. 예를 들어 사랑의 '분량degrees'과 같은 것들입니다.

사랑 안에 참된 그리스도인의 표지를 보여주는 모든 덕행이 들어 있다는 교리의 진정성을 보여주기 위하여 다음과 같은 방식으로 이치를 살펴보고자 합니다.

2. '사랑의 본질을 가르치는 이치로부터' 논증해 보려 합니다.
사랑의 본질을 신중하게 숙고하면 두 가지 요점이 드러납니다.

첫째, 사랑은 하나님과 사람을 향한 모든 온당한 행동을 유발한다는 점입니다.

둘째, 사랑이 없으면 겉으로 보기에 아무리 큰 업적이나 고상한 덕행도 건전한 것이 아니며 위선에 불과하다는 점입니다.

먼저 첫 번째 요점, 사랑이 하나님과 사람을 향한 모든 온당한 행동을 유발하는 이치를 살펴봅시다.

이 점은 아주 분명합니다. 하나님과 사람을 진정으로 존중하는 것이 사랑을 대신하기 때문입니다. 사람이 하나님을 진실로 사랑하면, 하나님을 온 힘을 다해 공경하려는 마음을 먹게 됩니다. 사랑이 있으면 서로 간에 온당한 존중심을 보이도록 자극할 다른 어떤 것이 필요하지 않습니다.

하나님을 사랑하면 하나님을 공경할 마음을 먹게 되고, 하나님을 예배하며 송축하고 싶어지고, 마음을 다하여 하나님의 위대하심과 그 영광과 권세를 인정하게 됩니다. 그와 같이 하나님을 사랑하는 것이 하나님께 대한 모든 순종의 행동을 유발합니다. 자기 상전을 사랑하는 종이나 왕의 통치를 사랑하는 왕의 신하는 바른 복종과 순종할 마음을 먹게 될 것이니 말입니다. 사랑은 그리스도인으로 하여금 하나님을 향하여 자녀가 아버지에게 하듯 행하게 할 마음을 먹게 합니다. 자녀는 어려움을 당하면 도움을 얻기 위하여 아버지를 찾고 온전히 아버지를 의뢰합니다. 우리가 궁핍하거나 환란을 만나게 되었을 때에 동정심과 도움을 얻기 위하여 사랑하는 이를 찾는 것은 아주 자연스런 일입니다. 사랑하면 그 사람의 말을 신뢰하고 확고하게 그를 믿어줍니다. 우리가 사랑하는 친구에 대하여 철저한 우정을 가지면 그 진심을 의심하는 데로 기울어지지 않기 때문입니다. 우리가 하나님을 사랑하면 하나님께서 주신 긍휼에 감사하여 찬미하는 마음을 갖게 될 것입니다. 마치 어떤 동료가 우리에게 친절하게 대하면 그 은혜에 보답하고자 하는 마음이 우리 속에 일어나는 것과 같습니다. 하나님을 사랑하면 그 뜻에 복종하고픈 마음이 일어납니다. 왜냐하면 우리는 사랑하는 사람의 뜻을 사랑하지 않는 사람의 뜻보다 더 위하기 때문입니다. 사랑하는 사람이 우리 마음에 들게 되는 것은 매우 자연스러운 것이고, 우리가 사랑하는 이의 뜻을 따르고 싶은 것도 매우 자연스러운 일입니다.

하나님을 참으로 사랑하고 생각하는 사람이라면 하나님이 자기를 다스릴 권리를 기꺼이 인정할 것입니다. 그리고 하나님은 내가 따르기에 합당한 분임을 인정하는 마음이 일어나게 될 것입니다. 또 하나님을 사랑하면 하나님께 겸손히 행하고픈 마음이 일어날 것입니다. 하나님을 사랑하면 하나님과 자신 사이에는 얼마나 광대한 차이가 있는지를 인정하려는 성향을 갖게 됩니다. 하나님을 사랑하는 사람에게는 하나님을 가장 높이고 자신을 그 앞에서 낮추는 것이 지당한 일로 보일 것입니다. 참된 그리스도인은 하나님께서 낮아지신 자리에서 높은 자리로 오르시는 것을 기뻐합니다. 그가 하나님을 사랑하기 때문입니다. 그 사람에게 하나님은 합당한 분이며 기쁨의 근원이시며, 지존하신 분 앞에 자신이 지극히 작은 먼지인 것을 기쁘게 여깁니다.

또한 사랑은 사람들이 일을 할 때 바른 의무를 행하고 싶은 마음을 갖게 하는 성질이 있습니다. 만일 자기의 이웃을 진지하게 사랑한다면, 그는 그 이웃에게 의로운 행위를 보이길 원할 것입니다. 참된 사랑과 우정은 사랑하는 사람에게 유익을 주고 악한 것을 주고 싶지 않은 마음을 갖게 하기 때문입니다.

"사랑은 이웃에게 악을 행하지 아니하나니."(롬 13:10)

사랑은 상대에게 진리를 전하며, 상대에게 오는 기만적이고 악한 것은 막아 주고 싶은 마음을 갖게 합니다. 사람들은 자기가 사랑하는 사람들에게는 협잡과 반역을 하지 않으려는 성향이 있습니다. 그래서 서로 적대하는 마음을 가지고 있다가도 사랑을 하게 되면 그 마음을 버리게 됩니다. 그래서 사도는 그리스도인들 사이에 있어야 하는 '하나됨'을 강조합니다. 사도는 사람과 사람 사이에서 진실하도록 그리스도인들을 유도하는 논증으로 그 점을 강조합니다(엡 4:25). 사랑은 사람들 사이에서 겸손히 행하려는 마음을 줍니다. 왜냐하면 진정 참된 사랑은 우리로 하여금 다른 사람들을 높이고, 우리의 생각보다 그들의 생각을 더 높게 보려는 마음을 갖게 할 것이기 때문입니다. 참된 사랑은 우리로 하여금 존경심을 갖게 할 것입니다. 왜냐하면 모든 사람들은 자기가 사랑하는 사람들을 귀히 여기려는 마음을 갖기 때문입니다. 그런 일은 자연스러운 일입니다. 그러므로 '그렇게 하라'는 교훈을 이행하는 것은 사랑으로 가능해집니다. 베드로전서 2:17에는 "뭇 사람을 공경하라"고 하였고, 빌립보서 2:3에서는 "아무 일에든지 다툼이나 허영으로 하지 말고 오직 겸손한 마음으로 각각 자기보다 남을 낫게 여기라"고 권면합니다. 사랑은 하나님께서 우리에게 주신 위치에서 만족하게 일을 수행하도록 할 것입니다. 사랑은 이웃의 소유를 탐내는 마음이나 어떤 좋은 것을 보고 부러워하는 마음을 갖지 않고 자족하는 마음을 갖게 할 것이기 때문입니다. 사랑은 자기와 이웃에 대하여 마땅히 할 일을 온유하고 신사답게 행하게 합니다. 이웃에 대한 사랑은 불평하는 마음으로나 거칠게 이웃을 대하지 않고 조용하고 친절한 마음을 갖게 합니다. 사랑은 찢겨진 상처를 싸매어 주고 상한 마음이 있는지 살펴보게 할 것입니다. 왜냐하면 사랑은 분리하지 않기 때문입니다. 사랑하는 사람의 마음에는 신사답고 아름다운 마음씨가 들어 있고 영혼을 사랑하는 마음이 있기 때문입니다. 사랑은 불평과 다툼을 막아줍니다. 사랑은 사람으로 하여금 화평하는 마음을 갖게 합니다. 다른 사람들에게서 받는 해害를 용서하고자 하는 마음을 갖게 할 것입니다. 잠언 10:12에서 말한 바와 같습니다.

"미움은 다툼을 일으켜도 사랑은 모든 허물을 가리느니라."

사랑은 사람들로 하여금 어떠한 고난이나 재난 중에도 그 이웃에게 긍휼한 행동을 하게 합니다. 왜냐하면 사랑하는 사람들을 불쌍히 여기는 마음은 저절로 일어나는 마음이기 때문입니다. 불쌍히 여기는 사람들을 향하여는 무엇인가를 주고 싶은 마음, 서로의 짐을 나누고 싶은 마음을 갖게 됩니다. 그리고 우는 자들로 함께 울고 웃는 자들로 함께 기뻐하는 심정을 갖게 합니다. 사랑하는 사람들끼리는 어떠한 처지에 있다 하여도 서로 감당하여야 할 의무들을 행하고 싶은 마음을 갖게 할 것입니다.

다스리는 자들이 사랑하는 마음을 갖게 된다면, 백성들을 위해 감당할 합당한 의무를 기꺼이 감당하고자 하며, 백성들은 그들의 통치를 존귀하게 여길 것입니다. 사랑은 통치자들로 하여금 의롭고 신실하고 진지하게 백성들의 유익을 도모하는 편으로 모든 권세를 사용하게 하고 개인적인 유익을 생각지 않게 할 것입니다.

목회자들이 사랑을 갖게 되면 맡은 일에 합당한 행사를 하기 위해 애쓰고자 할 것입니다. 사랑은 또한 일반 회중들로 하여금 목회자들에게 복종하고 싶은 마음을 줄 것입니다. 회중들이 사랑을 갖게 되면, 목회자들의 생활비를 제공하고 그들의 교훈과 계획을 기꺼이 따르고 싶은 마음을 갖게 하여 목회자들을 돕고 싶어 할 것입니다. 그들 목회자들을 위하여 기도할 것입니다. 또 목회자를 자기들의 영혼을 지키는 감독자로 알고, 그에 준하여 목회자에게 자기들이 마땅하게 행할 의무를 행하려는 마음을 가질 것입니다. 사랑은 목회자로 하여금 자기에게 맡겨진 사람들의 영혼의 유익을 끊임없이 추구하는 신실한 마음을 갖게 하여 그들을 늘 지켜 보호하고 부지런히 감독의 책임을 감당하게 할 것입니다.

사랑은 우월한 사람과 열등한 사람 사이에 적당한 관계를 맺게 유도합니다. 사랑은 자녀들로 하여금 자기 부모들을 공경하고픈 마음을 갖게 하고, 종들로는 상전에게 복종하고자 하는 마음을 갖게 할 것입니다. 눈가림만 하지 않고 마음의 진실함으로 자기에게 맡겨진 일을 하게 될 것입니다.

이와 같이, 사랑은 그것이 하나님을 향하든지 사람을 향하든지 간에 모든 합당한 의무들을 이행하고 싶은 마음을 줍니다. 사랑이 그러한 모든 의무를 최선으로 감당하게 인도한다면, 필연적으로 사랑은 모든 덕행의 뿌리요 샘 근원입니다. 아울러 모든 덕행을 함축한다는 결론에 이르게 됩니다. 그래서 사랑이 마음에 심겨지기만 하면 마음은 선한 일들을 내기에 충분한 원소元素를 가지는 셈입니다. 하나님을 향하거나 사람을 향하거나 모든 바른 마음가짐은 다 사랑 안에 응축되어 있습니다. 모든 것은 사랑에서 형성되며, 그 외의 다른 것들은 다 '사랑의 나무'에서 열리는 열매들이요, '사랑의 샘' 근원에서 흐르는 물줄기와 같습니다.

이제 사랑의 본질을 가르치는 두 번째 이치로 나아가 봅니다.

이치적으로 생각하여 사랑이 없으면 겉으로 보기에 아무리 큰 업적이나 고상한 덕행도 건전하지 않으며 위선에 불과하다는 것입니다. 사람들이 행하는 일에 사랑이 없으면, 그 속에는 하나님을 향한 참된 존경심이나 사람을 향한 참된 마음이 하나도 없는 셈입니다. 그런 곳에는 진지함이란 없는 법입니다. 하나님을 합당하게 경외하는 마음이 없는 신앙은 아무것도 아닙니다. 인간의 종교의 개념 자체가 하나님을 향한 피조물의 헌신과 경외심의 표현이라고 하지만, 하나님을 향한 존경심이나 사랑이 없으면 신앙은 보이기 위한 겉치레에 불과합니다. 그 가운데에서 진정한 신앙이란 있을 수 없고 실질적이지 못한 허상에 불과한 것입니다. 하나님을 향한 진정한 존경심이 없으면, 하나님을 믿는다는 것은 분명 헛된 것입니다.

분명한 사실은 사랑은 언제나 참되고 살아 있는 믿음을 내포한다는 것입니다. 사랑이 없는 믿음은 영혼 없는 몸이 죽은 것과 같습니다. 사랑은 믿음의 생명이요 영혼입니다. 사랑은 살아 있는 믿음과 죽은 모든 믿음을 구별하는 시금석입니다. 이 점에 대하여는 이후에 더 특별하게 다루려 합니다. 하나님을 사랑하는 마음이 없이 하나님을 참되고 존귀하게 여기는 마음은 없습니다. 사람은 상대를 진정으로 존중히 여기지 않으면서도 존중하는 것처럼 보이게 할 수 있습니다. 사랑이 없는 존경과 예배는 외식에 불과할 뿐이며 진지함이 없습니다. 왜냐하면 사랑이 없이는 자발적이고 자원하는 행동을 할 수 없고, 그리되면 모든 일은 억지가 되기 때문입니다. 그러므로 사랑이 없으면 하나님의 뜻에 순종할 수 없게 되고 그에 대한 신뢰와 확신이 사라지게 됩니다. 하나님을 사랑하지 않는 사람은 하나님을 신뢰하지 않으며, 참으로 묵묵히 하나님의 손에 모든 것을 일임하지 않습니다. 더구나 하나님의 자비로운 팔에 의지하지 않습니다.

사람들이 이웃을 향하여 아무리 선한 일을 행하였다 할지라도 마음으로 진정으로 존중하는 마음이 없으면 모든 선한 행실은 허사가 되는 것과 같이, 외적인 행실이 내적인 사랑의 지원을 받지 않으면 아무것도 아닙니다. 그 두 가지가 함께 갑니다. 사랑은 모든 덕 있는 행실을 도출하고, 하나님을 향해서나 이웃을 향하여 모든 바른 의무들을 감당하고자 하는 마음을 갖게 하니 말입니다. 사랑 없이 진지한 덕행이 있을 수 없으며, 모든 의무들이 온전하게 수행될 수 없습니다. 이처럼 두 가지 측면은 함께 갑니다. 우리들은 이런 사실들을 종합하여 결론을 내릴 수 있습니다. 그리스도인다운 덕행과 은혜스러운 행실은 모두 다 사랑 안에 농축되어 있다는 것입니다.

3. 성경은 하나님의 율법 안에 함축되어 있는 모든 것의 총합이 사랑임을 가르칩니다. 또한 하나님의 말씀 속에서 요구되는 모든 덕행의 총합도 사랑입니다. 성경은 일반적으로 말해서 율법으로 이 점을 가르치고 있습니다. 구체적으로 말해서 율법의 두 돌 판을 통하여 그 점을 가르칩니다.

첫째로, 성경은 하나님의 '율법'과 '말씀'에 대하여 말하기를 모든 것은 다 사랑이라는 덕행 속에 요약될 수 있다고 말합니다. 성경에서 율법은 자주 '기록된 하나님의 모든 말씀'이라는 의미로 쓰여집니다. 요한복음 10:34의 경우를 들 수 있습니다.

"예수께서 가라사대 너희 율법에 기록된 바 내가 너희를 신이라 하였노라."

어떤 경우에는 모세 오경을 '율법'이라고 말하는 경우도 있고, 사도행전 24:14에서는 '율법'과 '선지자들'을 구별하여 말하고 있습니다. 또 인간의 모든 의무를 요약한 '십계명'을 율법이라고 부르기도 합니다. 우리가 율법을 십계명으로 간주하든, 아니면 하나님의 모든 기록된 말씀으로 생각하든 성경 속의 모든 말씀의 요약이 '사랑'이라고 말합니다.

율법이 십계명을 의미하는 경우에는 이렇게 말하고 있습니다.

"남을 사랑하는 자는 율법을 다 이루었느니라."(롬 13:8)

그런 다음에 10절에서 여러 계명들이 열거되고 있습니다. "사랑은 율법의 완성이니라."(사랑은 우리로 하여금 그 모든 계명들에 순종하도록 인도합니다). 사랑이 율법의 완성이 아니라면, 사랑 안에서 모든 율법을 온전하게 이루었다 할 수 없습니다. 한 율법이라도 그것이 내포하고 있는 의미를 전부 순종할 때에만 그 율법을 이루는 것이 되기 때문입니다. 디모데전서 1:5에서 "교훈의 목적은 청결한 마음과 선한 양심과 거짓이 없는 믿음에서 나오는 사랑이거늘"이라고 말하고 있습니다. 만일 우리가 율법을 하나님의 기록된 모든 말씀 전체로 생각하여도 성경은 그 안에서 요구되는 모든 것이 사랑 안에 요약되어 있다고 말합니다. 마태복음 22:37-40에서 그리스도께서는 "네 마음을 다하여 하나님을 사랑하고 네 이웃을 네 자신 같이 사랑하는 것이 모든 율법과 선지자의 강령이라"고 선언하십니다. 곧 하나님의 모든 기록된 말씀 전체의 강령이 사랑이라는 것입니다. 왜냐하면 '율법과 선지자'란 말은 그 당시 하나님의 모든 기록된 말씀을 가리키는 말이었기 때문입니다.

둘째로, 율법의 두 돌판에서도 같은 것을 가르치고 있습니다. 그리스도께서는 "네 마음을 다하여 주 너의 하나님을 사랑하라 하신 것이 첫째 되고 큰 계명이라"고 선언하셨는데, 첫째 돌판을 요약하여 그리 말씀하신 것입니다. 다음 구절에서 "네 이웃을 네 자신 같이 사랑하라"고 하셨는데, 그 말씀은 율법의 둘째 돌판을 요약하신 것입니다. 로마서 13:9에서 그렇게 하고 있습니다. 거기에는 둘째 돌판의 교훈들이 특별히 상세하게 소개되고 있습니다. 그리고서 "그 외에 다른 계명이 있을지라도 네 이웃을 네 자신과 같이 사랑하라 하신 그 말씀 가운데 다 들었느니라"라고 말씀하십니다.갈라디아서 5장 14절에서도 "온 율법은 네 이웃 사랑하기를 네 자신 같이 하라 하신 한 말씀에서 이루어졌나니"라고 기록합니다.

이와 같이 사랑은 하나님께서 우리에게 요구하는 모든 덕행을 함축하고 있는 것이 명백합니다. 그러므로 사랑이 진수가 된다는 점은 의심할 여지가 없습니다. 참된 기독교의 진수는 사랑이며, 사랑이 기독교의 특징입니다. 사랑이 모든 의무의 요약임과 동시에 모든 덕행의 요약입니다.

4. 성경이 말하는 대로, 그리스도인에게 요구하는 모든 덕행이 다 사랑 안에 응축되어 있다는 교리의 진정성은 "사랑으로써 역사하는 믿음"(갈 5:6)에 대한 사도의 가르침을 통하여도 분명해집니다.

참된 그리스도인의 신앙은 선한 것을 내고, 선한 일들은 사랑으로 말미암습니다. 이로 인하여 우리들이 다루는 문제와 관련된 두 요점이 분명해집니다.

첫째로 참된 사랑은 살아 있는 믿음의 요소이며, 참된 믿음의 본질입니다.

둘째로 그리스도인의 모든 마음의 모든 실천과 삶의 언어는 다 사랑으로부터 난다는 사실입니다.

첫 번째 요점을 알아봅시다.

참된 사랑은 참되고 살아있는 믿음의 한 구성 요소인데, 그 요소야말로 참된 믿음에서 가장 진수가 되고 가장 특별한 것이라는 사실입니다. 단순하게 사변적思辨的, speculative 믿음 안에는 사랑의 성분이 진혀 들어 있지 않습니다. 그러나 실천적 믿음에 있어서 사랑은 생명과 혼입니다. 진정 실천적인 믿음, 혹은 구원받을 만한 믿음은 빛과 함께 열도 가지고 있습니다. 영적인 열기와 신적인 사랑이 함께 내포되어 있습니다. 그것이 결핍되어 있는 믿음은 헛것이고 참된 믿음의 반열에서 벗어난 것입니다. 사변적 믿음은 빛은 있으나 뜨거움은 없습니다. 머리로는 찬동하나 마음으로는 찬동하지 않습니다. 구원하는 믿음은 마음까지 찬동하는 믿음입니다. 사변적인 믿음은 귀신들의 믿음과 다름이 없습니다. 그들도 떨며 하나님의 살아계심을 인정합니다. 그러나 사랑이 있는 믿음과는 구별됩니다. 마음으로 그리스도를 승인하는 믿음은 그리스도에 대한 사랑을 가지고 있습니다. 왜냐하면 진정한 마음으로 그리스도를 통한 구원 방식을 찬동하는 것과 그 구원 방식을 사랑하는 것을 분리할 수 없기 때문입니다. 구원의 방식을 좋아하면서 그 안에 안주安住하기를 원하지 않을 수 없습니다.

구원하는 참된 믿음에는 선택이나 결심하는 행동이 있습니다. 선택과 행동을 통하여 그리스도를 영혼의 구주로 선택하며, 그리스도를 자기의 기업으로 삼기로 작정합니다. 앞에서 언급한 바와 같이 영혼이 하나님과 그리스도를 그처럼 선택하는 행동은 사랑의 행위입니다. 영혼이 그리스도를 영혼의 기업으로 받아들이는 사랑의 포옹 행위입니다. 믿음은 하나님께서 사람에게 요구하시는 의무입니다. 하나님께서는 우리에게 믿음을 가지라 명령하십니다. 불신앙은 하나님께서 엄금하신 일이며, 믿음은 율법의 첫째 돌판이 요구하는 의무입니다. 그 중에서도 첫 계명이 요구하는 바입니다. 그러므로 "네 마음을 다하여 주 너의 하나님을 사랑하라"는 큰 계명 속에 믿음이 내포되어 있음이 분명합니다.

분명한 것은 참된 믿음의 본질적인 진수는 사랑이라는 것입니다. 사랑은 참된 믿음의 생명 자체이며 영혼입니다. 사도가 "믿음은 사랑으로 역사한다"는 선언을 하고 있는 사실과, 야고보가 그의 서신 2장에서 "영혼 없는 몸이 죽은 것 같이 행함이 없는 믿음은 죽은 것이니라"고 말한 것을 종합하여 볼 때에 그 점은 명명백백합니다. 어떤 것이든지 역사하고 활동하고 행동하는 능동적인 성질이 생명이 되는 것입니다. 우리가 무언가 살아 있다고 말할 때 그 안에서 활동적인 성질을 발견함을 의미합니다. 사람 속에 능동적으로 역사하는 본질은 안에 있는 영혼입니다. 그래서 영혼이 없는 몸은 죽은 것이며, 행함이 없는 믿음은 죽은 것입니다.

우리가 참된 믿음 안에 역사하는 생동적인 것이 무엇인가를 알려 한다면, 갈라디아서 5:6의 "사랑으로써 역사하는 믿음"이라는 말씀을 통해 참된 믿음의 본질은 사랑임을 또 한 번 정의할 수 있습니다. 사랑이 없는 믿음은 죽은 것입니다. 사도는 그 점을 다른 형식으로 사랑이 없는 믿음이 아무것도 아니라고 말합니다. 심지어 그 믿음이 '산을 옮길 정도의 분량에' 이르렀다 해도 사랑이 없으면 소용이 없다는 것입니다. 사도는 고린도전서 13:7에서 "사랑은 모든 것을 참으며 모든 것을 바라며 모든 것을 믿으며 모든 것을 견디느니라"고 말하고 있는데, 그 때 그는 아마 하나님의 진리와 은혜를 믿고 바라는 위대한 덕행을 언급하고 있었을 것입니다. 그리고 이 고린도전서 13장의 다른 부분에서 그 덕행들에 사랑을 비교하고 있습니다. 그러면서 마지막 구절에서는 "믿음, 소망, 사랑은 항상 있을 것이라"고 하였습니다. 7절에서 믿음과 소망의 덕행 보다 앞서 사랑을 놓고 있습니다.

"사랑은 모든 것을 믿으며 모든 것을 바라며."

그는 사랑을 우리 이웃에 대하여 최선을 다하여 믿고 바라는 것으로 이해하는 것 같이 보입니다. 그러나 저속한 차원에서 이웃의 최선을 바라는 의미는 아닙니다. 기독교의 가장 두드러진 특징적 표지인 의롭다 하심을 얻을 만한 믿음이 하나님을 사랑하라는 위대한 계명에 내포되어 있습니다. 그리스도께서 유대인들에게 하신 말씀의 내용에서 그 점은 명백하게 드러났습니다(요 5:40-43 참고).

두 번째 요점을 알아봅니다.

"믿음이 사랑으로 역사한다"는 사도 바울의 선언을 통하여 '모든 그리스도인다운 마음 씀과 삶의 언어들이 다 사랑으로부터 나온다' 는 사실이 드러납니다.

왜냐하면 기독교적 성결이 예수 그리스도를 믿음으로써 시작된다는 것을 성경 속에서 너무나 자주 배웠기 때문입니다. 성경에서는 모든 그리스도인다운 순종을 믿음의 순종이라고 부르고 있습니다. 로마서 16:26에서는 "모든 민족이 믿어 순종하게 하시려고 복음을 알게 하셨다"고 말하고 있습니다. 여기서 말하는 '순종' 은 분명 로마서 15:18,19에서 말하는 순종과 같은 것입니다.

"그리스도께서 이방인들을 순종하게 하기 위하여…말과 행위로…성령의 능력으로 이루어졌으며."

사도는 갈라디아서 2:20에서 "내가 이제 육체 가운데 사는 것은…하나님의 아들을 믿는 믿음 안에서 사는 것이라"고 말합니다. 그리고 참된 그리스도인들은 "믿음으로 산다"는 말을 성경에서 자주 듣습니다. 그 말은 신령한 생활이 보이는 모든 은혜롭고 거룩한 행사와 덕행들은 다 믿음으로 말미암는다는 것과 같습니다. 그러나 믿음이 그런 일들을 어떻게 이룹니까? 갈라디아서의 이 말씀은 어떤 일을 하든지 믿음은 '사랑으로' 역사함을 분명하게 표현하였습니다. 이로부터 그 교리, 곧 '기독교의 구원받을 만한 믿음에 속한 모든 탁월한 것은 근본적으로 사랑으로 구성되어 있으며, 사랑 안에 총합적으로 용해되어 있다' 는 교리의 진정성이 확인됩니다.

5. 이 요점을 적용하여 자기 검증과, 자기 교훈과, 자기 권면을 끌어낼 수 있습니다.

(1) 자기 검증

우리 자신을 그 점에 비추어 보고 그 교리가 요구하는 대로의 정신 자세를 취하고 있는지 시험해 봅시다. "예수께서 그리스도이심을 믿는 자마다 하나님께로부터 난 자니 또한 낳으신 이를 사랑하는 자마다 그에게서 난 자를 사랑 하느니라"(요일 5:1)는 말씀과 같이 하나님을 사랑하는 데서 사람을 사랑하는 것이 나옵니다. 그 사랑이 그 사랑을 가진 이들로 하여금 하나님을 즐거워하게 합니다. 하나님을 높이고 경배하고픈 마음이 일어나게 합니다.

하늘나라는 그런 것들로 가득차 있습니다.

"또 내가 보니 불이 섞인 유리바다 같은 것이 있고, 짐승과 그의 우상과 그의 이름의 수를 이기고 벗어난 자들이 유리 바다 가에 서서 하나님의 거문고를 가지고 하나님의 종 모세의 노래, 어린 양의 노래를 불러 이르되 주 하나님 곧 전능하신 이시여 하시는 일이 크고 놀라우시도다. 만국의 왕이시여 주의 길이 의롭고 참되시도다 주여 누가 주의 이름을 두려워하지 아니하며 영화롭게 하지 아니하오리까 오직 주만 거룩하시니이다 주의 의로우신 일이 나타났으매 만국이 와서 주께 경배하리이다 하더라."(계 15:2-4)

우리는 하나님을 기뻐하고 예배하는 일을 즐거워합니까? 하나님의 거룩한 이름을 높이는 것을 좋아합니까? 하나님을 사랑하는 사랑이 사람으로 하여금 이웃에게 선과 유익을 주고픈 마음을 갖게 합니다.

"그가 우리를 위하여 목숨을 버리셨으니 우리가 이로써 사랑을 알고 우리도 형제들을 위하여 목숨을 버리는 것이 마땅하니라 누가 이 세상의 재물을 가지고 형제의 궁핍함을 보고도 도와줄 마음을 닫으면 하나님의 사랑이 어찌 그 속에 거하겠느냐 자녀들아 우리가 말과 혀로만 사랑하지 말고 행함과 진실함으로 하자 이로써 우리가 진리에 속한 줄을 알고 또 우리 마음을 주 앞에서 굳세게 하리니."(요일 3:16-19)

예수 그리스도 안에 거하였던 이 마음이 우리를 지배하고 있습니까? 우리의 일상생활에서도 나타나고 있습니까?

(2) 자기 교훈

첫째로, 이 교리는 '바른 기독교적인 정신이 무엇인가'를 보여줍니다. 제자들이 예루살렘에 올라가는 도중에 예수님께 불을 명하여 사마리아 사람을 멸하여 없애주시기를 청하였습니다. 그리스도께서는 책망조로 "너희는 무슨 정신으로 말하는지 모르는구나"(눅 9:55)라고 말씀하십니다. 그들이 어떠한 정신이 자신들에게 합당하며 복음의 새 시대에 맞는 것인지 알지 못하고 있었음을 지적하신 것입니다. 그러한 정신에 대하여 진정한 의식이 없었던 것입니다. 그들은 복음적인 시대에 살고 있으면서도 그와 같이 잘못된 마음 상태에 빠져 있었습니다. 그 점은 자기들의 마음의 상태도 알지 못했음을 보여줍니다. 그리스도께서 언급하신 것은 일반적인 의미에서 자기 자신을 알지 못한다는 말씀이 아닙니다. 하늘로부터 오는 불이 그리스도를 믿지 않는 이들을 사르도록 주님께서 명령을 내려 주십사 간청한 것이 어떤 정신에 기초한 것인지 그들은 알지 못하고 있었다는 말입니다. 그들은 앞으로 건설될 복음 시대에 합당한 정신과 기품이 어떤 종류인지 알지 못하고 있음을 드러냈습니다. 그리스도의 나라의 참된 본질에 대해 무지함을 보였습니다. 그리스도의 나라는 사랑과 평화의 나라입니다. 그들은 주님의 제자들로서 '복수심' 을 나타내는 것이 온당하다는 것 밖에 알지 못하였습니다. 그래서 주님께서는 그들을 책망하신 것입니다.

의심할 여지없이 오늘날도 그러한 일로 책망을 받을 사람들이 많습니다. 그들은 그리스도의 학교에서 오랜 훈련을 받았지만 아직도 그리스도인의 참된 정신에 대하여 오해하고 있습니다. 그리스도를 따르는 사람에게 합당한 것이 무엇인지 여전히 이해하지 못하고 있습니다. 복음적인 삶을 영위하는 것이 무엇을 수반해야 하는지 알지 못하고 있습니다. 그러나 고린도전서 13장의 본문 말씀을 유심히 살펴보면 본질과 진수에 있어서 거룩하고 그리스도인다운 사랑이 무엇인지를 발견하게 될 것입니다. 이는 탁월한 방식으로 말미암아 '그리스도인의 정신' 이라고 부를 수 있습니다. 왜냐하면 신약성경에는 우리의 의무나 도덕적인 상태에 관한 그 무엇보다 이것을 더욱 강조하기 때문입니다.

그리스도께서는 말씀을 통하여 사람들을 가르치셨으며, 당신의 뜻과 명령을 제자들에게 주셨습니다. 그런데 그리스도의 말씀은 사랑의 교훈에 대해 매우 많은 분량을 할애하고 있습니다. 그분의 입에서 나온 말씀은 이러한 달콤하고 거룩한 신적神的 덕행으로 가득합니다. 그와 같이 그리스도께서는 우리에게 사랑을 가장 뚜렷하게 명하고 계십니다. 주님께서 승천하신 후, 사도들은 그들의 서신에서 사랑과 화평과 자비와 양선과 긍휼과 인애를 넘치게 권하고 있습니다. 그런 덕행들을 통하여 하나님과 그리스도께 대한 우리의 사랑 뿐 아니라 이웃 사람들, 특히 그리스도를 믿는 모든 이들에 대한 사랑을 나타내라고 사도들은 우리를 지도하고 있습니다.

하나님께서는 복음 안에서 다른 어떤 것보다 더 큰 동기로 바로 이 정신을 표방하십니다. 복음이 알려준 구속救贖의 역사役事는 그 무엇보다 우리로 하여금 사랑할 동기를 제공합니다. 왜냐하면 그 구속의 역사는 이제까지 사람이 들었고 보았던 것 중에서 가장 영광스럽고 기이한 사랑의 발현發顯, exhibition이기 때문입니다. 복음이 하나님과 그리스도를 말할 때에 항상 사랑을 원리로 삼아 말합니다. 복음은 아버지와 아들 사이에 영원 선부터 있던 사랑을 밝혀 줍니다. 그리고 그 사랑이 많은 일 중에서 어떻게 나타났는가를 선언하여 줍니다. 또 복음은 어떻게 그리스도가 하나님이 그렇게 사랑하시는 아들이 되시는지를 보여줍니다. 하나님 아버지께서는 언제나 아들 그리스도를 기뻐하십니다. 어찌나 사랑하셨던지 그를 살리시어 중보적中保的 나라의 권좌에 앉히셨습니다. 그리스도를 세상의 심판자로 세우시어 모든 인류가 그 앞에 나아가 서도록 하셨습니다. 그와 마찬가지로 이 복음에는 아들이 아버지를 향하여 가지신 사랑이 나타나 있습니다. 그리고 사랑의 놀라운 열매들이 나타났습니다. 이러한 사랑은 큰 일, 곧 아버지의 공의를 영예롭게 하시고, 아버지의 뜻에 순종하시어 그러한 위대한 일들을 해 내셨습니다. 위대한 도덕적 통치자로서 아버지의 권위를 인정하여 아버지의 공의와 율법과 권세에 복종하셨습니다. 복음에는 또한 아버지와 아들이 어떤 방식으로 하나이신지가 드러나 있습니다. 그래서 우리도 같은 심령으로 아버지와 아들이신 그리스도와 하나 되도록 이끌림 받게 한 것입니다. 요한복음 17:21-23에 기록된 그리스도의 기도대로 우리가 그렇게 하나 되게 한 것입니다.

"아버지여, 아버지께서 내 안에, 내가 아버지 안에 있는 것 같이 그들도 다 하나가 되어 우리 안에 있게 하사 세상으로 아버지께서 나를 보내신 것을 믿게 하옵소서 내게 주신 영광을 내가 그들에게 주었사오니 이는 우리가 하나가 된 것 같이 그들도 하나가 되게 하려 함이니이다 곧 내가 그들 안에 있고 아버지께서 내 안에 계시어 그들로 온전함을 이루어 하나가 되게 하려 함은 아버지께서 나를 보내신 것과 또 나를 사랑하심 같이 그들도 사랑하신 것을 세상으로 알게 하려 함이로소이다."

복음은 하나님의 사랑이 영원 전부터 있었던 것을 선언합니다. 복음은 우리로 하여금 하나님께서 그리스도를 통하여 구속하신 이들을 창세전에 사랑하셨음을 상기시킵니다. 하나님께서는 그들, 택하신 이들을 아들에게 주셨습니다. 아들은 그들을 자기의 사람들로 사랑하셨습니다. 복음은 그것을 우리에게 상기시켜주며, 지금도 역시 영광중에 있는 아버지와 아들이 성도들을 사랑하시는 그 놀라운 사랑을 알게 합니다. 그리스도께서는 자기의 사람들을 사랑하시되 끝까지 사랑하셨습니다. 우리가 아직 방황하고 배회하며 무가치한 것을 위하여 살며 죄를 짓고 있을 때에 우리를 향하여 그 모든 사랑이 부어지고 있었다고 말합니다. 이 사랑은 복음 이외의 다른 곳에서는 결코 알려지거나 사람들이 생각하여 내지도 못하였습니다.

"사람이 친구를 위하여 자기 목숨을 버리면 이보다 더 큰 사랑이 없나니." (요 15:13)

"의인을 위하여 죽는 자가 쉽지 않고 선인을 위하여 용감히 죽는 자가 혹 있거니와 우리가 아직 죄인 되었을 때에 그리스도께서 우리를 위하여 죽으심으로 하나님께서 우리에 대한 자기의 사랑을 확증하셨느니라…곧 우리가 원수 되었을 때에 그의 아들의 죽으심으로 말미암아 하나님과 화목하게 되었은즉 화목하게 된 자로서는 더욱 그의 살아나심으로 말미암아 구원을 받을 것이니라."(롬 5:7-10)

복음의 계시 속에서 하나님과 그리스도께서 나타나셨습니다. 그 복음 계시는 사랑을 옷 입고 있습니다. 긍휼과 은혜의 보좌, 곧 사랑의 자리에 아버지 하나님과 아들 그리스도께서 아름다운 사랑의 광채에 둘려 싸여 앉아 계신 것과 같이 말입니다. 주님의 사랑하시는 제자 사도 요한이 밧모섬에서 하나님에 관하여 본 환상과 같이 말입니다.

"앉으신 이의 모양이 벽옥과 홍보석 같고 또 무지개가 있어 보좌에 둘렸는데 그 모양이 녹보석 같더라."(계 4:3)

하나님은 보좌에 앉아 계시고 무지개 색깔처럼 지극히 아름답고 유쾌한 빛이 환環을 이루어 보좌 주위를 비추고 있었던 것입니다. 하나님께서 복음 안에서 나타나실 때에 하나님을 감싸고 있는 영광의 빛은 사랑의 언약이며 은혜입니다. 왜냐하면 무지개 색깔은 하나님이 사랑과 언약의 징표로 노아에게 주셨던 것이기 때문입니다. 그러므로 복음 계시가 특별하게 바로 이 사랑의 정신으로 나아가게 유도하는 여러 동기들을 제공하고 있습니다.

둘째로, 참된 그리스도인 안에서 특이하게 보이는 구원에 속한 모든 것들이 다 사랑 안에서 응축되어 있는 것이 사실이라면, '기독교 신앙을 고백하는 이들은 자기들의 체험이 참으로 기독교적인 것인지 아닌지를 바로 이 시금석으로 판별' 할 수 있습니다. 그렇다면 사랑은 참된 기독교적인 체험의 본질이요 요약입니다. 만일 사람들이 자기들의 영혼 속에 하늘의 참 빛을 받아들였다면 열은 없고 빛만 있을 수 없습니다. 신적神的인 것들을 보는 신령한 의식이 있다면 영혼 안에서 항상 사랑을 자극합니다. 사랑 안에서 마음을 부추겨 모든 합당한 대상을 향하게 합니다. 하나님께 속한 신적인 특성을 발견하게 될 때마다 하나님을 최고선最高善으로 사랑하고픈 마음을 갖게 됩니다. 그래서 영혼은 하나님의 백성들을 사랑하는 데로 흘러가게 됩니다. 더 나아가 모든 인류를 사랑하는 데로 나아가게 합니다. 사람들이 그리스도의 탁월성과 충분성을 진정으로 발견하게 되면, 그런 효과가 나타납니다. 복음 진리를 바르게 믿는 체험을 하면 그런 믿음에는 항상 사랑이 동반하기 마련입니다. 그런 이들은 자기들이 그리스도로 믿는 살아계신 하나님의 아들을 사랑합니다. 영광스러운 교리와 복음의 약속들이 진리임을 깨닫게 되면, 그 교리들과 약속들은 하나님과 그리스도를 사랑하도록 확실하게 잡아끄는 견고한 밧줄이 됩니다.

그리스도를 참으로 신뢰하고 의지하는 것을 맛보게 되면 사랑으로 그리스도를 의뢰하고, 영혼은 그리스도를 의뢰하는 것을 즐겁고 달콤한 친밀함으로 해 나가게 됩니다. 신부新婦 spouse인 교회가 큰 기쁨으로 그리스도의 그늘 아래 앉아서 그분의 보호를 받으며 달고 단 안식을 누립니다. 신부된 교회가 신랑을 사랑하기 때문입니다(아 2:2). 사람들이 참된 위안과 참된 기쁨을 체험할 때, 그 기쁨은 믿음과 사랑의 기쁨입니다. 그 기쁨은 자신들을 기뻐하는 것이 아니라, 지극한 기쁨이신 하나님을 즐거워하는 것입니다.

셋째로, 사랑 안에 그리스도인의 모든 참된 덕행이 다 용해되어 있다는 교리는 '참된 그리스도인의 정신의 온화함' 을 보여 줍니다. 사랑의 정신은 상냥한 정신입니다. 예수 그리스도의 정신이며, 하늘에 속한 정신입니다.

넷째로, 이 교리는 '그리스도인의 삶의 즐거움' 을 보여 줍니다. 사랑의 생활은 즐거운 삶입니다. 합리적으로 생각하거나 성경을 살펴보더라도 지혜를 얻은 자와 명철을 얻은 자는 복이 있으며 그 길은 즐거움의 길이고 그의 지름길은 평강입니다(잠 3:13,17).

다섯째로, 우리는 이 교리를 통하여 '다툼이 어떻게 그렇게 신앙을 망갖게 하는지' 그 이유를 배울 수 있습니다. 성경은 우리에게 다툼이 그러한 경향을 가지고 있다고 일러줍니다.

"시기와 다툼이 있는 곳에는 혼란과 모든 악한 일이 있음이라."(약 3:16)

경험으로 알 수 있듯이, 다툼이 있는 곳에는 모든 선한 것이 방해를 받게 되고 악한 것이 번성하기 시작합니다. 우리가 지금까지 살펴 본 교리에 비추어 보아 그 모든 이치를 분명하게 알 수 있습니다. 다툼은 참된 기독교의 뛰어난 진수이며 모든 것의 요약인, 이른바 사랑과 평화의 정신에 위배되기 때문입니다. 그러므로 기독교 신앙을 고백하는 자들 중에서 투쟁과 다툼이 일어나는 때에 기독교가 번성할 수 없음은 놀랄 일이 아닙니다. 참된 종교인 기독교와 다툼이 공존할 수 없음은 전혀 이상한 일이 아닙니다.

여섯째, 그러므로 '그리스도인들은 자기의 이웃에 대하여 시기와 악의와 괴롭게 할 모든 종류의 몹쓸 짓을 하지 않도록' 얼마나 조심해야 하는지요! 이러한 행위들은 기독교의 진수와 정반대이기 때문입니다. 그리스도인들은 실제적인 삶에서 자기들의 신앙고백과 정면으로 충돌하는 일을 하지 말아야 하며, 이 일에 실수하지 않도록 늘 자신을 단속하는 것이 마땅합니다. 그러한 악한 의향과 악독과 시기가 일어나려 하면 즉시 억제하여야 하며, 투쟁의 마음을 일어나게 할 모든 경우들에 단호하게 대처하여야 하며, 그 방향으로 움직이려는 자기 마음의 기분을 가차 없이 단속해야 합니다. 그러한 정신으로 기울어지게 할 모든 시험들을 가능한 한 피해야 합니다. 그리스도인은 사랑의 정신을 부패시키고 전복시키려는 성향을 가진 모든 일을 항상 강력하게 대응해야 합니다. 사람을 사랑하지 못하게 방해하는 것은 하나님을 사랑하지 못하게 방해할 것입니다. 앞에서 살펴본 바와 같이 참된 그리스도인의 사랑의 원리는 하나입니다. 사랑이 기독교의 총합이라면, 사랑을 뒤엎으려는 것들은 분명 그리스도인들에게 지극히 합당치 못한 것들입니다. 시기하는 그리스도인, 악의를 가진 그리스도인, 차갑고 완고한 마음을 가진 그리스도인이란 말 자체가 앞뒤가 맞지 않는 가장 큰 모순입니다. 마치 '어두운 밝음', '거짓된 진리' 라는 표현을 쓰는 것과 같습니다.

일곱째로, '우리의 원수, 심지어 가장 악한 원수까지도 사랑하라'(마 5:44)고 기독교가 강력하게 요청하는 것은 전혀 이상한 일이 아닙니다. 왜냐하면 그리스도인다운 성품과 정신 자체가 사랑이기 때문입니다. 기독교의 총합이 사랑입니다. 만일 어떤 연유에서 우리 원수들을 사랑해야 하는지를 숙고하며, 하나님과 그리스도께서 원수들을 사랑하신 일이 복음서에 나타나 있음을 염두에 두었다면, 우리 원수들을 사랑하고 축복하고 그들에게 선을 행하고 위하여 기도하라는 요구를 받는 일이 전혀 이상한 일이 아닙니다.

"이같이 한즉 하늘에 계신 너희 아버지의 아들이 되리니 이는 하나님이 그 해를 악인과 선인에게 비추시며 비를 의로운 자와 불의한 자에게 내려주심이라."(마 5:45)

(3) 자기 권면

이 주제는 '사랑의 정신을 추구하라'고 권면합니다. '그 사랑 안에서 더욱 더 자라가서 사랑의 역사가 더욱 풍성하게 나타나게 하라' 고 권합니다. 사랑이 기독교에서 그렇게 큰 것이고 그렇게 진수가 되고 뛰어난 특성이요 모든 그리스도인다운 덕행의 총합이라면, 그리스도인으로 자처하는 이들은 분명 사랑 가운데서 살아 사랑의 역사가 풍성하게 나타나게 해야 합니다. 역사役事가 없는 것은 사랑하는 이들에게 전혀 부합하지 않는 일입니다. 스스로 그리스도인이라고 여기는 여러분에게 '사랑의 역사' 가 어디 있습니까? 사랑의 역사에 있어서 지금까지 풍성하였고 지금도 그러합니까? 여러분 속에 신적이고 거룩한 이 원리가 거하며 왕 노릇하고 있다면, 그것이 여러분의 삶 속에서 사랑의 역사로 나타나지 않겠습니까? 생각해 보세요. 여러분이 어떤 사랑의 수고를 하였는지요? 하나님을 사랑하십니까? 하나님과 그 영광과 세상에서 하나님의 나라의 진보를 위하여 무엇을 하였습니까? 사람들 중에서 구속주의 대의大義를 도모하기 위해 자신을 얼마나 부인하였습니까? 이웃들을 사랑하였나요? 그들을 위하여 무엇을 하였느냐는 말입니다. 이런 방면에서 지금까지 얼마나 모자랐는지를 숙고해 보십시오. 이후부터 그리스도인으로서 사랑의 행실을 더 풍성하게 하는 것이 얼마나 합당한 일인가요! 하나님의 영광과 구속주의 나라의 대의와 이웃의 영적인 유익을 위하여 무엇인가 일할 기회들이 없었다고 핑계대지 마십시오. 여러분의 마음이 사랑으로 가득하면, 그렇게 할 틈을 발견할 것입니다. 샘이 물을 풍성하게 솟구쳐 내면, 물줄기가 생겨 흘러갑니다. 사랑의 원리가 참된 그리스도인의 마음의 주요 원리이니, 사랑의 수고가 그리스도인의 삶의 주요한 임무임을 숙고하십시오. 모든 그리스도인마다 이것들을 숙고하기를 바랍니다. 주님께서 여러분에게 모든 것을 이해하는 총명을 주시어 여러분에게 어떤 심령이 합당한지 깨닫게 하시기를 바랍니다. 또한 여러분으로 하여금 그러한 정신에 부합하게 탁월하고 우아하고 자애롭고 인애어린 삶을 영위하고 싶은 마음을 갖게 하시기를 바랍니다. 그리하여 우리가 "말과 혀로만 사랑하지 말고 오직 행함과 진실함으로 하게" 하옵소서(요일 3:18).

내가 사람의 방언과 천사의 말을 할지라도

사랑이 없으면

소리 나는 구리와 울리는 꽹과리가 되고

내가 예언하는 능력이 있어

모든 비밀과 모든 지식을 알고

또 산을 옮길 만한 모든 믿음이 있을지라도

사랑이 없으면

내가 아무것도 아니요.

고린도전서 13장 1~2절

CHAPTER 2

성령의 특이한 은사들보다 뛰어난 사랑

Charity More Excellent Than The Extraordinary Gifts of The Spirit

우리가 지난 강론에서는 성도들 안에서 구원에 속한 특이한 덕행이 그리스도인의 사랑 안에 압축되어 있음을 보여주었습니다. 이제 저는 사랑을 다른 것들과 비교하여 그 중에서 어느 것이 더 탁월한가를 숙고하고자 합니다.

본문에서 비교되고 있는 것을 두 종류로 나눌 수 있습니다. 한편에는 방언이나 예언의 은사와 같은 성령의 특이한 은사extraordinary gift들과 이적적인 은사miraculous gift들을 놓습니다. 당시 그런 은사들이 빈번하게 주어졌고, 고린도교회에서는 더욱 그러하였습니다. 그와 대조되는 다른 편에는 동일한 성령님께서 참된 성도들 안에 끼치는 통상적 감화ordinary influences의 효과로써 거룩한 사랑divine love을 놓아 봅시다.

바울이 이 서신을 썼던 시대는 이적들이 일어나던 때였습니다. 구약시대에는 이스라엘 사람들 전체 중에 예언하는 사람이 불과 둘, 셋에 지나지 않았습니다. 그러나 초대교회는 구약시대와는 달랐습니다. 초대교회 시대는 마치 모세가 바랐던 것이 이루어지는 시대 같았습니다. 민수기 11:29의 말씀에, "여호와께서 그의 영을 그의 모든 백성에게 주사 다 선지자 되게 하시기를 원하노라"는 모세의 소원이 기록되어 있습니다. 모세의 시대에는 매우 특수한 사람에게만 그러한 은사가 주어졌습니다. 그러나 초대교회 시대는 달랐습니다. 남녀노소 할 것 없이 일반적으로 많은 사람들이 은사를 받았습니다. 요엘 선지는 그 날에 관하여 예언하여 말하였습니다.

"하나님이 말씀하시기를 말세에 내가 내 영을 모든 육체에 부어 주리니 너희의 자녀들은 예언할 것이요 너희의 젊은이들은 환상을 보고 너희의 늙은이들은 꿈을 꾸리라 그 때에 내가 내 영을 내 남종과 여종들에게 부어 주리니 그들이 예언할 것이요."(행 2:17,18 ; 욜 2:28-30)

고린도교회는 그런 은사들을 두드러지게 받았습니다. 그 교회는 이 서신에 나타나 있는 모든 종류의 이적적인 은사들을 받았습니다.

"어떤 이에게는 성령으로 말미암아 지혜의 말씀을, 어떤 이에게는 같은 성령을 따라 지식의 말씀을, 다른 이에게는 같은 성령으로 믿음을, 어떤 이에게는 한 성령으로 병 고치는 은사를, 어떤 이에게는 능력 행함을, 어떤 이에게는 예언함을, 어떤 이에게는 영들 분별함을, 어떤 이에게는 각종 방언 말함을, 어떤 이에게는 방언 통역함을 주시나니 이 모든 일은 같은 한 성령이 행하사 그 뜻대로 각 사람에게 나눠 주시느니라."

다시 말하면 어떤 사람에게는 이런 은사를, 다른 이에게는 저런 은사를 주신다는 것입니다. 사도는 또 이렇게 말합니다.

"그러나 더욱 큰 은사를 사모하라 내가 또한 제일 좋은 길을 너희에게 보이리라."

모든 은사들을 다 합하여도 능가하지 못할 가장 좋은 은사가 있다는 것입니다. 그것은 너무나 중요합니다. 그것이 없이는 다른 은사가 아무리 가치 있어도 소용이 없게 됩니다. 그래서 "내가 사람의 방언으로 말한다 할지라도(오순절 날에 사람들이 행한 방언같이) 사랑이 없으면 내가 아무것도 아니라" 천사의 말을 한다 할지라도 사랑이 없으면 아무것도 아닙니다. "사람의 방언과 천사의 말을 할지라도 사랑이 없으면 소리 나는 구리와 울리는 꽹과리가 된다"는 것입니다. 그뿐만이 아닙니다. 예를 들어 성령의 특이한 은사들을 다 소유한다 합시다. 방언을 할 뿐 아니라 예언하는 은사가 있어 모든 비밀을 알고 모든 지식을 알고, 직관적인 영감으로 하나님의 모든 깊은 비밀을 알아낼 수 있다고 합시다. 또한 모든 이적을 행할 능력이 있어 산을 옮길 정도의 믿음이 있다 합시다. 그럴지라도 사랑이 없으면 내가 아무것도 아니라는 말씀입니다.

사랑은 감화시키고 거룩하게 하시는 성령께서 거룩하게 하시는 통상적인 감화의 열매입니다. 사도는 위에서 언급한 모든 특이한 은사들보다 더 탁월한 것이 바로 사랑이라고 말합니다. 성령의 다른 모든 은사들을 다 합해도 그 사랑을 따라가지 못합니다. 이미 우리에게 밝히 드러난 비와 같이 그리스도인의 사랑은 모든 구원하는 은혜의 요약입니다. 사랑이 없으면 성령의 모든 은사들이 아무것도 아닐 정도로 사랑은 그렇게 큰 것입니다. 성령의 모든 은사들은 사랑이 없으면 아무 유익이 없습니다.

여기서 가르치고 있는 교리는 다음과 같습니다.

'마음에 사랑의 은혜로 역사하시는 하나님의 성령의 통상적인 감화는 성령의 어떤 은사, 또는 성령의 특이한 은사보다 더 우월하다.'

저는 여기서 먼저 이 교리를 세 측면에서 고려해 보려고 합니다.

첫째, '성령의 통상적ordinary 은사와 특이한extraordinary 은사'는 무엇인가?

둘째, 성령의 특이한 은사들이 실로 큰 특권이다.

셋째, 마음에 있는 사랑의 은혜를 일으키는 성령의 일반적인 감화가 보다 우월한 복락이다.

1. 성령의 은사의 구분

신학자들은 하나님의 성령의 은사와 역사役事를 '일반적common인 것'과 '구원에 속한saving 것'으로 나누기도 하고, '통상적ordinary인 것'과 '특이한extraordinary 것'으로 나누기도 합니다.

(1) 일반 은사common gift와 구원에 속한 은사saving gift

성령의 '일반 은사'라 할 때에는 경건한 사람이나 경건치 않은 모든 이들에게 공통으로 주어지는 은사입니다. 하나님의 성령께서는 경건하게 하나님을 믿는 사람들의 마음만이 아니라 거듭나지 않은 자연인自然人의 마음도 감동시키시는 방식들을 갖고 계십니다. 죄를 뉘우치고 후회하는 심정conviction of sin은 경건한 이들만이 아닌 경건치 않은 이들도 어느 정도 가질 수 있습니다. 보통 사람들이 가진 종교적인 감정은 바로 그러한 영역에 속합니다. 경건치 않은 이나 경건한 이 모두 종교적인 정서가 있으며, 은혜에 감사하는 마음과 슬퍼하는 정서를 다 함께 나타냅니다.

그러나 경건한 사람들에게만 주어지는 고유한 성령의 선물들이 있습니다. 구원받을 만한 믿음과 사랑, 또한 그런 차원의 성령의 다른 모든 은혜가 이에 속합니다.

(2) 통상적인 은사ordinary gift와 특이한 은사extraordinary gift

방언이나 이적이나 예언을 행할 수 있게 하시는 성령의 은사들을 특이한 은사라고 합니다. 그것들을 그렇게 부르는 이유는 하나님의 섭리의 보편적 과정에서는 주어지지 않는 것들이기 때문입니다. 하나님의 백성을 다루시는 하나님의 일반적인 섭리 중에는 부여되지 않고 특별한 경우에만 주어집니다. 성경이 완성되기 전에 하나님께서는 당신 자신의 마음과 생각을 선지자들이나 사도들에게 계시하셨는데, 바로 그 경우에 그들이 받은 은사들을 '특이한 은사' 라고 부릅니다. 그와 같이 그 은사들은 원시교회라 할 수 있는 초대교회 시대에 주어졌던 것입니다. 세상에 하나님의 교회를 세우고 건설하기 위하여 그러한 특이한 은사들을 허락하신 것입니다. 그러나 정경正經이 완성되고 교회가 온전히 설립되고 견고하게 된 이후로 그 특이한 은사들은 중단되었습니다. 그러나 통상적인 은사들은 모든 교회 시대에 걸쳐서 계속 주어집니다. 그러한 은사들은 죄를 깨닫고 회개하여 회심할 때에 허락됩니다. 그 은사들은 성도들의 성화聖化와 위안을 촉진하여 성도들을 바로 세워 수는 데 소용됩니나.

성령의 은사를 '통상적인 은사' 와 '특이한 은사', ' 일반common 은사' 와 구원을 위한 '특별special 은사' 로 구분하는 것이 차원이 다른 문제임을 주목해야 합니다. 믿음, 소망, 사랑과 같은 것은 구원을 위해서 특별하게 주어지나 '통상적ordinary 은사' 이지 '일반common 은사' 는 아닙니다. 단 구원을 위하여 주시는 '통상적인 은사' 는 모든 시대의 교회에 보편적으로 부여하시는 은사입니다. 그러나 그 은사는 경건한 이들이나 그렇지 못한 이들 모두에게 일반적으로 부어지지 않는 특별 은사입니다.

성령의 '특이한extraordinary 은사들' 은 '일반common 은사' 입니다. 방언을 말하는 은사, 이적을 행하고 예언하는 은사는 기독교회에 일반적으로 부어지는 은사는 아닙니다. 그 은사를 경건한 사람들만 받는 것도 아닙니다. 불경건한 사람들도 이러한 은사를 가진 경우가 많기 때문입니다.

"그 날에 많은 사람이 나더러 이르되 주여 주여 우리가 주의 이름으로 선지자 노릇하며 주의 이름으로 귀신을 쫓아내며 주의 이름으로 많은 권능을 행치 아니하였나이까 하리니 그 때에 내가 그들에게 밝히 말하되 내가 너희를 도무지 알지 못하니 불법을 행하는 자들아 내게서 떠나가라 하리라."(마 7:22,23)

2. 특이한extraordinary 은사가 가지는 큰 특권

하나님의 성령의 특이한extraordinary 은사들은 실로 대단한 특권privilege입니다. 하나님께서 어떤 사람에게든지 예언하는 영을 주시거나 즉각적 영감을 주시어 이적적인 일을 행하게 하시거나, 병을 고치며 귀신을 쫓아내는 일 등을 하도록 능력을 주신다면, 그것은 큰 특권입니다. 이것은 실로 구원하는 은혜 다음으로 주시는 가장 높은 종류의 특권에 속함을 인정합시다. 은혜의 외적外的인 방편을 누리며 사는 것은 위대한 특권입니다. 그리고 가시적可視的 유형교회有形敎會에 소속되어 있다는 것도 위대한 특권입니다. 그런데 하물며 선지자가 되거나, 교회 안에서 이적을 행하는 자가 되는 것이 어찌 더욱 큰 특권이 아니겠습니까? 선지자들이나 영감을 받은 사람들이 전하는 말을 듣는 것도 위대한 특권입니다. 그런데 선지자가 되어 말씀을 전하고 하나님의 생각과 마음을 다른 이들에게 알릴 수 있는 영감을 받았다는 것은 더욱 대단한 특권입니다.

하나님께서 모세에게 주셨던 것은 위대한 특권이었습니다. 하나님은 모세를 불러 선지자로 세우셨고, 이스라엘 사람들에게 율법을 전하는 자로 쓰셨습니다. 또한 하나님의 기록된 말씀의 많은 부분을 모세를 통하여 교회에 전해 주도록 하셨습니다. 애굽에서 행하신 많은 이적적인 행사들과 홍해와 광야에서 베푸신 많은 이적 속에서 하나님은 모세를 사용하셨습니다.

하나님은 또한 다윗을 감동하시어 하나님의 말씀 중 위대하고 훌륭한 부분을 기록하게 하셨습니다. 모든 세대의 교회들이 바로 그 다윗을 통하여 주신 말씀을 사용하게 된 것입니다. 엘리야, 엘리사 같은 선지자들에게도 이적을 베푸는 놀라운 행사를 보이는 은사를 주셨습니다. 그것들 역시 위대한 특권입니다. 다니엘에게도 마찬가지입니다. 하나님은 다니엘에게 성령의 특이한 은사들을 많이 주심으로써 하나님의 영광을 드러내게 하셨습니다. 특히 그는 환상을 이해하는 은사를 받았습니다. 그는 이러한 은사로 인하여 이방인의 땅에서 존영을 얻게 되었습니다. 하나님은 심지어 바벨론 궁전에까지 다니엘을 들여보내셨습니다. 느부갓네살 같은 크고 위엄에 찬 거만한 왕도 다니엘에게 감동된 나머지 한 번은 다니엘을 신으로까지 경배하려 하였습니다. 왕은 심지어 다니엘 앞에 얼굴을 숙이고 다니엘에게 예물과 좋은 향품을 제공하라 명령을 내리기까지 하였습니다(단 2:46). 그리고 다니엘로 바벨론의 모든 지혜 있는 자들과 술사들, 박수들보다 지혜가 충만한 데까지 나아가게 하셨습니다. 그것은 하나님께서 주신 특이한 은사 때문이었습니다. 왕비가 벨사살 왕에게 무어라고 말하는지 들어보십시오.

"왕의 나라에 거룩한 신들의 영이 있는 사람이 있으니 곧 왕의 부친 때에 있던 자로서 명철과 총명과 지혜가 신들의 지혜와 같은 자니이다 왕의 부친 느부갓네살 왕이 그를 세워 박수와 술객과 갈대아 술사와 점쟁이의 어른을 삼으셨으니 왕이 벨드사살이라 이름하는 이 다니엘은 마음이 민첩하고 지식과 총명이 있어 능히 꿈을 해석하며 은밀한 말을 밝히며 의문을 풀 수 있었나이다 이제 다니엘을 부르소서 그리하시면 그가 그 해석을 알려 드리리이다 하더라."(단 5:11,12)

이같은 특권은 다니엘이 바사의 궁정에서도 존귀를 얻게 하였습니다.

"다리오가 자기의 뜻대로 고관 백이십 명을 세워 전국을 통치하게 하고 또 그들 위에 총리 셋을 두었으니 다니엘이 그 중의 하나이라 이는 고관들로 총리에게 자기의 직무를 보고하게 하여 왕에게 손해가 없게 하려 함이었더라 다니엘은 마음이 민첩하여 총리들과 고관들 위에 뛰어나므로 왕이 그를 세워 전국을 다스리게 하고자 한지라."(단 6:1-3)

다니엘에게 있었던 그 탁월한 영은 의심할 여지없이 다른 이들 중에 뛰어난 예언과 신적 영감의 영이었습니다. 그 때문에 그는 바벨론의 여러 고관들에게 그렇게 존대를 받았습니다.

그리스도께서 사도들에게 부여하신 것은 위대한 특권이었습니다. 그들은 성령의 특이한 은사들로 충만하였습니다. 성령께서는 그들로 모든 족속들을 가르치게 영감하셨고, 말하자면 그들을 당신의 대리인으로 세우시어 교회의 열두 기초석으로 여겨지는 열두 보석으로 삼으셨습니다.

"그 성에 성곽은 열두 기초석이 있고 그 위에 어린 양의 열두 사도의 열두 이름이 있더라."(계 21:14)

"너희는 사도들과 선지자들의 터 위에 세우심을 입은 자라 그리스도 예수께서 친히 모퉁잇돌이 되셨느니라."(엡 2:20)

요한 사도도 "주의 날에 성령 안에 있을 때에" 얼마나 존귀함을 얻었습니까? 하나님께서 모든 시대의 모든 교회에 대하여 세상 끝날까지 섭리하시는 위대한 일에 대한 계시를 알리는 특이한 환상을 보았습니다.

성경에서는 그러한 성령의 특이한 은사를 매우 위대한 특권이라고 말합니다. 하나님께서 모세에게 이적적인 계시의 방식으로 말씀하실 때 모세는 바로 그러한 특권을 받았습니다. 그래서 "얼굴과 얼굴을 대하여 보는 것 같이" 그를 높여 주셨습니다. 요엘 선지를 통하여 예언된 대로 오순절의 성령강림은 특이한 은사들을 동반하였습니다(욜 2:28-29). 이미 요엘 선지를 통하여 오순절의 성령강림을 위대한 특권으로 예고한 바 있습니다. 그리스도께서도 이적과 방언의 은사들을 믿는 사람들에게 부어 주실 위대한 특권으로 말씀하셨습니다(막 16:17,18).

그런 성령의 특이한 은사들은 큰 존영으로써 추앙받았습니다. 모세와 아론은 하나님께서 주신 그들만이 누리는 영예로 인해 광야 생활에서 부러움을 샀습니다(시 106:16). 여호수아는 엘닷과 메닷이 회막에서 예언할 때 모세를 위하여 시기하려고 했습니다(민 11:27). 천사들이 선지자의 일을 하기 위하여 보내심을 받아 올 때도 빛에 감싸여 존귀함을 입고 옵니다. 요한 사도마저 그리스도의 보내심을 받아 교회의 장래 일을 전하러 온 천사에게 절하려고까지 했습니다. 그러나 천사는 그를 말려 자기의 예언하는 특권은 자신에게서 비롯된 것이 아니라 그리스도 예수로 말미암았음을 알게 하였습니다(계 19:10 ; 22:8-9). 루스드라라는 이방 도시의 이교도들은 바울 사도와 바나바가 가진 능력에 어찌나 놀랐던지 그들을 신神으로 알고 제사를 드리려 하였습니다(행 14:11-13). 마술사였던 시본은 사도들이 안수하여 성령께서 임하심을 보고는 자기도 그런 은사를 돈 주고 사려는 궁리를 하였습니다.

이러한 특이한 은사들이 그리스도의 선지 직무와 일치하는 요점을 내포하는 것을 보니 대단한 특권임이 분명합니다. 물론 그런 특이한 은사들이 지니는 특권이 자연인에게도 주어지는 일도 있지만 매우 드문 일입니다. 그 특권은 주로 성도들에게 주어졌습니다. 그것도 가장 뛰어났던 성도들에게 말입니다. 그러한 일은 오순절에 있었습니다. 또한 교회사적으로 볼 때 초기보다 많았습니다.

"예언은 언제든지 사람의 뜻으로 낸 것이 아니요 오직 성령의 감동하심을 받은 사람들이 하나님께 받아 말한 것임이라."(벧후 1:21)

이러한 은사들이 보통 하나님의 특이한 사랑과 은총의 증표로써 부여되기도 하였습니다. 다니엘이 그런 경우였습니다. 그는 실로 "크게 사랑을 받는 사람"(단 8:23 ; 10:11-19)이었습니다. 이러한 계시들이 그에게 밝혀질 정도로 그는 큰 특권을 받았습니다. 사도 요한도 다른 사도들보다 예수님의 특별한 사랑을 입어서 위대한 사건들을 계시하는 도구로 쓰임 받았습니다. 그래서 우리가 '요한계시록'이라는 성경을 갖게 된 것입니다.

3. 특이한 은사들보다 우월한 사랑의 은혜

그러한 특이한 은사들이 위대한 특권이라 할지라도, 성령의 통상적인 감화로 인해 마음에서 열매 맺는 사랑의 은혜만은 못합니다. 사랑의 은혜가 예언이나 이적을 행하는 것, 심지어 산을 옮길 만한 이적적인 은사보다 더 큰 복락입니다. 모세나 엘리야나 다윗, 열두 사도들이 받았던 그 모든 이적적인 은사들보다도 더 큰 복은 성령의 일반적인 감화로 말미암아 마음에 있는 사랑의 은혜입니다. 앞으로 그 점을 더욱 깊이 생각해 나감에 따라 더 확실히 알게 될 것입니다.

(1) 하나님의 구원하시는 은혜의 역사役事

'하나님의 구원하는 은혜의 복락은 그것을 주시는 하나님 성품의 고유한 성질입니다.' 하나님의 성령의 이 은사는 영혼 안에서 참으로 그리스도인다운 기품temper을 일으키며, 마음속에서 작용하여 은혜로운 행사를 하게 자극합니다. 아울러 마음 안에 자리하는 복락과 사람의 마음, 혹은 성품을 탁월하게 하는 복락을 부여합니다. 정말 매우 탁월한 본질이 그것을 구성하고 있습니다. 성령의 특이한 은사들에는 없는 것이지요. 특이한 은사들이 훌륭하기는 하나 본질적으로 사람의 성품에 영향을 미칠 정도는 아닙니다. 예를 들어서 사람이 이적을 행하는 은사를 받는다 해도, 그 능력이 그 사람의 성품 안에 고유하게 존재하는 것이 아닙니다. 마음의 어떤 품격이나 그 사람의 성품에 상응하는 것이 아닙니다. 사람들의 성품에 고유하게 작용하는 것은 참되고 거룩한 은혜입니다.

일반적으로 이러한 특이한 은사들, 곧 예언의 은사, 방언의 은사, 이적을 행하는 은사를 가진 사람들이 거룩한 사람들이었음에도 불구하고 그들의 거룩함은 이러한 은사들을 통하여 온 것이 아닙니다. 그것들은 그 사람 인격 밖에서 들어온 탁월한 것들이기는 합니다. 그러나 받은 사람의 성품과 연관된 것이 아닙니다. 그것들은 마치 아름다운 야회복과도 같습니다. 그 옷을 입었다 해서 그 옷이 그 사람의 성품상의 변화를 가져오지는 않습니다. 그것들은 몸을 우아하게 보이게 하는 보배로운 보석들과도 같습니다. 그에 반하여 영혼 자체를 보석처럼 만드는 것은 참된 은혜입니다.

(2) 하나님께서 자신을 전달하시는 방식

'하나님께서는 이러한 특이한 은사들보다는 구원하는 은혜를 통해서 자신을 전달하십니다.' 성령께서는 특이한 은사들 속에서 실로 놀라운 효력들을 내십니다. 성령께서는 사람들 안에서, 사람들을 통하여 그러한 효력들을 도출하십니다. 그러나 그것이 성령님 자신의 고유한 성품을 사람에게 전달하시는 것만큼 본질적이지 않습니다. 사람이 하나님의 성령에 의하여 마음에 특이한 충격을 받을 수 있습니다. 그로 인하여 장래의 일도 밝힐 수 있습니다. 이상한 환상幻像을 받을 수도 있습니다. 그러나 하나님의 성령께서는 그러한 일을 통하여서는 자신의 거룩한 성품을 전혀 나누어 주실 수 없습니다. 성령께서 우리에게 자신을 전달하시지는 않으시면서도 일들 속에서 여러 효과들을 도출하실 수 있습니다. 하나님의 성령께서 수면水面 위에 운행하셨습니다. 그러나 수면에 자신을 전달하시지는 않으셨습니다.

그러나 성령께서 은혜를 주시는 통상적인 감화를 통하여 구원하시는 은혜를 부여하실 때, 자신의 거룩한 성품 속에서 영혼에게 나누어 주십니다. 그러한 성령님의 본성 때문에 성경은 흔히 성령님을 가리켜 '거룩한 영Holy Ghost'라 칭합니다. 성령께서는 바로 이 효력을 도출하심으로 말미암아 영혼에 내주하시는 살아있는 원리가 되십니다. 그래서 그 은혜를 받은 사람은 영적이 되며, 그 사람은 자기 속에 거하시는 성령님의 지배를 받고 성령님의 성품에 참여하는 자가 됩니다. 그렇습니다. 말하자면, 은혜란 성령의 거룩하신 성품이 영혼에 분여分與된 것입니다.

그러나 장래 일을 알고 이적을 행하는 능력을 가진 성령의 특이한 은사들은 이러한 거룩한 본질을 내포하지 않습니다. 물론 하나님께서는 성령의 특이한 은사들을 주실 때 거룩하게 하시는 감동을 동반하여 주시는 것이 상례常例입니다. 그렇다고 특이한 은사들이 그러한 거룩한 성품을 전달하시는 은혜를 함축하고 있지는 않습니다. 그러니 하나님께서 예언을 말하고 이적을 행하는 특이한 은사만을 주신다면, 그것만으로는 그것을 받은 사람들로 성령의 동참자들이 되게 하지는 못합니다. 다른 말로 해서 그 사람의 성품 안에서 영적인 사람이 되게 하지는 못한다는 것입니다.

(3) 하나님의 형상을 함축하는 성령의 감화

'은혜, 또는 거룩함은 성도들의 마음에 통상적인 방식으로 역사하시는 성령의 감화로 도출되는 효력으로, 그 속에 하나님의 영적인 형상이 투영되어 있습니다.' 성령의 특이한 은사들extraordinary gifts 속에는 없는 것이지요.

하나님의 영적 형상은 이적을 행하거나 장래 일을 예고하거나 하는 권능 속에는 들어 있지 않습니다. 그러나 하나님은 거룩하시니 거룩함 속에 그러한 하나님의 영적 형상이 내재되어 있습니다. 성령께서는 마음을 거룩하게 하고 신적인 원리를 갖게 하시며, 거룩하고 하늘에 속한 삶을 살도록 하십니다. 바로 그 성령의 감화 속에 하나님의 거룩한 영적 형상이 있습니다. 이적을 행하는 능력은 그리스도와 유사한 데가 있습니다. 왜냐하면 그리스도께서도 그러한 능력을 가지고 많은 분량의 이적을 행하셨기 때문입니다.

"나를 믿는 자는 내가 하는 일을 그도 할 것이요."(요 14:12)

그러나 그리스도의 도덕적 형상과 모습은 "우리 속에 그리스도 안에 있는 마음이 있을 때" 훨씬 더욱 많이 투영됩니다. 그리스도와 같은 심령을 갖거나, 온유하고 겸손한 마음을 갖거나, 그리스도의 사랑의 정신을 갖거나, 그리스도께서 행하신 대로 행할 때에 그러합니다. 이 경우가 많은 이적들을 행할 수 있는 경우보다 사람들로 하여금 더 그리스도를 닮게 합니다.

(4) 하나님의 사랑하는 자녀들에게만 부여하시는 성령의 감화

'성령의 통상적인 감화로 일상 주어지는 은혜는 하나님께서 사랑하는 자녀들에게만 주시는 특권입니다.' 그러나 성령의 특이한 은사들은 그렇지 않습니다. 물론 하나님께서 성령의 특이한 은사들을 주시기 위하여 성도들을 선택하시는 일이 상례이지만 언제나 그렇지는 않습니다. 때로는 그런 은사들이 하나님의 성도가 아닌 자들에게 주어지기도 합니다. 경건한 사람들이든지 경건치 않은 사람들이든지 일반common으로 주어질 수 있는 것이 그런 성령의 특이한 은사들입니다. 발람은 성경에서 악한 사람으로 악명이 높습니다(벧후 2:15 ; 유 11 ; 계 2:14). 그럼에도 불구하고 잠시 동안은 성령의 특이한 은사를 받았습니다. 사울은 악한 사람이었지만 한번은 '선지자들 중에' 든 적이 있습니다. 그리스도께서 전도자들을 파송하실 때 가룟 유다도 들어 있었습니다. 그는 물론 이적도 행하였습니다. 그는 마태복음 10장에서 열두 제자들 중의 한 사람으로 열거되고 있습니다. "예수께서 그의 열두 제자를 부르사 더러운 귀신을 쫓아내며 모든 병과 모든 약한 것을 고치는 권능을 주시니라" 그 다음에 나오는 구절에는 그 사람들 중에 누가 들어 있는가를 설명합니다. 4절에 "가나나인 시몬과 및 가룟 유다 곧 예수를 판 자라"고 명시되어 있습니다. 8절에서 그리스도께서 그들에게 이러한 말씀을 하셨습니다.

"병든 자를 고치며 죽은 자를 살리며 나병환자를 깨끗하게 하며 귀신을 쫓아내되 너희가 거저 받았으니 거저 주라."

마음에 있는 하나님의 은혜는 성도들을 향한 성령의 고유한 선물입니다. 그것은 하나님이 특별한 사랑을 주시기로 작정한 사람들에게만 주시는 복입니다. 그러나 성령의 특이한 은사는 하나님이 사랑치 않으시는 사람들에게도 주어집니다. 심지어 하나님이 미워하는 사람들에게도 특이한 은사가 허락되는 경우도 있습니다. 이러한 점을 종합하여 볼 때 마음에 역사하는 하나님의 성령의 감화는 성령의 특이한 은사들보다도 더욱 탁월하다는 것을 알 수 있습니다. 마음을 감화시키는 성령의 은혜는 하나님의 사랑에 대한 가장 훌륭한 증거이며 보배로운 은사입니다. 그러나 영감과 이적의 시대에 있었던 특이한 은사들이 하나님의 사랑에 대한 확실한 표지는 전혀 아니었습니다.

선지자들은 자기들이 선지자였다는 사실을 근거로 하나님의 사랑을 받고 있다든지 은총을 받았다는 생각을 하지는 않았습니다. 계시를 받은 사실 때문에 하나님이 자기를 사랑하시겠거니 하는 확신을 갖지 않았습니다. 자기들이 오히려 신실한 성도라는 사실을 기초로 하나님의 사랑을 확인하였습니다. 다윗의 경우에서 보면 그 점이 여실히 드러납니다(시 15:1-5 ; 17:1-3 ; 119편 전체 참조). 사실 시편 전체가 그 점을 증거합니다. 사도 바울도 성령의 특이한 은사들로써 특권을 부여받기는 하였지만, 이 은사들이 자기의 선한 지위를 해롭게 하는 것을 용납하지 않았습니다. 도리어 그는 사랑 없이는 그러한 은사들이 아무것도 아님을 분명하게 표명합니다.

그것을 기초로 하여 우리는 다음의 요점을 논증해 나갈 수 있습니다.

4. 마음에 역사하는 은혜가 특이한 은사들보다 탁월해

'이상과 같이 두 영역의 열매와 귀추들을 통해서, 마음에 역사하는 성령의 은혜가 성령의 특이한 은사들보다 무한히 탁월하다는 결론에 이르게 됩니다.'

영생은 복음의 약속들로 말미암아 마음에 역사하시는 성령님의 은혜와 밀접하게 연관된 것이며 특이하게 주어지는 은사들과는 무관합니다. 구원은 성령의 은혜를 소유한 사람들에게 약속된 것이지 단순히 성령의 특이한 은사들만을 가진 사람들에게 약속된 것이 아닙니다. 성령의 특이한 은사들을 가지고 있어도 지옥에 갈 사람들이 많습니다. 가룟 유다는 그런 은사들을 가지고 있었으나 지옥으로 떨어졌습니다. 그리스도의 말씀을 들어보십시오. 특이한 은사들은 가지고 있지만 마지막 날에 불법을 행하는 자들로 정죄를 받아 하나님 앞에 서지 못할 사람들이 있다고 말씀하셨습니다.

"그 날에 많은 사람이 나더러 이르되 주여 주여 우리가 주의 이름으로 선지자 노릇 하며 주의 이름으로 귀신을 쫓아 내며 주의 이름으로 많은 권능을 행하지 아니하였나이까 하리니 그 때에 내가 그들에게 밝히 말하되 내가 너희를 도무지 알지 못하니 불법을 행하는 자들아 내게서 떠나가라 하리라."(마 7:22,23)

그래서 귀신들이 자기들에게 복종하는 것을 보고 좋아하는 제자들에게 주님께서는 그런 것으로 기뻐하지 말고 "너희 이름이 하늘에 기록된 것으로 기뻐하라"(눅 10:20)고 말씀하셨던 것입니다. 이 말씀은 마음에 미치는 성령의 은혜가 특이한 성령의 은사들보다 무한히 더 큰 복락임을 보여줍니다. 그 성령이 구원하시는 은혜 속에 영원한 생명이 함유되어 있습니다. 영생은 무한한 가치를 지닙니다. 구원하는 은혜saving grace와 영생 사이에는 분명한 관계가 있습니다. 특이한 은사들이 실로 복된 것임은 틀림없지만 그러한 은사를 갖고도 지옥에 갈 수가 있습니다. 물론 그 은사들이 사람이 가질 수 있는 다른 여러 가지보다 더 큰 특권인 것만은 사실입니다. 그러나 그것만으로는 영생과 관계가 없습니다.

5. 마음을 감화하시는 성령의 통상적인 감화 속에 있는 행복

'성령의 통상적인 감화가 역사한 그리스도인이 받은 은혜가 특이한 은사들보다 훨씬 더 즉각적이고 진수가 되는 행복을 불러옵니다.' 사람의 최상의 행복은 거룩함에 있습니다. 이성理性을 가진 피조물과 모든 선의 샘 근원이신 하나님과의 연합은 바로 이 거룩으로부터 말미암습니다. 행복은 본질적으로 하나님을 알고 사랑하고 섬기는 것과, 영혼의 거룩한 성품을 소유하는 것을 내용으로 합니다. 영혼이 살아 약동하여 그러한 일들이 원활하게 될 때에 사람은 다른 어떤 것이 없어도 행복해 집니다. 그러나 그것이 아니고는 다른 어떤 것들을 아무리 크게 누리고 특권들이 아무리 대단하다 해도 행복해질 수 없습니다.

6. 영혼이 거룩한 품격에 이르게 하는 수단으로써의 특이한 은사들

'성령의 특이한 모든 은사들은 성령의 통상적인 감화로 영혼이 거룩한 품격에 이르게 하기 위해 쓰이는 수단입니다.' 예언, 방언, 이적 행하는 은사는 영혼의 목적을 위해 사용되는 수단입니다. 하나님께서는 세상에 복음을 선전하고 널리 전파하려는 목적으로 그러한 특이한 은사들을 주십니다.

복음의 목적은 어둠에서 빛으로, 죄와 사탄의 권세에서 살아 계신 하나님을 섬기는 데로 사람을 옮겨가게 하는 데 있습니다. 곧 사람들을 거룩하게 하는 데 있습니다. 모든 특이한 은사들은 죄인을 회심시키려는 목적을 위한 방편입니다. 그리고 성령의 통상적인 감화의 열매인 거룩 속에서 성도들을 세워 주기 위해 사용되는 도구입니다. 그래서 그리스도는 승천하신 후에 특이한 은사들을 사도들에게 주셨습니다. 그리하여 사도들은 이적을 행하고 방언을 말하였던 것입니다. 그 시대의 많은 사람들이 그 복음의 목적을 위해서 성령의 특이한 은사들을 가지고 있었습니다.

"그가 어떤 사람은 사도로, 어떤 사람은 선지자로, 어떤 사람은 복음 전하는 자로, 어떤 사람은 목사와 교사로 삼으셨으니."(엡 4:11)

여기서 사도는 특이한 은사들을 가진 자들을 지칭합니다. 그들을 세우신 목적이 바로 다음 말씀에 이어집니다. "이는 성도를 온전하게 하여 봉사의 일을 하게 하며 그리스도의 몸을 세우려 하심이라."

16절에서는 사도가 말하는 '몸 세우기'가 어떤 종류의 세움인지를 가르쳐줍니다.

"그 몸을 자라게 하며 사랑 안에서 스스로 세우느니라."

고린도전서 13장의 본문에 나오는 바로 그 '사랑' 안에서 세운다는 것입니다. 원어적으로 사용된 단어가 같고, 같은 뜻으로 쓰여졌습니다. 고린도전서 8장 1절에서 "사랑은 덕을 세우나니"라고 한 것과 같습니다.

목적은 언제나 수단보다 훨씬 훌륭합니다. 그것은 보편적으로 인정되는 격언입니다. 왜냐하면 수단이 목적에 복종하지 않으면 그 수단이 아무런 유익을 주지 못하기 때문입니다. 그러므로 목적이 수단에 비해 월등히 탁월함을 인정해야 합니다.

7. 성령의 열매가 없으면 무익한 특이한 은사들

'성령의 특이한 은사들은 성령의 일반적인 감화의 열매인 은혜가 없이는 아무런 유익이 없을 뿐 아니라, 더 나아가 그 은사들을 가진 자들이 받는 정죄를 더 가중시킬 것입니다.'

유다는 분명 그러한 특권들을 가졌으므로 말미암아 받는 정죄가 극히 가중되었습니다. 그러한 은사들을 가진 어떤 이들은 성령을 거역하는 죄를 범했습니다. 그리고 그 특권이 그들의 죄를 용서받지 못하게 만든 요인이었습니다.

"한 번 빛을 받고 하늘의 은사를 맛보고 성령에 참여한 바 되고 하나님의 선한 말씀과 내세의 능력을 맛보고도 타락한 자들은 다시 새롭게 하여 회개하게 할 수 없나니 이는 그들이 하나님의 아들을 다시 십자가에 못 박아 드러내 놓고 욕되게 함이라."(히 6:4-6)

그렇게 '타락한fell away' 자들은 당시 아주 많은 그리스도인들처럼 기독교를 시인하고 특이한 은사들을 받은 후에 다시 신앙을 버리고 변절하는 자들과 같았습니다. 그들은 기독교권에서 교육을 받고, 성령의 일반 은사common gift를 힘입어 말씀을 기쁨으로 받았던 사람들입니다. 그들은 마태복음 13:20에 언급된 사람들과 같은 이들입니다. 전에 성령의 특이한 은사를 받은 사람들입니다. "성령에 참여한 바 되고 하늘의 은사를 맛보고 내세의 능력을 맛본" 사람들이었습니다. 방언으로 말하고 그리스도의 이름으로 예언하던 사람들입니다. 그리스도의 이름으로 귀신도 쫓아내었습니다. 그러다가 그리스도를 죽인 사람들이 한 것 같이 그리스도를 참람한 자로 부르며 기독교를 떠났습니다. "하나님의 아들을 십자가에 못 박아 다시 현저히 욕보임이라." 그러한 사람은 기독교를 배반하면서 자신들이 소유하였던 이적의 능력이 마귀에게 속한 것이라고 스스로 떠벌리는 격입니다. 그러하니 그들에게 무슨 소망이 있으며, 그들이 받는 정죄는 얼마나 더하겠습니까?

이러한 것들을 종합하여 볼 때 구원하는 은혜가 성령의 특이한 은사들보다 무한히 더욱 가치 있고 탁월한 것입니다.

8. 떨어지지 아니하는 은혜와 떨어지는 은사

'성령의 통상적인 감화의 열매인 구원하는 은혜가 특이한 은사들보다 더욱 우월하다는 것을 보여줄 수 있는 다른 길이 있습니다. 특이한 은사들은 떨어지나 구원하는 은혜는 떨어지지 않습니다.'

사도는 본문의 문맥 속에서 신적인 거룩한 사랑이 성령의 특이한 은사들보다 우선함을 논증합니다. "사랑은 언제까지든지 떨어지지 아니하나 예언도 폐하고 방언도 그치고 지식도 폐하리라." 거룩한 사랑은 영원히 남을 것이나, 성령의 특이한 은사들은 시간이 지나면 폐하여질 것입니다. 그러한 은사들은 수단의 성격만 갖고 있습니다. 목적이 이루어지면 그것들은 폐해집니다. 신성한 사랑은 영원히 남습니다. 이 주제를 더욱 세분하여 생각해봅시다.

(1) 사람이 세상에서 받을 수 있는 최대의 특권과 복락

'구원하시는 은혜가 성령의 특이한 은사들보다 더 큰 복락이라면, 우리는 의심할 여지없이 이 세상에서 하나님께서 사람에게 부여하시는 최대의 특권과 복락은 구원하시는 은혜라고 주장할 수 있습니다.'

방언을 말하고 이적을 행하고 예언하는 은사와 같은 성령의 특이한 은사들은 하나님께서 자연인에게도 베푸시는 가장 높은 종류의 특권들에 속하기 때문입니다. 그것들은 사도 시대를 제외하고는 다른 시대의 자연인에게는 매우 드물게 주어지는 특권들이었습니다.

이상에서 한 말을 잘 숙고하면, 영혼 안에서 신성한 기품temper를 일으키는 구원하는 은혜는 이 세상에서 사람들이 받을 수 있는 최대의 복락임이 분명하게 드러납니다. 그 복락은 어떤 천성적인 재능보다 더 크고, 천성적인 능력보다 더 크고, 가장 빼어난 학식보다 더 높고, 외양적인 부요와 영예보다 더 크고, 왕이나 황제가 되는 것보다 더 크고, 다윗 같이 양을 치는 데서 취함을 받아 온 이스라엘을 다스리는 왕이 되는 것보다 더 큽니다. 솔로몬의 모든 풍부와 존귀와 그가 입은 모든 영광을 다 합하여도 구원하시는 은혜의 복락에 비할 바가 아닙니다.

하나님께서 복된 동정녀 마리아에게 부여하신 특권이 얼마나 큰지, 그녀에게서 낳은 자가 하나님의 아들이셨습니다. 그녀의 태에 천사들보다 무한히 더욱 영예로운 분, 하늘과 땅의 주권자요 창조주이시요 세상의 위대한 주권자가 잉태되었습니다. 예수님께서 그녀에게서 태어나 그녀의 젖을 먹고 자라나셨습니다. 그녀는 이 땅에서 살았던 가장 존귀한 임금의 아이의 어미가 되는 것보다 더 큰 특권을 누렸습니다. 그러함에도 불구하고 그 특권마저도 마음속에 하나님의 은혜를 소유하는 것만 못합니다. 누가복음 11:27,28에서 주님이 가르치신 바와 같습니다.

"이 말씀을 하실 때에 무리 중에서 한 여자가 음성을 높여 이르되 당신을 밴 태와 당신을 먹인 젖이 복이 있나이다 하니 예수께서 이르시되 오히려 하나님의 말씀을 듣고 지키는 자가 복이 있느니라 하시니라."

그와 같이 영혼 속에 그리스도를 잉태함 같은 것이 더욱 위대한 것입니다. 한 번은 모친과 형제들이 밖에서 기다린다고 예수님께 알려 드렸습니다. 주님은 그 기회를 사용하시어 그리스도와 육신적 혈통을 나눈 어머니나 형제들이 되는 것보다 그리스도와 더 복된 관계를 누릴 수 있는 방식을 알려주셨습니다.

"예수께서 무리에게 말씀하실 때에 그의 어머니와 동생들이 예수께 말하려고 밖에 섰더니 한 사람이 예수께 여짜오되 보소서 당신의 어머니와 동생들이 당신께 말하려고 밖에 서 있나이다 하니 말하던 사람에게 대답하여 이르시되 누가 내 어머니며 내 동생들이냐 하시고 손을 내밀어 제자들을 가리켜 이르시되 나의 어머니와 나의 동생들을 보라 누구든지 하늘에 계신 내 아버지의 뜻대로 하는 자가 내 형제요 자매요 어머니이니라 하시더라."(마 12:46-50)

(2) 은혜 받은 확실한 표증이 될 수 없는 특이한 은사

'그러기에 두 가지의 특권을 혼돈하지 말아야합니다. 성령의 특이한 이적적 은사들을 은혜의 분명한 외적 표증으로 생각해서는 안됩니다. 가만히 보니 그것이 하나님에게서 온 것 같고 장차 일어날 일을 계시하여 주는 것처럼 보이고 그 보이는 바가 사실이라도, 그것을 성령은 특이한 은사 중 하나로만 생각할 일입니다.'

사람들이 어느 때에 자기들 사고思考에 어떤 특이한 인상을 받고, 그 인상이 장차 일어날 일을 하나님께서 알려주시는 것이라고 생각하였다 합시다. 또 그게 사실이라 합시다. 그런 경우에도 성령의 특이한 은사, 곧 예언의 은사를 말하는 것에 불과합니다. 우리가 지금까지 알아 본 바와 같이 그런 것이 반드시 은혜, 곧 구원하는 어떤 것의 확실한 증표는 될 수 없음이 명백합니다. 설령 그것이 거짓이 아니었다 해도 우리는 그러한 것들을 유심히 살펴볼 하등의 이유가 없습니다. 이같은 시대에 그런 것들을 가지고 미혹이 아닌 어떤 진실한 것으로 가장하려 해도 우리가 그것들을 유념할 이유가 없습니다.

그러한 인상이 성경 본문을 읽다가 생각 속에 떠올랐다는 사실도 상황을 바꾸지는 못합니다. 왜냐하면 어느 때에든지 어떤 본문을 있는 그대로 읽는 것이 그 일을 입증하지 않으면, 떠오른 인상이 그것을 입증하지 못합니다. 왜냐하면 성경은 어느 때에도 같은 것만 말하기 때문입니다. 성경 말씀을 죽 읽어 내려가면 여전히 동일한 의미를 가지고 있습니다. 그 읽은 성경 본문이 마음의 생각에 갑자기 떠오를 때에도 여전히 같은 의미를 가지고 다가오는 것과 같습니다. 그러므로 어떤 사람이든지 그 말씀을 기초로 다른 것을 주장하면 그는 근거 없이 나가고 있는 셈입니다. 그 성경 본문이 전에는 없던 새 의미를 갑자기 달고 마음의 생각에 들어오는 일은 없기 때문입니다. 사람이 성경 어느 본문이 갑자기 생각이 난다고 해서 자기가 영적으로 좋은 상태에 있다고 생각한다 합시다. 그런데 그 본문이 성경에 있는 대로는 자신의 좋은 영적 상태를 입증하는 경우가 아닙니다. 그리고 성경을 죽 읽어나가는 과정에서 그 본문을 읽었을 뿐이고, 그 때 그 본문이 자기의 영적인 좋은 상태를 입증하지는 않았다 합시다. 그럴 경우 마음에 갑자기 어떤 본문이 떠올랐다 해도 자기의 좋은 영적 신분을 보여주는 증거는 전혀 되지 못합니다.

어떤 사람들에게 눈에 보이는 환상이나 귀에 들리는 음성 같은 것이 나타났다 하더라도 그것을 은혜 안에 있다는 표증으로 취하지는 말아야 합니다. 왜냐하면 그런 것들이 진정 하나님께부터 온 것이라 해도 은혜는 아니기 때문입니다. 옛적 선지자들의 경우 같이 환상이나 꿈을 이끌어내는 성령의 특이한 감화도 그 사람이 은혜 중에 있음을 보여주는 확실한 표지는 전혀 될 수 없기 때문입니다. 은혜의 증거로 비중있게 취급하여야 하는 성령의 모든 열매들은 다 그리스도인다운 사랑 속에 압축되어 있습니다. 왜냐하면 그리스도인다운 그 사랑이 모든 은혜의 총합이기 때문입니다. 그러므로 자신의 영적인 상태가 좋음을 확인할 수 있는 오직 유일한 방도는 마음속에 이 신성한 사랑의 행사들의 존재 여부를 분별하는 것입니다. 사랑 없이는 자기들이 즐거워하는 어떤 은사들을 가지고 있어도 아무것도 아니기 때문입니다.

(3) 후기 교회 시대에 성령의 특이한 은사들의 허락 여부

'구원하는 은혜가 성령의 특이한 은사들보다 더욱 탁월하다면, 성경이 후기 교회 시대의 영광에 대하여 말하는 것을 보고 그 시대 사람들에게 성령의 특이한 은사들이 허락될 것이라 결론 내릴 수 없습니다.'

유대인들이 부르심을 받고 회심하고 적그리스도가 망한 뒤에 오게 될 영광스러운 교회 시대에 많은 이들이 영감을 받고 이적을 행하는 권능을 부여받게 될 것이라고 단정해 버린 이들이 다수입니다. 성경이 그 시대의 영광에 대하여 말한다고 해서 그것이 그런 일을 입증하지는 않습니다. 또 그것이 그러한 일의 개연성을 만드는 것도 아닙니다. 통상적인 구원하시는 은혜의 작용으로 사람들의 마음을 그리스도인다운 거룩한 기품으로 채워 신적 생명을 발휘하도록 인도하시는 하나님의 성령의 부어주심이 가장 영광스러운 부어주심이라는 것이 성경 전체를 장악하고 있는 요점이기 때문입니다. 그 부어주심이 특이한 은사들을 부어주심보다 훨씬 더 영광스럽습니다. 그러므로 영광스런 교회 시대가 와도 특이한 은사들이 반드시 요구되는 것은 아닙니다. 그 시대는 특이한 은사들이 없이도 다른 어떤 시대보다 더욱 영광스러울 수 있습니다.

방언을 말하고 예언하는 은사를 가지지 않고도 그 은사들이 주어진 시대보다 훨씬 영광스러울 수 있음을 부인할 하등의 이유가 없습니다. 만일 성령께서 거룩하게 하시는 감화력을 대량으로 부어 주신다면, 특이한 은사들이 없이도 영광의 교회 시대가 되지 못할 이유가 없습니다. 그래서 사도는 더 좋은 길이 있다고 열심을 다하여 역설했습니다(고전 12:31). 이 영광이 교회가 어느 시대이든지 누릴 수 있는 가장 큰 영광입니다. 이런 좋은 길을 따라서 교회가 충만해지면 사랑과 인애가 온전히 왕 노릇을 하는 천상 교회와 더 닮게 됩니다. 거기 하늘에서는 성령의 특이한 은사들이 아무리 넘치게 무수하게 부어지더라도 해낼 수 없을 차원에서 사랑이 왕 노릇하고 있기 때문입니다. 이로 보건대 장차 올 영광스런 교회시대에 여전히 성령의 특이한 은사들이 부어지게 될 것이라 기대해야 할 아무런 이유가 없습니다. 왜냐하면 그런 시대에도 절대로 새로운 경륜이 도입되거나 새로운 성경이 주어질 것은 아니기 때문입니다. 우리가 현재 누리고 있는 성경에 무엇인가 덧붙여지거나 확대될 것을 기대해야 할 어떤 이유도 없습니다. 오히려 우리가 가진 성경의 마지막 부분을 자세하게 숙고하여야 할 것입니다. 그리스도께서 오시기까지 아무것도 더하지 말아야 한다고 하였으니 말입니다.

"내가 이 두루마리의 예언의 말씀을 듣는 모든 사람에게 증언하노니 만일 누구든지 이것들 외에 더하면 하나님이 이 두루마리에 기록된 재앙들을 그에게 더하실 것이요 만일 누구든지 이 두루마리의 예언의 말씀에서 제하여 버리면 하나님이 이 두루마리에 기록된 생명나무와 및 거룩한 성에 참여함을 제하여 버리시리라 이것들을 증언하신 이가 이르시되 내가 진실로 속히 오리라 하시거늘 아멘 주 예수여 오시옵소서."(계 22:18-20)

(4) 구원의 은혜를 마음에 받은 이들이 마땅히 할 일

'하나님의 성령이 구원하시는 은혜의 감화 안에 함유되어 있는 특권을 받은 사람들이 하나님을 찬미하고 그 분의 영광을 위하여 살아야 하는 이유가 무엇입니까?'

우리가 말로 표현할 수 없는 복락을 받은 사람들의 경건한 상태를 진지하게 숙고해 보면 그들이 받은 큰 은혜에 놀라움을 금할 수 없습니다. 정말 그러한 은혜는 생각할수록 표현하기가 어렵습니다. 동정녀 마리아의 위대한 특권과 사도 바울이 삼층 천에 사로잡혀 갔던 일을 말씀을 통해서 들으면서 큰 감탄을 발합니다. 그러나 그들이 누린 그 특권들은 그리스도와 함께 하는 특권과 비교하면 아무것도 아닙니다. 곧 마음속에 성령의 통상적인 감화의 열매인 사랑의 은혜를 가지는 것에 비하면 그 특권들은 아무것도 아니란 말입니다. 이 최상의 복락을 소유함을 소망하는 이들은 지금부터 더욱더 숙고하십시오. 하나님께서 얼마나 큰 총애를 베푸셨고, 하나님께서 자기들 속에서 역사하신 그 일로 인하여 하나님을 영화롭게 할 마땅한 책무가 얼마나 큰지를 숙고하십시오. 아울러 자기들을 위하여 이 큰 복락을 자신의 피로 사신 그리스도를 영화롭게 하고, 자기들 영혼에 그 효력을 인印쳐 주신 성령님을 영화롭게 해드릴 책무가 얼마나 큰지 숙고해야 합니다. 그러한 사람들은 모든 거룩한 행실과 경건으로 어떠한 삶의 방식을 보여야할까요? 하나님의 긍휼 안에서 소망을 가진 여러분이여, 성자 하나님께서 얼마나 높아지셨는지 숙고하십시오. 그리스도의 의를 통해 우리를 긍휼히 여기신 하나님의 자비하심 속에 있는 소망을 생각하십시오. 하나님이 여러분을 얼마나 높이 들어 세웠습니까! 그런 것을 생각하면 하나님을 위해 얼마나 열심을 내야 하겠습니까! 그러한데도 여러분은 그리스도를 영화롭게 하지 않으시겠습니까? 그리스도를 조금 밖에 생각지 않고, 그분을 섬기는 일을 게을리 하고, 그분의 영광을 위해서 살아가는 것에 나태하시겠습니까? 자신을 삼가고, 자비하신 하나님을 떠나게 만드는 부패한 세상적인 교만을 갖지 않도록 자신을 지켜야 하지 않겠습니까? 그 세상적인 교만의 마음은 우리를 그리스도로부터 멀어지게 만듭니다. 구주께서는 여러분을 위하여 그런 복락을 사시느라 자신을 드려 고난을 당하시고 죽음을 거절하지 아니하셨습니다.

여러분은 매일 열심히 이러한 간구를 드리지 않겠습니까? "여호와께서 내게 주신 모든 은혜를 무엇으로 보답하리이까?" 하나님께서 여러분을 위하여 하신 일 외에 무엇을 더 하실 수 있습니까? 여러분의 마음이 감사가 넘치는 마음이 되게 하기 위하여 하나님께서 다른 특권을 주셔야겠습니까? 여러분, 여러분이 어떻게 살아가고 있는지를 생각해 보십시오. 여러분은 하나님을 위하여 얼마나 많이 사셨습니까? 하나님을 위해서는 인색하게 살고 자신을 위하여는 얼마나 풍부한 삶을 살았습니까? 여러분은 마음속으로 그리스도를 위하여 살고 있습니까? 하나님의 나라를 확장하려는 소원을 일으키는 하나님을 향한 사랑은 어느 정도입니까? 여러분은 자신이 가진 높은 특권의식을 행실을 통해서 보여 주셔야 하지 않을까요? 그것이 마땅한 일입니다. 그러한 사랑은 하나님께 순종하고 복종하고 경외하며 소망을 주께 두는 마음에서 드러납니다. 여러분의 이웃을 향해서는 온유하고 불쌍히 여기는 마음으로 겸손하고 자애로운 행사를 보이며, 기회 있는 대로 모든 사람들에게 선을 베푸는 일로 인해 그 신적 사랑이 나타나는 것입니다.

(5) 하나님의 사랑을 알게 하는 은혜를 구하라

'이 항목은 새롭게 되지 않은 사람들에게 권하는 내용입니다. 곧 이 은혜에 대하여 외인인 사람들에게 가장 탁월한 이 은혜를 구하라고 권면하는 말씀이라는 것입니다.' 이 세상을 사랑하고 하나님께 대한 적대감으로 가득차서 사랑 안에 있는 의義로부터 멀리 있어 이 사랑을 전혀 알지 못하는 이들은 얼마나 비참합니까! 하나님께서 여러분의 됨됨이를 따라 여러분을 다루시면 어찌하시겠습니까? 하나님께서 여러분의 원수로 서셔서 노를 발하시면 어찌하려 합니까? 여러분도 그러한 사랑을 할 수 있음을 생각하십시오. 그리스도께서는 사랑을 부여하실 수 있고 또한 주시기를 기뻐하십니다. 수 많은 사람들이 그것을 얻었고 그 사랑 안에서 복을 받았습니다. 하나님께서는 여러분의 사랑을 구하고 계십니다. 우리는 사랑을 하나님께 드려야 합니다. 그것은 우리들이 지불해야 할 마땅한 의무입니다 하나님께서 성령을 놀랍게 부어주십니다. 거의 한 가정도 하나님은 거르지 아니하십니다. 하나님께는 거의 모든 가정이 다 귀인이요 왕이요 제사장들입니다. 그들은 모두 전능하신 주 하나님의 아들이며 딸들입니다!

우리는 이러한 하나님의 사랑에 어떠한 태도를 취해야 할까요? 하나님을 섬기는 데 얼마나 거룩하고 얼마나 진지하고, 얼마나 의롭고 얼마나 겸손하고 얼마나 사랑스러워야 하며, 얼마나 헌신적이어야 할까요? 그리고 우리의 이웃을 향해서는 얼마나 신실해야 하겠습니까? 하나님께서는 개인적으로나 백성 전체로나 우리를 향하여 가장 부요한 복음을 주셨습니다. 우리를 불러내시어 왕 같은 제사장으로 거룩한 나라로 그의 소유된 백성들로 삼으셨습니다. 우리를 어둠에서 불러내시어 기이한 빛으로 들어가게 하신 하나님을 찬미하는 것이 우리에게 개인적으로나 한 백성 전체로서 마땅한 처사입니다.

"하나님을 잊어버린 너희여 이제 이를 생각하라 그렇지 않으면 내가 너희를 찢으리니 건질 자 없으리라 감사로 제사를 드리는 자가 나를 영화롭게 하나니 그의 행위를 옳게 하는 자에게 내가 하나님의 구원을 보이리라."(시 50:22,23)

내가 내게 있는 모든 것으로 구제하고
또 내 몸을 불사르게 내줄지라도
사랑이 없으면
내게 아무 유익이 없느니라.

고린도전서 13장 3절

CHAPTER 3

사랑 없는 도덕적 업적과 고난

The Greatest Performances Or Suffering In Vain Without Charity

우리는 앞에서 사랑의 필요성과 탁월함에 대하여 숙고하였습니다. 사랑은 가장 큰 특권들보다 더 위대합니다. 사랑이 없으면 아무리 큰 특권들도 아무것도 아닙니다. 앞에서 언급한 성령의 특이한 은사들이라는 특권의 경우에 그러합니다.

이제 이 본문에서는 다른 종류의 것들을 언급하고 있습니다. 곧 '도덕적' 성격을 띠는 것들입니다.

첫째로, 사랑이 없으면 이 '도덕적 업적들' 도 쓸모가 없음을 본문은 선언합니다.

본문에서는 가장 큰 외적外的 업적 중 하나가 언급되고 있습니다. 곧 가난한 사람들에게 우리가 가진 모든 것을 내어 주는 것입니다. 하나님의 말씀은 가난한 사람들에게 무엇을 줄 것을 거듭 강조합니다. 특히 초기 기독교 시대에 그 의무는 더욱 중요했습니다. 초기 기독교 시대에 교회의 형편들이 그러하였던 것입니다. 그 당시 교회에 출석하는 사람들은 자기들이 가지고 있는 것들을 내놓아 나누어 쓰자는 요청을 받았고, 실제로 그렇게 하였습니다. 그것이 필요했던 이유는 사람들이 재난을 만나기도 하고 핍박을 당하기도 하였기 때문입니다. 그리고 그리스도를 따라서 복음의 일을 하는 사람들에게 따라 오는 어려움이 있었고, 제자들이 자신들의 쓸 것을 스스로 마련할 것에 대한 염려를 덜어 줄 필요도 있었습니다. 제자들은 예수님의 말씀을 따라서 자기들의 일용할 양식을 가지고 다니지 않았습니다. 예수님은 하나님의 복음을 위해 일하는 사람들에게 금이나 은을 전대에 가지고 다니거나 두 벌 옷을 가지고 다니지 말라고 명하셨습니다. 그래서 그러한 일이 필요하였습니다. 사도 바울은 그리스도를 위하여 모든 것을 잃는 아픔을 당하였다고 고백합니다.

예루살렘에 있던 그리스도인들은 자신들의 소유를 다 팔아 공동 기금을 만들었고 그 후 자기의 것이라 하는 자가 없었습니다(행 4:32). 특히 고린도의 그리스도인은 가난한 사람들에게 필요한 것을 공급하는 의무를 생각할 기회를 얻게 되었습니다. 당시 많은 사람들이 어려움을 겪고 있었으며, 유대의 형제들이 극심한 기근으로 고통을 받고 있었기 때문입니다. 사도는 이러한 상황을 감안하여 그 형제들에게 일용할 것을 보내는 것이 그들의 의무임을 이미 강조하였습니다. 고린도전서 16장에서 특히 그 점을 말하고 있습니다. 고린도후서 8,9장에서도 같은 문제를 언급하고 있습니다.

이같이 두 서신을 통하여 강조하는 이 의무를 그들이 잘 받아들여 분에 넘치도록 하여 지나칠 정도로 하였다 합시다. 곧 가지고 있는 모든 것을 다 내놓아 가난한 사람들에게 주었다 합시다. 그런다 할지라도 '사랑'이 거기에 빠졌으면 아무것도 아니라고 바울 사도는 본문에서 일러주고 있습니다.

둘째로, 업적 뿐 아니라 '고난 당하는 것'도 사랑이 없으면 아무 소용이 없다고 사도는 가르치고 있습니다.

사람들은 자기들이 행한 일은 크게 보려고 합니다. 자기들이 당한 고난에 대해서는 사실보다 더 크게 자랑하려는 마음을 가집니다. 자기가 가던 길을 포기하고 믿음을 위해 큰 희생을 감수하고 고난을 당하면 그것을 크게 생각하려는 경향이 있습니다. 사도는 여기서 '가장 큰 고난'을 언급합니다. 곧 고난으로 죽임 당하는 것을 말하고 있습니다. 그것도 가장 무섭고 잔인한 형태의 죽음인 불에 타 죽는 것을 언급하고 있습니다. 그러나 그것마저도 '사랑'이 없으면 아무 소용이 없다는 것입니다. 사람이 소유하고 있는 모든 쓸 것을 버리면 가진 것이 없게 됩니다. 자신의 소유를 다 내어준다 할지라도 마음에서 우러나는 진정한 사랑으로 하지 아니한 것이라면 소용이 없다고 말하고 있습니다. 그러나 자신은 아직 남아 있는데, 그 자신의 몸마저 불사르게 내어 준다 할지라도 사랑이 없으면 아무 유익이 없다고 가르칩니다.

사도가 이 서신을 쓸 당시에는 그리스도인들이 가지고 있던 재산 뿐 아니라 자신들의 몸마저 그리스도를 위하여 내놓아야하는 일들이 빈번하였습니다. 그 당시 교회들이 대개 핍박을 받고 있었기 때문입니다. 많은 사람들은 복음 때문에 죽임을 당할 처지에 있었습니다. 그러나 그들이 살면서 고통을 당하고, 그러다가 가장 잔인한 죽임을 당하게 된다 하여도 그 사람 속에 '사랑'이 없으면 아무것도 아니라는 것입니다. 이 '사랑'이 무엇을 의미하는지에 대해서는 앞의 1, 2강에서 말씀드린 바 있습니다. 우리는 그 강론들을 통해서 마음속에 있는 참된 믿음을 드러나게 하는 모든 것들의 총합總合이 '사랑'임을 알았습니다.

그러므로 저는 이 말씀 속에서 다음과 같은 교리를 유추합니다.

'사람들이 할 수 있는 모든 일, 사람들이 당할 수 있는 어떤 고난도 마음

에서 우러나는 참된 그리스도인다운 사랑의 부족을 메울 수 없다.'

1. 사랑이 결핍된 큰 업적과 고난

'마음에서 우러나는 그리스도인다운 진정한 사랑이 없이도 대단한 업적이 있을 수 있고 큰 고난도 있을 수 있습니다.'

(1) 사랑이 없는 큰 업적

사랑이 없이도 위대한 업적을 행할 수 있습니다. 사도 바울은 빌립보서 3장에서 회심하기 전에 바리새인으로 있을 때 자기가 행한 일이 무엇이었는지 말하고 있습니다. 그는 4절에서 이런 말을 하였습니다.

"그러나 나도 육체를 신뢰할 만하며 만일 누구든지 다른 이가 육체를 신뢰할 것이 있는 줄로 생각하면 나는 더욱 그러하리니."

많은 바리새인들이 대단한 일들을 행하였고, 그들이 행한 종교적인 업적도 대단하였습니다. 누가복음 18:11,12에서 언급된 바리새인은 자기가 행한 일들을 하나님과 사람 앞에서 자랑합니다. 그는 그러한 일들을 행함에 있어서 다른 이들을 능가한 것을 하나님께 감사하고 있습니다. 많은 이방인들도 행한 일로는 뛰어난 사람들입니다. 어떤 사람들은 고결함이 뛰어나서 유명하고, 어떤 이들은 자기들의 정의正義로 뛰어나고, 어떤 이들은 공공의 유익을 행하는 데 뛰어난 사람들입니다. 마음에서 우러나는 진지한 신적 사랑이 없이도 훌륭하고 사랑스러운 유익을 위하여 자기들의 재능 속에서 뛰어났습니다. 그래서 크게 명성을 얻을 수 있었습니다. 그들의 이름이 또한 역사에 기록되어 후손들에게 큰 영광의 자취를 남겼습니다.

많은 이들이 지옥이 무서워 큰일을 행하기도 하였습니다. 그들은 그 큰일들이 신神의 마음을 가라앉혀 자기들의 속죄贖罪의 근거가 되리라는 희망을 가지고 그 일들을 했습니다. 어떤 사람들은 자부심을 가지고 큰일들을 하였고, 사람들에게서 명성을 얻으려는 야심을 가지고 큰일을 하였습니다. 물론 이런 동기들은 사람들로 하여금 하나님의 계명들을 부단히 지키도록 영향을 미치지 못하며, 기독교적인 일을 계속 수행하여 나가게 하지도 못합니다. 전 생애를 통하여 하나님과 사람을 향한 모든 의무를 행하도록 영향을 끼치지도 못합니다. 하나님에게서 멀리 떨어져 있는 사람들이 그런 본성적인 원리를 가지고 특별한 의무와 업적을 행할 수 있는지는 설명하기가 어렵습니다.

(2) 사랑이 없이 믿음을 위해 받는 '고난'

신앙을 위하여 당하는 큰 '고난'이 있을 수도 있습니다. 그러면서도 마음속에서 진정 우러나는 그리스도인다운 사랑이 전혀 없을 수 있습니다. 사람들은 살아가는 과정에서 큰 고난을 만날 수 있습니다. 바리새인들이 행한 일이 바로 그런 것입니다. 바리새인들은 자신들을 극히 혹독한 고난 속에 몰아넣기를 잘 하였습니다. 자진하여 금식도 하고 고난도 당합니다. 많은 사람들이 지루하고 고달픈 순례의 길을 여행할 수도 있습니다. 인류사회에서 얻을 수 있는 즐거움을 외면하고, 광야와 불모지에서 일생을 보내는 사람들도 있습니다. 어떤 사람들은 죽음을 당하기까지 합니다. 그러나 그런 사실은 그들의 마음에 진지한 사랑이 있다고 단언할 만한 하등의 이유가 되지 못합니다. 교황주의자들 중에는 자원하여 피 흘리는 전쟁에 나간 사람들이 있었습니다. 그들은 그런 일이 공로가 되어 하늘나라에 갈 줄로 생각하였습니다. 그런 생각을 가지고 터키족과 사라센을 대상으로 싸웠습니다. '십자군 전쟁'이라고도 하고 '성전'聖戰이라고도 하는 전쟁에 들어가서 위험을 자초한 사람들이 부지기수입니다. 자신들의 죄악을 용서받고 후에 하나님의 상급을 받으리라는 희망을 가지고 그런 일에 뛰어 들었습니다. 수백, 아니 수천 명이 이런 식으로 목숨을 잃었습니다. 심지어 그 일로 인하여 유럽의 인구가 줄어들기까지 하였습니다.

터키인들은 이러한 일에 특히 잘 현혹되었습니다. 그들은 자기의 목숨까지도 버려 가면서 원수들의 칼끝이 번뜩이는 지점까지 돌진하고는 하였습니다. 마호메트Mahomet가 한 약속에 의지해서 말입니다. 그들은 마호메트의 약속을 믿어 전쟁에서 죽으면 모두 낙원에 가리라 소망하고 있었습니다. 역사歷史는 이와 같이 자신들의 목숨을 자원하여 내어 던진 사람들에 대하여 말합니다. 어떤 다른 요구에서가 아니고 단순히 완고하고 무모한 정신 때문에 자발적으로 자신들의 목숨을 내어 주었습니다. 심지어 명예를 훼손하지 않고 목숨을 구할 수 있을 때에도 그런 일을 무모하게 저질렀습니다.

이방인들 중에는 자기 나라를 위하여 죽은 사람들이 많습니다. 순교자라고 불리는 사람들 중에 많은 경우는 거짓된 신앙 때문에 죽임을 당하였습니다. 그들은 참된 신앙을 위하여 죽은 사람들의 수에 들지 않습니다. 다만 사람들이 그렇게 여겨줄 뿐입니다. 이러한 모든 경우에서 사람들이 고난을 받고 죽임을 당한 것이 사실이지만 마음에서 우러나는 진정한 하나님을 향한 사랑은 전혀 없었습니다.

2. 다른 것으로 보충이 되지 않는 '사랑 없음'

'아무리 큰 고난을 받고 큰일을 행하여도 마음속에 있어야 할 진지한 사랑이 빠진 빈자리를 메울 수는 없습니다.'

가령 그들이 신앙에 속한 일에 전념하고, 공의와 자비, 헌신의 행위와 경건한 행실에 항상 자신을 드린다 합시다. 그래서 언제나 금식하고 기도하는 일을 쉬지 않는다고 합시다. 또 자기의 시간을 항상 종교적인 예배의 형식에 정말 많은 부분을 할애하고 밤낮 그 일에 자신을 더 드리려고 잠을 떨쳐버리며 졸린 눈을 부비고 신앙적인 행사에 더욱더 수고하고 있다 합시다. 그러한 일로 그 이름이 세상에 널리 전파될 정도로 말입니다. 그때에도 그러한 일들이 하나님을 진정 사랑하는 마음에서 행한 것인지 살펴야 합니다. 그 일들로 해서 이름이 후세의 여러 세대에게까지 유명해졌다 해도 사랑으로 한 것이 아니면 모든 일들은 아무 소용이 없습니다.

어떤 사람이 참으로 관대하여 신앙적인 일이나 사랑스러운 일을 위하여 처신한다 합시다. 그 사람은 한 나라의 모든 부富를 가지고 있었고, 그 부를 거지들에게 나누어 주고, 땅에서 누릴 수 있는 모든 영광의 광채를 사양하고 거지의 수준으로 내려앉았습니다. 거기에서 멈추지 않고 그러한 일을 수행함에 있어서 극심한 고통을 당하였고, 남루한 옷을 입고 사람이 감히 상상할 수 없을 정도로 몰골이 사나워지기까지 하였습니다. 그 정도까지 낮아졌습니다. 그러나 그러한 모든 일을 다 합한다 해도 마음에 없는 하나님을 향한 진정한 사랑을 대신 할 수 없습니다.

다른 것들로 사랑을 대신 할 수 없는 이유를 다음과 같은 몇 가지 측면에서 생각해 봅시다.

(1) 하나님께서 가치 있게 보시는 일

'하나님께서는 행해진 어떤 외적인 일이나 겪은 고난 자체를 가치 있게 보시지 않습니다.'

몸의 동작이나 활동, 그 몸으로 행한 어떤 일도 그 사람의 내면으로부터 나온 것이 아니면, 하나님 앞에서는 마치 생명 없는 무언가가 움직이는 것이나 다름없습니다. 하나님께 드려진 금은 보석이나 언덕 위에 있는 수많은 소나 수천의 숫양이나, 강물같이 흐르는 숫양의 기름도 그 외양만으로는 하나님께 가치 있는 것이 되지 못합니다.

만일 하나님이 그러한 것을 필요로 하신다면 그것들 자체만으로도 만족하게 여기실 것입니다. 그런 경우에는 드리게 된 동기와 경우가 무엇인지를 문제 삼을 필요가 없습니다. 우리 사람들은 흔히 어떤 외양적인 일이 필요할 때를 만나게 됩니다. 그러므로 우리가 받게되는 자체만으로도 우리에겐 가치 있는 것이라고 생각할 수 있습니다. 그러나 하나님은 그러한 것이 필요한 분이 아니십니다. 스스로 충분하신 분입니다. 짐승과 희생을 받아서 배부른 분이 아닙니다. 금이나 은이나 진주로 부요해지시는 분도 아닙니다.

"이는 삼림의 짐승들과 뭇 산의 가축이 다 내 것이며 산의 모든 새들도 내가 아는 것이며 들의 짐승도 내 것임이로다 내가 가령 주려도 네게 이르지 아니할 것은 세계와 거기에 충만한 것이 내 것임이로다."(시 50:10-12)

"모든 것이 주께로 말미암았사오니 우리가 주의 손에서 받은 것으로 주께 드렸을 뿐이니이다…우리 하나님 여호와여 우리가 주의 거룩한 이름을 위하여 성전을 건축하려고 미리 저축한 이 모든 물건이 다 주의 손에서 왔사오니 다 주의 것이니이다."(대상 29:14-16)

우리의 봉사와 업적이 하나님께 보탬이 되는 것이 아니므로 마음에 진정한 하나님 사랑이 없이 행하는 모든 외적인 행동 자체는 하나님 보시기에 받으실만한 것이 될 수 없습니다. 하나님은 사람이 행하는 것 같이 "사람의 외모를 보시지 않고" 사람의 중심을 보십니다. 하나님 앞에서는 마음이 벌거벗은 것 같이 드러납니다. 하나님께서는 우리의 행동과 행실들을 보시되, 기계가 움직이는 것으로 보시지 않습니다. 이성적理性的 존재, 지성적知性的 피조물로 보십니다. 자유로운 인격체人格體가 행동하는 것으로 보시는 것입니다. 그러므로 우리 마음이 하나님과 바른 관계를 갖지 못하면 우리의 행함이 어떤 것이든지 하나님의 평가에는 칭찬 받을 것도 없고 탁월할 것도 없습니다.

그러므로 하나님께서는 고난 자체에 의미를 부여하고 당하는 고난에 대하여는 기뻐하실 수 없습니다. 선한 동기나 선한 목적에서 나온 것이 아니라면 몸을 괴롭게 하는 일이나 고난에 자신을 내맡기는 것을 보시더라도 기뻐하지 않으십니다. 그러한 일이 하나님께 영광될 리가 없습니다. 우리 사람들은 이웃의 도움을 필요로 합니다. 그래서 우리 짐을 나누어 지면 좋을 때가 있습니다. 우리가 이웃 때문에 불편을 겪을 때도 종종 있습니다. 그러나 하나님께서는 우리처럼 그러한 것이 필요한 분이 아닙니다. 그러므로 우리가 고난 자체를 크게 생각하는 동기만으로 당하는 고난이라면 하나님은 그런 것을 받으실 수 없습니다. 하나님은 우리가 그러한 고통을 당하게 된 동기만 보십니다. 그것만 계산하십니다.

그와 같이 어떤 행동이나 고난도 그 자체만으로는 하나님께 대한 사랑이 없는 것을 메울 수가 없습니다. 그러한 것만으로는 하나님을 사랑하는 마음이 부족한 영혼의 결핍을 보충할 수 없습니다. 그것들은 하나님께 상달되지 않을 뿐 아니라, 하나님은 그런 일들을 사랑스럽게 보시지 않으십니다. 그러한 것이 하나님을 향한 사랑의 부족이나 이웃을 향한 사랑의 부족을 대신할 수 없습니다. '하나님을 사랑하고 사람을 사랑하는 것' 은 하나님께서 도덕적 피조물인 우리 사람에게 요구하시는 모든 것입니다.

(2) 하나님께 멀어진 마음으로 드린 것들

'어떤 일을 하고 아무리 큰 고난을 받는다 할지라도 마음이 하나님에게서 멀다면 하나님께 드려진 것이 하나도 없는 셈입니다.'

개인이 행하고 고난당하는 모든 개개의 행동은 생명 없는 기계나 엔진이 움직이는 것처럼 평가되지 않습니다. 이성을 가진 자발적 행동을 취할 수 있는 도덕적 존재가 행하는 것으로 평가받습니다.

기계란 아무것도 드릴 수 없습니다. 생명 없는 기계가 어떤 스프링의 작용으로 무엇을 우리 앞에 가져다 놓는다 해도 그것을 '드리는 것' 이라고 말할 수 없습니다. 심벌즈나 하프나 다른 악기들이 하나님을 찬양하는 데 사용되고 있습니다. 그러나 생명 없는 악기들 자체가 하나님을 찬양하고 있다고는 말할 수가 없습니다. 왜냐하면 악기는 생명이 없고 이해를 못하고 의지가 없기 때문입니다. 악기들이 아름다운 소리를 낼 때 그 소리에 가치를 부여할 수 있는 마음이 그 자체에는 없습니다. 그래서 사람이 마음과 이해와 의지를 가졌다 할지라도 하나님을 향하지 않으면, 하나님께 아무리 좋은 것을 드렸다 해도 하나님과는 상관이 없습니다. 그런 경우는 악기들이 아름다운 소리만을 내는 것과 하등 다를 바가 없습니다.

마음에 진지함이 없는 사람도 하나님을 진정으로 경외하는 것 같은 모습을 가질 수 있습니다. 어떤 일을 행하거나 고난 받는 것을 통하여 그런 가식을 떨 수 있다는 말입니다. 일을 하고 어떤 것을 드리기는 하지만 거기에는 하나님을 향한 위대한 목적이 없습니다. 목적은 다른 데 있습니다. 만일 그가 일을 행하고 드리는 목적이 자신에게 있다면 그것은 하나님께 드리는 것이 아니라 자신에게 드리는 격이 됩니다. 그 일을 함으로 영예롭게 되고 세상적인 안일과 유익을 얻을 수 있다는 생각이 동기가 되었다면 그 일들은 한낱 목적을 위한 희생물에 불과합니다. 선물의 핵심은, 선물을 주는 사람의 마음이 선물을 받는 사람에게 전달되는 것입니다. 선물의 진정성은 선물을 주는 마음의 목적이 어디 있는지가 결정합니다. 그와 같이 마음에서 진정으로 하나님을 위하는 마음이 일어나 일을 하고 고난 받는 것이 아니라면 그것은 별게 아닙니다. 무엇이 바쳐지든지 그런 식의 예물은 마음속에 존재하는 하나님을 향한 사랑의 결핍을 보충할 수 없습니다. 어떤 예물이든지 마음으로 드려지지 않으면 진정한 의미에서 드려지는 것이 아닙니다. 예물 같이 보이기는 하지만 지존하신 하나님을 조롱하는 것에 지나지 않습니다.

(3) 하나님께서 요구하시는 모든 것의 총합인 사랑

'이 사랑이 하나님께서 우리에게 요구하시는 모든 것의 요약이라는 점은 분명합니다.'

어떤 것으로도 하나님께서 요구하시는 모든 것의 총합인 사랑을 대신할 수 있다고 상상하는 것은 쓸 데 없는 짓입니다. 사랑은 마음에 자리하는 것입니다. 우리들이 알아본 바와 같이, 기독교 구원의 모든 특징이 그 사랑에 내포되어 있습니다. 하나님께서 율법의 두 판을 통하여 요구하시는 모든 것이 바로 사랑이라고 말씀하신 분이 우리 주님이십니다. 그런 사랑을 거부하고서 어떻게 그 자리를 다른 것으로 대체할 수 있다는 말입니까? 하나님께서 진정 바라시는 것 대신에 다른 어떤 것을 드림으로 그 요구를 충족시킬 수 있다고 상상하는 것은 더욱 무모한 일입니다. 이것에서 진 빚을 저것으로 갚으면 된다는 생각은 쓸데없습니다. 그러나 더욱 무모한 것은 요구하는 것을 지불하지 않고도 빚을 다 갚을 수 있다고 상상하는 것입니다. 지불하기를 미루면서 그런 엉뚱한 생각을 해서는 안됩니다. 하나님께서는 마음에 없는 외적인 일에 대하여 "나는 그러한 일을 요구한 적이 없다"(사 1:12)고 말씀하십니다. 우리가 드리는 제물을 하나님께서 기쁘게 받으시게 하려면 마음을 하나님께 두어야 합니다.

(4) 외식의 실상

'마음에는 진지한 생각이 전혀 없는데 외적으로는 하나님을 사랑하는 마음과 경외하는 심정이 큰 것 같이 보이려 한다면, 이는 외식하는 것에 지나지 않습니다.'

그것은 또한 성령을 속이는 것입니다. 마음에 느껴지지 않는데도 경외하는 마음과 사랑이 있는 체 하는 것은 마치 하나님을 속일 수 있다고 생각하고 행동하는 것이나 다를 바 없습니다. 광야의 이스라엘 사람들이 바로 그러한 일을 하였습니다.

"그러나 그들이 입으로 그에게 아첨하며 자기 혀로 그에게 거짓을 말하였으니."(시 78:36)

진정한 마음으로 경외하지 아니하면서 아첨하는 말로 메울 수 있다는 상상은 진리가 없는 것을 거짓으로 대신할 수 있다고 상상하는 것 같이 무모한 짓입니다.

(5) 우상에게 바치는 제물과 같은 일

'어떤 일이나 고난이 마음의 진지함을 동반하지 않으면 그것은 우상에게 드리는 것이나 다름없습니다.'

우리가 앞에서 언급한 경우들은 하나님께 진정으로 드려지는 것이 하나도 없었습니다. 그러므로 그런 경우 다른 대상을 향하여 드려지고 있음이 틀림없습니다. 성경은 그것을 우상이라고 말합니다. 그 제물로 무엇인가가 숭배를 받고 있는 것입니다. 그것이 무엇인지는 문제가 아닙니다. 우리 자신이든, 이웃이든, 세상이든 무엇이든 간에 하나님의 자리를 대신 차지하고 있는 것이 바로 우상입니다. 하나님이 받으셔야 하고 하나님께 드려져야 하는데 다른 것에게 드려집니다. 마땅히 하나님께 드려야 할 것을 우상에게 드리면서, 또 그것으로 하나님을 멀리하는 것을 대신할 수 있다고 생각하는 것은 얼마나 무모한 억지입니까! 그것은 마치 이와 같습니다. 아내가 마땅히 자기 남편에게 드려야 할 사랑을 외간 남자에게 준다고 해서 자기 남편에게 드리지 못한 것을 보충할 수 있다 말할 수 있나요? 간음을 행하면서 그것이 남편에게 충성치 못한 것을 대신했다고 생각하는 것은 무모합니다. 하나님께 드려야 할 것을 다른 대상에게 드리는 것은 마치 그와 같은 일입니다.

3. 적용

(1) 자기 검증

우리는 지금까지 생각한 교훈을 자기 검증의 방식을 통해서 자신에게 적용시킬 수 있습니다. 마음에 하나님을 향한 진지한 사랑이 없으면, 우리가 아무리 큰일을 하고, 아무리 큰 고난을 당한다 해도 소용이 없다는 것이 진리입니다. 그렇다면 우리 자신은 이런 진수와 같은 마음에 가졌는지 성찰해 보아야 합니다. 사람들은 신앙을 고백하고 신앙의 외적 모습을 보이며, 신앙이 요구하는 외적인 일들을 많이 행합니다. 그러면서 자기들이 그리하였으니 하나님을 위하여 섬기는 일을 많이 한 것이라 생각합니다. 그러나 정작 매우 중요한 것은 그 모든 일을 함에 있어서 마음속에 사랑이 동반하였느냐는 것입니다. 그 모든 일을 하나님의 영광을 위하여 하였습니까? 하나님을 위하는 마음으로 그 일을 하였느냐는 말입니다. 바로 그것이 문제입니다. 우리 자신을 시험하여 보면 많은 외식이 자신에게 있음을 발견하게 됩니다.

하나님은 아무리 큰일이라도 사랑 없이 행한 일이라면 매우 싫어하십니다. 그러나 작은 일이라 할지라도 하나님을 사랑하는 마음으로 행한 것이라면 그것을 기쁘게 받으십니다. 냉수 한 그릇이라도 진정한 사랑의 마음이 함께 한다면 하나님은 모든 것을 포기하고 자기 몸을 다 내어 주면서도 사랑이 없는 경우보다 더 크게 보십니다. 매우 작은 것이라도 사랑이 있으면 그것을 받으십니다. 불완전한 요소가 많다 할지라도 마음에 참된 진지함이 있다면 하나님은 그것을 받으십니다.

여기서 주목해야 할 네 가지 요소가 있습니다. 곧 진실함truth, 자발성freedom, 성실성integrity, 순결함purity입니다.

첫째로, '진실함' 입니다.

외적으로 보이는 모습만큼의 진실함이 그 마음에 있어야 한다는 것입니다. 하나님께 대한 진정한 사랑과 경외하는 마음을 드리면서 하나님을 영화롭게 한다면, 말이나 행동으로 나타내 보이는 것만큼의 깊이가 마음에도 있다는 것입니다.

이런 의미에서 시편 51편은 좋은 실례가 됩니다.

"내 안에 정직한 영을 새롭게 하소서."

이 관점에서 성경은 진실과 외식을 반대 개념으로 말합니다. 진실한 그리스도인은 "간사한 것이 없는"(요 1:47) 마음의 소유자로 나타납니다. 여러분 자신을 이 원리로 점검해 보십시오. 여러분의 외적 행동에 하나님을 향한 존경의 모습이 있는지 자문해 보십시오. 혹시 그저 외적인 행동 밖에 없지는 않습니까? 여러분 마음에서 진실함이 느껴지는 지 살펴 보십시오. 진정한 사랑이 없으면 여러분은 아무것도 아닙니다.

둘째로, 진지함의 성질 속에 '자발성' 이 있습니다.

이런 면에서 그리스도인의 순종은 자식이 부모에게 하는 순종이라고 부릅니다. 순전히 자발적인 순종이기 때문입니다. 법적으로 노예들이 하는 순종과 같지 않습니다. 억지로 하지 않고 사랑으로 행합니다. 기쁨으로 순종합니다. 그래서 우리는 그것을 자식이 부모에게 하는 자발적 순종이라고 말할 수 있습니다. 하나님께서는 자신의 기쁘신 뜻을 따라서 우리들을 거룩케 하려 하십니다. 우리는 그런 하나님과 동행하고 하나님을 위하여 하나님을 섬기기로 합니다. 우리가 그리스도를 섬기는 것은 그리스도의 사랑을 입었기 때문입니다. 우리가 믿음을 갖는 것은 바로 이 믿음을 사랑하기 때문입니다. 우리의 영혼은 그리스도를 따르는 데서 가장 큰 즐거움과 행복을 발견합니다. 그리스도께 행할 의무들을 시행하는 데서 큰 행복과 즐거움을 누립니다. 그렇기 때문에 우리는 자발적이고 자유로운 순종을 드립니다. 이러한 정신을 가지고 있는지 신실하게 스스로를 점검해 보십시오.

셋째로, 이 신실함에 속하여 있는 성질 중 하나는 '성실성'입니다.

이 단어는 '전체성wholeness'을 의미합니다. 진지함이 있는 곳이란 하나님을 찾되 전심을 기울여서 찾고 영혼을 다 동원하여 하나님을 받아들이고 신앙을 갖는 것을 의미합니다. 전심을 다하여 거룩함을 추구하는 것을 의미하기도 합니다. 의무 전체를 포용하고 하나님을 대하든지 사람에게든지, 쉬운 것이든지, 어려운 것이든지, 작은 일이든지, 큰일이든지 전심과 충성을 다하여 모든 의무를 이행하려함을 의미합니다. 온 몸과 온 영혼을 거룩해지는 데 드립니다. 새로운 피조물인 모든 지체들이 그리스도에게 순종하는 데 바쳐집니다. 모든 지체들이 그리스도의 뜻에 복종합니다. 모든 거룩한 성령의 씨앗들이 그 영혼에 심기운 바 될 것입니다. 그런 마음을 가지고 행해 나갈수록 더욱 많은 열매를 맺어 갈 것입니다.

넷째로, '순결함'에 대하여 알아봅시다.

진실함이 때로는 순결을 의미하기도 합니다. 베드로전서 2:2에는 이런 말씀이 있습니다.

"갓난아기들 같이 순전하고 신령한 젖을 사모하라."

순전함, 곧 아무것도 섞이지 아니하고 음란한 마음이 들어 있지 않은 것을 의미합니다. 이것은 죄와 반대되는 덕행입니다. 순전함을 잃어버린 사람을 불순하고 부정한 사람이라고 말합니다. 순전하고 신실하다는 것은 이런 모든 것에서 벗어납니다. 사도는 죄를 죽은 몸이나 몸이 죽는 것에 비유합니다. 그러한 죄에 속한 것은 모두 부패한 것이요 더러운 것입니다. 반면에 거룩한 것은 순전한 것이라 말하며 거룩한 즐거움은 순전한 즐거움이라 합니다. 하늘에 있는 성도들은 깨끗한 사람들이라고 말하고 있습니다. 이러한 순전함이 여러분의 것이라면 여러분은 하나님을 진정으로 사랑한다는 증거를 보이게 될 것입니다. 이는 또한 다음과 같은 것을 생각나게 합니다.

(2) 거듭나지 않은 자연인自然人을 각성시킴

'이 사실은 아직도 중생치 못하여 타락의 자리에 머물러 있는 사람들로 하여금 자신들이 어떠한 사람인가를 깨닫게 합니다.'

거듭나지 않은 여러분이 어떠한 일을 하든, 어떤 고난을 받든, 마음에 거룩하고 진실한 원리가 없다면 그것을 보충할 도리가 없습니다. 그것이 사실이라면 다음과 같은 것은 필연적인 결과입니다. 여러분 안에 정직한 영을 새롭게 하는 것은 새롭게 하시는 하나님의 은혜를 얻기전까지는 절망적인 상황에 놓여 있습니다. 회심케 하는 하나님의 은혜가 아니면 무슨 일을 하든지, 어떤 고난을 받든지 자신의 악행에서 건짐 받을 수 없습니다. 여러분이 아무리 많은 기도를 드린다 하더라도, 하나님께서 여러분에게 새 마음을 주시기를 기뻐하셔서 권능을 행사하시기 전에는 비참한 상태에서 호전되지 않을 것입니다. 여러분이 믿음 안에서 고통을 당하고 자신을 부인하여 십자가에 못 박을 정도가 된다 하더라도 하나님이 새롭게 하시는 은혜가 아니고는 모든 것이 허사가 될 것입니다.

그러므로 여러분이 어떤 일을 하고, 많은 기도를 드린 것이 분명하며, 경건한 서적을 읽고 묵상하는 데 많은 시간을 보냈다 할지라도, 여러분의 죄악 중 어떤 것도 속贖할 수 있다 생각할 만한 타당한 이유가 없습니다. 그 자체만으로는 여러분을 곤고하고 타락하고 비참하고 죄악적이고 멸망할 피조물의 상태에서 조금도 호전시키지 못할 것입니다.

자연인들, 곧 중생함을 입지 못한 사람들은 마음속에 있는 진지함과 사랑과 참된 은혜의 부족을 다른 일을 통하여 보충하기를 좋아합니다. 많은 사람들이 부족함을 보충하기 위하여 무수한 일을 하였습니다. 어떤 사람들은 심지어 고통스러운 일을 감당하려고 선뜻 나서기까지 했습니다. 그러나 얼마나 안타까운 일입니까! 그러한 일이 얼마나 의미 없는 일입니까! 그들이 무슨 일을 한다 하더라도, 아무리 큰 고난을 받는다 할지라도 그들의 성품이 변하지는 않습니다. 만일 그들이 그런 일에 소망을 쌓는다면 자신을 속이는 것 외에는 아무것도 아닙니다. 바람을 먹고 사는 것과 같습니다.

만일 여러분이 그러한 처지에 있다고 생각해 볼 때, 참으로 유일한 소망의 원천인 하나님께 소망을 두지 않는 동안 얼마나 비참할지 생각해 보십시오. 여러분이 죽어 모든 왕 위에 뛰어나며 두려우신 왕 앞에 서는 날, 이제껏 애써 한 일이 허사임을 알게 되면 얼마나 비참할지 생각하십시오! 그리스도께서 하늘 구름을 타시고 심판하러 오실 때에 여러분이 그런 위치에 서 있다면 얼마나 비참하겠습니까! 그러니 그분에게 인정을 받을 수 있게 어떤 일을 하며 겪어낼 기꺼운 마음의 자세를 가져야 할 것입니다. 어떤 일이든지, 어떤 고난이든지 그 자체만으로는 아무 소용이 없습니다. 그것들은 여러분의 죄악을 속해 주지 못합니다. 그것들 자체가 하나님 앞에서 은총을 입게 하지는 못할 것입니다.

하나님의 무서운 진노의 폭풍 속에서 여러분을 건져낼 것은 그것들 자체가 아닙니다. 여러분이 행한 일이나 당한 고난을 의지하고 안심하지 마십시오. 그리스도를 의뢰하여 안식을 찾으십시오. 그리고 여러분의 마음을 그리스도를 사랑하는 마음으로 충만케 하십시오. 그리하면 마지막 날에 그리스도께서는 여러분을 자신의 친구와 이웃으로 여기실 것입니다.

(3) 사랑의 권면

'모든 사람들에게 그리스도인다운 신실한 사랑의 마음을 기르라고 권하는 바입니다.'

위에서 언급한 것이 진리라면 이것은 절대적으로 크고 필연적인 일입니다. 그러므로그리스도와 하나님 사랑하는 것을 여러분이 추구해야 할 큰일로 삼으십시오. 열심히 찾고 기도로 구하십시오. 그것을 자신에게서 나오는 것으로 여기지 말고 하나님만이 주실 수 있음을 알고 그분께 구하십시오. 하나님만이 주실 수 있습니다. 그러한 것은 우리의 힘으로 행할 수 있는 차원보다 훨씬 높은 것입니다. 그것이 아무리 큰 업적이라도 신실한 사랑이 없으면 모든 것이 소용이 없기 때문입니다. 큰일이나 큰 고난이 그리스도를 따르는 사람들에게 요구될 수 있습니다. 그렇다 할지라도 우리가 그 자체에 안주安住하면 안됩니다. 그런 것들 자체를 어떤 공로로 여긴다든지, 무슨 가치 있는 것이라고 생각해서는 안됩니다. 그것들은 고작해야 마음속에 있는 정직한 영의 외적인 증거, 혹은 그 증거가 흘러넘치는 것에 지나지 않습니다.

그러므로 마음속에 그리스도인다운, 하나님께서 받으실만한 사랑과 진지함을 기르라고 권고하는 일은 매우 큰일입니다. 여러분은 그 마음을 가져야 합니다. 그런 것이 없으면 여러분에게 도움이 될 만한 것은 존재하지 않는 셈입니다. 그 마음이 없으면 어떤 측면으로든 여러분의 모든 행실들은 여러분을 더 큰 정죄 가운데로 끌고 가기 쉽습니다. 사랑이 없는 행실들은 여러분을 절망의 세계 속 더 낮은 곳으로 빠지게 하기 십상입니다.

사랑은 오래 참고 사랑은 온유하며

고린도전서 13장 4절

CHAPTER 4

다른 이로부터 받는 해害를 온유하게 참아내게 하는 사랑

Charity Disposes Us Meekly To Bear The Injures Received From Others

사도는 우리들이 숙고한 앞의 여러 구절들을 통해 기독교에 있어서 그리스도인의 사랑의 정신이 얼마나 크고 진수가 되는지를 밝혀 주었습니다. 사랑은 성령의 특이한 모든 은사들보다 훨씬 더 탁월하며 진수가 됨을 말하였습니다. 사랑은 모든 업적이나 고난을 훨씬 능가합니다. 간단히 말하여 사랑은 기독교를 구별되게 하며, 구원받을 만한 믿음에 속한 모든 것의 요약입니다. 이는 모든 신앙의 생명이요, 영혼입니다. 사랑이 없으면 우리 소유를 가난한 자들에게 다 내어 준다 할지라도 아무것도 아닙니다. 우리의 몸을 불사르게 내어 준다 해도 사랑이 없으면 아무것도 아닙니다.

사도는 이제 사랑의 본질 때문에 나타나는 사랑의 감동적이고 탁월한 여러 열매들을 묘사하려 합니다. 그럼으로써 사랑의 탁월한 본질을 말하고 있습니다.

본문에는 이 열매들 중 두 가지가 나타납니다.

첫째는 '오래 참음suffering long' 입니다. 이는 다른 사람들에게서 받는 악행과 손해를 참아 내는 것을 말합니다. 둘째로는 '온유함being kind' 입니다. 이것은 다른 사람들에게 베푸는 선善에 대하여 갖는 마음의 자세입니다. 먼저 첫 번째 열매에 관하여 다루려고 합니다.

'사랑, 또는 참된 그리스도인의 정신은 우리로 하여금 다른 사람들로부터 받는 악이나 해害를 온유하게 참아 내게 합니다.'

온유meekness는 그리스도인의 정신 중에서 큰 부분을 차지합니다. 그리스도께서는 마태복음 11장의 간절하고 감동어린 그리스도의 초청에서 그 점을 말씀하셨습니다.

"수고하고 무거운 짐 진 자들아 다 내게로 오라."

그리고서 "나는 마음이 온유하고 겸손하다"고 말씀하셨습니다. 온유란 다른 사람에게서 해를 받을 때 나타나는 태도입니다. 성경에서 그것을 '오래 참음' 으로 말할 때도 있습니다. "성령의 열매는 사랑과 희락과 화평과 오래 참음"(갈 5:22)이라고 말합니다. 에베소서 4:1-3에서는 "그러므로 주 안에서 갇힌 내가 너희를 권하노니 너희가 부르심을 받은 일에 합당하게 행하여 모든 겸손과 온유로 하고 오래 참음으로 사랑 가운데서 서로 용납하고 평안의 매는 줄로 성령이 하나 되게 하신 것을 힘써 지키라"고 말합니다. 골로새서 3:12,13에서는 "그러므로 너희는 하나님이 택하사 거룩하고 사랑 받는 자처럼 긍휼과 자비와 겸손과 온유와 오래 참음을 옷 입고 누가 누구에게 불만이 있거든 서로 용납하여 피차 용서하되 주께서 너희를 용서하신 것 같이 너희도 그리하라"고 합니다.

저는 이 점에 대하여 보다 충분히 생각해 보려고 합니다.

첫째로 우리가 다른 사람에게서 받을 수 있는 여러 종류의 모욕 중 몇 가지를 살펴보겠습니다.

둘째로는 그러한 모욕을 온유하게 참는다는 것이 무엇을 의미하는지 알아보겠습니다.

셋째로 그리스도인의 정신의 요약인 사랑이 이런 경우에 어떤 방향으로 우리를 이끄는지 알아보겠습니다.

1. 다른 사람들에게서 받을 수 있는 모욕의 종류

'다른 사람들에게서 받을 수 있는 여러 종류의 모욕 중에서 몇 가지를 주목해 봅시다.'

어떤 사람들은 다른 이들을 잘못 평가하여 불공평하고 부정직하게 대우합니다. 그리하여 상대방을 모욕합니다. 어떤 이들은 남을 속이고 기만하여 손해를 끼칩니다. 다른 이들은 상대방을 어둠 속에 몰아넣고 거기서 살도록 유도합니다. 그리고 상대방의 무지함을 이용하여 오도합니다. 또 다른 경우 상대방을 향하여 진실하지 않게 행하고 약속을 이행치 않습니다. 다른 이들을 고용하면서 작성한 고용계약을 어기며 속이고도 대수롭지 않은 일로 여깁니다. 또 다른 이들은 고용계약서상에 기록된 약속을 아무것도 아닌 것으로 여겨서 최선을 다하여 일하지 않고 시간만 때웁니다. 그들은 자기들이 마땅히 드려야 할 수고는 하지 않으면서 임금은 계약서의 약속대로 요구합니다. 또 어떤 이들은 이웃에게 주어야 할 것을 미룹니다. 갚아야 할 빚을 갚지 않고, 이웃에게 쓸데없는 압박을 가하고 마땅히 이웃의 몫으로 돌려야 할 것을 주기를 꺼립니다. 어떤 경우에는 서로 거래하면서 상대방을 골탕 먹이기도 합니다. 그런 경우가 많습니다. 부패하고 잘못된 방식으로 행함으로써 상대방에게 마땅히 해야 할 일을 하지 않고 서로 욕하고 해를 끼칩니다.

어떤 사람들은 자기의 명성을 이용하여 다른 사람들을 욕하기도 합니다. 그들의 등 뒤에서 악평하고 비난을 퍼붓습니다. 사실 사회에서 이 악행보다 더 일반적이며 불의도 없습니다. 그 밖에도 남을 모독하는 방식들은 너무나 많습니다. 그러나 이런 유의 악담은 말로 표현할 수 없는 해를 끼칩니다. 어떤 사람들은 다른 사람들에 관하여 거짓된 보고를 합니다. 낭설을 퍼뜨림으로써 다른 이들을 해롭게 합니다. 그래서 다른 사람들을 잔인하게 매장하기도 합니다. 얼핏 보기에는 거짓되지 않아 보입니다. 그렇지만 그들은 은근히 이웃을 악평합니다. 자기가 알고 있는 사람들이 크게 잘못한 것인 양 떠벌리고 다닙니다. 그래서 그들이 실제보다 크게 잘못한 것처럼 과장합니다. 자기 이웃에 관해서는 언제나 불공정하고 불의한 방식으로 말하는 사람들도 있습니다. 상대방을 사랑하는 마음 없이 서로 판단함을 인해 이웃들 사이에 얼마나 많은 악행이 저질러지는지 모릅니다. 서로의 말과 행동으로 악한 분위기를 만들어 버리기 일쑤입니다.

사람은 생각으로 다른 사람을 크게 해롭게 할 수 있습니다. 사소한 생각들을 불려서 다른 사람들을 해롭게 하고 낮게 평가합니다. 어떤 사람들은 습관적으로 다른 이들을 경멸하는 마음을 갖고 있어 그들에게 해를 주는 경우도 있습니다. 그들은 언제나 가장 악하게 생각하려는 마음을 갖습니다. 그러한 생각들이 흘러 넘쳐서 말을 통하여 다른 사람들을 크게 해롭게 하는 것입니다. 사람의 혀는 악한 생각을 표현할 악한 기계로 사용될 가능성이 언제나 존재합니다. 영혼의 느낌을 혀로써 표현합니다. 그렇기 때문에 성경에서는 혀를 여러 가지 악으로 말하고 있습니다. 욥기 5:21에서는 '채찍'으로, 시편은 '물린 자를 죽게 만드는 독사의 혀 밑에 있는 독액'으로 말하고 있습니다.

어떤 사람들은 다른 사람들을 향한 잘못된 처사로 해를 끼칩니다. 악한 행동을 통하여 다른 이들을 해롭게 하는 경우도 있습니다. 그런 악을 통하여 다른 이들을 해롭게 하는 사람들이 권위를 옷 입게 되면 흔히 권세 아래 있는 사람들을 압제합니다. 자기 밑에서 다스림을 받는 사람들에게 가당찮은 관료성을 드러내고 폭군과 같은 행동을 자행합니다. 그들은 자신들의 자리에 합당한 존귀와 영예가 주어졌지만 그 자리를 벗어나면 자신들에게서 존귀함도 거두어진다는 사실을 부인합니다.

어떤 사람들은 자기중심으로 모든 것을 생각하며 행동에 옮겨서 해를 끼칩니다. 언제나 자기들만을 위하여 모든 일을 하고 행동을 취합니다. 다른 이들의 유익이나 선을 위해서는 하등의 관심을 보이지 않습니다.

어떤 사람들은 거만하고 교만한 정신을 나타냅니다. 마치 자기들이 다른 사람들보다 훨씬 더 탁월한 사람이라고 착각합니다. 자기들 외에 다른 사람들은 전혀 귀하지 않다고 여기고 행동합니다. 교만한 마음은 그들의 삶의 분위기와 말과 행동에서 드러납니다. 자기들의 행동이 위대하다고 단정합니다. 그런 자세 때문에 마음에 상처를 받는 사람들이 많습니다.

어떤 사람들은 악한 생각을 그대로 행동으로 옮겨 스스로 해를 끼치기도 합니다. 제멋대로 구는 일에 익숙한 나머지 자기 고집을 따라서만 살려고 합니다. 다른 사람들의 바람은 아랑곳하지 않습니다. 그런 이들은 다른 사람들이 비추는 빛이나 동기에 대하여 경멸의 눈초리를 보내며 그들의 성향을 전혀 인정하지 않습니다. 자기 것만이 중요하게 여겨지는 사람들입니다. 언제나 자신의 방식을 고집하며 막무가내로 자기의 고집대로 밀고 나갑니다.

어떤 사람들은 공적인 업무를 통하여 해를 끼치기도 합니다. 그들은 공적인 이익을 위하여 일하지 않고 한 편의 이익만을 생각하고 일합니다. 특정 계층의 사람들만을 위해서 일하고 반대편에 대해서는 언제나 무시하는 태도를 가집니다. 때로 반대편에 대하여 크게 성을 내기도 하며 격앙되기까지 합니다.

어떤 사람들은 다른 사람들을 향한 악한 생각을 길러서 그 악한 정신과 행동으로 다른 사람들을 괴롭히는 경우도 있습니다. 이웃들 간에 미워하는 일도 드물지 않습니다. 이유 없이 다른 사람들을 미워하는 나쁜 마음을 키우기도 합니다. 다른 사람들을 사랑하는 마음을 기르는 것이 아닙니다. 의식하든 하지 않든 서로 미워합니다. 상대방의 명예와 부요를 서로 기뻐하지 않고 오히려 넘어지고 어려움을 당할 때 좋아하는 것이 우리 이웃들 사이입니다. 어리석게도 대부분의 사람들은 다른 사람이 넘어지면 자기는 높아지리라 생각합니다.

어떤 사람들은 다른 사람들이 누리는 부富를 보고 이유 없이 마음에 시기와 질투를 품습니다. 그럼으로써 다른 사람들을 해롭게 합니다. 복수심을 가지고 다른 사람들을 해롭게 하는 이들이 많습니다. 그런 사람들은 실제로 자기가 다른 사람들로부터 해를 받았다는 상상에 빠져 일부러 악으로 다른 이들을 해롭게 합니다.

어떤 사람들은 이웃들을 향하여 인색한 마음을 가지고 있어 해를 끼칩니다. 기회가 주어질 때마다 악한 생각을 가지고 다른 사람에게 해를 끼치는 행동을 합니다. 그 밖에도 다른 사람들을 해롭게 하는 방식은 수도 없이 많습니다. 위에서 언급한 것만으로도 우리들이 접근하고 있는 이 강론의 목적을 이루기에 충분합니다.

2. 다른 사람에게서 오는 해를 온유하게 참아내는 것의 의미

우리는 이제 다른 사람이 자기에게 끼치는 악과 해를 온유하게 참아 낸다는 것이 무엇을 의미하는지 생각해 보겠습니다. 무엇보다 먼저 여기서 명령하는 의무의 본질이 무엇임을 알아야 합니다. 어째서 "오래 참는 것"이라고 말하는지 그 이유를 밝혀 드려야 하겠습니다.

(1) 오래 참아야 하는 도리의 본질

첫째로, '그것은 자기를 해롭게 하고 악하게 구는 사람들에게 복수심을 갖지 않은 채 그 악과 손해를 참아내는 것을 의미합니다.' 사람들이 복수하는 마음을 갖는 방식은 많습니다. 자기를 해롭게 하는 사람들에게 즉각 해를 끼칠 수는 없지만 말이나 행동을 통하여 그들에게 얼마나 분한 마음을 가졌는가 보여 줄 수 있습니다. 그러므로 우리가 마음에 상처를 받았다든지 손해를 입은 다음에 분하게 생각하고는 다음과 같은 모습을 띤다면 그것은 복수입니다. 곧 자기가 얼마나 분한 마음을 먹고 있는지를 과시할 양으로 해를 끼친 사람을 말로 낮추고 비난하고 있다면 바로 그것이 복수입니다.

그러나 자기의 이웃을 향하여 그리스도인답게 오래 참는 사람은 복수심이나 분하게 비난하는 조의 마음을 가지지 않습니다. 말이나 행동으로 그러한 기미를 보이지 않고도 받은 손해를 참아내게 된다는 말입니다. 그는 자기 이웃을 향하여 분내는 표시로 거스르는 행동을 하지 않고도 해를 참아내게 될 것입니다. 또한 그는 보이지 않는 곳에서 손해 끼친 사람을 욕하거나, 직접 복수심 어린 말을 하지 않고도 손해를 기꺼이 참아냅니다.

그런 이는 자기 마음에 복수심이 들어오지 못하게 합니다. 행동으로도 복수심을 나타내지 않습니다. 그는 혼란스럽지 않으며 조용하고 평온한 얼굴로 그런 해를 대처할 것입니다. 그리고 행동을 통하여 자기에게 해를 끼친 사람에게 진심을 보여줄 것입니다. 그 사람이 보는 자리에서 뿐 아니라 보지 않는 데서도 그럴 것입니다. 그래서 이 덕행德行이 성경에서는 자비와 관련하여 추천되고 있습니다. 야고보서 3:17과 갈라디아서 5:22에서와 같이 그리스도인다운 정신을 가진 사람은 마음에 정욕이나 혈기 있는 거친 행동, 거만한 표현이나 분냄, 일그러진 안색, 말이나 행동 속에 거칠고 사나운 것을 담지 않을 것입니다. 오히려 정반대일 것입니다. 안색이나 말이나 행실에 평화로움과 조용함과 자비의 향기를 풍기게 됩니다. 어떤 경우에는 이웃을 책망할 수도 있습니다. 그러나 그런 경우라도 무례한 태도로 하지 않을 것입니다. 화를 낸다든지 냉혹함을 갖지도 않을 것 입니다. 비록 그것이 이유가 있고 논리 정연하며 심각한 충고를 겸해야 하더라도, 성내거나 경멸하는 어조로 말하지 않을 것입니다. 일이 진행되어 가는 상황을 보면서 찬성하지 못할 수도 있습니다. 그러나 그때에도 끓는 혈기를 부리며 반대 의사를 표명하지 않을 것입니다. '그런 일을 하면 자신을 해하기보다는 하나님께 욕을 돌리는 것'이라고 상대방을 잘 깨우쳐 줄 것입니다. 그리고 자기가 손해 당하여 분해서라기보다 그 일을 행하는 상대방에게 재난이 미칠 것이 두렵다는 생각을 표명하게 됩니다. 다시 말해 선善을 추구하는 마음으로 책망할지언정 자기가 받는 손해 때문에 나무라지 않을 것입니다. 자신에게 행한 손해를 보상하라는 의미에서 충고하기보다 가해자가 실수에서 벗어나게 하려고 할 것이란 말입니다.

둘째로, '오래 참음은 받은 손해를 지속적인 사랑으로 참아내는 것을 의미합니다.' 자기에게 손해를 끼친 상대를 사랑하는 마음에 장애가 될 만한 요소가 들어오지 못하게 방비하며, 사랑을 파괴하기 쉬운 격한 감정이 없이 참아냄을 의미합니다. 우리가 당한 손해를 참아내라는 말씀은 복수심을 나타내지 말고 참으라는 의미입니다만, 그것이 전부는 아닙니다. 마음속에서도 복수하는 마음이 아닌 사랑하는 마음으로 참으라는 것입니다. 우리가 손상을 입을 때에 우리의 격정을 통제하여야 할 뿐 아니라, 마음속에 복수심이 생겨나지 않도록 조심해야 합니다. 행동도 부드럽게 하고 마음은 신실한 사랑으로 일관하여야 합니다. 이웃이 우리를 해하였다고 해서 사랑하는 마음을 멈추어서는 안됩니다.

셋째로, '마음의 평정과 생각의 정돈된 질서를 흐트러뜨리지 않은 채 참는 것을 의미합니다.' 참는 데 거친 행동을 삼가할 뿐 아니라, 마음속의 평정이나 기조를 잃지 않도록 조심해야 합니다. 우리가 받는 해로 인하여 마음의 평정이 깨어지고 그로 인하여 흥분하게 되면, '오래 참음'이라 할 수 없습니다. 그것은 '오래 참음'의 정신을 포기한 것입니다. 만일 해를 받음으로 마음이 어지럽고 불편하며 내적인 안정이 파괴된다면 우리는 안식하며 만족할 수가 없습니다. 벌써 여러 의무들을 행하기에 부적절한 상태로 넘어간 셈입니다. 그런 상황이 되면 신앙적인 의무들을 행하기에 합당한 상태에 머물러 있지 못합니다.

그런 마음의 상태는 본문에서 말하는 '받은 해를 온유하게 참아내는 것과는 반대입니다. 그리스도인들은 어떤 해를 받는다 할지라도 마음의 평정을 잃어서는 안됩니다. 그리스도인의 마음은 정함 없는 물의 표면과 같지 않아야 합니다. 어떤 바람이 불더라도 흔들려서는 안 되는 것이 그리스도인의 마음입니다. 물의 표면은 바람이 불 때마다 요동합니다. 그러나 그리스도인은 어떤 해를 받든지, 어떤 고난이 닥쳐오든지 구주께서 제자들에게 하신 말씀의 원리를 따라서 행동해야 합니다. 어떤 사람이 저지른 악행으로 인하여 고통을 받는다 할지라도 말씀의 원리를 따라야 합니다.

"너희의 인내로 너희 영혼을 얻으리라"(눅 21:19).

넷째로, '우리들이 해를 받는 많은 경우에 변명할 기회를 얻으려고 하기보다는 화평을 위하여 우리의 이익과 감정을 희생하면서까지 해를 참는 것이 바로 온유함이요 오래 참는 것을 의미합니다.' 그리스도인이 해를 받을 때에 그리스도인다운 마땅한 원리를 따르는 정신은 자신을 변호하고 자신에게 유리한 고지를 점령하려는 마음을 사양하는 경향을 보입니다. 그렇지 않으면 우리 자신이 우리를 해롭게 한 사람에게 큰 재난을 주는 방편이 될 수 있기 때문입니다. 우리에게 해를 끼친 사람에게 자비롭고 부드럽게 마음을 쓰면 우리는 대단히 많은 것을 참을 수 있습니다. 그 사람에게 많은 어려움을 끼치는 대신 우리 자신이 어려움을 감수하겠다는 마음을 갖게 됩니다. 그것이 그리스도인다운 바른 정신과 마음의 태도입니다. 그렇지 않고 상대방에게 고통을 더하는 길로 나아가면 평화를 깨뜨리게 되고 적대감을 심어놓게 됩니다. 반대로 자기가 해 받는 경우에는 이웃을 얻고 그 사람을 원수에서 친구로 돌릴 소망이 있습니다. 사도 바울이 고린도인 들에게 이런 말을 하였습니다.

"너희가 피차 고발함으로 너희 가운데 이미 뚜렷한 허물이 있나니 차라리 불의를 당하는 것이 낫지 아니하냐."(고전 6:7)

모든 사람들이 다른 사람에게 해를 입었을 때에 피차간에 송사하거나 자기가 옳다고 변명하는 대신 원수들이 끼친 해를 모두 참으라는 것입니다. 자기들이 잘하였음을 변호할 기회를 얻으려 하기보다 참으라는 것입니다. 해를 끼친 사람이 도리어 나 때문에 손해를 본 것처럼 알고 그러해야 합니다. 많은 경우, 아니 거의 모든 경우에 우리는 본문에 나타난 사랑의 정신 곧 오래 참는다는 말씀의 정신을 가지고 참아야 합니다. 그 논리를 다음과 같이 말할 수 있습니다. 변명할 수 있는 방도나 자신에게 유리할 기회를 가지기 위하여 오래 참기보다 사랑의 마음과 진심이 인도하는 바를 따라 화평을 생각하며 오래 참으라는 것입니다. 곧 자기를 해한 사람을 진정으로 사랑하는 마음을 가지고 그렇게 하라는 것입니다. 이렇게 하여 우리는 본문의 '오래 참는' 덕행이 함축하는 것을 살펴보았습니다.

(2) '오래 참음, 오래 견딤'이라 칭해지는 이유

그 점을 설명할 수 있는 방식은 두 가지가 있습니다.

첫째로 '작은 손해만을 온유하게 참아야 하는 것이 아니고, 많고 부당한 큰 대우도 역시 참아야 하기 때문에' 그렇게 부릅니다. 우리는 평정의 상태를 계속 유지하고 이웃을 사랑하는 사랑을 멈추지 않고 그것을 감당해야 합니다. 작은 손해를 보았을 때 뿐 아니라 큰 손해를 당했을 때도 그러해야 합니다. 가해자가 큰 해를 끼쳤다 하더라도 말입니다. 소수의 손해만 참으면 되는 것이 아닙니다. 이웃이 우리를 오랫동안 계속 부당하게 내우한다 할지라도 오래 참고 견디는 온유한 마음을 가지고 나가야 합니다. "사랑은 오래 참고"라는 말씀을, 마치 '이 정도 참았으면 오래 참았다'고 생각될 기간 동안만 온유하게 참고 다음에는 참기를 중단하라고 말하는 것처럼 여기면 안 됩니다. 어느 일정한 긴 기간만 오래 참으면 된다는 것을 의미가 아닙니다. 많은 사람들은 한동안은 참지만 어떤 기간이 지나면 그 태도를 멈추고 맙니다. 그런 것을 의미하지 않습니다. 도리어 우리가 다른 사람에게서 오랫동안 해를 받는다 해도 온유하게 끝까지 참아야 함을 말하고 있습니다. 오래 참는 심령은 결코 중단이 없어야 합니다. 그것을 가리켜 "오래 참는다"고 표현한 것입니다.

둘째로, 어떤 경우에서는 우리 자신의 옳음을 스스로 증명할 기회가 주어지기까지 덕을 위하여 기꺼운 마음으로 오래 참아야 하기에 그렇게 "오래 참는다"는 말로 표현한 것입니다. 우리 자신의 옳음을 증명할 기회가 주어지고 증명하지 않으면 안 될 때가 이르러도 복수심이나 상대방을 해하려는 마음으로 증명해서는 안됩니다. 화평을 위하여 스스로를 변호할 필요가 있을 때가 있습니다. 우리는 우리를 해한 사람에게 참 사랑을 나타내면서 스스로를 변호할 수 있습니다. 우리는 이제까지 다른 사람에게서 받는 해를 어떤 방식으로 받아야 하며, 온유하게 오래 참는다는 것이 무엇을 의미하는지도 생각해 보았습니다.

3. 온유하게 참아내게 하는 그리스도인다운 사랑

이 문제 역시 두 가지 관점에서 생각할 수 있습니다. 하나님을 사랑하는 것과 이웃을 사랑하는 경우입니다.

(1) 하나님과 그리스도를 사랑하는 마음이 가진 성향

하나님을 사랑하고 그리스도를 사랑하는 것은 우리로 하여금 다음과 같은 일을 행하고 싶은 마음을 일으킵니다.

'첫째로 하나님을 사랑하는 것은 우리로 하여금 그를 닮아가고 싶은 마음과, 그가 우리에게 보여주신 것 같이 오래 참고 싶은 마음을 갖게 합니다.' 오래 참는다는 것은 흔히 하나님의 속성 중의 하나로 알려져 있습니다. 출애굽기 34:6에, "여호와께서 그의 앞으로 지나시며 반포하시되 여호와라, 여호와라 자비롭고 은혜롭고 노하기를 더디하고 인자와 진실이 많은 하나님이라"라고 기록되어 있습니다. "로마서 2:4에서 사도는 "네가 하나님의 인자하심이 너를 인도하여 회개하게 하심을 알지 못하여 그의 인자하심과 용납하심과 길이 참으심이 풍성함을 멸시하느냐?"라고 묻습니다. 하나님의 오래 참으심은 사람들에게서 받은 말로 다 할 수 없는 거역을 참아 내신 것에서 놀랍게 나타났습니다. 사람들이 하나님께 행하는 악한 소행은 오랫동안 계속되고 있습니다. 그러한 악한 것을 하나님은 오래 참으십니다. 세상에 존재하는 악함을 생각하고 아울러 하나님께서 세상을 계속 존재케 하고 멸하지 않으시는 것을 생각해 보십시오. 또 하나님은 그러한 세상에 대하여 날마다 형언할 수 없는 인자와 은혜의 섭리를 보이십니다.

하나님께서는 태양을 악인과 불의한 자에게 비추십니다. 생각해 보십시오. 하나님은 의인이나 불의한 사람 그 누구에게든지 비를 내려 주십니다. 모든 사람에게 그의 신령한 복락을 끊임없이 부어 주십니다. 그래서 우리는 우리를 향한 하나님의 오래 참으심이 얼마나 풍성한가를 깨닫게 될 것입니다. 세상의 크고 인구가 많은 도시들에 대해 오래 참으시며, 하나님의 선한 은사들을 그곳에 부단하게 부어주심을 생각해 보십시오. 그런데도 도시들이 얼마나 악한지 생각해 보십시오. 그리하면 하나님의 오래 참으심이 얼마나 놀랍고 위대한지 알게 될 것입니다. 오래 참으시는 하나님의 위대하심이 모든 세대의 많은 사람들에게 명백하게 나타났습니다. 그는 아끼시는 죄인들을 향하여 오래 참으십니다. 자비를 베푸는 사람들에게 오래 참으심을 보여주십니다. 심지어 하나님을 향하여 배역하는 사람에게도 오래 참으심을 보이십니다. 그분은 당신께서 선택한 사람들에 대하여 오래 참으십니다. 그 중에 많은 사람들은 죄 가운데서 살아왔고 하나님의 선하심과 진노하심을 모두 멸시하였습니다. 그럼에도 불구하고 하나님께서는 죄인들을 향하여 오래 참으셨습니다. 심지어 그들이 회개하여 당신의 은혜로 인하여 자비와 영광의 그릇이 되기까지 오래 참으셨습니다. 그들이 하나님을 대적하고 배역하였을 적에도 하나님은 긍휼을 보이셨습니다.

바울 사도는 자신이 거기에 해당된다고 말합니다.

"나를 능하게 하신 그리스도 예수 우리 주께 내가 감사함은 나를 충성되히 여겨 내게 직분을 맡기심이니 내가 전에는 비방자요 박해자요 폭행자였으나 도리어 긍휼을 입은 것은 내가 믿지 아니할 때에 알지 못하고 행하였음이라 우리 주의 은혜가 그리스도 예수 안에 있는 믿음과 사랑과 함께 넘치도록 풍성하였도다 미쁘다 모든 사람이 받을 만한 이 말이여 그리스도 예수께서 죄인을 구원하시려고 세상에 임하셨다 하였도다 죄인 중에 내가 괴수니라 그러나 내가 긍휼을 입은 까닭은 예수 그리스도께서 내게 먼저 일체 오래 참으심을 보이사 후에 주를 믿어 영생 얻는 자들에게 본이 되게 하려 하심이니라."(딤전 1:12-16)

언제나 자기보다 우월한 자를 닮으려는 경향이 사랑의 성질입니다. 최소한 자기보다 위에 있는 자를 닮아 보려는 것이 사랑의 성질입니다. 자녀가 아버지를 사랑하면 그 자식은 자기 아버지를 닮고자 하는 성향을 갖습니다. 특히 하나님에 대한 우리의 사랑은 하늘의 아버지를 닮아가고 싶은 마음을 갖게 합니다. 하나님이 오래 참으시듯이 하나님의 자녀들도 그러해야 합니다.

둘째로, '하나님을 사랑하는 것은 우리로 하여금 하나님이 오래 참으시는 은혜에 감사하여 보답하고자 하는 보은의 심정을 갖게 할 것입니다.' 하나님을 사랑하는 사람들은 특히 자기를 향한 하나님의 풍성한 오래 참으심에 대해 감사의 마음을 갖게 될 것입니다. 하나님을 사랑하는 사람들은 응당 그러해야 합니다. 하나님을 향하여 행한 많은 잘못에도 불구하고 오래 참아 주시는 은혜를 생각하면 그러한 의식을 갖게 될 것입니다. 다른 이웃들이 자기들에게 행하는 잘못된 일들을 볼 때에, 그들은 하나님이 자기들을 향하여 참으신 것에 비추어 이웃의 잘못을 작은 일로 볼 것입니다. 그들이 다른 사람들에게서 받은 모든 악행은 자기들이 하나님을 향해 저지른 잘못에 비하면 마치 일만 달란트 앞에 있는 몇 데나리온에 불과해 보일 것입니다. 자신들을 향한 하나님의 오래 참으심을 감사하게 받아 감격하며 그것을 인정한다는 증거를 보일 것입니다. 그래서 그들은 할 수 있는 한 다른 사람들에게 오래 참음으로써 그 사실을 증거할 수 밖에 없는 것입니다. 만일 자기를 해롭게 하는 사람을 오래 참지 않는다면, 자신에 대해 오래 참으신 하나님의 행사를 인정하지 않는 것이 되기 때문입니다. 우리가 진정으로 시인하고 즐거워하는 것이라면 실제의 삶 속에서 거절하지 않을 것입니다.

그러므로 하나님의 오래 참으심을 감사하는 마음은 하나님의 뜻에 복종하고 싶은 마음을 갖게 할 것입니다. 다른 사람들을 향하여 오래 참으라는 명령이 함축하는 바가 그러하므로 우리들은 다음의 관점에 대해서도 생각할 수 있습니다.

셋째로, '하나님을 사랑하는 것은 겸손하게 하는 성향을 가지고 있습니다.' 겸손은 온유하게 오래 참는 마음의 하나로 중요한 근원입니다. 하나님을 사랑하는 것은 그분을 높이는 것이므로 자기 자신은 낮게 평가하게 할 것입니다. 자신을 무가치한 사람으로 평가하게 할 것입니다. 그래서 그 마음은 우리 자신이 악한 사람에 불과하다는 평가를 내리게 합니다. 왜냐하면 하나님을 사랑하는 사람들은 자기가 사랑하는 하나님을 향하여 죄를 범하는 것이 얼마나 미운 것이며 혐오스러운지 알기 때문입니다. 자기 속에 악이 넘친다는 것을 알고는 자신이 밉습니다. 자기는 어떤 선한 가치도 없으므로 갖은 푸대접을 받을 만하다고 스스로 생각하게 됩니다.

'겸손'은 언제나 '오래 참음'과 함께 합니다.

"모든 겸손과 온유로 하고 오래 참음으로 사랑 가운데서 서로 용납하고 평안의 매는 줄로 성령이 하나 되게 하신 것을 힘써 지키라."(엡 4:2,3)

겸손한 마음은 해 받는 것에 분개하여 정신을 못차리게 하지 않습니다.

자신을 작고 무가치하게 생각하는 사람은 자기가 받은 해를 크게 여기는 사람처럼 행하지 않을 것이기 때문입니다. 또한 미소微小한 자기가 남에게 받은 해보다, 자기가 크고 위대하신 하나님을 거역한 것이 더 크고 악하다 생각합니다. 반면에 교만과 자기기만은 깊고 비통한 원망과 용서할 줄 모르고 복수심에 불타는 심령의 초석이 됩니다.

넷째로, '하나님을 사랑하는 자들은 자기들이 고난을 받아 해로움을 겪으면서 하나님의 섭리를 인식합니다.' 그는 사람의 손만이 아닌 하나님의 손도 의식하여 그분의 뜻에 자신을 복종시킵니다. 하나님을 사랑하는 것은 사람들로 하여금 범사에 하나님의 주권을 보게 합니다. 그리고 세상을 지배하는 하나님의 통치권을 언제나 인정하게 합니다. 하나님을 섭리로 인도하시는 분으로 인정하는 것입니다.

하나님을 사랑하는 사람들은 모든 일 속에서 하나님이 그의 뜻대로 행하심을 인정합니다. 우리에게 일어나는 일 속에서 사람들의 행사보다 하나님의 손이 더 크게 작용하고 있습니다. 그 해害를 사람한테서 당한다기보다 하나님의 손에서 나는 것으로 여깁니다. 하나님께서는 우리를 사랑하셔서 우리의 몫을 정하여 주시는 면에서도 지혜를 드러내십니다. 그래서 하나님의 주권으로 우리를 사랑하여 우리의 몫을 정하여 주신 것으로 여깁니다. 하나님께서는 지혜로우심으로 그 일을 이끌어 나가십니다. 지혜로 주관하시는 하나님께서 우리를 사랑하셔서 우리에게 일어나는 일들도 지혜로 주장하십니다. 언뜻 보기에 사람들의 악의와 멸시가 우리에게 넘치는 것 같을 때에도 그렇게 보아야 합니다.

만일 모든 일들이 다 하나님의 섭리로 주어지는 것임을 진정으로 인식하면, 우리는 온유한 마음을 가지고 그것들을 받아들여 전적으로 감당하고 싶은 마음이 일어날 것입니다. 그리고 가장 큰 해까지도 하나님의 의로우심과 자비하심 속에서 주어진 일로 인정하게 됩니다.

하나님을 사랑하는 이들은 그런 일들로 마음이 상하고 뒤틀리는 일이 없게 될 것입니다. 다윗이 시므이의 저주를 온유한 마음으로 받아들이고 참아낸 것도 바로 그러한 관점 때문이었습니다. 시므이는 다윗이 나타났을 때 저주를 하면서 돌을 던지기까지 하였습니다(삼하 16:5,13). 다윗은 주 여호와께서 그것을 명하신 것이라고 생각하고 자기와 함께 있는 사람들에게 복수하지 말라고 명하였습니다.

다섯째로, '하나님을 사랑하면 다른 사람들이 해롭게 하는 것을 온유하게 참아낼 것입니다.' 하나님을 사랑하면 사람들에게 당하는 해보다 훨씬 높은 저 하늘의 일을 생각하게 되기 때문입니다. 그것은 우리를 두 가지 측면에서 참아내게 합니다.

다른 사람들이 우리를 상해하지 못할 더 높은 곳에 하나님께서 우리를 세워 주신다는 생각을 하게 합니다. 어떤 것도 하나님의 진정한 친구들을 해할 수 없습니다. 그들의 생명은 하나님 안에서 그리스도와 함께 감춰어 있습니다. 하나님은 그들의 보호자요 친구로서 그들을 천사의 날개에 태워 높은 곳에 이르게 하실 것입니다. 또한 모든 일이 합력하여서 그들에게 유익이 되게 하십니다(롬 8:28). 선한 것을 따르고 있다면, 그들을 해하도록 절대로 허락하지 않으실 것입니다(벧전 3:13).

다음으로, 하나님을 사랑함이 가득할 때에는 사람들로부터 인간적으로 당하는 해 보다 더 높은 것을 생각하게 될 것입니다. 어떤 의미에서는 그들이 하나님을 사랑하면 할수록 그분 안에서 자기들의 복락의 영광을 더욱더 발견할 것입니다. 그들은 하나님을 모든 것으로 여기고, 자기들의 행복과 몫이 하나님의 은총 속에 있음을 발견합니다. 그래서 하나님의 섭리만이 자기들의 몫이라 생각하게 될 것입니다.

하나님을 사랑할수록 세상적인 유익에 마음 두는 일이 적어질 것입니다. 세상적인 유익이라는 것은 원수들이 손을 댈 수 있는 영역입니다. 사람들은 자기들의 세상적인 유익만을 위하여 하나님의 백성들을 해롭게 합니다. 그러나 사람이 하나님을 사랑하면 할수록 세상의 일에 덜 집중하게 될 것입니다. 자기 원수들이 끼치는 해의 고통을 덜 느끼게 될 것입니다. 왜냐하면 세상의 일 이상의 일에 대하여는 원수가 더 이상 손을 댈 수 없기 때문입니다.

그렇게 생각하는 일에 익숙하게 될수록 하나님의 친구들은 사람들이 자기에게 해를 끼치고 있다는 생각을 덜 하게 됩니다. 이들의 조용하고 평온한 마음은 세상 사람들이 깨기가 쉽지 않을 것입니다. 하나님의 은혜와 그 분과의 교제를 소유하는 동안에는, 사람들이 자기에게 끼치는 해나 악한 일에 관하여 큰 관심을 두지 않을 것이니 말입니다.

하나님을 사랑하는 것, 하나님의 은혜를 입고 있다는 의식은 사람들이 해롭게 하는 것에 대하여 다윗 앞에 므비보셋과 같이 처신하게 할 것입니다. 다윗 왕이 므비보셋에게 "네 종 시바와 네 소유의 땅을 나누라"고 말하였습니다. 그 때에 므비보셋이 다윗에게 무어라 하였습니까?

"므비보셋이 왕께 이르되 내 주 왕께서 평안히 왕궁에 돌아오시게 되었으니 그로 그 전부를 차지하게 하옵소서 하니라."(삼하 19:30)

이같이 범사에 하나님의 뜻을 위하고 사랑하면, 그것이 우리로 하여금 다른 이들로부터 받는 어려움들을 오래 참게 합니다.

(2) 이웃을 사랑하는 마음이 갖는 성향

이웃을 사랑하면 우리가 위에서 생각한 것과 같은 자세를 취하게 됩니다. 이러한 의미에서 사랑은 오래 참습니다. 오래 참고 견디는 것은 사랑의 열매입니다. 사도가 암시한 바와 같이, "모든 겸손과 온유로 하고 오래 참음으로 사랑 가운데서 서로 용납하라"(엡 4:2)는 명에 따르는 것은 그리스도의 부르심에 합하는 행함의 일부입니다. 사랑은 많은 실수와 허물을 참게 합니다. 그리고 우리로 하여금 모든 죄를 덮어주고 싶은 마음을 갖게 합니다(잠 10:12).

우리는 많은 체험과 관찰을 통하여 그러한 것을 봅니다. 강한 애정을 가지고 있는 사람들에 대하여는 싫거나 무관심한 사람들보다 훨씬 많이 참게 됩니다. 부모는 다른 아이들 같으면 크게 나무랄 일도 자기 아이에 대하여는 많이 참지요. 타인의 경우에는 참아내지 못할 일도 자기 친구의 경우에는 참습니다. 그러니 이 주제를 세분하여 길게 말하는 것은 불필요할 것입니다. 그 점은 모든 사람들에게 지극히 명백하기 때문입니다. 사랑이 그러한 성질을 가지고 있으며 복수하거나 허물을 집어내는 것과는 반대 방향으로 마음을 유도한다는 것을 누구나 압니다. 사랑과 반대되는 악의惡意는 사랑과 공존할 수 없습니다. 저는 이 요점에 오래 머물지 않고 결론적으로 이 제목에 대하여 몇 가지 간단한 적용을 하겠습니다.

4. 적 용

(1) 용기를 북돋아 줌

이제까지 들었던 내용을 분냄을 가라앉히는 것으로 바꾸어 사용해 봅시다. 이상에서 말했던 요점은 우리들에게 해를 끼치는 사람들을 향하여 격렬한 마음을 갖는 것을 막아 준다는 것입니다. 혹은 언제든지 우리를 해하는 사람을 향하여 분내는 것을 억제할 수 있습니다. 우리의 명예나 평판에 대하여 무슨 중상 모략을 하든지 문제가 되지 않기 때문입니다. 또한 그들을 향하여 격렬하게 화내는 것을 막아줍니다. 마음으로 '그 사람이 내게 한만큼 해 주겠다' 는 식으로 말하지 맙시다. 어떤 사람들이 복수심과 미워하는 마음, 앙심을 가지고 "나 정말 그 사람하고 한번 해볼 거야" 하는 말을 자주 듣습니다. 그런 말도 하지 말고 마음도 일지 않도록 합시다. 다른 이가 내게 어떤 해를 끼친다 하여도 마음을 조용하고 평온하게 유지하도록 힘씁시다. 오히려 정당한 권리를 가지고 심사숙고하여 인내심을 갖도록 합시다. 우리 마음을 격분하게 하는 일이 있어도 그렇게 하지 맙시다. 싸우고 따지는 마음을 일으키는 어떤 일도 하지 맙시다. 저는 이러한 목적을 가지고 다음의 동기動機들을 생각해 보도록 권면합니다.

첫째로 '그리스도께서 우리들 앞에 세운 본本'을 생각해 봅시다. 그분은 온유하고 평온한 심령을 가지고 계시며 오래 참는 행실의 본을 보이셨습니다. 고린도후서 10:1에서 사도는 그리스도의 온유와 자비하심을 말합니다. 그리스도께서는 사람들의 경멸과 비난의 대상으로서 측량할 수 없는 많은 해를 받고도 온유하게 참아내셨습니다. 그분은 아무런 가치도 없는 사람처럼 모욕과 경멸을 당하셨습니다. 영광의 주님이셨지만 아무것도 아닌 것처럼 취급을 당하였고 거절과 무시를 당하셨습니다. 당신이 구원하실 바로 그 사람들로부터 격렬한 배반과 악행과 멸시를 받았습니다. 자신을 향하여 대적하는 죄인들의 거역을 참으셨습니다. 먹기를 탐하는 사람, 술 취하기 잘하는 술주정뱅이라는 소리도 들었습니다. 거룩하고 더럽혀지지 않았으며 모든 죄인들과 구분된 분이셨지만 죄인들과 세리들의 친구가 되셨습니다. 사람들을 속이는 사람으로 여겨졌으며, 때로는 미치광이요, 귀신 들린 사람이라는 말도 들으셨습니다(요 7:20 ; 10:20). 사람들은 주님을 사마리아인으로 비난하였고 귀신들린 사람이라고 조소하였습니다. 유대인들은 사마리아인을 가장 비난받을 만한 이들로 여겼습니다. 그들은 귀신들린 사람들을 가장 악마같은 사람으로 여겼습니다.

또 주님은 하나님을 모독하는 악한 사람으로 비난받았습니다. 마땅히 사형에 처할 사람으로 취급 받으셨습니다(요 10:33). 때로는 주님을 가리켜 귀신의 왕인 바알세불을 힘입어 악을 행하는 사람이라고 비난하였습니다(눅 11:15). 심지어 주님을 귀신의 하나로 부르기까지 하였습니다. 그리스도를 그런 식으로 대적하고 있었기 때문에, 유대인들은 누가 예수님을 그리스도라고 말하면 그를 파문하고 회당에서 쫓아내기로 결정하였습니다(요 9:22).

그들은 예수를 죽도록 미워하였고 또 죽기를 바랐습니다. 때로 주님을 죽이려는 악의로, 자기들의 손을 주님의 피로 적시고 싶은 충동으로 마음이 끓어올랐습니다. 그리스도의 살아계심이 그들에게 고뇌가 될 만큼 그들은 주님을 미워했습니다(시 41:5). 그래서 그들은 주님이 살아계심을 참을 수 없었습니다. 우리는 흔히 그를 죽이려고 기회를 노렸던 사람들을 성경에서 발견합니다(요 5:1). 그들 중 많은 사람들은 주님께서 말씀하시는 것을 보는 것이 정말 얼마나 고통스러웠는지요! 그래서 그들은 주님을 송사訟事하고 사형에 처하게 할 모략을 꾸몄습니다. 그들은 빈번히 주님을 치려고 돌을 들었습니다. 한번은 주님을언덕 위로 올라가게 하여 벼랑 아래로 내어 던져 산산조각 나게 하려 했습니다. 그럼에도 그리스도는 이 모든 해害를 어떤 원망이나 비난하는 말도 없이 참아내셨습니다. 주님은 그 모든 일에도 불구하고 하늘의 평정을 마음속에 지니고 계셨습니다.

결국 주님은 모든 사람들에게 가장 굴욕적인 대접을 받게 되었습니다. 그 때 주님의 친구라 고백하던 이들이 주님을 버리고 도망갔습니다. 원수들이 주님을 잡으러 왔습니다. 주님을 십자가의 죽음에 이르게 하려고 괴롭게 하였습니다. 그 때에도 주님께서는 마치 도살당할 어린 양같이 입을 열지 않으셨습니다. 분노의 말 한 마디 하지 않으셨습니다. 무거운 고통과 재앙을 받으면서도 마음의 조용함을 잃지 않으셨습니다. 복수하고 싶은 마음을 추호도 갖지 않으시고, 오히려 자기를 죽이려는 사람들을 용서하는 마음으로 그들을 위하여 기도하셨습니다. 자기를 십자가에 못 박는데도 그리스도께서는 그들을 위하여 용서하여 주십사 하고 아버지께 기도드리셨습니다. 그들을 대신하여 아버지께 간청하셨습니다. 저들은 자기들이 하는 일이 무엇인지 몰라서 그러는 것이니 저들을 용서하여 주십사 하고 기도하셨습니다. 참기 힘든 고통과 죽음의 고뇌도 자기를 해害하는 사람들을 향해 오래 참으시는 마음을 중단시키지 못하였습니다.

둘째로, 해 받는 것을 온유하게 참아내고자 하는 마음을 갖지 않으면 우리는 세상에서 살아가기에 합당치 않습니다. 왜냐하면 세상에서 많은 해를 받을 것을 각오해야 하기 때문입니다. 우리는 순결하고 무죄하며 사랑이 있는 세상에 사는 것이 아니라 타락하고 부패하며 비참하고 사악한 세상에서 살고 있습니다. 죄가 지배하고 왕 노릇하는 세상입니다. 범죄 하기 이전에 사람의 마음에 심어졌던 신적인 사랑의 원리는 사라져 버렸습니다. 이제 그 원리가 지배하는 사람은 없고, 있다 해도 매우 불완전한 상태입니다. 악하게 하고 해를 끼치게 하는 원리들이 세상 전반을 장악하고 있습니다. 세상은 마귀가 신으로 지배하고 영향을 끼치고 있는 세계입니다. 이 세상에 사는 대부분의 사람들이 그러한 마귀의 정신을 소유하고 있습니다. 사도가 말한 바와 같이 모든 사람이 믿음을 가진 것이 아닙니다(살후 3:2). 실로 소수에 불과한 사람만이 다른 사람을 향하여 의와 자비를 베푸는 믿음의 마음을 가지고 있습니다. 우리 주님은 제자들을 세상에 보내실 때마다 자주 세상의 국면에 대하여 말씀하셨습니다.

"보라 내가 너희를 보냄이 양을 이리 가운데로 보냄과 같도다."(마 10:16)

그러므로 온유하고 고요한 마음, 오래 참는 마음을 갖지 않은 자들의 마음 상태는 실로 비참합니다. 그들이 살아가는 걸음마다 곤고함에 빠져 있는 것 같습니다.

만일 해를 받을 때마다, 혹은 비난과 악의와 불의한 행동을 당할 때마다 마음이 끓어오르고 뒤틀려서 평온함이 깨어진다면, 우리는 만족을 누릴 수 없습니다. 마치 바다 위에 떠 있는 나무껍질의 요동함같이 늘 마음이 뒤틀리고 상하게 될 것입니다. 열을 올리고 격노하거나, 다른 이들로부터 해를 받을 때에 격렬하게 원망하는 사람들은 그런 일들이 자기에게 일어난 것이 이상하다는 식으로 행동하게 될 것입니다. 그러한 생각은 어리석습니다. 그런 일은 세상에서는 하등 이상한 일이 아닙니다. 늘 있으려니 각오해야 할 것입니다. 그러므로 당한 해로 인하여 마음이 요동하는 것은 지혜로운 행동이 아닙니다. 지혜로운 사람은 세상에서 해 받을 것을 예상하는 사람입니다. 그것을 위하여 온유한 마음으로 준비하는 사람입니다.

셋째로, 우리는 해를 당하는 것보다 훨씬 더 높아지게 될 것입니다. 다음과 같은 원리입니다. 심령을 굳게 하고 다른 사람들에게 받는 해로 흥분하거나 격동되지 않을 것이라고 생각하는 사람은 마음의 평정을 잃지 않습니다. 그들은 해 받는 것보다 훨씬 더 고차원적인 데 있습니다. 받는 해가 자기가 있는 높은 차원에까지 미칠 수 없습니다. 그는 해 받는 것을 정복한 사람입니다. 승리하는 자세로 그러한 것들을 뛰어 넘습니다. 그렇게 그리스도인의 정신을 행사하는 사람은 자기에게 오는 모든 해를 온유하게 참아낼 수 있을 뿐 아니라, 돈으로도 오를 수 없는 높은 경지에 이른 사람입니다.

역사는 우리에게 말하고 있습니다. 바사 사람들이 바벨론을 에워싸 포위하고 공격할 때 바벨론 성벽이 너무 높아 애를 먹었습니다. 바벨론 성 사람들은 그 높은 성벽 망루에 서서 자기들을 치러 온 원수들을 비웃곤 하였다

합니다. 그리스도인의 온유함으로 영혼을 무장한 사람은 세상이 자기를 해롭게 할 때 원수를 비웃어 버립니다. 어떤 사람이 악의를 가지고 우리를 비난하며 손해를 끼치고 어지럽히고 당혹하게 만들려고 안달한다 합시다. 그래서 그들 원대로 해 볼 수 있는 일은 다 해보았습니다. 그런데도 우리 마음의 평정이 깨어지지 않으며 영혼의 진지함도 여전하다면, 그들은 자기들의 목적을 포기하고 말 것입니다. 그들이 우리를 상하게 하려던 계략은 의도대로 실행되지 못하고 실패하고 맙니다. 반면에 우리의 마음이 해 받는 것에 비례하여 요동한다면, 그만큼의 분량이 원수의 힘에 사로잡히는 셈입니다.

넷째로, 그리스도인이 오래참으로 다른 사람들이 주는 해를 온유하게 참아내는 마음은 영혼의 진정한 위대성을 보여주는 하나의 표지입니다. 악한 사람들에게 해를 받고도 마음의 평정을 잃지 않고 유지하는 것은 참되고 고상한 성품을 보여줍니다. 아울러 심령의 위대함과 성품의 탁월함을 보여주는 것입니다. 그것은 내면적인 힘이 있고 무장되어 있다는 증거입니다. 솔로몬은 "노하기를 더디 하는 자는 용사보다 낫고 자기의 마음을 다스리는 자는 성을 빼앗는 자보다 나으니라"(잠 16:32)고 하였습니다. 곧, 마음을 다스리는 자는 세상의 위대한 정복자보다 더 위대하고 더 고상하고 더 탁월한 마음을 가지고 있음을 보여주는 것입니다. 영혼이 쉽게 뒤틀리는 것은 작은 마음을 가진 결과입니다. 사람들의 악한 대접이나 비난에 대하여 쉽게 요동하는 사람은 마음이 작음을 보여주는 것입니다. 시냇물은 흘러가면서 작은 장애물에 부딪쳐도 요동합니다. 그래서 시내가 흐를 때에 요란한 소리가 납니다. 반면에 크고 거대한 강물은 같은 장애물을 만나도 조용하고 평온하게 흘러갑니다. 표면에 어떠한 움직임도 나타나지 않습니다. 다른 사람이 해롭게 하는 것을 보더라도 여전히 그들을 향하여 불쌍히 여기는 마음을 가지고 성심으로 따뜻한 마음을 보인다면, 하나님을 닮은 위대한 마음을 가졌다는 증거가 됩니다. 그러한 온유하고 정숙하고 오래 참는 마음을 소유하는 것은 영혼의 위대성을 드러내는 진정한 표지입니다.

야고보가 말한 바와 같이 그것은 위대하고 진정한 지혜를 보이는 증거입니다.

"너희 중에 지혜와 총명이 있는 자가 누구냐 그는 선행으로 말미암아 지혜의 온유함으로 그 행함을 보일지니라."(약 3:13)

지혜자 솔로몬도 지혜에 속한 것이 무엇인지 잘 아는 사람인데 온유한 마음을 지닌 자에 대해서 자주 말합니다.

"교만에서는 다툼만 일어날 뿐이라 권면을 듣는 자는 지혜가 있느니라."(잠 13:10)

"지혜로운 자는 그것(노)을 억제하느니라."(잠 29:11)

"노하기를 더디 하는 것이 사람의 슬기요 허물을 용서하는 것이 자기의 영광이니라."(잠 19:11)

반대로 남에게 해를 받으면 즉각적으로 원망하고 쉽게 분내는 사람들은 성경에서 작고 미련한 사람이라는 평을 받습니다.

"노하기를 더디 하는 자는 크게 명철하여도 마음이 조급한 자는 어리석음을 나타내느니라."(잠 14:29)

"참는 마음이 교만한 마음보다 나으니 급한 마음으로 노를 발하지 말라 노는 우매자의 품에 머무름이니라."(전 7:8,9)

그리고 잠언 14:17,18에는 이러한 말씀이 있습니다.

"노하기를 속히 하는 자는 어리석은 일을 행하고 악한 계교를 꾀하는 자는 미움을 받느니라 어리석은 자는 어리석음으로 기업을 삼아도 슬기로운 자는 지식으로 면류관을 삼느니라."

반면에 성경에서 온유한 심령은 존귀한 심령이라고 말하고 있습니다.

"다툼을 멀리하는 것이 사람에게 영광이거늘 미련한 자마다 다툼을 일으키느니라."(잠 20:3)

다섯째로, 그리스도인다운 오래 참음과 온유한 심령에 대해 성도들의 본本을 통하여 성경이 우리에게 추천하고 있습니다. 그리스도의 모범만으로도 충분할 수 있습니다. 그것은 우리의 머리되는 분의 본이기 때문입니다. 우리의 주님이요, 우리의 스승의 본이기 때문입니다. 그래서 우리는 주님을 따르는 사람이라는 고백을 하며, 그리스도의 본이 완전하다고 믿는 것입니다. 그러나 어떤 사람들은 그리스도의 본에 대하여 이렇게 말할 수도 있습니다. "그리스도께서는 죄가 없고, 마음의 부패도 전혀 없으니 우리에게 그가 행하신 대로 행하기를 기대하는 것은 말이 되지 않는다." 그런 주장은 전혀 이치에 맞지 않습니다. 우리 자신과 같은 성정을 가진 성도들의 본을 특별한 용도도 없이 성경에 기록할 리가 없습니다. 그 성도들의 본이 어떤 측면에서는 특별한 감화를 끼치기도 합니다.

성도들 중에서 많은 이들이 '오래 참음'의 본을 잘 보여주었습니다. 예를 들어서 다윗이 사울에게서 받는 해로운 처우를 얼마나 온유함으로 참아냈는지 우리는 알고 있습니다. 그는 산 위에 있는 불쌍한 새가 사냥을 당하는 것 같이 사울에게 악하게 추격을 받을 때에 온유한 마음으로 참았습니다. 사울이 살기 등등하여 자기를 잡아 죽이려는 악의를 행동에 옮길 때에도 온유한 심정으로 참아냈습니다. 그는 언제나 사울을 향하여 의무를 다하였습니다. 그에게 사울을 죽여 단번에 권력을 손에 넣을 수 있는 기회가 있었습니다. 주위 사람도 그것이 매우 합법적이며 당연하다고 생각하였습니다. 그 때에도 다윗은 사울이 주께 기름부음 받은 사람임을 생각하고는 자기가 취할 수 있는 모든 유익을 하나님께 다 의탁하였습니다. 그는 자기 생명을 하나님의 손에 맡기고 원수를 살려둠으로 당하는게 될 고통을 감수하였던 것입니다. 이 일이 있은 후에 다윗은 자기의 오래 참음과 선행이 사울을 이기지 못함을 알았습니다. 선을 행하여도 사울은 여전히 다윗을 추격하였습니다. 다시 그는 사울을 멸할 수 있는 자리에 서게 되었습니다. 그 때에도 사울을 피해 달아나는 편을 택하였습니다. 그는 자기를 멸할 사람을 해하는 것보다 피하는 길을 택하였던 것입니다.

다른 예는 스데반입니다. 사도행전 7장이 그에 대해 말합니다. 그를 핍박하는 사람들이 격노하여 돌을 던져 죽이려 할 때에도 무릎을 꿇고 큰 소리로 "저희 죄를 저희에게 돌리지 마옵소서"라고 기도하였습니다. 그가 자기 영혼을 주께 의탁하면서 드린 마지막 말입니다. 자기를 핍박하는 자들을 위하여 그 기도를 한 후 즉시 숨을 거두었습니다. 숨이 끊어지기 전에 그들을 용서하였고, 하나님의 복락이 그들에게 임하기를 아버지께 부탁하였습니다. 그는 지상에서의 마지막 행동을 그렇게 장식하였습니다.

또 다른 예는 사도 바울입니다. 그는 악하고 이성 없이 구는 사람들로부터 수없이 많은 해를 당하였습니다. 여러 가지 해를 받으면서 자기가 취한 행동에 대하여 고린도전서 4:11-13에서 간단하면서도 암시적으로 말하고 있는 것을 봅니다.

"바로 이 시각까지 우리가 주리고 목마르며 헐벗고 매 맞으며 정처가 없고 또 수고하여 친히 손으로 일을 하며 모욕을 당한즉 축복하고 박해를 받은즉 참고 비방을 받은즉 권면하니 우리가 지금까지 세상의 더러운 것과 만물의 찌꺼기 같이 되었도다."

그는 이렇게 자기에게 떨어지는 모든 해를 받으면서 온유하고 오래 참는 심령을 드러내 보였습니다. 우리들은 이렇게 성령의 감동을 받은 이들의 기록만을 가지고 있는 것이 아닙니다. 성경이 아닌 역사의 기록들 속에서 순교자들과 주목할 만하며 영웅과도 같은 다른 그리스도인들의 오래 참음의 사례들을 만납니다. 그들은 사람들로부터 받는 악하고 이치에 맞지 않는 모든 것을 참아냈습니다.

여섯째로, 이 방식은 우리가 하나님의 상급을 받되, 우리를 향한 하나님의 오래 참으심의 상을 받게 하는 것입니다. 흔히 성경은 다른 이들에게 행한 것이나 대접한 것에 따라 하나님께서 그 잘한 사람을 대접하신다고 말합니다.

"자비로운 자에게는 주의 자비로우심을 나타내시며 완전한 자에게는 주의 완전하심을 보이시며 깨끗한 자에게는 주의 깨끗하심을 보이시며 사악한 자에게는 주의 거스리심을 보이시리니."(시 18:25,26)

마태복음 7:2에는 "너희의 비판하는 그 비판으로 너희가 비판을 받을 것이요 너희가 헤아리는 그 헤아림으로 너희가 헤아림을 받을 것이니라"고 주님께서 말씀하십니다.

"너희가 사람의 잘못을 용서하면 너희 하늘 아버지께서도 너희 잘못을 용서하시려니와 너희가 사람의 잘못을 용서하지 아니하면 너희 아버지께서도 너희 잘못을 용서하지 아니하시리라."(마 6:14,15)

여기서 '허물'은 우리를 해롭게 하는 것이나 그와 같은 종류를 의미합니다. 우리가 만일 사람들이 우리를 거절하는 것을 참아내지 않으면 하늘 아버지께서도 우리가 행한 잘못을 참아 주시지 않을 것입니다. 우리가 사람들을 향하여 오래 참지 못하면 하나님께서 우리를 향하여 오래 참으실 것을 기대할 수 없습니다. 그러나 우리는 우리의 잘못에 대해 너그럽게 오래 참으시기를 얼마나 간절하게 하나님께 바랍니까! 또 우리 자신이 하나님을 향하여 얼마나 자주 큰 잘못을 범합니까! 우리가 하나님을 얼마나 악하게 홀대합니까! 만일 하나님께서 우리들을 참지 않으시면, 우리는 얼마나 비참하며 몰골은 얼마나 흉하겠습니까!

그러니 이런 것을 유념하고 우리 모두 이제까지 언급해 온 탁월한 심령의 상태를 구합시다. 어떤 것이든지 그것과 반대되는 정신이나 행동은 억제해야 합니다. 이는 개인뿐 아니라 가정에 대하여도 매우 행복한 영향을 끼칠 것입니다. 사회적 관계와 공무公務에는 얼마나 복된 영향을 미칠까요! 만일 이 심령으로 충만하다면 행복이 우리 삶의 모든 상황에 찾아올 것입니다. 탁월한 심령의 상태는 다툼과 갈등을 방지하며, 신사다움과 자비, 조화와 사랑을 편만케 하고 격렬한 분냄과 혼란을 몰아낼 것입니다. 또 우리가 당하는 모든 악한 일을 몰아낼 것입니다. 그렇게 되면 사적인 일이나 공적인 일을 다툼이나 매서운 심령 상태로 행하지 않을 것입니다. 다른 이들을 향하여 거칠고 무례한 표현을 쓰지 않을 것입니다. 불평하는 말이나 뒤에서 수군수군하며 중상모략하는 등 아름답지 않은 말을 하지 않을 것입니다. 우리는 사람들 사이에 이런 일이 사회생활에 얼마나 악을 끼치는지 많이 들어왔습니다. 그러나 어떤 사람들은 위에서 말한 온유하고 인내하면서 참아 내는 것에 대하여 반기를 들기도 합니다. 반대 의견들 중 몇을 예로 들어 거기에 답변하고 해명하면 유익이 될 것입니다.

(2) 반론과 해명

첫 번째 반론 – '용납할 수 없는 경우에는 해당되지 않는다. 그 사람이 너무 이치에 합당치 않아 말이나 행함이 앞뒤가 맞지 않는다. 행동이 너무 불의하고 악하고 부당해서 육신을 입은 사람은 그 사람의 행동을 참아 내기 힘들 것이다. 그 행위를 참을 수 없어 원망과 경멸을 받아 마땅하다.'

저는 반대 의견에 대하여 해명하고 제 편에서 몇 가지 반문을 던지려 합니다.

첫째로, 여러분이 하나님을 향하여 행한 잘못보다 더 큰 해를 다른 사람들로부터 받았다 생각하십니까? 여러분이 지존하고 거룩하신 하나님께 비열하고 이치에 맞지 않게 행하고 배은망덕한 것 보다 다른 이들이 여러분에게 더 악하게 행하던가요? 다른 사람이 여러분에게 행한 허물의 수數가, 창조주로서 구속救贖의 은혜를 베푸신 하나님께 여러분이 저지른 잘못의 수보다 더 많던가요? 이웃이 여러분에게 행한 범죄가, 하나님 곧 모든 자비의 주님이시요 최고의 것을 드려야 마땅한 그분께 여러분이 행한 범죄보다 더 큰 노를 격발할만한 것입니까?

둘째로, 하나님께서 이제까지 그러신 것처럼 장래에도 여러분이 행한 모든 일을 여전히 참으시기를 소망하지 않습니까? 여러분이 행한 모든 일에도 불구하고 하나님께서 무한한 사랑과 은총을 행사하시기를 희망하지 않습니까? 하나님께서 여러분을 향해 자비하실 것이라는 소망이 있지 않습니까? 그리스도께서 우리를 죽기까지 사랑하시기를 바라지 않습니까? 비록 여러분이 하나님께 누를 끼치며 하나님의 원수같이 행하여도 하나님이 여러분을 향해 사랑으로 인자하게 대해 주시기를 바라지 않나요? 그의 은혜로 말미암아 여러분의 범죄와 허물을 모두 도말하시기를 원하지 않습니까? 하나님께서 여러분을 영원한 자녀로, 그의 나라를 기업으로 물려받을 자로 삼으실 것을 소망하지 않습니까?

셋째로, 하나님 편에서 여러분을 오래 참으심이 감사할만하며 선하지 않습니까? 그것은 가치 있고 훌륭할 뿐 아니라, 지극한 영광이라고 생각하지 않느냐는 말입니다. 그리스도께서 우리를 위하여 죽으셔야 했다는 것과 그리스도를 통하여 여러분에게 용서와 구원을 베푸셨음을 인정하지 않습니까? 아니면, 그것에 동조하고 찬성하지 않는 것입니까? 하나님께서 여러분을 향해 참지 않으시고 오래 전에 진노하심으로 끊어 버리셨다면 하나님을 더욱 선하신 분이라고 여길 수 있었겠습니까?

넷째로, 만일 그런 경로가 하나님이라면 칭송받기에 합당하고 훌륭한 것이었다면, 어찌하여 우리 안에서는 그렇지 못한 것입니까? 어찌하여 여러분은 본받지 못합니까? 하나님께서 죄를 용서하여 주신 것이 너무 과도한 자비하심입니까? 어떤 사람이 여러분을 해롭게 하는 것보다 여러분이 천지의 주재이신 하나님께 잘못하는 것이 더 작은 일입니까? 하나님께 용서하며 주십사 기도하고 용납받는 것이 여러분에게 좋지 않습니까? 그런데 어찌하여 여러분에게 잘못하는 사람들에게는 확대하여 생각해 보지 않으려는 것입니까?

다섯째로, 여러분은 장래에 하나님께서 우리의 잘못들을 더 이상 참지 않으셔도 좋습니까? 하나님을 거역한 범죄에 대해 하나님께서 인내하지 않으시기를 바랍니까? 하나님께서 장래에 여러분을 대접하시되, 자신에게 잘못한 사람을 대하는 여러분의 방식대로 대접하여 주시기를 흔쾌히 원하십니까?

여섯째로, 그리스도께서 이 세상에 계실 때 당신을 욕하고 때린 자들에게 보복하셨습니까? 그리스도는 여러분이 받은 것보다 훨씬 무거운 해를 받지 않으셨습니까? 다른 사람들이 여러분을 짓밟은 것 보다 여러분이 하나님의 아들을 더 짓밟지 않았습니까? 여러분이 그리스도를 욕되고 해롭게 한 것보다 사람들이 여러분을 욕하고 해롭게 하는 것이 더 참지 못할 일입니까? 이러한 질문만으로도 여러분이 제기하는 반대에 대한 충분한 해명이 될 것입니다.

<u>두 번째 반론</u> – '우리들을 해하였던 사람들이 자기들이 행한 짓을 계속하며 조금도 회개하는 빛이 없다.'

그러나 여러분을 해롭게 하는 일을 오래 지속 한다면, 오래 참기에 합당한 기회가 전혀 없을까요? 그런 일이 지속된다면 여러분이 오래 참는 온유한 마음을 행사할 것인지 시험하시려는 하나님의 목적이 있을 수 있습니다. 위에서 말한 것처럼, 인내하는 마음이 있는지 알아보시려는 하나님의 시험일 수도 있습니다. 여러분이 하나님을 향하여 계속 잘못하고 그 일을 멈추지 않고 지속할 때 하나님은 인내하여 참지 않으셨습니까? 여러분이 고집을 피우며 하나님을 계속 괴롭게 할 때 여러분을 향한 오래 참음을 중단해 버리시던가요?

세 번째 반론 – '그들이 다른 이들을 해하는 것을 참을수록 그들은 더 많은 해를 입힐 것이다'

그러나 모르는 것이 있습니다. 여러분은 내일 일을 모르며 사람들의 마음을 모릅니다. 여러분이 하나님의 뜻에 복종한다면 그분이 여러분을 위하여 일하실 것입니다. 그는 여러분보다 사람의 노를 멈추게 하는 일에 더 능하십니다. 그는 이러한 말씀을 하셨습니다.

"원수 갚는 것이 내게 있으니 내가 갚으리라고 주께서 말씀하시니라."(롬 12:19)

하나님께서는 다윗을 위하여 놀랍게 원수 갚는 일을 대신 하셨습니다. 또 성도들 중 많은 이들이 그 혜택을 받았습니다. 만일 여러분이 순종하기만 하면 하나님은 여러분을 대적하여 일어나는 모든 일에 대항하여 싸우실 것입니다. 사람들을 보면 일반적으로 온유하고 오래 참는 심령이 남을 해롭게 하는 일을 멈추게 합니다. 사람들의 경험이나 행동을 관찰하면 그것을 발견하게 됩니다. 반면에 복수심과 원수 갚으려는 마음은 그러한 해를 격동시킬 뿐입니다. 그러니 오래 참는 마음과 온유한 마음을 자라나게 하십시오. 그리하면 여러분의 영혼을 인내와 행복 속에 보존할 수 있을 것입니다. 하나님께서 지혜와 자비하심으로 허락하시기까지는 누구도 여러분을 해하지 못할 것입니다.

사랑은 오래 참고 사랑은 온유하며

고린도전서 13장 4절

CHAPTER 5

선을 행하게 하는 사랑

Charity Disposes Us To Do Good

제4강에서 우리는 그리스도인의 사랑은 오래 참는 것임을 알았습니다. 또 사랑은 우리가 다른 사람들에게서 받는 손해를 온유하게 참아내는 마음을 갖게 한다는 것도 알았습니다. 이제 '사랑은 온유하다' 는 주제를 생각해 봅시다.

'사랑, 또는 참된 그리스도인의 정신은 우리로 하여금 다른 사람들에게 온유함으로 선을 행하고 싶은 마음을 갖게 합니다.'

저는 이 주제를 두 가지 요점으로 생각해 보려 합니다.

첫째, 다른 사람들에게 선을 행하는 의무의 본질을 간단하게 밝힐 것입니다.

둘째, 참된 그리스도인의 정신이 우리로 하여금 그 의무를 이행하게 함을 다루려 합니다.

1. 다른 이에게 선을 행하는 것의 본질

여기서는 세 가지 요건들을 생각해야 합니다. 곧 '선을 행하는 행동 자체', '우리가 선을 행할 대상들', '다른 사람들에게 선을 행하는 방식' 등이 그것입니다. 물론 그 방식은 대가없는 것으로 나타남을 강조할 것입니다.

(1) 선善을 행하는 행동 자체

이것은 마땅히 해야 할 의무의 문제입니다. 다른 사람들에게 선을 행할 때 여러 방식이 있습니다. 그 방식들 안에서 경우에 따라 요구하는 선을 행해야 합니다.

첫째로, 사람들은 '다른 사람들의 영혼'을 위하여 선을 행할 수 있습니다. 이는 선을 행하는 방식 중에서 가장 훌륭합니다. 사람마다 때로 다른 사람들에게 영적으로 영원한 선을 행하는 도구가 될 수 있습니다. 이런 일은 흔합니다. 누구든지 그 도구가 될 때에는 우주의 다른 어떤 풍성함을 위해 자신을 드리는 것보다 훨씬 더 큰 선을 행하는 도구가 되는 셈이지요. 다른 사람의 무지를 깨우쳐 줌으로써 그의 영혼에 선을 행하는 것입니다. 그리고 다른 이들을 인도하여 신앙에 속한 위대한 일을 아는 지식을 갖게 함으로써 사람들의 영혼에 선을 행할 수도 있습니다. 또 상담하고 다른 사람들에게 주의를 주어 의무를 다하도록 북돋아줌으로써 선을 행하기도 합니다. 영혼이 잘되며 정신을 차리게 하고, 마땅한 바를 행치 않는 나태한 이들을 그리스도의 심정으로 책망하여 그들의 영혼을 깨우치고 선을 행하게 할 수 있습니다. 모든 이들에게 긴요한 일의 선한 본을 보여줌으로써 선을 행할 수도 있습니다. 그것이 다른 영혼의 유익을 위하여 가장 효과적이라고 모두 인정합니다. 그러한 모본은 다른 이들의 영혼을 유익하게 하는 도구들을 수반합니다. 곧 그들을 가르치고 문제를 해결할 열쇠를 주어서 상담자의 역할을 하고 경계하여 주거나 책망하는 일이 따르는 것입니다. 모본을 보여주는 것은 그러한 방편들을 강조하는 일에 필요합니다.

그리고 그 방편들의 효과적인 사용에도 모본을 보이는 것은 필요합니다. 모본을 보이는 일은 그 방편들이 다른 것으로는 도저히 엄두도 내지 못할 정도로 효력을 도출해 내게 하는 좋은 일입니다. 모본을 보이지 않는 방법들은 허사로 돌아가 버리고 말 것입니다.

사람들은 악한 길을 가고 있는 자들을 돌아서게 하는 일을 통해 그들에게 선을 행할 수 있습입니다. 그리고 교회 출석을 게을리하는 사람들에게 중요성을 깨우쳐 주는 선을 행할 수 있습니다. 분별없이 세속적인 죄를 범하는 죄인들의 영혼에게는 결과의 비참함과 위험에 대해 깨우쳐 주면 선을 행하는 것이 됩니다. 그런 경우 우리는 그들을 각성시키는 도구로 사용될 수도 있습니다. 그들을 회심시키고 그리스도께로 돌아가게 하면 그들 영혼에 선을 행하는 것이 됩니다. 이런 선을 행하는 이들에 대해서 성경은 말합니다.

"많은 사람을 옳은 데로 돌아오게 한 자는 별과 같이 영원토록 빛나리라."(단 12:3)

성도들 역시 서로 각자를 세워주고 위로하며 강하게 하여 주는 도구가 될 수 있습니다. 믿음을 가지며 순종할 수 있도록 서로에게 힘을 줄 수 있습니다. 서로를 소성케 하는 은혜를 나누고 덕을 고양高揚시키는 일에 협력합니다. 서로 어둡고 무서운 세계에서 벗어나게 하고 시험에 빠지는 것을 방지하며, 하나님께 받은 은혜에 합당한 믿음 생활을 하게 장려할 수 있습니다. 의심스럽고 어려운 상황에서는 서로 도와 방향을 잡아줍니다. 어둠과 시련을 당하고 있을 때 서로 용기를 북돋아 주어서 일어나게 할 수 있습니다. 그리고 일반적으로 영적인 기쁨과 힘을 나눔으로 영광을 위하여 달려가는 길목에서 상호 간에 도울 수 있습니다.

둘째로, 사람들은 '이 세상에서 해야 할 외적인 일들'에 관해서도 다른 사람에게 선을 행할 수 있습니다. 외부적으로 난관에 처하며 재난을 당한 사람들을 도울 수 있습니다. 사람들에게 닥치기 쉬운 재난들은 수 없이 많습니다. 다른 이와 친구들의 도움을 받아야 할 일들도 너무나 많습니다. 많은 이들이 굶주려 있고, 목말라 있으며, 나그네 생활을 하며, 헐벗고 있습니다. 병들어 있기도 하며, 감옥에 갇혀 있기도 합니다(마 25:35,36). 다른 사람들의 손길을 필요로 하는 고통 받는 사람들이 많습니다. 우리는 그들이 외적인 신분이나 물질적인 면에서 더 진보하도록 도울 수 있습니다. 또는 그들의 좋은 평판을 위해 도와줄 수 있습니다. 그들의 명성을 드높여 주고, 타인이 그를 인정할 수 있도록 도울 수 있습니다.

다른 사람들에게 위로를 주고, 세상에 있는 행복에 도움이 될 만한 일을 함으로 선을 행할 수 있습니다. 그러한 것을 말로 하든, 사려 깊은 자비의 행실로 하든 문제가 되지 않습니다.

우리는 외적으로 그들에게 선을 행하려고 애쓰면서 다른 이들의 영혼에 선을 행할 수 있는 더 유리한 고지에 서게 됩니다. 우리가 가르치는 일이나 권면, 경계하는 일이나 선한 모본을 보이는 일에 외적인 친절을 더하면, 그들의 영혼을 위한 여러 일들을 더욱 효과적으로 할 수 있는 길을 열게 됩니다. 그리하여 그 방법들이 매우 유력하게 됩니다. 외적인 친절을 받는 사람들은 자기들의 영적인 선을 도와주려는 우리의 간절함을 좋게 평가하기 쉽습니다. 우리는 그러한 일을 통해 다른 사람들의 영혼을 향하여 세 가지 측면에서 선을 행합니다. 곧 '우리들이 가진 것들 중에서 다른 사람이 필요로 하는 것들을 그들에게 주는 방식'입니다. 다음은 그들에게 행하는 일, 다시 말하면 '다른 사람이 잘 되도록 돕는 것'을 통해서 그러한 일을 할 수 있습니다. 마지막으로 '다른 사람들을 위하여 고난을 감수' 하는 일입니다. 그들이 지고 있는 짐을 대신 짊어짐으로 힘을 덜어 주는 선을 행합니다. 그들의 짐을 가볍게 해주려는 큰 노력을 통해서 선을 행하는 것입니다.

우리가 믿는 기독교는 여러 방식을 통해 다른 이들에게 선을 행하기를 요청합니다. 기독교는 다른 사람들에게 "주라"라고 합니다.

"주라 그리하면 너희에게 줄 것이니."(눅 6:38)

또 우리로 하여금 다른 사람들을 위하여 "행하라"라고 합니다.

"우리의 수고와 애쓴 것을 너희가 기억하리니 너희·아무에게도 폐를 끼치지 아니하려고 밤낮으로 일하면서 너희에게 하나님의 복음을 전하였노라."(살전 2:9)

"하나님은 불의하지 아니하사 너희 행위와 그의 이름을 위하여 나타낸 사랑으로 이미 성도를 섬긴 것과 이제도 섬기고 있는 것을 잊어버리지 아니하시느니라."(히 6:10)

"그가 우리를 위하여 목숨을 버리셨으니 우리가 이로써 사랑을 알고 우리도 형제들을 위하여 목숨을 버리는 것이 마땅하니라."(요일 3:16)

종합해 보니 이 모든 방식들은 모든 사람들에게 선을 행하라고 우리에게 요구하고 있습니다.

(2) 우리가 선을 행할 대상들

성경에 '우리의 이웃'이라는 표현이 자주 나타납니다. 우리에게 부여된 의무는 계명으로 나타난 바와 같이 '우리 이웃을 우리 자신처럼 사랑하라'는 것입니다. 그러나 어떤 이가 그리스도께 나아와서 "누가 우리의 이웃입니까?"라고 여쭈었던 것과 같이, 우리도 그 질문을 하는 것이 격에 맞을 수도 있습니다. 비록 사마리아인들과 유대인들이 서로 욕하고 증상하는 격렬한 원수들이었지만, 예수님은 사마리아인이 유대인에게 이웃이었다고 대답하십니다. 예수님의 대답을 통하여 우리가 선을 베풀어야 할 대상자들을 세 가지 측면에서 생각할 수 있습니다.

첫째로, 우리는 '선한 사람'이거나 '악한 사람' 모두에게 선을 행해야 합니다. 하나님을 본받기 위하여도 그리해야 합니다.

"이는 하나님이 그 해를 악인과 선인에게 비추시며 비를 의로운 자와 불의한 자에게 내려주심이라."(마 5:45)

세상은 여러 종류의 사람들로 가득합니다. 어떤 이들은 선하기도 하고 악하기도 하며 때로 사악하기까지 합니다. 우리는 이 모든 사람들에게 선을 행해야 합니다. 특히 '믿음의 가정들에게' 선을 행해야 합니다. 우리는 신앙을 가진 사람들을 사랑할 대상으로 알아야 할 충분한 이유가 있습니다. 그러나 성도들에게 가장 풍성한 선을 행하여야 할지라도 선행을 그런 사람들에게만 국한시키지 말아야 합니다. 기회가 있는 대로 모든 사람들에게 선을 행하여야 합니다. 이 세상에 사는 동안에 매우 악한 성향을 가진 사람, 또한 매우 미워할 수밖에 없는 기질을 가지고 그러한 일을 행하는 사람들을 만날 것을 예상해야 합니다. 어떤 사람들은 거만하고, 다른 이들은 부도덕하고 탐욕스러우며 하나님을 모독하고 불의합니다. 냉혹하며 하나님을 무시합니다. 세상은 이런 모든 종류의 사람들로 가득합니다.

그러나 이들의 모든 악한 기질에도 불구하고 우리가 자비를 베풀 기회가 있으면, 악한 기질을 선을 행하는 데 장애물로 여겨서는 안됩니다. 바로 그 사실 때문에 우리는 그들에게 열심히 선을 행하여야 합니다. 그 열심을 통하여 그들을 그리스도께 인도할 수 있습니다. 특히 영적인 일에 있어서 그들을 유익하게 하는 데 부지런해야 합니다.

둘째로, 우리는 '친구들'과 '원수들'에게 둘 다 동일한 선을 행해야 합니다. 우리가 친구들에게 선을 행하는 것이 마땅합니다. 우리의 동류同類들에게 마땅히 선을 행하되, 하나님의 형상대로 지음 받은 사람들에게 선을 행한다는 생각으로 선을 행하여야 합니다. 이것을 우정에 필요한 당연한 일로 여겨서 친구들에게 우정을 나타내고 그들에게 애정을 가져야 합니다. 우리는 원수에게도 선을 행하는 것이 당연합니다. 우리의 구주께서 이렇게 말씀하셨습니다.

"나는 너희에게 이르노니 너희 원수를 사랑하며 너희를 박해하는 자를 위하여 기도하라 이같이 한즉 하늘에 계신 너희 아버지의 아들이 되리니."(마 5:44,45)

우리에게 악을 행하는 사람들에게 선을 행하는 것이 우리 그리스도인들의 유일한 보복 수단입니다. 우리는 "악을 악으로 갚지 말고…선으로 악을 이기라"(롬 12:17,21)는 말씀을 배웁니다. 또는 "삼가 누가 누구에게든지 악으로 악을 갚지 말게 하고 서로 대하든지 모든 사람을 대하든지 항상 선을 따르라"(살전 5:15) 다시 "악을 악으로 욕을 욕으로 갚지 말고 도리어 복을 빌라 이를 위하여 너희가 부르심을 받았으니"(벧전 3:9)라고 말합니다.

셋째로, 우리는 '은혜에 보답하려는 감사하는 마음이 있는 사람이든지 아니든지 모두에게' 선을 행하여야 합니다. 하늘 아버지의 본을 받아서 마땅히 해야 합니다. 하나님은 은혜를 모르는 자와 악한 자에게 다 인자하십니다(눅 6:35). 주님은 "너희 아버지의 자비하심 같이 너희도 자비하라"(눅 6:36)고 하셨습니다. 다른 사람이 선을 행하는 것에 반대 의견을 제시하는 많은 사람들이 있습니다. "만일 내가 다른 사람들에게 선을 행하여도 그들이 내게 감사하는 마음을 갖기는커녕 돌아서서 욕을 하고 해를 끼칩니다." 그래서 그런 은혜를 모르는 뻔뻔한 사람들에게는 선을 행하지 않습니다. 그러나 이렇게 핑계하는 사람들은 그리스도를 충분하게 살펴보지 않는 이들입니다. 어딘가 모르게 기독교 원리에 익숙하지 않음을 드러냅니다. 기독교의 정신을 말하고 싶은 마음이 없다는 것을 나타내는 것입니다.

(3) 다른 사람들에게 선을 행하는 방식

이것은 간단히 '값없이 주어야 한다'로 표현됩니다. 그것은 본문의 말씀에 내포되어 있는 것과 같습니다. 왜냐하면 다른 사람들에게 선을 행한다는 것은 선의 대가를 바라지 않음을 말하기 때문입니다. 어떠한 선을 행할지라도 값없이 행해지지 않는다면 행하는 자에게 합당한 '온유溫柔'의 정신이 없는 셈입니다. '상대방에게 선을 행한다' 함은 자원하는 마음으로 행하는 것을 말합니다. 자원하는 자유의 마음으로 선을 행한다는 것은 다음 세 가지 요건들을 함축합니다.

첫째로, '돈을 바라고 일하지 않는 정신' 입니다. 우리가 누군가에게 선을 행할 때 대가를 기대하거나 보상을 받기 때문에 해서는 안됩니다.

"아무것도 바라지 말고 꾸어주라."(눅 6:35)

때로 다른 사람들에게서 많이 되받을 것을 기대하며 선을 행하는 경우가 있습니다. 그러나 우리는 가난한 사람과 궁핍한 자들에게 선을 행하여야 합니다. 그런 자들에게서 무언가 되돌아올 것을 바라지 않습니다. 그리스도께서 말씀하신 것을 들어보십시오.

"또 자기를 청한 자에게 이르시되 네가 점심이나 저녁이나 베풀거든 벗이나 형제나 친척이나 부한 이웃을 청하지 말라 두렵건대 그 사람들이 너를 도로 청하여 네게 갚음이 될까 하노라 잔치를 베풀거든 차라리 가난한 자들과 몸 불편한 자들과 저는 자들과 맹인들을 청하라. 그리하면 그들이 갚을 것이 없으므로 네게 복이 되리니 이는 의인들의 부활시에 네가 갚음을 받겠음이라 하시더라."(눅 14:12-14)

우리가 행하는 선이 대가를 바라지 않기 위해서는 명예나 이득을 원하지 말고 오직 사랑의 정신으로 해야 합니다.

둘째로, 우리들의 선행이 값없는 것이 되기 위하여 '기쁨을 가지고 마음 깊이 우러나는' 것으로 행하여야 합니다. 우리의 선한 행위를 받는 이들의 참된 유익을 위하여 행해야 합니다. 마음 깊이 우러나오는 사랑으로 해야 합니다. 사랑으로 행하는 것은 기쁨으로 행하는 것이며, 억지로 하는 것이 아니라 흔쾌히 하는 것입니다.

"서로 대접하기를 원망 없이 하고."(벧전 4:9)

"각각 그 마음에 정한 대로 할 것이요 인색함으로나 억지로 하지 말지니 하나님은 즐겨 내는 자를 사랑하시느니라."(고후 9:7)

우리가 행하는 선이 어떠해야 하는가는 성경에서 많이 강조되고 있습니다.

"긍휼을 베푸는 자는 즐거움으로 할 것이니라."(롬 12:8)

하나님은 이웃을 구제할 때에는 "아끼는 마음을 품지 말 것이라"(신 15:10)고 엄하게 말씀하십니다. 한 마디로 하나님께 열납될 만한 구제란 기쁘고 즐거운 마음으로 해야 함이 성경 전체를 통하여 드러납니다.

셋째로, 선을 행한다 함은 '자유롭고 풍성하게' 행하는 것을 함축합니다. 헌물이나 선물을 준비할 때 인색한 마음을 가져서는 안됩니다. '열린 마음과 열린 손으로' 해야 합니다. "모든 착한 일을 넘치게 하라"(고후 9:8) 말씀하셨습니다. 우리가 가난한 사람들에게 무엇을 줄 때에는 "네 손을 움켜 쥐지 말고 반드시 네 손을 그에게 펴서 그에게 필요한 대로 쓸 것을 넉넉히 꾸어주라"고 명령하셨습니다. 잠언 말씀에서는 "구제를 좋아하는 자는 풍족하여질 것이요"(잠 11:25)라는 권면의 말씀이 있습니다. 사도 바울은 고린도의 그리스도인들이 유대에 있는 가난한 성도들을 위하여 연보하는 일에 있어서 부요할 것을 바랐습니다. 그리고 그들에게 다음과 같은 것을 확신시키킵니다.

"이것이 곧 적게 심는 자는 적게 거두고 많이 심는 자는 많이 거둔다 하는 말이로다."(고후 9:6)

2. 타인에 대한 선행을 격려하는 그리스도인의 참다운 정신

이것은 다음의 두 가지 요점을 생각하면 분명해집니다.

(1) 다른 이를 향한 선한 의지

'그리스도인의 정신의 요약인 사랑 안에서 주요한 것은 다른 사람들을 향한 자비의 마음, 또한 선한 의지입니다.' 우리는 이미 그리스도인의 사랑이 무엇이며, 사랑의 대상과 시행되는 경우에 따라 어떠한 양상으로 나타나는가를 알았습니다. 특히 사랑 받는 대상을 생각하여 좋은 것을 누리게 함으로 베푸는 사랑을 '자비benevolence의 사랑'으로 표현하는 것도 살펴보았습니다. 이것을 사랑 받는 대상이 누리는 선에 관하 것으로 말할 때는 '만족의 사랑love of complacence'으로 표현합니다. '자비'의 사랑은 우리가 서로 선을 도모하고 기뻐하며 바라는 특성을 가진 것으로써 그리스도인의 사랑에 주요한 요소입니다. 그것은 가장 진수가 됩니다. 이로 인해 우리의 사랑은 하나님의 영원한 은혜와 사랑을 가장 닮은 것이 됩니다. 곧 그리스도께서 죽기까지 사랑하심을 잘 본받은 좋은 예라 할 수 있습니다. 그리스도께서 태어나실 때에 천사들이 노래를 불렀듯이(눅 2:14) 그 사랑은 사람들을 향하여 선한 마음으로 자비를 베푸는 것을 의미합니다. 그러므로 그리스도인의 사랑에 있어서 중요한 것은 선한 마음의 의지意志입니다. 사랑 받는 대상자들의 선을 위하고 바라고 즐거워하는 것입니다.

(2) 그 원리의 확실한 효력

'어떤 원리가 참되고 진지한 것임을 보여주는 결정적인 증거는 그것의 효력입니다.' 우리가 서로 선을 행하려는 마음과 간절함이 있음을 나타내는 결정적인 증거는 그대로 행하는 것입니다. 모든 경우에 의지의 가장 바르고 결정적인 증거는 '행동' 입니다. 더 명백한 것은 없습니다. 행동은 언제나 의지를 따라 일어납니다. 의지에는 행동할 힘이 있습니다. 사람이 타인의 유익을 위하는 마음을 가장 확실하게 나타내는 것은 뜻하는 바를 실천하려고 간절히 추구하느냐의 여부에 있습니다. 그래서 성경은 '선을 행하는 것'이 사랑의 가장 온전하고 바른 증거라고 말하는 것입니다.

성경은 자주 사랑하는 것을 행실과 실천의 차원에서 말합니나. 신리와 진실을 사랑하는 것이 곧 사랑이라고 합니다.

"자녀들아 우리가 말과 혀로만 사랑하지 말고 행함과 진실함으로 하자 이로써 우리가 진리에 속한 줄을 알고 또 우리 마음을 주 앞에서 굳세게 하리니."(요일 3:18,19)

곧 우리의 진실함이 행함으로 알려진다는 것입니다.

"만일 형제나 자매가 헐벗고 일용할 양식이 없는데 너희 중에 누구든지 그에게 이르되 평안히 가라, 덥게 하라, 배부르게 하라 하며 그 몸에 쓸 것을 주지 아니하면 무슨 유익이 있으리요."(약 2:15,16)

이런 식으로 하면 궁핍한 자들에게 하등의 유익이 되지 않습니다. 그 사람 편에 진실한 증거가 없음을 나타냅니다. 궁핍한 형제나 자매에게 입을 옷과 먹을 음식을 주고자 하는 진정한 마음이 없음을 보이고 있습니다. 형제를 위하는 진정한 마음이 있는 사람은 단순히 '말'로만이 아니라 자비로운 '행실'로 나타납니다. 우리는 이 제목이 함축하는 바를 기억하면서 결론적으로 다음과 같이 적용할 수 있는 것입니다.

3. 적 용

(1) 책망의 방식

우리는 참다운 그리스도인의 정신이 타인에게 대가를 바라지 않고 선을 행할 마음을 일으킴을 알았습니다. 그것이 사실이라면 그에 반하는 정신을 가지고 있으면서 겉으로는 그럴듯하게 행하는 이들은 모두 책망 받아 마땅합니다. 사악하고 악의에 찬 정신은 앞에서 말한 정신과는 전혀 다릅니다. 그 정신은 다른 사람들의 악행을 부추기기 때문입니다. 그 마음은 닫혀 있고 이기적입니다. 모든 것을 자신만을 위하는 경향이 있어 타인을 위한 희생을 생각지 못합니다. 이들은 사랑의 정신에 반대되는 마음과 실제를 가진 것입니다. 과도하게 움켜잡으려는 마음과, 이웃 사람들을 이용하여 자기에게 이익이 될 만한 것이 없는지 궁리하는 마음을 가집니다.

그들은 이웃에게 제 값보다 더 높은 값으로 물건을 팔아넘기려 하고, 더 많은 대가를 바랍니다. 합당치 않게 최고의 값을 쳐 달라고 요구합니다. 물건의 가치에 따라서 대가를 요구하기보다 이웃에게서 끌어낼 수 있는 것을 다 가지려 합니다. 이런 사람들이 자기 이웃에게서 물건을 살 때는 가격을 아주 심하게 깎아 조금만 주겠다고 생떼를 쓰고 야단입니다. 마땅한 대가를 지불하지 않고 그저 싼 값에 물건을 차지하려 합니다. 그러한 정신과 행실은 그리스도인의 정신과는 반대이며, 위대한 사랑의 율법을 통해 책망을 받습니다. 곧 남에게 대접받고자 하는 대로 남을 대접하라는 사랑의 율법을 어기는 셈이지요. 우리가 지금까지 숙고한 주제 역시 다음과 같은 것을 권면합니다.

(2) 대가를 바라지 않고 행하는 선

참 사랑은 다른 사람들에게 선을 행할 때 대가를 바라지 말라고 권면합니다. 그것이 그리스도인의 의무이며 복음에 합당한 덕행입니다. 그것이 당연한 정신 자세임을 알면, 기회 있을 때마다 다른 이들의 영혼과 육신에 유익한 것을 주려는 마음이 우리 속에 일어날 것입니다. 생존 세계에서나 영원세계 속에서 영혼이 잘되기를 간절히 바라며 일을 추구할 마음이 일어날 것입니다. 선인에게나 악인에게나, 감사하는 이에게나 감사를 모르는 이에게나, 친구에게나 원수에게나 모두에게 기꺼이 선을 행하고자 하는 마음을 달라고 구해야 합니다. 다른 이들에게 베풀고, 다른 사람들을 위하여 받는 고난을 받는 일을 즐겁게 감당하는 마음을 추구하십시다. 자비로움과 선을 행하고픈 마음에 대해 일관성 있는 기조를 유지하십시오. 그런 습관을 들이십시오. 대가를 바라지 말고 기회가 주어지는 대로, 우리 힘이 미치는 대로 선을 베풀도록 합시다. 그것이 참된 경건의 진수이고, 하나님의 계명이 요구하는 것이기 때문입니다. 여기서 여러 가지 일들을 상고해 봅시다.

(3) 사랑하는 이의 존귀함

첫째, 세상에서 선을 행하는 도구로 쓰여지는 것이 얼마나 '위대한 명예'입니까! 우리 삶이 선을 행하는 것으로 가득하다면, 하나님께서는 우리에게 세상에서 복의 근원이 되는 복을 주시기를 기뻐하시어 우리의 이름을 드높이실 것입니다. 아브라함에게 그런 복을 주셨습니다.

“내가 너로 큰 민족을 이루고 네게 복을 주어 네 이름을 창대하게 하리니 너는 복이 될지라.”(창 12:2)

본성本性의 빛 자체가 선을 행하는 것이 위대한 명예임을 가르치고 있습니다. 동방의 왕과 지배자들은 늘 자신이 선을 베푸는 동인動因이 됨을 알릴 목적으로 자기에게 ‘시혜자施惠者, benefactor’라는 칭호를 붙이기 좋아하였습니다. 곧 ‘선행자doers of good’라는 말이지요. 그들은 그 칭호가 자기들이 생각할 수 있는 가장 명예로운 이름이라 여겼습니다. 이방 세계에서는 ‘선을 행하던 이들’이 죽으면 그 칭호를 붙여 주었습니다. 그들을 신神으로 여겨 그 영예를 기념하는 탑을 쌓아 놓고 절을 하기도 하였습니다. 하나님께서 사람들을 다른 이들에게 선을 행하는 도구로 쓰실 때 그들을 하늘에 있는 별같이 만드십니다. 곧 태양이나 별같이 세상에 빛을 쏟아 내리는 사람들로 삼으신다는 것입니다. 그들을 다른 사람들의 선을 위하는 영인 천사같이 여기십니다. 그들을 모든 선의 샘으로 삼으시어 그들을 통하여 하나님의 복을 인류에게 쏟아 부으십니다.

둘째로, 다른 사람들에게 선을 행하되 대가를 바라지 않고 행하는 것은 내가 다른 사람으로부터 받기를 바라는 대로 행하는 것에 불과합니다. 만일 다른 사람이 마음에서 우러나는 선한 동기로 우리가 궁핍할 때 도울 각오가 되어 있다면, 우리는 그 사람의 정신과 행실을 높이 칭찬할 것입니다. 대가 없이 선을 행하며 수고를 감수하며 우리의 짐을 나누어지려는 그를 칭찬하고픈 마음이 일어나게 됩니다. 재난을 당한 우리를 동정하고 따스한 마음으로 위로하는 모든 일에 부요한 그의 마음을 우리는 높이 살 것입니다. 그 마음을 크게 인정할 뿐 아니라 그들을 크게 높일 기회를 얻어내려고 무진 애를 쓸 것입니다. 그래서 기회가 오면 그를 추천하고, 그가 당연히 해야할 일을 한 것뿐이라는 식으로 깎아내리는 말은 절대 하지 않을 것입니다. 이 사실을 기억합시다. 우리가 그런 사람을 보고 고상하고 추천할 만한 정신의 소유자라고 느낀다면, 우리도 그들이 해준 만큼 다른 사람에게도 해주는 것이 당연합니다. 그러므로 우리가 선하다 인정하는 본을 다른 이들을 향한 우리의 행실에서도 보여야 합니다.

셋째로, 하나님과 그리스도께서 우리에게 얼마나 온유하시며 얼마나 많은 것을 베푸셨는지를 숙고합시다. 하나님과 그리스도께서 이 세상을 위하여 베푸신 은혜는 정말 위대합니다. 우리는 아침마다 새롭게 하시는 하나님의 긍휼을 받습니다. 그래서 우리가 매일 아침 새로워집니다. 우리가 존재하는 날 동안 그런 일은 그치지 않을 것입니다. 하나님께서 베푸신 선하고 위대한 일들은 우리 영혼의 선을 위하여 신령합니다. 하나님께서는 이 세상 어떤 나라에 속한 것보다 더 가치 있는 것을 우리에게 주셨습니다. 우리에게 주실 수 있는 가장 위대한 선물로 사랑하는 독생자를 주셨습니다. 그리스도께서는 우리를 위하여 큰일들을 하시고 고난을 받으시어 죽으심으로 우리를 위해 자신을 내어 주셨습니다. 모든 일을 억지나 인색함으로 하지 않으시고, 우리에게서 어떤 대가를 바라시지도 않으셨습니다. 모든 일을 값없이 행하셨습니다. 주님은 우주 전체를 가진 부요자이십니다.

"부요하신 이로서 너희를 위하여 가난하게 되심은 그의 가난함을 말미암아 너희로 부요하게 하려 하심이라."(고후 8:9)

회개하고 그리스도께 돌아온 사람들에게 하나님께서 행하신 일들은 얼마나 위대합니까! 죄에서 우리를 구원하시고 의롭다 하시고, 거룩하게 하시고, 왕 같은 제사장이 되게 하시고, 더럽지 않고 쇠하지 아니하는 기업을 잇게 하십니다(벧전 1:4). 그 일들이 정말 얼마나 위대한 일입니까! 우리가 악하고 은혜도 모르고 하나님의 진노를 받을 자리에 처하여 있을 때 하나님께서는 우리를 위하여 그 일을 하셨습니다.

넷째로, 다른 이들에게 값없이 선을 행하는 사람들에게 얼마나 위대한 상급賞給이 약속되어 있습니까!

"자비로운 자에게는 주의 자비로우심을 나타내시며."(시 18:25)

성경 전체를 보면, 이 세상이나 오는 세상에서도 남에게 자비를 행사하는 이들에게 많은 약속이 주어집니다. 주님께서도 이 세상에서는 "주는 것이 받는 것보다 복이 있다"(행 20:35)고 선언하셨습니다. 넘치도록 주는 것이 받은 선물로 부요하게 되는 것보다 더 복되다고 하십니다. 다른 사람들에게 선을 행함으로 주는 것은 잃어버리는 것이 아닙니다. 솔로몬의 잠언에서 말하듯이, 그것은 마치 씨앗을 물 위에 흩뿌림과 같습니다. 씨가 가라앉아 뿌리를 내리면 싹이 납니다. 여러 날이 지난 후에 그 식물은 많은 수확을 거둡니다.

"가난한 자를 불쌍히 여기는 것은 여호와께 꾸어 드리는 것이니."(잠 19:17)

남에게 꾸어주는 것을 주님께서 우리에게 다시 갚아 주실 것입니다. 주님은 그것을 갚아 주시되, 꾸어 준 것보다 훨씬 많이 갚아 주실 것입니다. 우리가 주면, 이 말씀의 보증을 받는 것입니다.

"주라 그리하면 너희에게 줄 것이니 곧 후히 되어 누르고 흔들어 넘치도록 하여 너희에게 안겨 주리라 너희가 헤아리는 그 헤아림으로 너희도 헤아림을 도로 받을 것이니라."(눅 6:38)

바로 이 방식으로 증가하게 됩니다.

"흩어 구제하여도 더욱 부하게 되는 일이 있나니 과도히 아껴도 가난하게 될 뿐이니라."(잠 11:24)

이사야에는 이러한 말씀이 있습니다.

"존귀한 자는 존귀한 일을 계획하나니 그는 항상 존귀한 일에 서리라."

(사 32:8)

“가난한 자를 구제하는 자는 궁핍하지 아니하려니와 못 본 체하는 자에게는 저주가 크리라.”(잠 28:27)

심지어 중생하지 않았어도 이렇게 주는 자는 하나님께서 일시적인 큰 복을 상급으로 주십니다. 하나님께서 “가난한 자를 구제하는 자는 궁핍하지 아니하려니와”라고 선언하십니다. 그러한 약속은 성도들에게만 국한된 것이 아닙니다. 하나님의 섭리를 가만히 보면, 가난한 사람들에게 쓸 것을 주는 이들을 분명 하나님께서 부요케 하십니다. 마치 밭에 뿌린 씨앗을 나중에 큰 수확으로 거두는 것과 같습니다. 하나님께는 우리가 다른 사람의 선을 위해 베푼 것을 계산하시되, 그보다 더 후히 계산하여 주시는 일이 쉬운 일입니다.

사도가 고린도 사람들에게 말하는 것도 일종의 구제하는 것의 문제입니다.

“이것이 곧 적게 심는 자는 적게 거두고 많이 심는 자는 많이 거둔다 하는 말이로다 각각 그 마음에 정한 대로 할 것이요 인색함으로나 억지로 하지 말지니 하나님은 즐겨 내는 자를 사랑하시느니라.”(고후 9:6,7)

“하나님이 능히 모든 은혜를 너희에게 넘치게 하시나니.”(고후 9:8)

이 말씀은 그들이 구제하는 모든 것들을 통해 하나님이 그들에게 넘치게 하시는 분이시라는 것입니다. 하나님의 섭리에 사람들의 부요와 궁핍이 달려 있음을 생각하는 사람들이 많지 않습니다. 그러나 이 세상에서도 “여호와께서 주시는 복은 사람을 부하게 하고”(잠 10:22)라는 말씀이 진리입니다. 그리고 가난한 자들을 생각하는 사람에 관하여 이러한 말씀이 있습니다.

“가난한 자를 보살피는 자에게 복이 있음이여 재앙의 날에 여호와께서 그를 건지시리로다.”(시 41:1)

만일 우리가 그리스도인의 사랑의 정신으로 이런 방식의 구제를 한다면,

하늘에 많은 보화를 쌓고, 결국 영원한 상급을 받을 것입니다. 그리스도께서도 말씀하셨듯이, 거기에 쌓은 보화는 도둑맞는 일이 없습니다.

우리한테서 선善의 빚을 진 가난한 이가 우리에게 보상하지 못하는 한이 있어도 부활 시에는 보상받을 것입니다. 그리스도께서도 그 사실을 선언하셨습니다. 이것이야말로 이 시대에나 영원을 위하여 저축하여 부요하게 되는 가장 좋은 방식입니다. 꾸어주고 은혜를 끼쳐 주는 선한 사람에 관하여는 다음과 같은 말씀이 기록되어 있습니다.

"은혜를 베풀며 꾸이는 자는 잘 되나니 그 일을 정의로 하리로다."(시 112:5)

"그 후손이 땅에서 강성하여 질 것이며."(시 112:2)

"부와 재물이 그 집에 있음이여 그 공의가 영원히 있으리로다."(시 112:3)
그리스도께서 심판하러 오실 때 모든 사람들은 그 앞에 서게 될 것인데, 참된 그리스도인의 사랑으로 다른 이들에게 자비하고 친절하였으며, 가난한 사람들의 사정을 함께 안타까워하며 도왔던 사람들, 그리고 고난을 받고 있는 이들에게 자비를 보인 사람들에 관하여 그리스도께서는 이렇게 말씀하셨습니다.

"그 때에 임금이 그 오른편에 있는 자들에게 이르시되 내 아버지께 복 받을 자들이여 나아와 창세로부터 너희를 위하여 예비된 나라를 상속 받으라 내가 주릴 때에 너희가 먹을 것을 주었고 목마를 때에 마시게 하였고 나그네 되었을 때에 영접하였고 헐벗었을 때에 옷을 입혔고 병들었을 때에 돌보았고 옥에 갇혔을 때에 와서 보았느니라…내가 진실로 너희에게 이르노니 너희가 여기 내 형제 중에 지극히 작은 자 하나에게 한 것이 곧 내게 한 것이니라."(마 25:34-36)

사랑은 시기하지 아니하며

고린도전서 13장 4절

CHAPTER 6

사랑은 시기하지 아니하며

Charity Inconsistent With An Envious Spirit

우리는 앞서 기독교 사랑의 본질과 성향을 알아보았습니다. 다른 사람들에게서 받는 해로움에 대하여 사랑은 '오래 참음'으로 나타나며, 선을 행하는 면에서는 '자비'로 나타납니다.

이제 우리는 각자 가진 장점에 대해서 사랑은 어떤 방향으로 유도하는지 알아보겠습니다. 사도는 다른 사람들이 소유한 장점이 어떠한 것이든지 시기하지 않음이 사랑의 본질과 성향이라고 선언합니다. "사랑은 시기하지 아니하며" 이 말씀은 분명히 다음과 같은 것입니다. '사랑, 참된 기독교 정신은 시기하는 정신과는 정반대이다.'

우리는 이 주제를 다음과 같은 요점들로 나누어 생각할 수 있습니다.

첫째, 시기하는 정신의 본질은 무엇인가?

둘째, 그리스도인의 참다운 정신은 어떠한 점에서 시기하는 정신과 반대인가?

셋째, 이 교리의 이유와 증거는 무엇인가?

1. 시기하는 마음의 본질

시기는 다른 사람과 자신을 비교하여 다른 사람의 소유나 행복에 대하여 불만을 표시하고 그것을 반대하는 것이라 할 수 있습니다. 시기하는 사람은 다른 사람들이 자기보다 우월하게 영예나 부요나 행복을 가진 것을 반대합니다. 시기는 자신이 가진 것이 다른 사람들이 가진 것보다 적다 여길 때에 일어납니다. 특히 우리가 소유하지 못한 명예와 부요함을 다른 이가 가진 것을 보고 질시하게 될 때 나타나는 마음입니다. 사람은 나면서부터 으뜸 되기 좋아하는 성향이 있습니다. 이 성향은 다른 사람이 자기보다 위에 있으면 즉각 나타납니다. 다른 사람들이 부요하면 싫어하는 것이 바로 이 정신에서 나옵니다. 다른 이가 부요와 영예를 소유함으로 어떤 면에서 자신보다 우월해진다고 여기기 때문입니다.

이 정신으로부터 비롯된 또 다른 악이 있으니, 다른 사람이 자기와 똑같은 수준의 명예와 행복을 가지는 것을 싫어하는 것입니다. 그가 가진 행복의 원천을 다른 사람들도 똑같이 갖게 됨을 싫어합니다. 사람들은 흔히 경쟁 상대를 참아내지 못합니다. 누구라도 자신보다 더 나은 것을 참지 못합니다. 자신이 이룩한 명성과 위치를 혼자만 차지하고 싶어합니다. 그 정신을 성경에서는 '시기(투기)'라고 합니다. 여호수아는 엘닷과 메닷이 예언하는 것을 보고 모세를 위하여 시기하였습니다. 모세는 여호수아의 보고를 들은 후에 다음과 같이 말하였습니다.

"네가 나를 두고 시기하느냐 여호와께서 그의 영을 그의 모든 백성에게 주사 다 선지자가 되게 하시기를 원하노라."(민 11:29)

모든 것에서 뛰어나 명성을 얻고 싶은 욕망은 자기의 자리가 높아지는 것과 비례하여 더욱 증진됩니다. 자기 아래 있는 자들과 자기의 차이가 더 벌어질수록 그런 마음은 더해 갑니다. 자기가 모든 사람들의 눈에 띄게 두드러지고 감탄할 정도가 되기를 간절히 바랍니다. 이러한 성향은 다른 사람들이 얻거나 소유할 수 있거나, 아니면 이미 가진 것에 대하여 나타납니다. 실제 다른 사람들이 그런 것들을 얻었을 경우에 시기하는 감정은 두 측면에서 나타납니다. 하나는 그들의 풍부에 대하여 시기하는 마음으로, 다른 하나는 자신들에 대한 감정으로 나타납니다.

(1) 다른 사람의 부요를 싫어하는 성향

이러한 성향은 다른 사람들이 부요하게 됨에 불만을 가지고 마음이 편치 않은 것으로 나타납니다. 시기하는 사람은 다른 사람들이 부요하게 됨을 즐거워하기는커녕 대단히 괴로워합니다. 다른 사람들이 높이 오르는 것이 그의 마음에는 무겁게 느껴집니다. 그런 명예와 진보가 그에게는 마땅치가 아니한 것입니다. 다른 사람들이 진보하고 명성을 얻고 상당한 위치에 오르게 되었다는 소식을 들으면 불안해하며 마음이 불편해집니다. 이는 하만이 가졌던 정신과 매우 방불한 정신입니다.

하만은 자기의 무성한 영광과 자녀가 많은 것과 왕이 자기를 들어 왕의 모든 방백이나 신복들보다 높인 것을 말하는 사람이었습니다. 그는 "유다 사람 모르드개가 대궐 문에 앉은 것을 보는 동안에는 이 모든 일이 만족하지 아니하도다"라고 말하던 사람이었습니다(에 5:11-13).

시기하는 사람은 다른 사람들의 안위와 영예를 깨뜨릴 어떤 일이 일어나기를 고대합니다. 다른 사람들이 넘어지는 것을 보기 좋아하며, 심지어는 그들의 명성이 땅에 떨어지기를 원합니다. 하만이 모르드개를 낮추고 땅에 떨어뜨리려 궁리하던 것과 같습니다. 흔히 시기심을 가진 사람은 다른 이들을 넘어뜨리려는 계획을 세우고 실행함으로 자기의 불안한 마음을 드러냅니다. 뿐만 아니라 실제적으로 그 일을 위하여 입을 벌리려고 무진 애를 씁니다. 그들을 넘어뜨릴 기회만을 기다렸다가 놓치지 않고 이용할 것입니다. 다른 사람의 부요나 평안을 보고는 안달하여 그에 대해 악평합니다. 그 역시 시기하는 하만과 같은 정신에서 나온 것입니다. 다른 사람이 지닌 탁월함을 시기해서 그에 대해 악하게 말하여 어느 정도라도 그의 명예를 깎아내리려는 야심을 가집니다. 남들이 그 사람을 보는 시선을 변하게 하려고 그 전보다 더 낮게 평가하는 일을 자행합니다. 이같은 사실은 다음 요점을 함축하고 있습니다.

(2) 부요한 사람의 인격까지 혐오하는 성향

다른 사람들이 부요하게 되는 것을 시기하는 마음은 '부요를 빌미로 그들의 인격을 싫어하는 것' 으로 나타날 것입니다. 다른 이들이 실력이 있어 명예를 얻는 것을 보면 시기하는 마음을 가진 사람은 그의 영예나 부요함을 보고는 그들을 미워합니다. 그들을 향한 시기심을 마음속에서 기릅니다. 정당한 이유가 있어서라기보다는 그들이 부요하게 되었다는 이유로 미워합니다. 그들이 저명해지고 행운을 얻었다는 이유 때문에 그들을 향하여 분개합니다. 하만이 모르드개를 보고는 심히 노하는 마음을 가진 것과 마찬가지입니다. 모르드개가 "왕의 성문에 앉아 있는 것"(에 5:9)을 보았습니다. 요셉의 형제들이 그를 미워한 것은 아버지가 그를 사랑해서였습니다.

"그의 형들이 아버지가 형들보다 그를 더 사랑함을 보고 그를 미워하여 그에게 편안하게 말할 수 없었더라 요셉이 꿈을 꾸고 자기 형들에게 말하매 그들이 그를 더욱 미워하였더라."(창 37:4,5)

요셉이 꾼 꿈의 내용이 형들을 깔보는 내용인 줄로 알고는 더욱 그를 미워하였습니다.

다른 사람들이 영예롭게 되는 것을 싫어합니다. 그렇게 되면 마치 자기가 손해를 보는 것처럼 생각합니다. 때로는 요셉의 형들의 경우처럼 이러한 사실을 기회로 미워하는 마음이 실천에 옮겨져 잔인한 행동으로 발전할 수가 있습니다(창 37:19-28). 그러나 이는 시기하는 마음의 표면에 불과할 수 있습니다. 그래서 저는 시기하는 마음을 더 밝혀 나가려 합니다.

2. 시기하는 것과 반대되는 측면의 사랑의 정신

(1) 사랑은 시기를 허락하지 않는다.

그리스도인의 정신은 '시기하는 정신을 허락하지 않고, 그런 시기심에서 나온 행위도 허락하지 않습니다.' 살아가는 과정과 행실에 있어서 기독교 원리의 인도를 받으며 살아가는 사람도 마음의 부패를 통해 일어나는 다른 감정을 경험할 수 있습니다. 그렇다 해도 그 정신은 그리스도인인 자신에게는 합당치 않은 것으로 여겨져야 마땅합니다. 그리고 하나님의 뜻과 마음과는 정반대로 여겨 그 정신을 혐오하게 됩니다. 그는 그 정신이야말로 가장 몹쓸 생각이요 미워해야 할 정신임을 알고 있습니다. 그런 정신이 다른 사람들 안에서 일어나도 몹쓸 것이지만 자신에게는 더욱 그러하다고 여깁니다. 그러한 정서가 자신의 마음에서 일어나는 것을 느낄 때마다 놀라서 그 정서를 대항하여 투쟁하게 됩니다. 그는 그런 정신이 자기 속에서 일어나는 것을 한 순간도 허락하지 않을 셈입니다.

또한 그 악이 겉으로 드러나는 것을 참지 못합니다. 곧 말이나 행동을 통하여 표현되는 것을 견뎌내지 못합니다. 자기의 마음에 그러한 생각이 꿈틀거리고 있음을 보고 그것이 무엇을 향한 것이든지 슬프게 생각합니다. 그는 자기가 미워하는 생각이 속에서 일어나면 그것을 십자가에 못 박아 죽여 버립니다. 최선을 다하여 악한 생각이 외부로 행동화되어 나타나지 않도록 애를 쓸 것입니다. 그리스도인의 참다운 원리를 따라서 사는 사람은 그러합니다.

(2) 사랑은 투기의 행실을 반대함

그리스도인의 참다운 정신은 시기하는 마음이 외적으로 나타나 실행되는 것을 반대할 뿐 아니라, 마음속에 있는 시기하는 원리와 성향을 죽이게 합니다. 그리스도인의 정신이 작용하는 한에서는 시기하는 마음이 외적으로 드러남을 막는 것은 말할 필요도 없고, 그런 시기하는 마음의 씨앗 자체를 죽이고 복종시키려 합니다. 그러한 것을 행하는 힘에 비례하여 다른 사람들이 잘 되는 것을 보고 싫어하려는 어떠한 낌새도 용납하지 않습니다.

그 사랑은 다른 사람들이 싫어하는 일을 하지 못하게 자신을 제어하는 일을 더욱 강화시킵니다. 다른 사람들의 부요 때문에 그 사람을 싫어하는 의지를 사랑의 정신이 막아 줄 것입니다.

또한 그리스도인의 참다운 정신은 우리로 하여금 자신의 조건에 만족하며, 하나님께서 나를 어떠한 상태에 놓으셨든지 만족하게 합니다. 그 사랑의 정신은 하나님께서 지혜와 자비로 우리와 다른 사람들에게 각각 다르게 나누어 주신 몫을 만족히 여기고, 자신에게 주어진 위치와 형편을 만족하게 합니다. 우리의 지위가 천사들의 지위만큼 높거나, 정반대로 부자의 대문에 구걸하던 거지와 같이 낮게 될지라도(눅 16:20), 사랑의 정신은 우리의 자리를 하나님께서 정하신 것으로 알고 만족하며 받도록 합니다. 어떤 처지에서든지 하나님을 신실하게 섬기고 있다면, 사랑의 정신은 자신을 자랑스럽게 여길 것입니다. 사도와 같이 우리가 그리스도인의 참다운 정신만 가지고 있다면, "어떠한 형편에든지 자족하기를 배우게"(빌 4:11) 될 것입니다.

(3) 사랑은 시기의 성향을 죽이고 타인의 잘됨을 즐거워함

그리스도인의 정신은 시기하는 마음이 나타나는 것과 실행하는 것을 용납하지 않습니다. 또 마음에 있는 시기의 성향을 죽일 뿐 아니라 '우리로 하여금 다른 사람들이 잘되는 것을 즐거워하게' 합니다. 참된 그리스도인다운 사랑의 정신은 우리로 하여금 사도가 제시한 법을 즐거워하며 기쁜 마음으로 복종하게 할 것입니다.

"즐거워하는 자들과 함께 즐거워하고 우는 자들과 함께 울라."(롬 12:15)

우리는 다른 사람들의 평판과 조건을 같은 마음으로 즐거워해야 합니다. 바로 우리 자신의 일처럼 말입니다. 그 자비하고 선한 마음은 시기하는 악한 마음을 몰아낼 것이며 이웃이 잘되는 것을 보고 행복한 마음을 갖게 할 것입니다.

3. 진술된 교리의 이치와 증거

그러한 교훈을 주장하는 이유와 증거는 어디에 있습니까? 그리스도인의 정신은 시기하는 정신과는 정반대라는 진술이 어떤 이유로 타당합니까? 이제 이 주제에 대해 생각해 나갑시다. 우리가 세 가지 일을 깊이 생각해 보면 드러날 것입니다.

첫째, 그리스도께서 주신 교훈들 속에서 시기하는 마음을 반대하는 정신과 실행은 얼마나 자주 강조되는가?

둘째, 복음의 교회와 역사歷史가 그리스도의 교훈을 얼마나 심도있게 강화시키고 있는가?

셋째, 그리스도인의 사랑의 정신이 우리로 하여금 교훈의 권위에 복종하고픈 마음을 얼마나 많이 일으킬 것인가? 또 주님의 교훈들을 강화시키는 동기의 영향력에 복종하려는 마음을 얼마나 많이 갖게 하는가?

(1) 그리스도의 교훈의 강조

'그리스도의 교훈에는 시기하는 정신과는 반대되는 실제와 정신이 많이 강조되고 있습니다.' 신약은 다른 사람들에게 선을 행하라는 교훈으로 가득합니다. 온유하고 겸손하고 자비한 마음을 가지고 다른 사람들을 대하라는 교훈이 가득합니다. 이러한 것들은 전부 시기하는 정신과는 반대됩니다. 신약에는 이에 더하여 시기하는 마음 자체를 경계하라고 경고하는 구절들이 많습니다. 사도는 "낮에와 같이 단정히 행하고 방탕하거나 술 취하지 말며…다투거나 시기하지 말라"(롬 13:13)고 권면합니다. 사도는 고린도의 그리스도인들이 아직도 육신적carnal이라고 책망합니다. 그들에게 시기가 있었기 때문입니다(고전 3:3). 그들에게 다시 갔을 때 그 시기하는 마음이 아직도 그들 속에 있을까 두려하고 있음을 표현합니다(고후 12:20). 그리고 시기와 쌍을 이루어 나타나는 여러 악이 여전히 그들에게 있을까봐 두려워하였습니다.

"투기와 술 취함과 방탕함과 또 그와 같은 것들이라 전에 너희에게 경계한 것 같이 경계하노니 이런 일을 하는 자들은 하나님의 나라를 유업으로 받지 못할 것이요."(갈 5:20)

사도는 '시기하는 것'을 육체의 더러운 가증한 일들 중에 넣고 있습니다(딤전 6:4). 시기를 큰 악을 품는 것으로 정죄합니다(딛 3:3). 시기하는 것은 그리스도인들이 회심하기 전에 그들이 처했던 혐오할 만한 죄악 중의 하나라고 말합니다. 그러나 이제 그리스도인은 그 죄악에서 구속함을 받았으니 그러한 것을 버려야 하는 사람입니다. 사도 야고보도 같은 관점으로 '시기하는 것'은 기독교에 완전히 반대되는 것으로 말합니다. 그것을 모든 악한 일들, 세상적이고 정욕적이며 마귀적인 일과 연결하고 있습니다(약 3:14,16). 그런 다음에 이렇게 시기하는 마음을 갖지 말라는 경고의 말씀을 합니다.

"형제들아 서로 원망하지 말라 그리하여야 심판을 면하리라 보라 심판주가 문 밖에 서 계시니라."(약 5:9)

베드로는 시기가 하나님 안에서 자라나는 것을 막는다고 경고합니다.

이와 같이 우리는 신약성경이 그리스도께서 우리들에게 시기하는 정신을 갖지 말라고 명하는 교훈으로 가득함을 발견합니다. 그 교훈들은 다음 측면들 속에서 강조되고 있습니다.

(2) 복음의 역사와 교리의 증거

'그러한 교훈들은 복음의 교리와 역사歷史를 통해 강화됩니다.' 기독교 교리 체계를 생각해보면, 그것이 우리가 생각하여 온 교훈들을 강화시킴을 발견할 것입니다. 왜냐하면 그 모든 것은 처음부터 끝까지 시기하는 마음과는 정반대로 기울어지기 때문입니다. 기독교 교리 체계는 그 모든 가르침과 교훈에서 시기하는 정신을 강하게 반격합니다. 기독교 교리 체계가 하나님에 관하여 가르치는 것들은 시기와는 완전히 반대입니다. 왜냐하면 기독교 교리 체계는 하나님이 우리에게 지극한 영예와 복락을 주시기를 아까워하시는 분이라는 것과는 얼마나 거리가 먼지를 보여주기 때문입니다. 우리는 하나님이 우리를 위해 행하신 일과 베푸신 선한 것이 너무 많다고 철회하실 분이 아니심을 듣습니다. 그분은 가장 사랑하는 독생자 주시기를 아까워하지 않으셨습니다. 독생자는 하나님께 다른 모든 것보다 더욱 사랑하시는 대상이십니다.

하나님께서는 그 아들로 말미암아 가장 복되고 영광스러운 것을 우리에게 주시기를 아까워하지 않으셨습니다. 복음의 교리들 역시 그리스도께서 우리에게 해주실 수 있는 것은 무엇이든지 아까워하지 않으심을 가르쳐 줍니다. 그리스도께서는 수난을 겪으시면서 자신의 생명주시기를 아까워하지 않으셨습니다. 십자가에서 흘리신 당신의 가장 보배로운 피를 우리 위하여 하나님 아버지께 드리시기를 아까워하지 않으셨습니다.

우리가 하늘에서 당신 자신과 함께 영광의 보좌를 누리는 것을 아까워하시거나 인색하게 하지 않으셨습니다. 우리는 하늘 보좌에서 영원토록 그와 왕 노릇하며 살아갈 것입니다. 기독교의 교리 체계는 그리스도께서 우리를 향한 사단의 시기하는 세력에서 우리를 건지시기 위하여 그리스도께서 이 땅에 어떤 모양으로 오셨는지 말하고 있습니다.

마귀는 모든 인류가 행복해지는 것을 시기한 나머지 가장 비참한 잔학함으로 인류의 패망을 위해 진력하였습니다. 인류는 처음 에덴에서 행복한 상태를 누리고 있었으나 행복을 시기한 마귀가 그 상태를 지속하지 못하게 하였습니다. 마귀는 인류가 행복한 상태를 누리는 것을 시기하여 패망에 이르게 하고야 말았습니다. 복음은 마귀의 모든 일을 멸하기 위하여 그리스도께서 어떻게 세상에 오셨는지 말하고 있습니다. 우리들을 마귀의 비참한 구렁에서 건지시기 위하여 어찌 하셨습니까? 우리로 하늘에 합당한 사람이 되게 하시기 위해 시기하는 영의 모든 흔적에서 건져내려고 그리스도께서 어찌하셨는지를 말하고 있습니다.

만일 우리가 이 복음의 교리에 복음의 역사를 가미하여 생각한다면, 모든 교훈들이 시기를 금하고 있음을 알게 될 것입니다. 특별히 그리스도의 생애에서 두드러지게 나타납니다. 그는 시기하는 마음과는 얼마나 거리가 먼 분이십니까! 그분은 우리를 위하여 처하신 비천하고 고통스러운 형편을 얼마나 만족하게 여기셨습니까! 오히려 계속하여 비천한 데 처할 것을 택하셨습니다! 세상적인 부와 명예와 지위를 탐하고 시기하는 사람들과는 얼마나 거리가 먼 분입니까! 많은 사람들이 그분의 행하시는 이적과 가르침을 보고 감탄한 나머지 왕으로 세울 준비를 하였는데, 그때도 그 높은 명예를 거절하셨습니다. 그들을 떠나 혼자 산으로 피하셨습니다(요 6:15).

세례 요한이 지극히 뛰어난 선지자로 사람들의 추앙을 받고, 모든 유대인들이 그에게 나와서 가르침을 받고 세례를 받았습니다. 그 때에도 그리스도께서는 그를 시기하지 않으시고 오히려 세례를 받으시려고 요단강으로 나아가신 분이십니다. 물론 그분은 요한의 선생이며 주가 되십니다. 요한은 스스로 자신을 위하여 그분께 세례 받을 필요를 느꼈던 사람입니다. 그리스도께서는 제자들에게 너무나 과분한 명예와 특권을 주시는 데 인색하지 않으셔서 그들에게 이러한 약속을 하셨습니다. 그리스도께서 죽으시고 승천하신 뒤에 제자들은 그리스도께서 이 세상에 계실 때 행하셨던 일보다 더 큰 일을 행할 것이라고 말입니다(요 14:12). 우리는 사도행전을 보며, 주님께서 예언하신 모든 것이 세세하게 전부 이루어졌음을 확인합니다.

(3) 그리스도의 교훈에 복종할 마음을 주는 사랑

참된 그리스도인의 사랑의 정신은 이러한 교훈에 복종하고, 그 교훈들을 강화시켜 주는 동기의 힘에 무릎을 꿇고 싶은 마음을 줍니다.

사랑의 정신은 이 방향으로 우리를 즉각적으로 인도하고 그러한 성향을 갖게 합니다. 간접적으로 우리를 가르치고 인도하여 겸손한 마음을 갖게 합니다.

첫째로, 그리스도인의 사랑은 우리로 하여금 시기하는 것을 금하는 교훈에 관심을 집중하게 합니다. 그리고 즉각적인 특성으로 말미암아 시기하는 마음과 반대되는 복음적인 동기에 관심을 갖게 합니다. 이같이 사람들을 향한 그리스도인의 사랑의 본질은 시기하는 마음을 정면으로 반대합니다. 분명 우리의 사랑은 이웃이 잘되는 것을 인하여 그를 미워하지 않게 합니다. 이웃이 가진 좋은 것을 보고도 그를 미워하지 않습니다. 하나님을 향한 사랑 역시 우리로 하여금 그의 계명에 순종하도록 직접적인 영향을 끼칩니다.

하나님을 향한 사랑의 자연스럽고 순전하고 획일적인 열매는 순종입니다. 그러므로 하나님께 대한 사랑은 시기하지 말라 명하시는 하나님의 계명을 다른 계명들과 같이 순종하게 합니다. 특별히 시기하지 말고 사랑하라는 계명들에 대하여는 더욱 순종하는 자세를 갖게 합니다. 사랑이란 사랑을 요구하는 계명에 가장 순종하고 싶게 만들기 때문입니다.

하나님을 그처럼 사랑하는 것은 우리로 하여금 그리스도의 본을 따르게 합니다. 그리스도께서는 본을 통하여 우리에게 많은 복을 주시기에 인색하지 않으심을 보여주셨습니다. 오히려 우리가 복을 누리는 것을 기뻐하셨습니다. 하나님을 사랑하는 사랑은 우리를 위해 자신의 생명을 아끼지 않으신 그리스도의를 닮고 싶은 마음을 갖게 합니다. 그리스도께서 이 땅에 사실 때에 모든 삶의 과정을 통하여 보여 주신 본을 닮기 원하는 마음을 주는 것입니다.

둘째로, 그리스도인의 정신은 또한 '간접적으로' 겸손하게 하는 데 마음이 기울어지게 합니다. 시기하는 마음의 큰 뿌리며 원천은 교만입니다. 사람들이 뛰어나고 싶은 열망을 가지는 것은 마음의 교만 때문입니다. 명예와 모든 부富에 있어서 다른 사람들을 누르고 올라서려는 마음을 가지는 것 또한 그 때문입니다. 그래서 사람들은 다른 사람들이 자기보다 높아지는 것을 보면 마음이 편하지 않습니다. 그러나 사랑의 마음은 교만함을 죽이는 경향이 있으며 겸손한 마음을 갖게 합니다. 하나님을 향한 사랑이 그러한 경향을 갖게 하는 것입니다. 하나님의 무한한 탁월하심에 이미 함축되어 있습니다. 그러므로 하나님을 사랑하는 사랑은 그 무한한 탁월하심에 우리 자신을 비교할 때 우리는 무가치하며 아무것도 아니라는 생각을 갖게 합니다.

사람을 사랑하면 그들 안에서 겸손히 행동합니다. 다른 사람들의 훌륭한 점을 인정하고, 다른 이들에게 주어진 명예들이 당연한 것이라고 생각하며, 그들을 자신들보다 낫게 여기는 마음을 갖습니다. 그래서 우리보다 그들이 더 뛰어나야 한다고 생각합니다. 그러나 저는 이 부분에 대하여는 특별히 길게 말하지 않겠습니다. 앞으로 그리스도인의 참다운 사랑이 어떻게 사람으로 하여금 겸손한 마음을 갖게 하는지를 충분하게 보여주려고 하기 때문입니다. 그러므로 저는 바로 적용하는 데로 나아가 결론을 맺겠습니다.

4. 적용

(1) 자기 점검의 시금석

그리스도인다운 참다운 사랑은 우리 스스로를 시험하고, 우리가 시기하는 영의 영향을 어느 정도로 받고 있는가를 점검해 보게 합니다.

과거에 우리가 어떠하였는지 시험해 봅시다. 사람들 안에서 어떻게 행동했는지 점검해 보자는 것입니다. 우리 모두는 오랫동안 인간사회의 구성원들이었습니다. 다른 사람들을 따라서 살았고 여러 방면에서 그들과 관계를 맺으면서 살았습니다. 여러 경우의 공적이고 사적인 일에 있어서 다른 사람들과 관계를 맺으면서 살아온 것입니다. 우리는 다른 사람들이 잘되는 모습을 많이 보았습니다. 그들의 일이 우리보다 더 잘되는 모습을 보아 왔습니다. 그들이 세상에 속한 것을 더 많이 가졌으며, 더 큰 부富를 누리고 더 편안한 생활을 하고 있음을 봅니다. 그래서 그들이 우리보다 훨씬 더 영예로운 위치에 있습니다.

우리가 이제까지는 그들보다도 더 부요하였거나 동일한 수준이었는데, 그들이 우리의 형편보다 더 나은 자리로 나아가며 잘 되어 갑니다. 그래서 그들이 나보다 더욱 높은 위치에 처하는 것을 봅니다. 우리는 살아나가면서 그러한 변화를 보며 고통스러워합니다. 그로 인하여 마음이 시련을 당합니다. 우리는 다른 사람들이 세상의 높은 평가를 받으며 모든 것에 풍족한 것을 자주 봅니다. 그것과 비추어 우리 자신은 궁핍한 처지에 있다는 느낌을 갖는 일이 많습니다.

우리는 이러한 일들로 인하여 마음에 어떤 영향을 받고 있는지를 살펴보아야 합니다. 그리고 이러한 처지를 만나서 우리의 마음이 어떠한 상태에 이르게 되는가? 우리 행동은 어떠한 양상을 띠게 되는가? 그것을 살펴보아야 합니다. 사람들의 부요함을 보고 마음을 가누지 못하고 불안해하지 않습니까? 만족하지 못하여 부요한 사람들이 가난하여지며, 모든 일에 있어서 잘되는 사람들이 잘못되기를 원치 않습니까? 그들이 잘못되었다는 소식을 들을 때 기뻐하지 않았습니까? 암묵적으로라도 그들에 관한 우리의 소원을 토로한 적은 없습니까? 말이나 행동을 통하여 그들의 명예나 부요가 잘못되었으면 하는 바람을 나타내지는 않았습니까? 그들의 잘됨을 인하여 그를 향한 불순한 마음이 내면에 자라게 하지는 않았습니까? 이로 인하여 그 사람을 악한 눈으로 쏘아본 적은 없습니까? 공식 석상에서 반대한 적은 없습니까? 악한 마음으로 그 사람을 반대하는 편에 서 있지는 않았습니까? 과거를 돌이켜 볼 때 이러한 일이나 그와 비슷한 다른 경우에서 자주 악한 마음을 행사하고 허용하지 않았습니까? 다른 사람에 대하여 악한 마음을 불태우지는 않았습니까?

이제 과거에서 현재로 우리들의 시선을 돌려봅시다. 여러분은 자신의 마음을 살펴볼 때 거기에서 어떠한 영을 발견합니까? 하나님의 집에서 주일

마다 만나는 여러 사람을 향하여 악한 옛 근성을 나타내지는 않습니까? 주의 만찬晩餐, 성찬식에 함께 앉은 다른 사람이 잘되는 것이 여러분에게 눈에 가시입니까? 그로 인하여 여러분의 삶이 안정을 찾을 수가 없습니까? 그들이 여러분보다 높아지는 것을 보면 그러한 마음이 일어납니까? 그들이 낮아지면 마음에 진정한 위로를 받지는 않습니까? 그런 사람들이 잘못되어 가는 것이 여러분에게 내적인 기쁨의 원천이나 즐거움이 되지는 않습니까? 이러한 생각이 악한 것을 생각하게 하고, 주위에 있는 이들을 보고 경멸조로 말하며, 불손한 마음을 갖게 하지 않습니까? 그들에 대해 냉혹한 마음을 갖지는 않습니까? 그리고 그들보다 위에 있는 사람들, 곧 부요함에 있어서 그들보다 풍요로운 사람들이 그들을 깔보게 만들 생각을 하지는 않았는지 자신을 점검합시다. 다른 사람들보다 높다는 생각으로 교만한 마음을 가지고 싶은 성향이 일어나지 아니합니까? 그 사람들이 높아져서는 안된다는 바람을 갖지는 않습니까? 낮은 사람들이 여러분과 같게 되거나 더 잘되는 것을 싫어하는 마음이 있지는 않습니까? 그리고 모든 것이 악한 영의 영향을 받고 있는 것임을 나타내지는 않습니까?

그러나 여러분은 이 모든 일에 있어서 자신을 변명하려 할지도 모릅니다. 모든 것에 대하여 투기한다는 이름이 아닌 다른 명칭을 붙이는 경향이 있다는 것입니다. 그리하여 여러분에게 있는 시기하는 영에 대해 여러 가지 핑계를 댑니다. 그렇게 할 수밖에 없었다고 핑계를 대는 것입니다. 어떤 사람들은 다른 이들에 관하여 이렇게 말할 준비가 되어 있습니다. "그들은 잘되고 많은 것을 가지고 명예를 누릴 만한 가치가 없는 사람들이다." "그들은 그러한 영예를 받기에는 반도 못 미치는 사람이요, 그들이 소유한 진보에 대하여 정말 자격이 없는 사람이다." 마치 자기 아래에 있는 많은 다른 이웃들이나 매한가지라는 식이지요.

저는 묻습니다. 다른 사람이 잘되는 것과 그가 가지고 있는 영예를 보고 "그 사람은 그러한 영예와 부요를 누릴 만한 자격이 없는 사람이다"라고 말할 준비가 되어 있는 사람은 어떤 사람입니까? 요셉의 형제들은 아버지가 특별히 요셉을 사랑하는 것을 보고 '요셉이야말로 특별한 사랑을 받을 만한 자질이 있는 형제'라고 생각하였습니까? 하만은 모르드개가 자기에게 주어진 왕의 총애를 받을 자격이 있다고 생각하였습니까? 유대인들은 복음의 확장으로 인하여 '이방인들은 특권을 받을 만한 자격이 있는 사람들이다"라고 생각하였습니까? 사도행전의 진술대로, 유대인들은 이방인들이 자기와 같은 특권을 갖는 것을 시기하였습니다.

다른 이들의 선망의 대상이 되는 명예를 얻고 어떤 방면에서든지 괄목할 만한 부요를 이룩하여 늘 잘되는 사람이 있다 합시다. 그러면 이들을 헐뜯을 기회를 만들려고 준비하는 사람들이 있습니다. 그들은 다른 이들의 결점과 자격 없음을 말하려고 무진 애를 씁니다. 할 수 있는 모든 가능한 악을 도모할 기회를 찾습니다. 그것이 일반적인 경우입니다. 그리하여 그들의 결점이 그리 많지 아니한데도 그러한 일을 도모합니다. 그들이 낮은 위치에 있으면 그러한 결점은 염두에 두지도 않을텐데 그러는 것입니다. 그들이 부요하여지니 그러한 것을 드러내는 것입니다. 그들의 결점에 관하여 말하는 이들은 그들이 가지고 있는 부요함을 시기합니다. 그래서 그들을 대적하는 말을 합니다. 그리고 다른 사람들이 가지고 있는 부요에 대하여, "그 사람들은 그러한 자격이 없으며 가치가 없는 사람들이다"라고 혹평합니다.

그런 이들은 사람들을 고통스럽게 하는 것이 무엇인가 알아내려고 기를 씁니다. 결점이든 부요함이든 무엇이 그들을 가장 고통스럽게 할지를 찾아내려고 애를 씁니다.

만일 그들의 결점이 무엇인지 알게 되면, 그들이 부요하든지 아니든지 그러한 모습을 보고는 마음이 슬퍼져야 합니다. 진정으로 슬퍼하는 마음을 가진다면 나쁘게 말하려는 마음이 더뎌질 것입니다. 그러면 참된 그리스도인의 긍휼함과 우애하는 마음을 갖는 것입니다. 그러나 여러분은 이러한 이의異意를 제기할지도 모릅니다. "그들은 그들의 부요함과 명예를 나쁘게 사용하고 있어요." "그들은 명예와 부요로 들떠서 그것을 잘 유지하며 경영할 수가 없어요."라고 말하고 싶을지도 모릅니다. '그들은 고통을 인내하는 마음을 가지지 않았고, 형편없다. 부요함이 그들에게 하등의 유익이 없다.'는 식의 변명을 늘어놓을 수도 있습니다. 그러므로 "그들이 낮아지는 것이 상책이고 그래야 그들이 겸손하게 될 것이다. 그것이 그들에게 가장 좋은 자리이며, 마땅한 자리에 들어가게 되는 것이다"라고 말입니다.

그러나 여기서 저는 여러분이 그들을 진정으로 생각하는 마음에서 그러한 말을 하는지 엄격하게 점검하라고 말씀드립니다. 그들이 가지고 있는 부요함이 해가 된다는 말을 그들을 위한 참 마음에서 하는 것인지 점검해 보세요. 그들이 해를 당할 것을 보고 애통하는 마음으로 하는 말입니까? 그들을 사랑하여서 하는 말입니까? 슬퍼하는 마음이 여러분의 시기하는 마음에서 나온 것입니까? 아니면 긍휼히 여기는 마음에서 나온 것입니까? 만일 그러한 부요가 그들에게 가장 좋은 것이 아니라 오히려 해를 끼친다는 생각에서 부요함을 못마땅하게 여긴다면, 여러분은 그들의 재난을 슬퍼하지, 그들의 부요함을 슬퍼하지는 않았을 것입니다. 진지하게 그들을 사랑한다면 여러분은 그들의 재난에 마음 아플 것입니다. 그들이 부요함을 향해 전진하는 것이 별로 유익이 없다는 것을 알고는 진정한 마음의 긍휼을 갖게 될 것입니다. 그러나 여러분의 느낌이 그러합니까? 자신을 속이지 마십시오. 여러분이 슬퍼하는 것이 그들의 재난 입니까? 아니면 그들이 단지 부요하기 때문에 그러한 마음을 가지는 것입니까? 부요함이 그들을 해롭게 하는 것을 보고 그들을 위한 마음이 우러나온 것입니까? 아니면 그들이 가진 부요함이 여러분의 것이 아니라서 그렇습니까? 진상이 무엇입니까?

여기서 모든 사람은 각자 다른 이의 영적 부요함을 보고 시기하지는 않는지 자신을 점검합시다. 아벨을 향한 가인의 마음이 무엇이었는지를 기억하십니까? 여자의 후손을 향하여 뱀의 후손이 가진 마음, 이삭을 향한 이스마엘의 마음, 그리스도를 향한 유대인들의 마음, 돌아온 탕자를 향한 그 형의 마음들을 상기해 봅시다. 여러분이 그러한 마음을 가지고 있지 않은지 살펴봅시다. 다른 사람들을 향한 선한 평판을 즐거워하는 마음을 기르십시오. 그것이 여러분 자신의 것인 양 생각하는 마음을 가져야 합니다.

(2) 시기하는 마음을 던지라

이 주제는 우리로 하여금 시기하는 마음을 불러일으킬 가능성이 있는 모든 것을 허락하지 말며 다 집어던지라고 권면합니다. 시기하는 마음은 그리스도인다운 마음과는 정반대이고, 다른 사람에게 해를 주는 것이니 자기 속에 시기하는 마음이 일어나지 못하게 해야 합니다. 특히 그리스도인이라고 고백하는 모든 사람들은 더욱 그렇습니다. 대다수의 사람들은 이 정신이 자기 마음의 성향이 되기를 희망하는 마음으로 그것을 기르려 합니다. 새로운 영, 곧 그리스도의 영으로 새로워지기를 바라는 것입니다. 모든 그리스도인은 시기하는 마음을 갖지 말고 사랑을 실천하는 사람이 되어야 합니다.

"너희 중에 지혜와 총명이 있는 자가 누구냐 그는 선행으로 말미암아 지혜의 온유함으로 그 행함을 보일지니라 그러나 너희 마음속에 독한 시기와 다툼이 있으면 자랑하지 말라 진리를 거슬러 거짓말하지 말라 이러한 지혜는 위로부터 내려온 것이 아니요 땅의 것이요 정욕의 것이요 귀신의 것이니 시기와 다툼이 있는 곳에는 혼란과 모든 악한 일이 있음이라"(약 3:13-16).

시기하는 심령은 하늘에 합당한 정신과 반대입니다. 하늘에 있는 사람들은 모두 다른 사람이 잘됨을 즐거워합니다. 시기하는 마음은 지옥에서 나옵니다. 그것은 가장 혐오스러운 마음입니다. 다른 사람들의 번영과 행복이 망가지는 것을 보고 즐거워하는 마음입니다. 그런 재미로 살아가는 사람을 송충이caterpillar에 비기기도 합니다. 송충이는 아주 왕성히 자라는 나무와 식물을 마구잡이로 씹어 삼킵니다. 시기하는 마음을 가지는 성향을 우리는 가장 혐오해야 합니다. 그 마음이 있는 자는 가장 불안하고 평안하지 못한 사람입니다. 그것은 마귀적인 성향이요, 마귀와 유사한 성향입니다. 지옥의 성향이요, 지옥의 비참에 동참하는 일입니다.

솔로몬이 강한 말로 표현한 말씀을 보십시오.

"평온한 마음은 육신의 생명이나 시기는 뼈를 썩게 하느니라."(잠 14:30)

시기는 뼈를 깎아 먹는 악성종양과 같습니다. 결국 골수를 상하게 하고 부패시킵니다. 시기는 자신을 가장 해롭게 하는 어리석음입니다. 시기하는 마음은 쓸데없는 걱정을 하고 다른 사람들의 잘됨을 보면 마음이 불편합니다. 또 자기의 기쁨과 복락을 잃어버리게 합니다. 그들은 자기들이 가진 것에 만족하기를 싫어합니다. 다른 이들 역시 그러한 것들을 누리고 있기 때문입니다. 시기하는 마음이 얼마나 어리석고 사악한 지 생각하고 그것을 버리고 미워하도록 하십시다. 시기하는 마음의 모든 핑계를 버리고 열심히 그리스도인의 사랑의 정신을 추구합시다. 언제나 다른 사람들의 부요함과 잘됨을 좋아하는 마음을 갖게 하는 하나님 사랑의 탁월한 정신을 열심히 추구하십시오. 그 정신이 우리의 마음을 행복으로 가득 채웁니다. 이 사랑이 "하나님으로부터"(요일 4:7) 오는 사랑입니다. 사랑 가운데 거하는 사람은 "하나님 안에 거하고 하나님도 그 안에 거한다"(요일 4:16) 합니다.

사랑은 자랑하지 아니하며 교만하지 아니하며
무례히 행하지 아니하며

고린도전서 13장 4,5절

CHAPTER 7

사랑은 겸손하며

The Spirit Of Charity A Humble Spirit

사랑이 다른 사람들에게서 받는 손해와 다른 사람들을 향하여 선을 행하는 측면에서 어떤 특성을 갖는지 알아보았습니다. 곧 "사랑은 오래 참고 온유하다"는 것입니다. 그리고 우리가 가진 것과 다른 이들이 가진 것을 비교할 때 사랑은 어떤 마음을 갖지 않게 하는지도 알았습니다. "사랑은 시기하지 않는다"는 것입니다.

사도는 이제 우리 자신이 소유한 것에 대하여 사랑이 어떤 형태로 나타나는지 보여주려 합니다. 곧 "사랑은 교만하지 않는다"는 것입니다.

"사랑은 자랑하지 아니하며 교만하지 아니하며 무례히 행하지 아니하며."

사랑은 다른 사람들이 가진 것을 보고 시기하지 못하게 하며 자기가 가진 것에 대하여는 자랑하지 못하게 합니다. 바울은 바로 앞에서 사랑은 다른 사람의 소유를 보고 시기하는 것과 정반대라고 선언하였습니다. 사랑은 사람들에 대한 시기심이 정당하다고 핑계대지 못하게 한다는 것을 우리는 살펴보았습니다. 다른 사람이 그 가진 것으로 인해 교만하니 그것을 소유할 자격이 없다는 식으로 시기하는 마음을 나타내지 못하게 하는 것이 사랑입니다. 자기들이 가진 것으로 자랑하고 있으니 시기하여도 마땅하다는 식으로 구실을 대는 것도 합당하지 않음을 알았습니다. 사랑은 그러한 악을 막아줍니다.

다른 사람들이 부요해지고 진보하여 만사가 잘 되는 것을 보면 '저들이 스스로 자랑하고 있다'는 생각이 들어 시기심이 격발되기도 합니다. 다른 이들이 잘 되는 것에 마음이 편하지 않습니다. 그러나 어떤 사람이 부요하여지고 지위도 높아졌는데 뽐내거나 자랑하는 무례한 행동을 보이지 않으면, 그것이 다른 이들로 하여금 그 사람을 보며 편안한 마음을 갖게 합니다. 다른 이들이 그 사람의 잘됨을 보며 '저 사람은 당연히 그러한 지위를 누려야 한다'고 생각하게 하기도 합니다. 이미 우리가 관찰한 바와 같이, 다른 이가 잘되는 것을 보고 시기할 때 흔히 사람들은 속으로 말합니다. '저 사람은 자기가 잘해서 저런 부요를 누린다고 자랑하며 교만하고 악한 마음을 먹고 있다. 그러니 저 사람을 시기하는 것이 당연하다.'

그러나 사도가 보여주고자 하는 바는 이것입니다. 그리스도인의 참다운 사랑은 모든 사람들로 하여금 자기의 상황에 합당한 마음을 가지며, 다른 이들이 누리는 지위가 어떠하든지 그들에게 바르게 행동한다는 것입니다. 자기가 다른 이보다 낮은 지위에 있어도 만족하며, 위에 있는 자를 시기하지 않으며, 자기가 높은 지위에 있어도 그 부요함을 자랑하거나 뽐내지 않습니다.

본문에서 우리는 그리스도인의 참다운 사랑의 정신이 '거만한 행동proud behavior'과는 정반대임을 주목할 수 있습니다. 여기서 그 행실을 두 가지로 언급합니다. 둘 중에 더 심한 경우는 '자신을 뽐내어 자랑하는 것'입니다. 곧 자기가 가지고 있는 것이나, 자신이 어떤 사람이라는 것을 자랑하여 다른 이들이 그 점을 분명하게 느끼게끔 행동하는 경우입니다. 다른 하나는 '무례히 행하는 것behaving himself unseemly'으로 표현됩니다. 자기의 부요함을 누리면서 근신하고 예의바르게 처신하지 않는 것을 말합니다. 다른 사람들보다 부요하다는 단순한 사실에 의지하여 응당 자기가 다른 이들보다 위에 있다는 식으로 뽐내고 행동하는 것을 말합니다.

사도는 사랑의 정신이 '거만한 행동과는 정반대'라고 말할 뿐 아니라, 그런 '거만한 정신' 마저 사랑과 대치됨을 말합니다. 사랑은 마음 안에 있는 거만함과 교만을 대적합니다. 왜냐하면 "사랑은 교만하지 않기" 때문입니다.

우리가 여기서 배울 교리는 이것입니다.

"사랑의 정신, 곧 기독교 사랑은 겸손한 정신이다."

저는 이 교리를 강론하면서 다음과 같은 요점을 보여주고 싶습니다.

첫째, 겸손은 무엇인가?

둘째, 그리스도인의 참다운 사랑의 정신이 어떻게 겸손한 정신인가?

1. 겸손의 본질

겸손은 '하나님 앞에서 우리가 무가치하며 비열한 존재임을 알고 갖게 되는 그에 합당한 생각과 마음의 습관'이라 정의할 수 있습니다. 또는 우리 자신이 하나님 보시기에 매우 미미한 존재라는 의식으로 그에 합당하게 처신하고자 하는 마음가짐이 겸손이라고 말할 수도 있습니다.

겸손을 세 가지 측면으로 나누어 생각할 수 있습니다.

첫째로 자신에 관한 이해, 또는 생각과 지식이요,

둘째로는 자신에 대하여 내리는 평가나 지각이요,

셋째로는 이러한 평가와 지각에 합당하게 행동하고자 하는 마음가짐입니다.

(1) 자신이 상대적으로 미미하다는 의식

제가 '상대적으로 미미하다'는 말을 쓰는 것은 겸손이 매우 여러 측면에서 영광스럽고 탁월한 존재들에게 어울리는 고유한 은혜이기 때문입니다. 성도들과 하늘에 있는 천사들은 겸손이 지극히 넘치는 존재들입니다. 겸손은 그들 안에 있는 바르고 합당한 것입니다. 그들은 흠 없고 점 없고 영광스러운 존재들이며, 거룩함에 있어서 완전한 자들입니다. 생각과 능력에서 탁월한 존재들입니다. 그러나 그들이 영광스러운 존재라 해도 하나님과 비교하여서는 매우 작은 존재들입니다. 그들은 그 점을 의식합니다. 그래서 하나님께서는 "자신을 낮추는 사람이 하늘에 있는 것들을 보게 될 것"(시 113:6)이라고 말씀하십니다. 그래서 사람으로서의 예수 그리스도께서는 모든 피조물 중에서 가장 탁월하고 영광스러운 존재이시면서도 온유하고 마음이 겸손하십니다. 겸손에 있어서 다른 모든 존재들을 능가하십니다. 겸손은 그리스도의 모든 탁월하심 중 하나입니다. 그는 하나님이실 뿐 아니라 사람이시고, 사람으로서 겸손하셨기 때문입니다.

겸손은 하나님의 본질의 한 속성이 될 수 없습니다. 하나님의 본질은 실로 교만한 것과는 너무나 거리가 멀지만, 그럼에도 불구하고 겸손은 하나님의 성품을 묘사하기 위하여 사용할 수 없는 개념입니다. 왜냐하면 겸손은 불완전함을 전제로 하는 것인데, 하나님께 불완전은 가능하지 않기 때문입니다. 탁월하시고 영광이 무한하신 분이 무엇과 비교된다 할지라도 작은 분이 될 수 없습니다. 그는 만물 위에 계신 분입니다. 물론 그래서 겸손하실 필요가 없습니다. 하나님께서는 상대적으로 작다는 의식으로 겸손한 마음을 가지실 수 없습니다.

겸손은 모든 지성적인 존재들에게 합당한 탁월함입니다. 그들은 모두 하나님 앞에서 무한히 작고 미미한 존재들이기 때문입니다. 모든 존재들은 어느 부분에서든지 자기 동료들에 비하여 작고 낮은 부분이 있습니다. 겸손은 사도가 제시한 법칙에 순응하는 것을 포함합니다. 우리는 마땅히 생각할 그 이상의 것을 생각하지 말아야 합니다(롬 12:3). 하나님께서 각자의 분량을 따라서 다루시는 방식에 의하여 진지하게 생각해야 합니다. 믿음뿐 아니라 다른 것들도 마찬가지입니다. 이 겸손은 사람들 속에 있는 하나의 덕으로써 자신들이 비교적으로 작다는 의식을 내포합니다. 하나님과 비교해서만이 아니라 다른 사람과 비교하여도 그렇습니다.

첫째로, 겸손은 가장 먼저 그것이 '하나님과 비교할 때 우리가 작다는 것'을 의식하는 것입니다. 또는 하나님과 우리 사이에는 무한한 차이가 있다는 의식이 겸손입니다. 우리는 작고 말로 할 수 없이 미미하며, 심지어 벌레와 먼지 같은 존재라는 의식입니다. 하늘과 땅의 주재이신 하나님과 비교할 때 우리는 아무것도 아님을 인식하여야 합니다. 아브라함은 자신이 아무것도 아니라는 의식을 나타냈습니다. 그는 "티끌과 같은 나라도 감히 주께 고하나이다"(창 18:27)라고 하였습니다. 이러한 정신이 없고서는 참된 겸손이 존재하지 않음을 알아야 합니다.

동료들 중 어떤 사람과 비교하여 볼 때 작다는 것을 아무리 잘 인식한다 해도 하나님과 비교할 때 아무것도 아니라는 의식이 없으면, 우리는 참으로 겸손한 사람이 아닙니다. 어떤 사람은 다른 사람과 비교하여서 자신이 낮다고 의식합니다. 자신들이 처한 환경이나, 나면서부터 가지고 있는 사랑스럽지 못한 기질이나 우울함을 보고는 그런 의식을 갖습니다. 다른 이유에서 그렇게 생각하기도 합니다. 그러면서도 하나님과 자신의 사이가 얼마나 먼지에 대한 의식은 전혀 없는 사람이 있습니다. 그런 사람은 자신이야말로 겸손한 정신을 가졌다는 의식이 있어도 진정한 겸손함이 없습니다.

무엇보다도 우리 자신에 관하여 알고 있는 것이 하나님 앞에 자신을 세우고 얻은 것일 때만 참다운 것입니다. 하나님은 우리를 지으신 분입니다. 그 분 안에서 우리들이 살아가고 기동하며 존재합니다. 그분은 모든 면이 완벽하십니다. 만일 우리가 하나님과 비교할 때 작다는 것을 모르면 참된 겸손에 있어서 가장 중요한 진수를 빠뜨리고 있는 셈입니다. 그러나 이것을 진정으로 느끼면 다음과 같은 의식이 일어납니다.

둘째로, '우리들이 동료에 비해 작다는 의식이 겸손한 정신에 요구됩니다.' 사람은 하나님과 비교하여서만 작은 존재가 아닙니다. 우주에는 자기보다도 높은 자리에 있는 피조물들이 매우 많은데, 그것들과 비교하여 매우 작은 존재입니다. 거의 모든 이들이 다수의 동료들과 견주었을 때 작다는 것입니다. 이처럼 비교하여 작다는 의식은 하나님께서 우리의 작음을 보신다는 관점에서 나옵니다. 그러니 동료들을 보고 자기가 작다고 느끼는 것은 참된 겸손의 본질에 속합니다. 하나님과 비교하여 자신이 어떠하다는 것을 바르게 평가한 사람은 모든 면에서 스스로를 제댈 보는 눈을 갖기가 쉽습니다. 자기가 모든 만물 중에서 가장 높으신 분에 대하여 어떻게 서 있는가를 바르게 아는 사람은 피조물들 중에서 어떤 자리에 서야 옳은지 제대로 이해하는 데 큰 빛을 얻은 사람입니다. 가장 높으신 그분에 대하여 바르게 알지 못하는 사람은 무엇이든 바로 알지를 못하는 것입니다. 하나님은 다른 모든 존재들의 샘 근원이십니다. 그분에 대하여 바로 알지 못하는 사람은 다른 어떤 것들에 대하여서도 바른 생각을 가질 리가 없습니다. 그분에 관해 가진 지식만큼 다른 것들을 이해하는 지식이 있습니다. 그만큼 다른 사람들과의 관계에서 바른 자리를 지킵니다. 그들 중에서 자기가 서야 할 위치를 바로 압니다.

다른 것을 아는 지식은 하나님을 아는 지식에 비례합니다. 이것은 타락하지 않았더라도 적용되었을 요점입니다. 만일 처음 조상들이 타락하지 않았다면, 다시 말해 우리가 그들이 지은 죄에 함께 싸잡혀 들어가지 않았다면, 이 요점이 인류에게 그대로 적용되었을 것입니다.

그러나 타락한 사람들 안에 있는 겸손은 이중적인 의미에서 자신이 작다는 의식을 함축하고 있습니다. 곧 하나님 앞에서나 사람 앞에서 다 작다는 의식입니다. 사람이 '나면서부터 작다는 것'은 본질상 완전하신 하나님에게서 무한히 떨어져 타락한 존재라는 사실을 내포하고, 하나님은 능력과 위대함과 지혜와 엄위에 있어서 사람을 능가하시되 무한하게 능가하시는 분이라는 의식을 함축합니다.

겸손한 사람은 자신의 지식이 매우 적음을 의식합니다. 자기가 모르는 것이 많음을 의식합니다. 하나님과 비교했을 때 자기의 이해 범위가 작다는 것을 인식합니다. 그는 자신의 연약함을 압니다. 자신의 힘이 얼마나 약하며, 자신이 할 수 있는 것이 얼마나 적은지 아는 사람입니다. 나면서부터 하나님과 멀리 떨어져 있는 사람임을 압니다. 자신은 하나님께 달려 있음을 인지합니다. 그가 지탱하고 살아가는 것도 하나님의 능력에 따른 것임을 인식합니다. 그래서 자신은 하나님의 지혜로 인도함을 받으며 안내를 받을 필요가 있는 사람임을 인정합니다. 하나님을 위하여 마땅히 해야 할 일을 위해서 하나님께서 힘을 주셔야 할 것도 압니다. 하나님께 자신이 복종해야 하는 것도 압니다. 하나님의 위대하심이 하나님의 권위에 합당한 요소인 것도 압니다. 그리하여 하나님은 만왕의 왕이시며 만유의 주가 되시어서 주권적인 권세를 가진 분이심도 압니다. 하나님의 권위에 대하여 겸손한 사람은 기꺼이 복종할 마음을 갖습니다. 하나님의 뜻에 복종하여 따르는 것이 마땅한 일임을 압니다. 모든 일에 있어서 하나님의 권위에 복종해야 함도 압니다. 사람은 타락하기 전에도 자기가 비교적 작다는 의식이 있었습니다. 하나님에 비해서 무한히 작고 미미한 존재임을 알았을 것입니다. 그러나 지음받을 때부터 가지고 있던 그의 작음은 타락한 뒤에 더욱 심해졌습니다. 인간 본성의 도덕적인 패망이 그의 천성적인 기능을 손상시켰기 때문입니다. 비록 인간의 타락이 본래의 천부적인 기능을 다른 것으로 대체하지는 않았다 할지라도 그렇습니다.

타락 이후, 진정으로 겸손한 인간은 자기의 '도덕적' 왜소함과 비열함도 압니다. 이것은 그의 죄악성을 내포합니다. 그의 '천성적인' 작음은 '피조물로서 작다' 는 의미입니다. '도덕적으로 작다' 는 것은 '비열한 죄인으로서 쓸모없음' 을 의미합니다. 타락하지 않은 사람도 천성적인 자질이나 속성에 있어서 하나님과 차이가 있었습니다. 그러나 타락한 사람은 쓸모없는 죄인이 되어서 하나님으로부터 멀리 떨어져 나간 사람으로 큰 차이가 나는 존재가 되었습니다.

그래서 참으로 겸손한 사람은 다음과 같은 면에서 비교적 작다는 것을 어느 정도 의식하는 사람입니다. 곧 자기가 거룩한 하나님 앞에서 얼마나 지극히 오염된 존재인가를 안다는 의미에서 그러합니다. 하나님이 보시기에는 하늘도 깨끗하지 못합니다. 그는 하나님이 얼마나 정결하신지 압니다. 자기가 하나님 앞에서 얼마나 무모하고 혐오스러운 존재인지 압니다. 이사야는 하나님의 영광을 보고 울부짖었습니다.

"화로다 나여 망하게 되었도다. 나는 입술이 부정한 사람이요 이는 입술이 부정한 백성 중에 거주하면서 만군의 여호와이신 왕을 뵈었음이로다."

(사 6:5)

그는 그 때 자기가 하나님과 비교하여 보니 지극히 작다는 의식을 나타냈습니다.

이러한 면에서 '우리가 작다는 겸손한 의식'은 욥으로 하여금 이렇게 고백하게 하였습니다.

"내가 주께 대하여 귀로 듣기만 하였사오나 이제는 눈으로 주를 뵈옵나이다. 그러므로 내가 스스로 거두어들이고 티끌과 재 가운데에서 회개하나이다."(욥 42:5,6)

그 외침은 자기 혐오감에서 비롯되었습니다. 그것은 또한 다윗이 말한 바와 같이 마음이 상하고 통회하는 상대를 함축합니다.

"하나님께서 구하시는 제사는 상한 심령이라 하나님이여 상하고 통회하는 마음을 주께서 멸시하지 아니하시리이다."(시 51:17)

이사야도 그러한 심경을 말하고 있습니다.

"지극히 존귀하며 영원히 거하시며 거룩하다 이름하는 이가 이와 같이 말씀하시되 내가 높고 거룩한 곳에 있으며 또한 통회하고 마음이 겸손한 자와 함께 있나니 이는 겸손한 자의 영을 소성시키며 통회하는 자의 마음을 소성시키려 함이라."(사 57:15)

우리가 하나님 앞에서 작고 도덕적으로 비열하다는 의식은, 주님이 말씀하신바 '심령의 가난함' 을 함축합니다.

"심령이 가난한 자는 복이 있나니 천국이 그들의 것임이요."(마 5:3)

겸손한 자가 자신의 작음과 무가치함을 깨닫기 위하여 하나님과 그 위대하심을 알 필요가 있습니다. 이것이 아니고는 자신에 대해 알지 못합니다. 하나님의 탁월함과 사랑하심에 관해서도 바른 의식을 가져야 합니다.

마귀와 저주받은 영들은 하나님의 위대하심과 지혜로우심과 전능하심에 관하여 많은 것을 알고 있습니다. 하나님께서는 여러 행사를 통하여 귀신들로 하여금 당신이 어떠한 분이신지 의식하게 하시고, 그들의 고통이 무엇인가를 느끼게 하십니다. 그들이 아무리 모른 척하려 해도 하나님이 자기에 비해 얼마나 높이 계신지 알게 됩니다. 그들은 갈수록 그 사실을 더욱 느끼게 될 것입니다. 그리고 끝내는 심판을 당하고 말 것입니다. 그러나 그들에게는 겸손함이 전혀 없고 그 마음을 갖지도 않을 것입니다. 왜냐하면 그들이 하나님의 위대하심을 의식하고 느낀다 하여도 그분의 인애하심을 전혀 알지 못하기 때문입니다.

하나님의 사랑하심과 인자하심에 관한 의식이 없이 진정한 겸손은 있을 수 없습니다. 피조물이 하나님께서 자기들에 비하여 위대하심과 인애하심에 있어서 얼마나 크신지 느끼기 전에는 참된 겸손은 존재할 수가 없습니다. 천사들과 하늘에 있는 구속救贖을 받은 영혼들은 이런 일에 대하여 다 알고 있습니다. 하나님이 자기들에 비하여 얼마나 더 위대하시고 크신 분인지알 뿐 아니라, 자기들에 비하여 얼마나 뛰어난 사랑을 갖고 계신지도 압니다.

그러나 하늘에 있는 그들은 타락한 사람이 가진 자의식은 갖고 있지 않습니다. 자기들이 전혀 쓸모없고 절대로 더러운 존재라는 의식은 갖지 않습니다. 그러나 하나님에 비하여 모든 피조물이 얼마나 미약한지를 말씀으로 보여주십니다.

"하나님은 거룩한 자들을 믿지 아니하시나니 하늘이라도 그가 보시기에 부정하거든."(욥 15:15)

"하나님은 그의 종이라도 오히려 믿지 아니하시며 그의 천사라도 미련하다 하시나니."(욥 4:18)

사람들은 자기의 작음을 의식하고는 하나님의 긍휼과 은혜로운 시선視線을 받기에 얼마나 무가치한 존재인지 느낍니다. 야곱은 그러한 느낌을 다음과 같은 말씀으로 표현합니다.

"나는 주께서 주의 종에게 베푸신 모든 은총과 모든 진실하심을 조금도 감당할 수 없사오나 내가 내 지팡이만 가지고 이 요단을 건넜더니 지금은 두 떼나 이루었나이다."(창 32:10)

다윗은 그 심경을 다음과 같이 고백하였습니다.

"주 여호와여 나는 누구이오며 내 집은 무엇이기에 나를 여기까지 이르게 하셨나이까."(삼하 7:18)

하나님 앞에서 참으로 겸손한 사람들은 모두 이러한 의식을 가졌습니다. 하나님과 비교하여 자신이 그렇게 작다는 의식이 겸손한 사람속에 있습니다. 겸손은 또 다음과 같은 의식을 함축합니다.

(2) 겸손한 의식에 상응하는 행실로 기울어지는 성향

이것 없이 참된 겸손이란 없습니다. 자신이 작다는 것을 알 정도로 의식이 열려 있어도, 영혼의 의지와 성향이 그 의식에 합당하게 나아가게 하지 않는다고 합시다. 심지어 그에 상응하는 행동을 싫어하기까지 한다 합시다. 이는 도저히 참된 겸손이라 말할 수 없습니다. 방금 말씀드린 바와 같이 귀신과 저주 받은 영들도 어느 면에서는 하나님 앞에서 자기들의 작음을 충분히 알고 있습니다. 하나님께서 자기들에 비해 능하시고 지식과 엄위에 있어서도 그러함을 알고 있습니다. 그럼에도 불구하고 그들은 하나님의 사랑하심과 탁월하심에 관하여는 알거나 느끼지 못합니다. 그러므로 자기들이 작다는 의식이 전혀 없으며 갖지도 않습니다. 자기들이 작다는 의식에 상응하는 행동을 하고 싶은 마음은 더더욱 일어나지 않습니다. 그들은 전혀 겸손하지 않습니다. 도리어 교만으로 가득합니다.

저는 여기서 참된 겸손이 우리가 비열하고 미미한 존재라는 의식에 어떤 행실이 합당한 지를 열거하지는 않겠습니다. 겸손한 마음은 하나님과 사람을 향하여 행할 마땅한 도리가 무엇임을 알고 행하고자 하는 의지를 내포합니다. 저는 여기서 어떤 것들이 우리가 주목할 가치가 있는지를 특별하게 말하기보다는 겸손이 하나님과 사람을 향하여 어떤 자세를 갖게 하는지를 생각하고자 합니다.

첫째, 겸손이 하나님을 향하여 행동하게 하는 몇 가지 측면들을 생각하여 봅니다. 처음 다룰 요점은, 겸손은 자기가 작고 미미한 존재임을 아무 부담 없이 인정하게 한다는 것입니다. 곧 자기가 하나님 앞에서 작고 미미함을 마음 깊이 인정합니다. 그렇게 인정하는 것이 얼마나 당연한지도 압니다. 그래서 기꺼이 인정합니다. 심지어 겸손한 사람은 그 점을 인정하면서 기뻐합니다. 자신이 무가치하고 비열한 존재라고 말합니다. 모든 은혜와 자비를 받을 만한 자격이 없으며, 원칙대로 한다면 비참함 밖에는 받을 것이 없음을 마음의 거리낌 없이 자유롭게 인정하고 고백합니다.

이같이 하나님 앞에서 낮아지는 것이 자신을 겸손히 낮추는 영혼의 성향입니다. 겸손은 하나님 앞에서는 자신이 먼지에 불과하다는 것을 인정합니다. 사람으로 하여금 '자신은 믿을 것이 못되고 오직 하나님만 믿을 분'이심을 인정하게 합니다. 교만한 사람은 자신이 지혜로우며 힘이 있고 의롭다는 생각으로 자기를 신뢰합니다. 그러나 겸손한 사람은 자기 자신을 신뢰하려는 마음을 갖지 않습니다. 자신의 부족함을 절실히 인정하며, 하나님을 의뢰하되 하나님을 피난처로 삼고 자기의 의義와 힘으로 삼습니다. 이는 겸손한 사람이 갖는 두드러진 성향입니다. 자기에게 어떤 선함이 있으며 선한 일을 하였다 하더라도 겸손은 하나님 앞에서 자신을 자랑하거나 뽐내지 않게 합니다. 모든 영광을 하나님께만 돌립니다. 시편 기자는 "여호와여 영광을 우리에게 돌리지 마옵소서…오직 주는 인자하시고 진실하시므로 주의 이름에만 영광을 돌리소서"(시 115:1)라고 표현하였습니다.

'자신을 전적으로 하나님께 복종시키는 것'이 겸손한 자의 성향입니다. 그의 마음은 하나님의 법과 뜻에 철저하고 절대적인 복종을 드리고 싶어합니다. 하나님의 율법과 계명에 복종하고 싶은 마음을 갖습니다. 자기가 하나님에 비하여 무한히 낮으므로 자기를 드려 복종함이 선하다는 것을 인정하기 때문입니다. 그리고 하나님께서 자기에게 율법을 주시고 왕 노릇하시는 것이 하나님만 가지고 계시는 영광임을 인정합니다.

동일하게 하나님의 섭리와 매일 인도하시는 그 뜻에 복종하는 것이 즐거워집니다. 그리하여 하나님께서 자기에게 명한 모든 뜻을 기쁜 마음으로 복종하게 됩니다. 비록 하나님께서 고난과 낮고 천한 환경에 처할 것을 명하신다 해도 불평하지 않습니다. 오히려 자신은 작으며 미미하다는 생각만을 갖습니다. 마땅히 고난의 시련을 받아야 하며, 자기가 행한 일을 생각하면 그런 고난도 작은 것이라 여깁니다. 그리고 은혜 안에서 뛰어난 자들에게서 자주 발견되는 것인데, 하나님이 자기를 아무리 어둡게 할지라도 욥처럼 말할 용의가 있습니다.

"그가 나를 죽이시리니 내가 희망이 없노라 그러나 그의 앞에서 내 행위를 아뢰리라."(욥 13:15)

둘째, 겸손은 우리들이 작다는 의식에 상응하는 행동을 하게 합니다. 사람을 향하여도 그리 행동합니다. 여기서 저는 겸손이 어떤 종류의 행동을 못하게 막아 주는지를 지적함으로 요점을 보여드리려 합니다.

겸손은 먼저 사람들 중에서 '무례하고 야심이 넘치는 행동을 하지 못하게' 하는 경향이 있습니다. 겸손한 정신의 영향을 받는 사람은 하나님께서 사람들 가운데 자신에게 분배하신 위치를 만족하게 여깁니다. 명예를 탐하지 않게 할 뿐 아니라, 자기 이웃에 비하여 으뜸이 되려는 마음을 싫어합니다. 그는 선지자 예레미야의 말씀을 따라 행동합니다.

"네가 너를 위하여 큰일을 찾느냐 그것을 찾지 말라 보라 내가 모든 육체에 재난을 내리리라 그러나 네가 가는 모든 곳에서는 내가 너에게 네 생명을 노략물 주듯 하리라 여호와의 말씀이니라."(렘 45:5)

"높은 데 마음을 두지 말고."(롬 12:16)

겸손은 또한 '이것 보라는 듯 과시하지 못하게' 합니다. 진정으로 겸손한 사람은 일시적이든 영적인 것이든 이웃보다 유리하게 자기의 유익을 취할 수 있는 기회가 주어져도, 그것을 가지고 '나를 보라'는 듯이 행동하지 않습니다. 그가 천성적으로 다른 이들보다 재능이 많다 해도 그것을 '보라는 듯이 떠벌리지' 않을 것입니다. 다른 이들이 자기의 우월함을 눈치채지 못하게 조심할 것입니다.

그가 주목할 만한 영적인 체험을 가지고 있다 해도, 사람들이 그것을 보고 자신을 높게 생각할까봐 자랑을 삼가합니다. 다른 이들이 자기를 하늘에 속한 신령한 일에 있어서 신실한 종이나 탁월한 성도로 여길까 염려하며 조심합니다. 사람들이 자신을 어떻게 여기느냐가 그에게는 중요하지 않기 때문입니다. 그에게 있어서 그런 일은 작은 일에 불과합니다. 만일 그가 하는 어떤 일이 잘 되고, 자기에게 닥친 어려움을 잘 극복했으며, 자신을 부인하는 일을 바르게 하였다 해도, 다른 이들이 눈치채지 못하게 조심합니다. 또는 사람들이 그것을 주목하면 어쩌나 하는 마음을 가집니다. 그는 바리새인과 같이 행동하지 않습니다. 바리새인들은 모든 것을 사람들이 보는 자리에서 행하였습니다(마 23:5). 그러나 그가 진실하게 일을 하였다면 은밀한 중에 보시는 크신 하나님 한 분만으로 만족합니다.

겸손은 '건방지고 무례한 행동을 삼가게' 하는 경향도 있습니다. 겸손한 정신을 가지고 있는 사람은 자기에게 과도하게 행동하지 않습니다. 다른 사람들 속에 있을 때에 다른 사람에게 자신을 끔찍하게 여겨 달라고 기대하는 태도로 행동하지 않습니다. 자기의 행실이 주위에 있는 이들보다 먼저라는 느낌을 주는 식으로 행동하지 않습니다. 자신이 가장 주요한 사람으로 인정을 받아야 한다는 듯이 행동하지 않습니다. 그의 모든 판단은 가장 좋은 것이라는 생각으로 행동하는 것 같은 느낌을 주지 않습니다. 그는 자신에게 모든 사람들이 허리를 굽히기를 원하지 않습니다. '어떤 사람이든지 나를 이겨낼 사람은 없다'는 식으로 행동하지 않습니다. 일상적인 삶의 태도에 있어서 거만한 분위기를 풍기지 않습니다. 일을 경영하는 면에서나 신앙적인 일을 하는데 있어서 건방진 분위기를 조성하지 않습니다.

겸손한 사람은 자신에게 없는 것을 있는 것 같이 꾸미지 않습니다. 능력이 없는데도 있는 것 같이 행동하지 않습니다. 마치 세상이 자기가 명하는 대로 된다는 식으로 행동하지 않습니다. 도리어 합당한 것을 다른 사람들에게 돌립니다. 그는 사도의 교훈을 신실하게 따라서 행하는 사람입니다.

"아무 일에든지 다툼이나 허영으로 하지 말고 오직 겸손한 마음으로 각각 자기보다 남을 낫게 여기고."(빌 2:3)

신앙적인 말과 행실로 자기가 회중에서 가장 뛰어난 성도인양 행동하지 않습니다. 오히려 "모든 성도 중에 지극히 작은 자"(엡 3:8)라는 사도 바울의 표현을 마음에 품고 있듯이 처신합니다.

겸손은 '조소嘲笑하는 투로 행하는 일을 삼가게' 하는 경향이 있습니다. 다른 사람들을 대할 때 경멸하거나 비웃는 투로 이야기하거나 대하는 것은 나쁜 행동 중 하나이며 불손한 처사입니다. 겸손한 정신을 소유한 사람은 그 행실과는 거리가 멉니다. 자기 아래 있는 이들을 거만한 분위기로 멸시하거나 깔보지 않습니다. 자기는 그런 이들을 가까이 할 만한 사람이 아님을 나타내기라도 하듯이, 혹은 그런 이들에게서 어떤 존중을 받아야 할 자라는 인상을 주는 태도로 행동하지 않습니다. 겸손한 사람은 자신이 동료들과 차이가 없다는 의식으로 그런 식의 행동이 정당하지 않다고 생각을 합니다. 다른 사람이 하는 말에 조롱 섞인 투로 대하지 않습니다. 다른 이들의 일이나 말을 놀리는 식으로 대하지 않습니다. 오히려 겸손은 가장 온유하고 낮은 마음에 합당한 행실을 하게 합니다. 자기보다 못한 사람들을 가장 정중하게 대하며, 하나님 앞에서 자신의 악함을 의식합니다. 어떤 방식으로든지 다른 사람들과 자신을 다르게 한 것은 하나님이심을 의식합니다. 어떤 측면에서 자기가 다른이들 보다 앞선다면 그렇게 하신 이가 하나님이심을 인정합니다.

그래서 겸손한 사람의 의지는 언제나 "높은 데 마음을 두지 않고 도리어 낮은 데 처하며 스스로 지혜 있는 체 하지 못하게"(롬 12:16) 하는 마음을 먹게 합니다. 심지어 실로 자기들이 대단한 사람이거나 신뢰나 영예에 있어서 높은 위치에 있어도 겸손하면 자기보다 낮은 위치에 있는 이들을 위하여 앞에서 언급한 대로 처신합니다. 자기들이 크다는 것을 스스로 자랑하고 뽐내는 마음으로 낮은 위치에 있는 이들을 조롱 섞인 투로 대하지 않습니다.

겸손은 '의도적인 완고한 행실을 하지 못하게' 합니다. 겸손한 정신을 가지고 있는 사람들은 공적인 일이나 사적인 일에서 자신의 의지를 높이 추켜세우지 않습니다. 고집을 부리거나, 모든 것이 자기들의 계획대로 되어야 한다는 식으로 나가지 않습니다. 자기들의 생각대로 하면 다른 사람들이 불편을 겪거나 평화가 깨어진다 하여도 자기들 뜻대로 해야 한다고 고집하는 이들이 있습니다. 그러나 겸손한 이들은 그렇게 하지 않습니다. 사도 베드로가 말하는 것처럼 행하지 않을 것입니다. 베드로는 그런 이들을 가리켜,

"이들은 당돌하고 자긍하며 영광 있는 자를 비방하거니와"(벧후 2:10)라고 말하였습니다. 그들은 만일 자기 뜻대로 일이 되지 않으면 반대하는 사람들을 향하여 압력을 가하고 괴롭힙니다.

그러나 겸손은 정반대입니다. 겸손은 다른 사람들에게 복종하는 정신을 갖게 합니다. 평화를 위하여 다른 이들을 높일 준비를 합니다. 많은 경우에 다른 사람들의 의견을 따라서 행합니다. 자기들이 진리와 거룩을 따르는 면에서 바르지 못함을 발견하면 다른 이들의 판단을 따릅니다. 진정으로 겸손한 사람은 예수님 외에는 어느 것도 고집하지 않습니다. 주님은 진리와 덕德의 근원자이십니다. 겸손한 사람은 이 점에 있어서 요지부동의 자세를 취합니다. 하나님과 양심이 그것을 요구하기 때문입니다. 그러나 그것에 저촉되지 않는 면에서는 그렇지 않습니다. 그리스도의 제자로서 따라야 할 원리에 위배되지 않는 문제에 있어서는 요지부동의 자세를 고수하지 않습니다. 개인적인 문제가 걸려 있는 일에 있어서는 다른 사람의 의견에 따를 가능성이 많습입니다.

그리고 만일 다른 이들이 고집 부리는 것을 보게 되어도, 분을 내어 그들이 행하는 일을 반대하지 않습니다. 그는 로마서 12:19, 고린도전서 6:7, 마태복음 5:40,41의 말씀 원리를 따라서 행할 뿐입니다.

"내 사랑하는 자들아 너희가 친히 원수를 갚지 말고 하나님의 진노하심에 맡기라."

"너희가 피차 고발함으로 너희 가운데 이미 뚜렷한 허물이 있나니 차라리 불의를 당하는 것이 낫지 아니하며 차라리 속는 것이 낫지 아니하냐."

"또 너를 고발하여 속옷을 가지고자 하는 자에게 겉옷까지도 갖게 하며 또 누구든지 너로 억지로 오리를 가게 하거든 그 사람과 십리를 동행하고."

더 나아가서 겸손은 '사람들을 차별하여 대하지 않으려는' 마음을 줍니다. 어떤 사람들은 언제나 자기 나름의 기준에 따라 차등을 두어 사람들을 대합니다. 자기보다 위에 있는 사람들을 끌어내리려고 늘 준비합니다. 자기 아래 있는 이들이 자기보다 높아지는 것을 결코 달가워하지 않으면서 말입니다. 그러나 겸손의 영향력 아래 있는 이들은 이러한 양 극단을 다 피합니다. 누구나 신실하고 부지런하여 높은 자리에 오르면 그만한 자격이 있음을 기꺼이 인정합니다. 다른 한편으로는, 자기보다 높이 올라가 있는 이들을 보면 그들이 그 자리에서 유명해지고 인정받기를 기꺼이 원합니다. 다른 이들이 합당한 영광을 차지하기를 원합니다. 겸손한 사람은 모든 이들이 다 같은 수준에 머물러 있어야 한다고 생각하지 않습니다. 사회에 올라가는 단계가 있음을 아주 좋은 것으로 알고 있기 때문입니다. 누군가 위에 있으면, 아래 있는 이들은 마땅히 그들을 존중하고 그들에게 복종해야 함을 겸손한 이들은 알고 있기 때문입니다. 그러므로 겸손한 이는 하나님이 세우신 질서에 만족하고 동조합니다.

또한 그의 마음과 행실은 다음과 같은 말씀의 교훈에 충실합니다.

"모든 자에게 줄 것을 주되 조세를 받을 자에게 조세를 바치고 관세를 받을 자에게 관세를 바치고 두려워할 자를 두려워하며 존경할 자를 존경하라."(롬 13:7)

"너는 그들로 하여금 통치자들과 권세 잡은 자들에게 복종하며 순종하며 모든 선한 일 행하기를 준비하게 하며."(딛 3:1)

겸손은 '자신의 입장을 정당화시키는 일을 삼가게' 하는 성향이 있습니다. 겸손한 정신의 영향 아래 있는 사람은, 모든 사람이 실수하기 쉬운 것처럼, 자신도 실수할 수 있고 다른 이들에게 손해도 끼칠 수 있음을 압니다. 그리스도인의 이름을 더럽힐 때도 있습니다. 다른 이가 자기의 행실을 보고 그리스도인의 성품을 오해할 수 있음도 압니다. 그래서 자기가 잘못을 저질렸다 여길 때 자신의 실수를 기꺼이 인정합니다. 자기 실수를 인정하는 것과 그 의식을 드러내는 것을 별로 어려워하지 않을 것입니다. 그는 내면적으로 겸비한 마음을 갖습니다. 사도가 지적한 방식을 따라 자기의 겸손을 보여줍니다.

"너희 죄를 서로 고백하며."(약 5:16)

사람이 실수를 범했을 때 자기 실수를 인정하지 않으며 뒤로 물러서게 하는 것은 교만입니다. 때로는 실제로 아주 큰 영예인데도 교만한 상태에서는 그것을 수치로 생각합니다. 그러나 겸손은 자기의 마땅한 도리를 신속히 행하게 합니다.

겸손이 그 사람 속에서 제대로 세력을 발휘하는 상태라면 자기 잘못을 고백하는데 민첩하며, 심지어 기쁨으로 그 일을 감당합니다. 겸손한 그리스도인에게 "당신이 이러 저러한 면에서 잘못하였다" 하면 그 충고를 자비로 받아들이고 감사하기까지 합니다.

다른 이에게서 무슨 일을 지적받을 때 편치 못한 것은 교만하기 때문입니다. 흔히 그들은 이웃의 충고를 받고 참아낼 수가 없습니다. 도리어 성을 내며 분한 심정을 나타냅니다. 반대로 겸손은 책망을 용납할 뿐만 아니라 친절과 우정의 표시로 받아들입니다. 시편 기자의 태도를 들어 보시기 바랍니다.

"의인이 나를 칠지라도 은혜로 여기며 책망할지라도 머리의 기름 같이 여겨서 내 머리가 이를 거절하지 아니할지라."(시 141:5)

이제까지 우리는 겸손이 어떤 성질을 띠고 있으며, 우리의 심령과 행실을 어떤 방향으로 유도하는지 알아보았습니다. 곧 겸손이 하나님과 이웃을 향해 어떤 마음가짐과 태도를 갖게 하는지를 알았습니다.

2. 사랑하는 마음과 겸손한 마음

저는 이것을 두 가지로 나누어서 생각해 보려고 합니다.

첫째로, 사랑하는 심령, 곧 하나님의 사랑을 닮은 사랑의 심령이 어떻게 겸손한 심령을 지니게 하는가?

둘째로는, 사랑을 실행으로 옮길 때에 어떻게 겸손한 행실로 나타나는지를 보여드리겠습니다.

(1) 사랑의 심령은 겸손을 수반하거나 겸손한 심령으로 기울어집니다.

곧 하나님의 사랑에서 기원한 사랑은 겸손을 함축하거나 겸손으로 기울어지는 경향이 있습니다.

첫째로, 사랑의 심령, 또는 신적인 사랑의 정신은 이미 보여 드린 바와 같이 그리스도인의 정신의 요약입니다. 그 사랑은 겸손을 내포합니다. 그 겸손이야말로 진수가 됩니다. 진정한 하나님의 사랑에서 연유한 사랑은 겸손한 사랑입니다. 겸손하지 않은 사랑은 진정한 의미에서 하나님께 속한 사랑이 아닙니다.

두 가지 측면에서 생각하면 그 이치가 드러납니다. 먼저 하나님의 사랑을 아는 의식은 특히 하나님의 행사 속에서 그분의 겸비하심을 발견하기 때문입니다. 다르게는 하나님을 진정으로 사랑하면 하나님을 무한히 높으신 분으로 사랑하기 때문입니다.

무엇보다 먼저, 하나님을 사랑하는 의식은 특히 겸손을 표출하시는 하나님을 발견한데서 나옵니다. 하나님의 위대하심과 사랑하심을 알아야 겸손이 무엇인지 압니다. 겸손은 하나님의 사랑을 발견한데서 나는 것입니다. 영혼의 참된 겸손은 하나님의 사랑을 아는 의식의 소산입니다. 모든 은혜는 하나님을 아는 지식을 통하여 마음속에서 역사합니다. 하나님의 완전하심을 발견함으로 마음 안에서 역사하는 것입니다. 이와 같이 하나님의 완전하심을 아는 지식은 모든 은혜의 샘 근원입니다. '우리 높으신 그 하나님께서 사랑이시다'는 것을 발견하고 아는 것이 마음속에서 겸손을 일으킵니다. 단순하게 하나님의 지극히 높으심과 광대하심을 아는 것만으로는 겸손한 마음이 일어나지 않습니다. 사랑에 있어서 우리와 하나님의 차이가 무한함을 알지 못하고는 겸손할 수 없기 때문입니다.

죄인의 마음에 역사하는 율법의 작용이나, 마귀와 저주받은 영들의 경우에서 그 점은 명백히 드러납니다. 율법의 말씀을 보고 사람은 하나님이 위대하시다는 생각을 하면서 두려움을 가질 수 있습니다. 그러면서도 겸손한 마음은 갖지 않을 수 있습니다. 의식 속에 하나님의 사랑에 대한 인식이 하나도 없기 때문입니다.

모든 율법과 복음으로 말미암아 마음속에서 역사하시는 성령님의 행사는 죄를 깨닫는 일부터 시작됩니다. 그런 경우 거듭나지 못한 육적인 사람들은 하나님을 향하여 무섭다는 마음을 가집니다. 하나님 앞에서 자신들은 위험한 존재라고 느낍니다. 거듭나지 못한 이에게도 하나님은 무서울 정도로 위대하신 분이라는 의식이 있습니다. 하나님의 율법의 요구와 선포를 들으면 그렇게 느낍니다. 그러나 사람들이 이렇게 의식해도 전혀 겸손하지 않을 수 있습니다. 그 이유는 사랑에 있어서 하나님이 자기들보다 대단히 탁월하심을 모르기 때문입니다.

하나님의 사랑에 대한 인식이 부족하며, 이러한 의식이 없으니 겸손해지지 않습니다. 귀신들과 저주 받은 심령의 경우에서도 그 점은 명백하게 드러납니다. 그들도 위대함에 있어서 하나님이 자기들보다 지극히 높고 탁월하시다는 것을 의식합니다. 그러나 겸손은 없습니다. 그것은 사랑에 있어서 하나님께서 자기들에 비하여 얼마나 무한하게 탁월하신지를 느끼지 못하기 때문입니다.

앞에서 관찰했듯이, 하나님께서는 귀신들과 버림받은 심령들로 하여금 당신이 얼마나 위대하고 능하신 분이신지 알게 하시고, 그들이 하나님의 손 안에서 어떤 존재인지를 알게 하십니다. 그런데 그들은 겸손은 없고 거만합니다. 그들은 심판을 당한 후에 하나님의 위대하심을 더 많이 알게 될 것입니다. 그리스도께서 구름 타고 다시 오실 때 천사들에 에워싸여 호위를 받으면서 오실 것입니다. 그리고 아버지 하나님의 영광을 옷 입고 오실 것입니다. 그 때 악인들과 왕들과 큰 관원들과 부자들과 세상의 권세 있는 자들은 알게 될 것입니다. 자신들에 비하여 하나님이 얼마나 무한하게 크신 분이신지 알게 될 것입니다. 하나님의 무서운 엄위를 보고는 면전에서 피하여 달아날 것입니다. 귀신들도 보게 될 것입니다. 그 때에 그들의 무서움은 더 증가할 것입니다. 지금도 그들은 하나님의 엄위를 생각하고는 무서워 떨고 있습니다. 귀신과 악인들도 하나님이 주主이심을 알게 될 것입니다. 직접 주님의 주되심을 목격할 것입니다. 자기들에게 선고가 떨어질 때에 하나님은 실로 자기들보다 높으신 분이며, 하나님 앞에서 자기들은 아무것도 아님을 알게 될 것입니다. 직접 보고 느끼는 것을 통하여 말입니다. 에스겔 선지가 말한 것과 같습니다.

"왕은 애통하고 고관은 놀람을 옷 입듯 하며 주민의 손은 떨리리라 내가 그 행위대로 그들에게 갚고 그 죄악대로 그들을 심판하리니 내가 여호와인 줄을 그들이 알리라."(겔 7:27)

그러나 그들이 하나님이 크심에 있어서 자기들보다 무한한 분임을 그처럼 명백히 알고 두려운 마음을 가진다 할지라도 겸손은 하나도 갖지 못할 것입니다. 자기들은 하나님으로부터 무한히 떨어져 있는 미미한 존재임을 알게 될 것입니다. 그러나 그들의 마음은 하나님 앞에서 자기들이 얼마나 작은 존재인가 하는 지식과 일치하지 않을 것입니다. 그들이 하나님의 사랑을 알지 못하기 때문에 겸손한 마음을 갖지 못합니다.

이러한 사실은 다음과 같은 것을 보여줍니다. 참된 겸손은 하나님 앞에서 자신과 하나님의 사랑을 비교할 때에 자신이 얼마나 미미한 존재인가를 알게 되는 데서 나옵니다. 이것이 하늘에 있는 천사들이나 땅에 있는 성도들이 겸손한 이유입니다. 겸손이란 하나님의 사랑이 얼마나 큰지 아는 것이기에, 하나님께 속한 사랑은 겸손을 함축한다는 결론을 내릴 수 있습니다. 그 사랑은 하나님을 향한 사랑의 마음이기 때문입니다. 하나님을 향한 사랑에서 사람을 향한 그리스도인의 사랑이 일어납니다. 거기서 필연적인 결론이 나옵니다. 곧 사도가 말하는 사랑은 하나님과 사람을 향한 사랑 모두를 내포한다는 말입니다. 그 사랑은 본질적으로 겸손을 포함합니다.

신적神的인 사랑이 겸손을 포함한다는 진리는 다음과 같은 사실로 더욱 뚜렷해집니다. 하나님을 진정 사랑할 때는 무한하게 높으신 분으로 사랑합니다. 하나님을 향한 참다운 사랑은 하나님과 자기가 동등하다고 여기지 않습니다. 진정 하나님을 사랑하는 사람은 누구나 하나님을 그분에 합당하게 높여드립니다. 모든 만물 위에 무한히 뛰어나시고 탁월하심을 인정합니다. 그 사랑은 완전하시고 최고의 주主시며 우주의 절대 주권자이신 하나님을 향한 사랑입니다. 우리가 사랑하는 그분이 그렇게 우리보다 무한히 높으신 분이라면 그분 앞에 우리는 끝없이 낮음을 인정해야 합니다. 하나님 앞에서 우리는 무한히 미미함을 인정하지 않을 수 없습니다. 그런 방식으로 하나님을 향한 사랑이 우리에게서 우러납니다. 하나님을 이와 같이 사랑하는 이는 겸손함으로 하나님을 사랑합니다. 그래서 신적인 사랑은 '겸손'을 포함합니다.

(2) 겸손은 하나님을 향한 사랑의 속성이기도 하고 신적인 사랑의 열매이기도 합니다.

신적인 사랑은 본질에 있어서 겸손을 포함하지만, 여전히 사랑의 열매로 겸손을 내는 것이기도 합니다. 사랑의 결과와 열매로 겸손을 도출합니다. 겸손은 사랑의 본질 속에 함축되어 있을 뿐 아니라, 사랑의 열매이기도 합니다. 겸손은 사랑의 일부이면서 또한 사랑의 결실입니다. 특별히 두 가지 방면에서 그러합니다.

먼저, 사랑은 '사랑하는 대상에 비하여 자기가 미미하다는 의식에 합당한 행동'을 유발합니다. 하나님께서 사람에 비하여 무한하게 높으신 것을 인정하고 충분하게 인식하면서도 하나님을 사랑하지 못하는 것은 그분을 향한 적의敵意가 그 속에 있기 때문입니다. 사람은 자신이 사랑하는 사람의 영광을 위하여 기꺼운 마음을 가집니다. 그가 자기보다 훨씬 높다고 인정하기를 어려워하지 않습니다. 자기를 그 앞에서 낮추기를 바라고 그 일을 서슴지 않습니다. 실제로 사랑하는 사람이 자신에 비하여 훨씬 우월하면 그 모습은 더욱 현저하게 드러납니다. 귀신들은 자기들이 하나님보다 훨씬 못한 존재임을 잘 알고 있습니다. 그러나 하나님께서 자기들보다 더 위대하다는 지식에 부합한 행동을 하지 않습니다. 마귀의 주요 목적은 하나님과 동등되려 하는 것이기 때문입니다. 심지어 하나님보다 더 높아지려고 합니다. 하나님을 사랑하지 않기 때문입니다. 사람에게서도 어느 정도 그러한 성향이 드러납니다. 하나님께 마땅하게 드려야 할 사랑을 품고 있지 않을 때 그러합니다. 그러나 사랑이 그 마음에 들어오면 겸손하게 처신하고 싶어집니다. 하나님을 사랑하는 그 사랑에서 사람들에게 겸손하게 행하려는 경향이 나타납니다. 그래서 이웃의 훌륭함을 보면 그들이 응당 받아야 할 합당한 존경과 영예를 주며, 인격을 높여주고 싶어하는 것입니다.

(3) 하나님을 향한 사랑에서 모든 죄를 미워하는 혐오감이 일어납니다.

죄에 대한 혐오감 때문에 하나님 앞에서 겸손하게 됩니다. 어느 누구를 사랑하든지 사랑하는 만큼 그를 대적하는 일을 삼가려 하지요. 그러므로 하나님을 사랑하는 정도에 비례하여 하나님을 대적하는 죄를 미워하는 마음이 생깁니다. 죄악을 미워하니 자신이 죄를 지으면 자신이 미워집니다. 그렇게 하나님 앞에 자신을 낮추는 겸손함을 갖게 됩니다.

(4) 복음을 사랑하면 복음에 합당하게 실천합니다.

그리스도인의 정신과 복음의 정신은 같습니다. 기독교 계시啓示의 인도를 받는 것이 그리스도인의 정신입니다. 기독교의 계시는 곧 복음입니다. 복음이 유도하는 사랑의 행사 속에는 특별한 방식의 겸손이 들어 있습니다. 그 이치를 다음과 같은 요점들에서 발견합니다.

첫째로, 복음은 '하나님을 무한히 높여 드리는 사랑'으로 유도합니다. 복음은 세상에 있는 무엇보다 하나님을 지극히 높입니다. 기독교의 계시만큼 하나님을 높여 드리는 것이 없습니다. 그의 높으심을 기독교 계시로써 나타내셨습니다. 다른 어떤 것도 따라 갈 수 없습니다. 복음은 하늘과 땅에 있는 모든 것을 향해 하나님께서 얼마나 자세를 낮추셨는지를 가르칩니다. 사랑하는 독생자를 보내시어 우리를 위해 죽게 하시고 우리로 죄 용서를 받게 하셨습니다. 우리를 높이시어 영광을 받게 하시고 하나님 당신 자신과 교제하게 하셨습니다. 그렇게 하나님께서는 우리를 위하여 겸손한 자세로 자신을 낮추셨습니다. 계시의 인도를 따라서 우리를 위하여 그렇게 낮아지신 하나님을 사랑하게 됩니다. 그리고 그것은 우리를 무한히 겸손하신 하나님을 사랑하는 것에 합당한 사랑의 실천으로 나아가게 합니다. 결과적으로 그러한 사랑의 행위들은 겸손한 행위임에 틀림없습니다. 우리의 겸손만큼 조물

주의 겸손하심에 상응하는 적합한 성향이 없기 때문입니다.

물론 하나님의 겸손이 일차적으로 마땅한 의무는 아니었습니다. 이미 말씀드린 이유들로 인하여 겸손은 자기가 얼마나 미미한 지를 아는 존재에게서만 나타나는 덕행이어야 하기 때문입니다. 그러나 하나님께서는 무한히 겸손하시어 자신의 본성이 교만과는 거리가 멀다는 것을 보여 주셨습니다. 그래서 하나님의 낮아지심이 때로 겸손이라는 말로 표현되는 것입니다. 하나님의 낮아지심에 대한 가장 합당한 반응은 우리들도 겸손해지는 것입니다. 이와 같이 그의 낮아지심은 우리의 겸손을 유도합니다.

둘째로, 복음은 우리로 하여금 '그리스도를 겸손한 분' 으로 알고 사랑하도록 유도합니다. 그리스도께서는 사람이시며 하나님이십니다. 신성神性과 인성人性을 함께 가지고 계십니다. 그분은 낮아지셨습니다. 신적인 완전하심으로 겸손하신 분이십니다. 복음은 창조주로서 그분의 탁월하심을 말합니다. 그리스도를 마음이 온유하고 겸손하신 분으로 나타냅니다. 그리스도는 존재했던 모든 이들 중에서 가장 완벽하고 탁월하신 분이심을 말하고 있습니다.

자신을 낮추심으로 가장 위대하고 훌륭하게 겸손을 표현한 분이심을 복음은 말합니다.

"근본 하나님의 본체시나 하나님과 동등됨을 취할 것으로 여기지 아니하시고 오히려 자기를 비워 종의 형체를 가지사 사람들과 같이 되셨고 사람의 모양으로 나타나사 자기를 낮추시고 죽기까지 복종하셨으니 곧 십자가에 죽으심이라."(빌 2:6-8)

복음은 그리스도를 겸손하신 분으로 사랑하게 인도합니다. 그분에 적합하게 사랑한다 함은 겸손한 사랑을 행하는 것을 의미합니다. 이것은 더욱 절실합니다. 복음은 우리를 인도하여 그리스도를 사랑하되 겸손한 분으로 사랑하게 할 뿐 아니라 겸손하신 구주요 주님이시요 머리되시는 분으로 알고 사랑하게 하기 때문입니다.

만일 그리스도께서 겸손하시다면, 그분의 제자요 종들인 우리 믿는 이들이 겸손해야함은 마땅합니다. 제자가 선생보다 높아지고 종이 상전보다 거만하면 정말 합당치 않습니다. 그리스도께서 친히 우리들에게 말씀하신 것과 같습니다.

"제자가 그 선생보다 또는 종이 그 상전보다 높지 못하나니 제자가 그 선생 같고 종이 그 상전 같으면 족하도다."(마 10:24,25)

그리고 우리에게 주님께서 친히 본을 보이셨습니다. 우리로 본받게 하려 하심이었습니다(요 13:13-16).

"이방인의 집권자들이 그들을 임의로 주관하고 그 고관들이 그들에게 권세를 부리는 줄을 너희가 알거니와 너희 중에는 그렇지 않아야 하나니 너희 중에 누구든지 크고자 하는 자는 너희를 섬기는 자가 되고 너희 중에 누구든지 으뜸이 되고자 하는 자는 너희의 종이 되어야 하리라 인자가 온 것은 섬김을 받으려 함이 아니라 도리어 섬기려 하고 자기 목숨을 많은 사람의 대속 물로 주려 함이니라."(마 20:25-28)

셋째로, 복음은 우리로 하여금 '그리스도를 십자가에 못 박히신 구주로 사랑하게' 인도합니다. 그리스도께서는 우리의 구주로서 가장 큰 고통을 당하셨습니다. 가장 잔인한 죽음을 경험하셨습니다. 영광의 주主시라도 그리하셨습니다. 이것은 당신을 따르는 제자들에게 겸손의 모범입니다. 이것은 그리스도를 따르는 자들이 겸손한 사랑으로 그리스도를 사랑하게 유도합니다. 하나님께서는 독생자를 이 땅에 보내시어 고난 받고 가장 잔인한 고통의 죽음을 당하게 하셨습니다. 그리하여 사람들이 자랑하는 지상의 모든 영광을 경멸하셨습니다. 선택하신 백성들의 주主요 머리가 되시는 그리스도께서 세상의 영광과는 거리가 먼 처지에 계심을 나타내셨습니다. 그리스도께서는 세상에서 가장 고뇌스럽고 수치스러운 처지에 처하셨습니다. 기꺼이 자신을 낮추시고 고난을 받아 세상의 영광을 경멸하심으로 겸손을 가장 분명한 방식으로 보여주셨습니다. 온유하고 마음이 겸손하셔서 십자가에 못 박히신 예수님의 제자들이라 자처한다면, 우리는 하나님 앞에서 겸손히 행할 것이며, 이 세상에 사는 동안 만나는 모든 이들 앞에서 겸손할 것입니다.

넷째로, 복음은 우리를 '겸손한 사랑의 실천'으로 인도합니다. 왜냐하면 복음이 '그리스도를 사랑하되 우리를 위하여 십자가에 못 박히신 분으로 알고 사랑하도록' 우리를 인도하기 때문입니다. 그리스도께서 십자가에 못 박혔다는 단순한 사실은 우리가 겸손해야 할 충분한 이유가 됩니다. 그러나 그리스도께서 '우리를 위하여' 십자가에 못 박히셨다는 것은 겸손한 사랑의 실천에 있어서 더욱 강한 이유가 됩니다. 그리스도께서 우리를 위하여 십자가에 못 박히셨다는 것은 우리의 죄에 대한 하나님의 적개심을 보여주는 가장 큰 증거입니다. 복음은 하나님께서 인도하시고 허용하신 어떤 일이나 사건보다도 우리의 죄악을 더욱 미워하셨음을 보여줍니다.

하나님께서 우리의 죄악을 미워하시는 정도는 우리의 죄악을 무섭게 징벌하셨다는 것을 보고 알 수 있습니다. 그의 아들이 그 모든 것을 담당하셨습니다. 우리 주님이 우리를 십자가에서 담당하셨다는 것은 우리들이 겸손해야 하는 가장 큰 이유입니다. 이는 표현할 수 있는 것 중에서 가장 큰 것입니다. 두 가지 사실을 감안 할 때 그렇습니다. 하나는 우리가 겸손할 수밖에 없는 비열한 존재들임을 십자가에서 가장 크게 나타내셨다는 사실입니다. 또한 복음이 우리에게 요구하는 겸손한 사랑의 정신에 대하여 가장 강력한 이유가 되기 때문입니다.

이러한 두 가지 요점을 생각할 때 십자가는 우리가 겸손해야 할 가장 큰 이유입니다. 그리스도의 탁월하신 사랑은 우리들을 위하여 십자가에 못 박히시기까지 자신을 복종시킨 것에서 더욱 분명해집니다. 그분이 행하신 어떤 일보다 십자가를 지심으로 그 사랑의 탁월함이 더욱 분명히 나타났습니다. 이러한 것을 종합하여 생각하면, 복음은 무엇보다 우리 편에서 겸손한 사랑의 실천을 요구하고 유도하는 경향을 가집니다.

이제 우리는 이 주제를 적용하는 수고를 해야 하겠습니다.

3. 적용

(1) 그리스도인의 정신의 탁월성

잠언에 "의인은 그 이웃의 인도자가 되나"(잠 12:26)라는 말씀이 있습니다. 참된 그리스도인의 탁월함 중 많은 것이 온유하고 낮아지는 정신에 내포되어 있습니다. 그 정신이 그리스도인으로 하여금 구주를 닮게 합니다. 사도는 이 정신을 모든 아름다움 중에서 가장 보배롭다고 합니다.

"오직 마음에 숨은 사람을 온유하고 안정한 심령의 썩지 아니할 것으로 하라 이는 하나님 앞에 값진 것이니라."(벧전 3:4)

(2) 겸손에 대한 자기 검증

이 주제는 우리 자신이 정말 겸손한 심령을 가졌는지 시험하게 합니다.

"그의 마음은 교만하며 그 속에서 정직하지 못하나."(합 2:4)

"하나님이 교만한 자를 물리치시고."(약 4:6)

이 말씀의 원어를 직역하면 '하나님을 향하여 대적하는 자를 물리치신다'는 것입니다. 이 말씀은 하나님께서 교만한 심령을 얼마나 미워하시는지를 보여줍니다.

복음의 시금석들을 지켜낸다고 해서 겸손이 함축하는 모든 것을 나타내는 것이 아닙니다. 실상을 속에 감추고 겉으로 겸손한 척하는 모조적인 겸손이 있습니다. 어떤 이들은 감정에 들뜬 겸손을 옷 입습니다. 어떤 사람들은 천성적으로 낮은 마음의 바탕을 지니고 있습니다. 남자다운 기질이 없는 사람들이 있습니다. 어떤 사람들은 우울하고 내성적입니다. 어떤 사람들은 양심의 가책을 받고는 침체되어 있기도 합니다. 그들은 심령이 상하여 고통을 당합니다. 어떤 사람들은 곤란을 당하였을 때 자세를 낮추는 것 같이 보입니다. 일반적인 진리의 조명照明을 받고 마음이 녹는 사람들도 있습니다. 사단의 기만으로 인하여 겸손한 체 가장하는 사람들이 있습니다. 이 모든 것들은 참된 겸손으로 착각할 수 있습니다.

여러분 자신을 점검하십시오. 겸손의 본질이 무엇인가 확인하고, 일종의 피상적인 것은 아닌지 마음에 있는 하나님의 성령의 역사인지 가늠해 보아야 합니다. 복음이 말하는 겸손한 사람들의 행실과 정신이 여러분에게 있다는 것을 발견하기 전에는 안전하다고 만족하지 말아야 합니다.

(3) 그리스도 밖에 있는 외인에 대한 권면

이 주제는 하나님의 은혜 밖에 있는 이들에게도 그 은혜를 추구하라고 권면합니다. 그리고 그들도 겸손한 마음을 얻기를 간절하게 구하라고 권면합니다.

만일 여러분에게 겸손의 진정한 성품이 없다면 그리스도인다운 정신이 모자라다는 말입니다. 그리스도인의 심령은 은혜의 심령입니다. 그런데 이것이 여러분의 마음 상태가 아니라면 전적으로 겸손이 부족한 탓입니다. 여러분의 심령은 교만합니다. 여러분의 심령이 교만함을 나타내지 않는 것 같아도 하나님을 향하여는 대적하고 있는 것입니다. 여러분의 마음과 삶을 하나님께 복종시키기를 싫어합니다. 여러분은 이렇게 하나님의 주권을 격하시키고 그 주권을 존중하지 않습니다. 하나님께서 이런 자들에게 엄하게 경고를 하심에도 불구하고 감히 조물주와 감히 다투고 있습니다. 여러분은 하나님의 권위를 경멸하며 복종하기를 싫어하고 불순종하며 살아갑니다. 하나님의 뜻에 따르기를 거절합니다. 그리스도를 통한 구원의 방식과 겸손해야 하는 처지에 맞지 않게 행합니다. 그것은 자신의 힘과 자기 의義를 의지하고 그리스도께서 값없이 베풀어주신 것을 배반하는 행위입니다.

이것은 특별한 의미에서 귀신들이 저지르는 죄악이라는 것을 생각하여 보시기 바랍니다.

"새로 입교한 자도 말지니 교만하여져서 마귀를 정죄하는 그 정죄에 빠질까 함이요."(딤전 3:6)

그 심령이 하나님께서 보실 때 얼마나 괴이하고 혐오스러울까를 생각하시기 바랍니다. 하나님이 그 심령을 얼마나 무섭게 꾸짖고 위협하고 계시는지 생각하여 보시기 바랍니다.

"무릇 마음이 교만한 자를 여호와께서 미워하시나니 피차 손을 잡을지라도 벌을 면치 못하리라."(잠 16:5)

"여호와의 미워하시는 것 곧 그 마음에 싫어하시는 것이 예닐곱 가지이니 곧 교만한 눈과."(잠 6:16,17)

"사람이 교만하면 낮아지게 되겠고."(잠 29:23)

"주께서 곤고한 백성은 구원하시고 교만한 자를 살피사 낮추시리이다."(삼하 22:28)

이사야를 통하여는 이러한 말씀을 하셨습니다.

"만군의 여호와께서 그것을 정하신 것이라 모든 누리던 영화를 욕되게 하

시며 세상의 모든 교만하던 자가 멸시를 받게 하려 하심이라."(사 23:9)

고라, 하만과 벨사살, 헤롯과 같은 사람들은 마음의 교만으로 인하여 무섭게 징벌을 당하였습니다. 그들은 마음의 교만과 행실의 교만을 나타낸 사람들입니다. '그들의 실례實禮를 보고 겸손한 마음을 가지라. 하나님 앞에서 겸손하게 행하고 사람들 앞에서도 겸손하게 행하라' 는 권면을 성경은 하고 있습니다.

(4) 열심을 다해 겸손할 것을 권면

모든 사람들은 '겸손한 마음을 가지기 위하여 열심을 다하여 구하며 하나님과 사람들을 향하여 모든 행실에 있어서 겸손하기를 힘쓰라' 는 권면을 받고 있습니다. 하나님과 사람 앞에서 자신이 작다는 것을 깊이 인식하기 위하여 힘써야 합니다. 하나님을 아십시오. 하나님 앞에서는 아무것도 아니며, 사막의 먼지에 불과하다는 것을 인정하십시오. 자신을 의뢰하지 마십시오. 하나님만을 의지하십시오. 하나님을 제외하고는 어떠한 영광도 나오지 않는다는 것을 아십시오. 마음을 다하여 하나님의 뜻과 그를 섬기는 일에 자신을 드리십시오. 건방지고 야욕이 넘치고 거만하고 무례하고 고집스럽고 의도적으로 차등을 두어 행동하고 자신을 내세우는 행실을 피하시기를 바랍니다. 그리스도께서 이 땅에 계실 동안에 나타내신 겸손한 심령을 가지려고 더욱더 노력하십시오. 그러한 심령을 위하여 필요한 많은 동기動機를 생각하여 보십시다. 겸손은 모든 참된 경건에 있어서 가장 진수가 되고 뛰어난 요소입니다. 그것은 모든 은혜에 함축되어 있습니다. 특별히 그리스도인의 감정은 순결하게 하는 경향이 있습니다. 그것은 심령의 아름다운 장식입니다. 그리스도인이 체험으로 얻는 가장 영광스러운 열매의 원천이기도 합니다. 겸손은 우리가 하나님께 드릴 수 있고, 그분이 흠향歆饗할만한 정말 아름다운 제물입니다. 하나님의 약속 중에서 가장 부요한 것을 약속하는 조항이기도 합니다. 이 땅에서 그러한 마음으로 살아가는 심령은 하늘에서 영광의 면류관을 받을 것입니다. 겸손한 심령을 부지런히 추구하고 구하십시오. 그것을 위하여 기도하십시오. 그리하면 하나님께서 이 땅에 여러분이 사는 날 동안에도 여러분과 동행하실 것입니다. 몇 날이 지나면 하나님께서는 그리스도의 우편에 있는 그의 백성들에게 수여한 영광으로 여러분을 받으실 것입니다.

사랑은 자기의 유익을 구하지 아니하며

고린도전서 13장 5절

CHAPTER 8

사랑은 자기의 유익을 구하지 아니하며

The Spirit Of Charity The Opposite Of A Selfish Spirit

우리는 사랑의 본질에 관한 것을 생각할 때, 사랑이 다른 이들의 유익에 관하여 주로 어떤 성향을 나타내는지를 알아보았습니다.

주로 두 측면에서 생각하여 보았습니다.

첫째로, 사랑하는 사람은 다른 사람에게 자비로우며 온유합니다. 다른 이들이 누리고 있는 복락을 보고 시기하지 않습니다.

둘째로, 사랑은 교만하지 않습니다. 심령으로나 행실로나 거만하지 않습니다.

이제 우리는 또 다른 요점으로 나아가 보겠습니다. 사랑은 '자기의 유익을 구치 아니한다'는 것입니다.

이 말씀의 교리는 명백합니다.

'그리스도인의 사랑은 이기심의 정반대다.'

타락으로 인하여 인간 영혼은 본래 가지고 있던 고상하고 자비로운 원리를 상실했습니다. 자기 사랑self-love이 권세를 가지고 다스리는 데로 떨어지고 말았습니다. 하나님께서 사람을 창조하셨을 때 인간은 고결하고 고상하였으며 관대하였습니다. 그러나 지금은 비열하며 무식하고 자기 밖에는 모르는 존재가 되고 말았습니다. 타락으로 인하여 사람의 생각은 본래 가졌던 그 위대함과 광활함에서 벗어나 지나치게 작고 인색해졌습니다. 다른 방면에서도 그렇지만 이 방면에서는 더합니다. 그전에 인간의 영혼은 신적인 사랑의 통제를 받았습니다. 인간의 영혼은 자기와 동료 피조물들이 잘되는 것에 관대했습니다. 뿐만 아니라 조물주에 대해 신적인 거룩한 사랑으로까지 발전했습니다. 그리하여 선善의 무한한 대양大洋으로 뻗어 나갔습니다. 그것에 사로잡혔습니다. 인간의 영혼은 하나님을 사랑하는 거룩한 사랑과 하나가 되었습니다.

그러했던 사람이 하나님께 범죄함으로써 고상한 원리들은 즉시 상실되고, 인간 영혼의 탁월한 부분들은 사라졌습니다. 그 이후 인간의 영혼은 점차 작은 공간으로 줄어들었던 것입니다. 결국 자신의 영혼만을 아는 작은 공간에 갇혀서 칩거蟄居하게 되었습니다. 죄는 강력한 혈액 응고제와 같이 사람의 영혼을 자기중심이라는 매우 좁은 차원으로 오므라들게 하였던 것입니다. 하나님과 동료를 생각지 않고 자기 속으로만 젖어 들었습니다. 좁고 협소한 자기중심적인 원리와 감정으로 줄어들었습니다. 자기 사랑이 그의 영혼에 절대적 상전上典이 되어 버렸습니다. 보다 고상한 영적인 원리들은 날개를 치며 멀리 사라졌습니다.

그러나 하나님은 비극적인 상태의 사람에게 긍휼을 가지고 구속救贖의 역사役事에 착수하셨습니다. 아들의 영광스러운 복음으로 인간 영혼을 좁고 협착한 궁지에서 끌어내시는 일을 시작하셨습니다. 범죄 이전에 사람이 소유하고 자기를 지배하게 하였던 바로 그 고상한 신적 원리들을 되찾아 주시는 일을 시작하신 것입니다. 하나님께서 그리스도의 십자가를 통하여 이 일들을 하십니다. 그리스도와 우리의 연합은 우리로 그분의 성품에 참여하게 함입니다. 기독교는 탁월하고 광범위한 성품을 되찾아 주고, 인간 영혼으로 다시 자유하게 하여 본문에 있는 대로의 거룩한 신적 사랑을 회복하게 하려는 목적을 갖고 있습니다. 그런 경로를 통하여 영혼은 다시 동료들을 포용합니다. 조물주 안에서 다시 헌신하고 그분께 사로잡히게 됩니다.

그러니 그리스도인의 정신의 요약인 사랑은 신의 성품의 영광스러운 충만에 참여하게 하는 것입니다. 사랑은 자기의 유익을 구하지 않습니다. 그렇게 하여 하나님의 성품에 참여합니다. 사랑은 자기중심적인 것과는 반대입니다.

저는 이러한 것을 다룸에 있어서,

첫째로, 사랑의 반대가 되는 이기심의 정체를 보여 드리겠습니다.

둘째로, 어떻게 사랑이 이기심과 반대가 되는지 그 실상을 보여 드리려 합니다.

셋째로, 앞에서 전제한 교리를 뒷받침하는 증거를 말씀드리겠습니다.

1. 이기심의 본질

(1) 진정한 의미의 자기 사랑을 반대하지 않는 사랑의 정신

'소극적으로 말하여 그리스도인의 참 사랑은 참된 의미의 사랑을 반대하지 않습니다.'

사람이 자기 자신을 사랑하는 것은 기독교 사랑의 정신에 어긋나는 것이 아닙니다. 자신의 행복을 생각하며 사랑하는 것이 반드시 기독교 정신과 어긋나는 것도 아닙니다. 만일 기독교가 실로 자기 사랑이나 자신의 행복을 생각하지 못하게 한다면, 그것은 인간성 자체를 파괴할 경향이 있는 셈입니다. 복음은 땅에 평화를 주고 인간을 향하여는 선의善意를 도모하는 체계입니다(눅 2:14). 이러한 선언 자체가 복음이 인간성을 파괴하는 것이 아니라 인간의 정신을 최고도로 높이고자 도모하는 것임을 보여줍니다. 사람이 자기의 행복을 사랑하여 걱정하는 것은 의지의 기능만큼 인간 본성에 필수적입니다. 성도들은 자신의 행복을 사랑합니다. 완전한 행복을 소유한 자는 하늘에 있는 천사들과 성도들입니다. 그들은 자신의 행복을 사랑하는 존재들입니다. 그렇지 않으면 하나님께서 그들에게 주신 복락이 행복이 될 수가 없습니다. 누구도 자기가 사랑하지 않는 것 속에서 행복을 누릴 수 없습니다.

우리 자신을 사랑하는 것이 합법이 아니라면, 다른 사람들을 사랑하라는 하나님의 율법의 원리와 기준이 바로 자기를 사랑하는 것이라는 사실과 대치됩니다. 그리스도께서는 "네 이웃을 네 자신과 같이 사랑하라"(마 19:19) 하셨습니다. 주님께서는 우리가 자신을 사랑해야 함을 분명히 전제하고 계십니다. 주님께서는 "네 이웃을 네 자신보다 더 사랑하라" 말씀하지 않으시고 "네 자신을 사랑하는 만큼 사랑하라"고 말씀하십니다. 우리는 하나님 다음으로 이웃을 사랑하라는 계명을 받았습니다. 그러므로 그 계명은 우리가 하나님께 드릴 수 있는 사랑 다음으로 자신을 사랑해야 함을 보여주고 있습니다.

다음의 사실에서 그 점이 확실하게 드러납니다. 성경은 처음부터 끝까지 '자신을 사랑하는 원리'를 촉진하는 동기動機들로 가득합니다. 하나님의 약속과 경고가 우리의 유익을 위하여 주어졌습니다. 우리가 불행해지지 않게 하시려고 당부하신 말씀입니다. 그런 말씀이 우리에게 소망을 주거나 경이로움을 주지 못한다면 우리에게 아무 영향이 없습니다. 행복에 대한 약속이나 비참에 대한 경고가 주어진 이유가 어디 있습니까? 그것이 우리에게 유익을 주지 못하거나, 불행에 빠질까 두려워하는 마음을 갖지 못하게 한다면 말입니다. 무슨 이유로 하나님께서 우리 자신의 유익을 구하게 하시고 비참해지지 않게 권면하시는 것입니까? 그러니 소극적인 입장에서 말하여, 그리스도인의 참된 사랑은 '자기를 사랑하는 모든 사랑'을 다 반대하지는 않습니다.

(2) 정도를 벗어난 자기 사랑

'단정적으로 말해 사랑은 정도를 벗어난 지나친 자기 사랑만은 반대합니다.' 그러면 당연히 이런 질문이 나오기 마련입니다. '지나친 자기 사랑'이란 무엇인가? 이 점은 분명하게 정립이 되야 할 문제입니다. 왜냐하면 그 점이 정돈되어야 사람들이 흔하게 양심적으로 거리끼는 일이나 의문들을 물리칠 수 있습니다.

첫째로, 지나친 자기 사랑은 '정도의 지나침'을 의미합니다. 자신의 행복을 사랑하는 것을 가리켜 '과도한 자기 사랑'이라고 말하지는 않습니다. 만일 우리가 사랑을 절대적인 면에서만 생각하고 상대적인 면에서 생각지 않는다면, 어떤 사람에 대하여도 "그 사람 자기 사랑이 과도하다"고 말할 수 없습니다. 그 자기 사랑이 증가될 수도 있고 약화될 수도 있다고 말하는 것도 합당하지 않습니다. 절대적인 의미로 자기 사랑을 말한다면 그 사랑이 타락의 결과가 아니라 필연적이라고 저는 이해하기 때문입니다. 자기 사랑은 모든 이성이 있는 존재들의 본성에 속합니다. 성도나 죄인이나 모든 사람들은 자신이 행복해지기를 좋아합니다.

모든 지성적인 존재들은 자신의 행복을 바라고 추구하려는 성향이 있습니다. 그래서 부단히 노력을 합니다. 사람이 죄를 회개하고 거룩해진다고 해서 그 변화가 자기 행복에 대한 사랑을 하찮게 생각하게 만들지는 않습니다. 오히려 자신을 사랑하고 그 사랑의 영향을 받는 변화를 가져옵니다. 그 변화의 과정은 자기 사랑을 목적으로 유도되고 있습니다. 천국의 영혼들이 지옥에 있는 비참한 영혼들만큼 자기의 행복을 사랑하지 않는다고 말할 수 있는 사람이 누구입니까? 만일 자기의 행복을 사랑하는 것이 거룩하여짐에 따라 감소된다면, 성화는 행복 자체를 감소시키는 것이 될 것입니다. 어떤 사람이든지 행복을 사랑하는 것이 적을수록, 행복을 위해 하는 수고도 적을 것입니다. 그럴수록 행복은 감소되는 결과를 초래할 것입니다.

하나님께서 한 영혼을 비참한 상태와 조건에서 건져내어 중생重生을 통하여 행복한 상태로 인도하실 때에, 그 사람이 전에 갖지 못하였던 행복도 함께 주십니다. 하나님께서는 중생과 동시에 자기 행복을 사랑하는 것까지 없애시는 분이 아닙니다. 그러므로 한 성도가 은혜 안에서 자라나게 될 때에, 그는 그 전보다 더욱 행복하게 될 것입니다. 그러나 행복을 사랑하고 맛 들이는 일도 행복 자체가 자라는 것만큼 자라지는 않습니다. 왜냐하면 이 면에는 행복이 증가하지만 또 다른 방식에서는 그의 행복은 감소될 것이기 때문입니다. 그러나 하나님께서 비참한 영혼을 복되게 하시는 모든 경우 행복한 영혼은 더욱 행복하게 될 것입니다. 그는 전에 가지고 있던 자기 사랑을 소유하고 있습니다. 의심할 여지없이 성도들이 자신의 행복을 사랑하는 사랑은 악인들이 자신을 사랑하는 것과 같은 분량입니다. 그러므로 만일 우리가 자신과 자신의 행복에 대한 사랑을 절대적으로 생각한다면, 자신을 지나치게 사랑한다는 개념은 애초부터 생각할 수 없습니다. 왜냐하면 자기를 사랑하는 것이 모든 경우에 동일하기 때문입니다. 그러나 저는 다음과 같은 논리를 말씀드리겠습니다.

둘째로, 과도한 사랑은 '부패한 자기 사랑'에서 나옵니다. 그것은 두 가지 요소가 있습니다. '상대적으로 너무 지나치게 되는' 경우요, 그 다음은 그것이 '자신에게만 국한되는' 경우입니다.

먼저 자신을 사랑하는 정도나 그 영향에 있어서 비교적 지나친 경우가 있을 수 있습니다. 자신의 행복을 사랑하는 정도를 절대적으로 취급하여 모든 사람들의 경우가 동일하다 할지라도 자신을 사랑하는 사랑과 다른 사람들을 향한 사랑이 같을 수는 없습니다. 만일 사람마다 자기 사랑과 이웃을 향한 사랑의 정도를 비교하면, 그는 자신을 너무 지나치게 사랑한다고 말할 수 있습니다. 그리고 이것이 타인에 대한 사랑의 결핍으로 된 일이라도 자기 사랑의 정도가 지나침으로 그 자체가 지나치게 됩니다. 곧 자신을 사랑하는 사랑이 타인에게 끼치는 영향력이나 지배하는 측면에서 지나친 경우입니다. 자신에 대한 사랑과 이웃에 대한 사랑을 공유한다면 그것은 지나친 것이 아닙니다. 그러나 비율이 높아지면 사람을 주관하는 영향력이 더 커질 수 있습니다. 하나님과 타인에 대한 사랑이 부족하고 연약하면 영향력을 제어하고 견제해야 하는 자기 사랑의 세력이 더 커질 수 있습니다.

이것을 예증하기 위하여 어느 가정의 종從의 경우를 생각해 봅시다. 그는 전에 종의 위치에 제한되어 있었고, 상전의 영향력이 자기보다 클 동안에는 가정사家庭事에 과도한 영향력을 행사하지 않았습니다. 그런데 세월이 지나서 상전이 갈수록 힘이 쇠약해지고 다른 권속들도 힘을 잃어갔습니다. 이때 그 종의 세력이 전혀 증가하지 않았는데도 그 힘의 비율은 증가할 수 있습니다. 그런 경우 종의 영향력이 과도해지고, 복종하는 종의 입장을 지키지 않으며 도리어 그 집에서 주인 노릇을 할 수 있습니다. 그러면서 자기 사랑이 정도를 벗어나게 됩니다.

인간이 타락하기 전에 자신을 사랑하였습니다. 타락한 후에도 자신의 행복을 사랑하는 마음이 똑같습니다. 그러나 타락한 다음에는 사랑의 우월한 원리가 힘을 잃었습니다. 자신을 사랑하는 힘의 정도나 세력은 전과 같습니다. 그러나 타락 전에는 자기 사랑을 규제하는 힘이 있었으나 이제는 다릅니다. 자기 사랑을 규제하는 힘이 타락 이전과 전혀 다릅니다. 그래서 자기 사랑이 지나친 영향력을 행사하게 된 것입니다. 자기 사랑이 복종의 자리에 있지 않고 상전의 자리를 차지하고 주인 노릇을 하게 된 것입니다. 이렇게 자신을 사랑하는 사랑이 그 영향력을 행사하는 면에서 지나치게 될 수 있습니다. 하나님을 사랑하는 사랑이나 이웃을 사랑하는 사랑이 너무 작아지게 되면서 자기 사랑의 비율이 높아져서 생긴 일입니다.

아직도 부패의 잔재가 남아 있는 세상에 있는 성도나, 하나님과 이웃을 향한 거룩한 사랑이 전혀 없는 이들의 경우나 이 점에서 매한가지입니다. 자신을 사랑하는 정도가 지나치다는 것은 절대적인 차원이 아니라, 영향력의 정도에 따라서 상대적으로 생각할 문제입니다. 어떤 측면에서 악인들은 자신을 충분하게 사랑하지 않습니다. 경건한 사람들의 경우에는 그렇지가 않습니다. 악인들은 자신이 잘되고 행복하게 되는 방식을 사랑하지 않습니다. 이러한 의미에서 악인들은 자신을 사랑하지 않고 미워한다고 말할 수 있습니다. 그러면서 한편으로 그들은 자신을 지나치게 사랑합니다.

또 우리가 생각할 것은 자신을 사랑하고 행복을 추구할 때 '행복을 자신에게만 국한시켜' 과도해질 수 있다는 것입니다. 이 경우 실수는 자기를 사랑하는 정도에 있다기보다는 자기 사랑이 흐르는 통로에 있습니다. 자기의 행복을 사랑하는 정도에 문제가 있다기보다는 자기의 행복을 적합한 자리에 놓지 못하는 데 있습니다. 사랑을 제한하고 국한시키면서 잘못됩니다. 어떤 이들은 자신의 행복을 사랑하면서도 자기에게만 유익한 범위 안에 놓지 않습니다. 자기에게 해당되는 선善 안에서만 행복을 추구하지 않습니다. 도리어 모든 이들이 공유하는 선善 안에서 자기의 행복을 추구합니다. 그 선은 다른 이들에게도 선이 되고, 당연히 다른 이들도 함께 누립니다. 사람이 이런 경로를 통하여 자기의 행복을 추구하면 '이기적'利己的이라 하지 않습니다. 오히려 정반대로 여깁니다.

그러나 자신을 사랑하고 행복을 추구하되 자신의 영역에만 국한시키는 사람들이 있습니다. 그런 이들은 다른 사람의 유익은 전혀 생각하지 않습니다. 그것이 바로 '이기적인 사랑'입니다. 이는 성경이 정죄하는 가장 노골적인 이기주의적 사랑의 분명한 실례입니다. "사랑은 자기의 유익을 구하지 않는다"고 할 때는, 자신의 유익만을 구하지 않음을 가리키는 것으로 이해해야 합니다.

'자기의'라는 표현은 아주 독특한 설명을 담고 있는 어구인데, 그것은 자신에게만 제한한다는 개념을 잘 전달하는 표현입니다. 빌립보서 2:21에 "다 자기 일을 구하고"라는 말씀이 "자신의 유익만 생각한다"는 개념을 전달하는 것과 같습니다. 이 부분은 다른 사람들과 공유하지 않고 독차지할 유익에만 관심이 있음을 전달하는 표현입니다. 다른 사람들은 안중에도 없고 오직 자신의 유익만 생각합니다. 디모데후서 3:2 말씀이 그 이해를 돕습니다.

"사람들이 자기를 사랑하며."

이 어구는 자기만을 생각하는 뚜렷한 의미를 전달합니다. 다른 사람들은 안중에도 없습니다. 자신을 사랑하되 사랑할 수 있는 한 전부를 들여 사랑합니다. 자신의 행복에 관하여 매우 높은 정도로 실천하며 끊임없이 쉬지 않고 갈망합니다.

어떤 사람은 다른 이들과 똑같이 자신을 사랑하고, 아주 높은 수준으로 자신의 행복과 사랑을 추구하기도 합니다. 그러면서도 행복을 추구하는 행동 자체에서 하나님을 향한 강도 높은 사랑을 실천할 수 있게끔 자신의 행복을 관리합니다. 예를 들면 그가 갈망하는 행복이 하나님을 즐거워하거나 하나님의 영광을 보거나 하나님과의 교제를 늘 견지하는 것일 수 있다는 말입니다. 아니면 하나님을 영화롭게 하는데서 자기의 행복을 찾기도 합니다. 자신이 상상할 수 있는 한 하나님께 영광을 돌리는 것이 가장 큰 행복이라고 여기고 그것을 추구한다는 말입니다. 사람은 자기가 행복을 느끼는 것을 추구함으로 자기를 사랑합니다. 자신을 행복하게 한다고 믿는 것을 사랑하지 않으면 자기를 사랑하는 것이 아니기 때문입니다. 자기 행복을 사랑하는 것은 자신을 사랑하는 것입니다. 그 사랑 안에서 하나님을 사랑할 수 있습니다. 그는 하나님 안에 자신의 행복을 두는 사람이기 때문입니다. 우리의 행복을 하나님 안에 두는 것만큼 바른 사랑이 없습니다.

그와 같이 행복을 심사숙고하면 다른 이들의 유익을 위하는 일에서 행복을 찾을 수 있습니다. 다른 이들의 유익을 내포하는 행복을 원함으로 자신을 사랑하며 자기 행복을 누립니다. 이런 경우는 자신만을 위하는 이기주의가 아닙니다. 자기에게만 국한되지 않았기 때문입니다. 오히려 자신과 다른 사람들을 함께 생각함으로 말미암아 자기 사랑이 흘러나옵니다. 그의 사랑하는 마음이 확장되고 넓어져서 자신을 사랑하는 행동 자체에서도 다른 사람들을 사랑합니다.

이것이 바로 신적神的 사랑의 본질이며, 또한 기독교의 본질이기도 합니다. 본문이 그것을 말합니다. 그리스도인의 사랑의 정신은 자신의 입장과 자신에게 해당되는 것에만 과도한 관심을 기울이는 이기적인 정신과 반대입니다. 기독교의 사랑은 세상적인 부요에 있어서 이웃보다 더 높아지기를 바라는 것과 전혀 다릅니다. 세상적인 안일을 원하고 자신의 육신적인 기쁨과 정욕만을 추구하는 자기중심적인 사랑과는 비교할 수 없습니다. 지금까지 우리는 이기적인 정신이 그리스도인의 참다운 정신과는 반대임을 살펴 보았습니다.

2. 사랑과 이기심이 상충되는 방식

이 요점은 두 가지 측면에서 생각해 볼 수 있습니다.

그리스도인의 사랑의 정신은 자기 문제만을 추구하지 못하게 합니다. 적극적으로 다른 이들의 유익도 구하게 합니다. 많은 경우에 우리 것을 다른 사람들과 공유하고 싶게 합니다.

(1) 다른 이의 것도 생각하게 하는 사랑

사랑의 정신은 자신의 것만이 아니라 '다른 사람의 것도 생각하게' 유도합니다.

첫째로, 사랑은 '하나님을 기쁘시게 하고 영화롭게 할 것'을 간절히 구하게 합니다. 하나님과 그리스도를 기쁘시게 하는 일, 하나님의 영광을 위하는 일을 그리스도께 속한 것들이라고 부릅니다. 우리 자신에게 속한 것이 아닙니다. 빌립보서 2:21에서는 "다 자기 일을 구하고 그리스도 예수의 일은 구하지 아니한다"고 말합니다. 기독교는 하나님과 그리스도를 우리의 최상의 목표로 삼기를 요구합니다. 모든 그리스도인들은 그리스도인다운 삶을 살아 나가는 한에서는 '내가 사는 것이 그리스도'가 됩니다. 그리스도인은 하나님을 기쁘시게 해야 한다는 요구를 받고 있습니다.

"하나님의 선하시고 기뻐하시고 온전하신 뜻이 무엇인지 분별하도록 하라."(롬 12:2)

우리는 모든 일에 그리스도의 종으로 주님을 기쁘시게 하는 일을 추구해야 합니다.

"눈가림만 하여 사람을 기쁘게 하는 자처럼 하지 말고 그리스도의 종들처럼 마음으로 하나님의 뜻을 행하고 기쁜 마음으로 섬기기를 주께 하듯 하고 사람들에게 하듯 하지 말라."(엡 6:6,7)

또한 먹든지 마시든지 무엇을 하든지 하나님을 영화롭게 하라는 요구를 받습니다(고전 10:31). 분명히 이러한 정신은 자신만을 생각하는 것과는 정반대입니다.

둘째로, 사랑의 정신 곧, 그리스도인의 사랑을 가진 사람은 '자기 동료의 유익'을 구합니다.

"각각 자기 일을 돌아볼 뿐더러 또한 각각 다른 사람들의 일을 돌아보아 나의 기쁨을 충만하게 하라."(빌 2:4)

우리는 다른 이들의 영적인 유익을 구해야 합니다. 우리가 그리스도인의 사랑의 정신을 가졌다면, 다른 사람들의 영적인 복락과 행복과 지옥에서의 구원을 간절히 바라고 구하게 됩니다. 다른 이들이 하나님을 영원토록 영화롭게 하며 즐거워하기를 바라게 될 것입니다. 사랑의 정신은 다른 이들이 이 세상 일에도 잘되기를 바랍니다.

"누구든지 자기의 유익을 구하지 말고 남의 유익을 구하라."(고전 10:24)

우리는 또한 다른 사람들의 즐거움이나 유익을 구하여야 합니다. 그에 대하여 다시 말하고 있습니다.

"나와 같이 모든 일에 모든 사람을 기쁘게 하여 자신의 유익을 구하지 아니하고 많은 사람의 유익을 구하여 그들로 구원을 받게 하라."(고전 10:33)

다시 사도는 말합니다.

"우리 각 사람이 이웃을 기쁘게 하되 선을 이루고 덕을 세우도록 할지니라."(롬 15:2)

그러나 이 주제에서 보다 특별한 전제로 생각할 것이 있습니다. 그리스도인의 사랑의 정신은 우리의 동료를 시기하는 정신과 반대라는 점입니다. 그리스도인의 사랑의 정신은 '긍휼히 여기고 불쌍히 여기는 마음'이기 때문입니다. 사랑의 정신은 사람들로 하여금 자신의 어려움을 생각하는 데에만 머물지 않게 합니다. 다른 사람의 짐과 고통을 같이 감당하고픈 마음을 줍니다. 다른 사람들의 어려운 환경을 감안하여 생각하게 합니다. 궁핍과 긴급함을 요하는 사람들의 처지를 자기 문제처럼 생각합니다. 이기적인 사람들은 자신이 당하는 고통은 크게 생각하고 다른 이들의 고통은 생각지 않습니다. 자기는 다른 어떤 사람들이 당하는 고통보다 더 큰 고통을 당하고 있으니 자기가 가진 것 중에서 무엇인가를 다른 사람을 위하여 남겨 둘 필요가 전혀 없다고 생각합니다. 이기적인 사람은 다른 사람들의 궁핍에 대하여 하등의 관심을 갖지 않는 경향이 있습니다. 그들을 방관하고 당하는 고통을 알려고 애쓰지 않습니다. 그러나 사랑하는 마음을 가지고 있는 사람들은 다른 이들이 당하는 고난을 알려고 합니다. 다른 사람들이 처한 역경을 주목하고 그들에 관한 관심으로 가득합니다. 마치 자신이 고통을 당하는 것같이 여깁니다. 그래서 언제나 그들을 도울 용의가 있습니다. 그들의 필요를 공급하려는 마음으로 어려운 문제를 타개하려고 노력합니다. 그는 사도의 권면에 복종하기를 즐거워하게 됩니다.

"그러므로 너희는 하나님이 택하사 거룩하고 사랑 받는 자처럼 긍휼과 자비와 겸손과 온유와 오래 참음을 옷 입고."(골 3:12)

그런 사람은 '위로부터 오는 지혜'의 정신을 가지고 있습니다. 그것은 자비로 충만한 마음입니다. 그리고 시편 기자가 말하는 선한 사람과 같습니다.

"그는 종일토록 은혜를 베풀고 꾸어 주니."(시 37:26)

그는 긍휼이 가득한 사람입니다.

이와 같이 사랑의 마음이 불쌍히 여기는 마음이요 자비로운 마음이니, 다른 사람들을 향할 때 이기적인 정신과는 반대로 나타납니다. 사랑하는 마음은 '자유를 얻은 마음'이기 때문입니다. 그런 이는 고난 중에 있는 다른 사람의 유익을 구할 뿐 아니라, 기회가 주어지는 대로 모든 사람들에게 선을 행하려 합니다. 그 선한 것을 전달하기 위하여 "기회 있는 대로 모든 이에게 착한 일을 하라"(갈 6:10)는 권면을 잊지 않습니다.

제가 이 점에 대하여 더 길게 말씀드릴 필요가 없는 것은 "사랑은 온유하며"라는 말씀을 강론할 때 이미 말씀드렸기 때문입니다.

그리스도인의 사랑의 정신은 이기적인 마음과는 반대로써 이러저러한 일들에 긍휼과 값없이 베푸는 마음을 나타내는 것처럼, 사랑의 정신은 '편파적인 마음'을 갖지 않게 합니다. 의로운 정신을 가진 사람은 좁고 사사로운 마음을 갖지 않습니다. 그는 자기가 속한 공동사회의 유익에 관하여 관심을 갖고 생각하는 사람입니다. 특히 자기가 사는 마을이나 도시에 관하여 지대한 관심을 가집니다. 자기가 속한 사회가 잘되기를 진정으로 원합니다. 하나님께서는 바벨론에 포로로 잡혀갔던 유대인들에게 자국의 땅은 아니지만 그 도성의 유익을 구하라고 말씀하셨습니다.

"너희는 내가 사로잡혀 가게 한 그 성읍의 평안을 구하고 그를 위하여 여호와께 기도하라 이는 그 성읍이 평안함으로 너희도 평안할 것임이라."(렘 29:7)

참된 그리스도인의 정신을 가진 사람은 그 나라의 유익을 위하여 열심을 냅니다. 자기가 살고 있는 곳이 잘되기를 간절히 바랍니다. 사회의 발전을 위하여 스스로를 드리고 싶어합니다.

유대인들이 어떤 사람을 칭찬하며 예수님께 추천하였습니다.

"그가 우리 민족을 사랑하고 또한 우리를 위하여 회당을 지었나이다."(눅 7:5)

이스라엘 사람들 중에 “요셉의 환난을 인하여는 근심하지 않는” 사람들은 하나님의 분을 격동케 하는 사람들로 간주되었습니다.

“대접으로 포도주를 마시며 귀한 기름을 몸에 바르면서 요셉의 환난에 대하여는 근심하지 아니하는 자로다 그러므로 그들이 이제는 사로잡히는 자 중에 앞서 사로잡히리니 기지개 켜는 자의 떠드는 소리가 그치리라.” (암 6:6,7)

에스더는 자기도 금식하며 기도하고 다른 사람들로도 기도하고 금식하게 하여 자기 민족의 복락을 위하여 애썼습니다. 그것이 에스더의 영예로 기록되었습니다. 그리고 사도 바울은 자기 동족에 대하여 가장 깊은 관심을 표현했습니다(롬 9:1-3).

그리스도인다운 사랑의 정신을 가진 사람들은 마음이 더욱더 넓어진 사람입니다. 자기와 관련된 사회가 잘되기를 바라고, 하나님의 교회와 교회에 속한 하나님의 사람들 모두가 개인적으로 잘되기를 바랍니다. 하나님의 사람 모세가 그러한 심정을 갖고 있었습니다. 그래서 그는 가시적인 하나님의 사람들을 위하여 간절하게 구하였습니다. 그들을 아끼는 일이라면 목숨도 내어 놓을 준비가 되어 있었습니다(출 32:11,32). 바울도 그러한 정신의 소유자입니다. 모든 사람들, 유대인이나 이방인이나 모든 이들의 복락을 위해 지대한 관심을 가진 나머지, 만일 그들 중에 어떤 이들이 구원받을 가능성이 있다면 그들과 같은 모양을 취할 각오가 되어 있음을 고백했습니다(고전 9:19-23).

특별히 그리스도인의 사랑의 정신은 공적公的인 권세를 가진 자들이 공공의 유익을 추구하게 합니다. 장관이나 행정관, 공무원들답게 공공의 유익을 위하게 됩니다. 행정관들은 복지의 아버지들로서 행동하게 됩니다. 곧 가장이 자기 권속의 유익을 위하는 심정으로 공공의 안녕에 유념하여 행동합니다. 사회가 위험에 처하지 않도록 항상 깨어 있으며, 공적인 유익을 도모하기 위하여 자기들의 권세를 사용하기를 즐거워합니다. 행정적인 처사에 있어서 사리사욕私利私慾만을 생각지 않습니다. 자기들만 부요해지려 하기보다는 다른 이들의 유익을 위하여 일하게 됩니다.

그 사랑은 다른 사람에게 피해가 될 정도로 자신의 유익만을 생각하지 못하게 합니다. 악한 관원들은 자기들의 유익만을 위하여 다른 이들에게 피해주는 일을 빈번하게 자행합니다. 그러나 그리스도인의 참된 사랑을 가진 관원들은, 권위가 허락하는 한 모든 사람의 참된 복락을 위하여 일합니다. 그들은 그 일에 총력을 기울입니다.

그리스도의 사랑을 가진 목회자들은 자신들만의 유익을 구하지 않습니다. 할 수 있는 모든 것을 동원하여 자신과 가족을 위한 것만을 추구하지 않습니다. 그는 위대한 목자장께서 자기에게 맡기신 양떼들을 위하고, 그들이 잘되기를 구합니다. 그들을 보살피고 양들에게 좋은 꼴을 먹이려 애를 씁니다. 사랑을 가진 목회자들은 양떼들이 악한 이리와 짐승들에게서 보호받아야 한다고 생각합니다. 우리에게 주어진 지위가 어떠하며 우리가 미칠 수 있는 영향력이 어떤 것이든지 간에 공적인 유익을 위하여 언제나 준비되어 있음을 보여주어야 합니다. 그런 일을 통해서 세상은 더욱 살기 좋아질 것입니다. 그래러면 우리들이 죽을 때에는 다윗에 대하여 말한 것같이 "당시에 하나님의 뜻을 따라 섬기다가 잠들었다"(행 13:36)는 말을 듣게 될 것입니다.

(2) 자기 소유까지 내어놓고 싶은 마음

사랑의 정신은 많은 경우에 있어서 '자기 소유를 다른 이와 나누고 싶은 마음이 일어나게' 할 것입니다. 사랑은 개인적인 이익을 양보하며 기꺼이 포기하고도 자유로운 마음으로 일을 합니다. 하나님의 영광과 그리스도의 나라의 진보를 위하여 그 일을 하게 합니다. 바울이 "나는 주 예수의 이름을 위하여 결박 당할 뿐 아니라 예루살렘에서 죽을 것도 각오하였노라"(행 21:13)고 할 때의 마음을 갖습니다. 사랑하는 마음은 우리의 개인적인 이익을 이웃의 유익을 위하여 유보시키거나 버리는 마음을 갖게 합니다. 그리고 어떤 경우에서나 다른 사람들을 돕고 힘을 북돋아 주려는 마음을 갖습니다. 또한 자신의 유익은 줄이고 기꺼이 다른 사람의 유익을 더 크게 합니다.

"형제들을 위하여 목숨을 버리는 것이 마땅하니라."(요일 3:16)

지금은 이 점에 대하여 지체하지 않겠습니다. 다른 본문을 다룰 때 언급할 기회가 있을 것입니다.

3. 교리를 뒷받침하는 증거들

처음에 진술한 교리를 뒷받침하는 증거들을 몇 가지 생각해 보겠습니다. 일반적으로 사랑의 성질, 특별히 그리스도인의 하나님을 향한 사랑의 성질과 사람을 향한 그리스도인의 사랑을 숙고하여 보면, 그리스도인의 참다운 사랑은 이기적인 마음과는 정반대임을 확실히 알게 되고 그 진리의 실상이 밝혀지게 됩니다.

(1) 일반적인 관점에서 본 사랑의 본질

그 사랑이 진실하고 참되다면 그것이 갇혀 있지 않고 확산擴散되어 다른 이들의 이익을 옹호하는 성질을 띱니다. 혈육 간의 사랑이나 세상적인 우정에도 해당되는 요점입니다. 참된 애정과 우정이 존재할 때, 양편 모두 자기 유익만 구하지 않고 상대방의 유익을 생각하며 구하게 됩니다. 자기의 것만이 아니라 친구의 것까지도 구합니다. 이기심은 마음이 좁아지게 하며 이익을 자신에게만 국한시킵니다. 그러나 사랑은 유익을 다른 사람들에게까지 확장시킵니다. 사람을 사랑하면, 사랑하는 사람에게 자신의 자아自我를 확장시켜 상대방을 자신의 일부로 생각하게 됩니다. 사랑하는 사람의 이익이 자신에게 걸려 있다고 믿습니다. 상대방이 해를 입게 되면 자신도 해를 입게 된다고 믿습니다. 다음과 같은 것을 생각하면 더욱 확실해 집니다.

(2) 그리스도인다운 신적 사랑의 독특한 성질

그리스도인의 사랑이나 애정은 이기적인 원리를 초월합니다. 다른 사람들을 향한 사랑은 상대의 참된 이익을 구하며 그들이 잘되기를 구합니다.

그러나 그렇지 않은 사랑은 어떤 의미에서 이기적인 원리에 뿌리박고 있습니다. 그리스도인의 참 사랑만이 이기적인 원리를 벗어나 있습니다. 그 사랑은 원천이 다르기 때문입니다. 부모가 자녀들을 사랑하는 사랑에도 그것이 해당됩니다. 친척 간에 나누는 사랑에도 그 요점이 해당됩니다.

우리가 본능의 충동을 제외한다면, 그런 경우들에서는 자기 사랑이 원천입니다. 가까운 사람이나 자신에게 속한 것들을 사랑하는 것은 자기 사랑에서 비롯됩니다. 어떤 일에 대해 갖는 친밀감도 자기 사랑에서 나옵니다. 그들은 자신에게 속한 것을 사랑합니다. 사회를 이루어 나가면서 자신과 연관된 이익이나 명예에 애착을 가집니다. 사람들 사이에 존재하는 가장 친밀한 우정 속에 그것이 있습니다. 이 모든 경우들은 자기 사랑의 원천에 뿌리박고 있습니다. 어떤 때에는 다른 사람들이 자기에게 행한 일 속에서 좋은 것을 얻고, 다른 사람으로부터 오는 유익 때문에 자연스럽게 감사하게 됩니다. 그런 감사의 마음이 일면 자기들에게 친절하거나 자기 이익에 도움을 주는 이들을 존중합니다. 그러니 그것도 자기 사랑에서 나온 것입니다. 어떤 경우에는 다른 이에게 우정을 보이고 싶은 충동이 생깁니다. 그들의 어떤 자질資質이 자기의 유익에 도움이 되겠다는 생각에서 친밀해지고 싶은 마음이 듭니다. 다른 사람들이 자기에게 좋은 마음으로 대하고 영예롭게 하면, 자신의 그 영예를 위하여 우정을 맺고 싶은 마음이 일게 됩니다. 또한 마음과 생각의 방식이 자기와 일치하는 것을 보면 그들과 친구가 되고 싶어 합니다. 그들과 친구가 됨으로 사회에서 자기에게 좋은 것이 오게 될 것이라고 생각하기 때문입니다. 기질이나 방식이 일치하면 자기의 기질과 방식들도 인정을 받게 되겠다는 계산이 깔린 것입니다. 그래서 다른 사람들과 친해지고 싶은 마음을 가집니다.

일반인들 간에 일어나는 우정과 사랑도 자기 사랑이 원천입니다. 대부분 그렇습니다. 세상에서 일어나는 사랑은 거의 그 원리에 기초한 사랑입니다. 그러므로 그것은 본성 이상을 넘어가지 못합니다. 본성적이고 육신적인 상태에 머물러 자기를 사랑하는 한계 이상으로 넘어가지 못합니다. 사람들이 행하는 모든 것은 이러한 방식에서 나옵니다.

그러나 본문에서 언급되는 신적인 사랑은 자기만의 사랑을 초월한 사랑입니다. 초자연적이고 모든 본성을 뛰어 넘는 사랑입니다. 자신을 사랑하는 육적이고 본성적인 영역에서 우러나는 것이 아닙니다. 세상적인 우정이나 사랑은 본성의 정서에서 나오는 것으로써 자기 사랑이 원천입니다. 자기 사랑이 본성적인 자연의 원리들의 소산이듯이, 신적인 사랑은 초자연적인 원리의 소산입니다.

신적인 사랑은 인간의 마음이라는 토양에서 자연적으로 자라나는 어떤 나무보다도 키가 크고 고상합니다. 그것은 하늘의 정원庭園에서 인간의 영혼에 옮겨 심은 나무입니다. 그 나무는 생명을 하나님께 두고 인간에 두지 않습니다. 거룩하고 복되신 성령께서 심으신 나무입니다. 그러니 그 속에 하나님의 생명이 있습니다. 그 사랑은 스스로에게서 생명을 갖는 것이 아닙니다.

그러므로 그리스도인다운 참사랑만큼 이기적인 자기 사랑을 초월하는 것이 없습니다. 그렇게 자원하며 이해관계를 초월한 사랑이 없습니다. 그 사랑의 행사에는 하나님의 하나님 되심으로 인해 하나님을 사랑하는 것이 네포되어 있습니다. 그 사랑을 행사하는 사람은 자기 사랑을 받는 이들과의 인간적인 관계 때문에 그러는 것이 아닙니다. 도리어 하나님과의 관계, 곧 하나님의 자녀들이기에 사랑합니다. 하나님의 권능으로 지어서 피조물된 존재요, 하나님의 성령의 감화 아래 있는 자들로서 하나님과의 관계 때문에 사랑합니다.

그러므로 신적인 사랑은 세상의 어떤 사랑보다 이기심을 반대합니다. 혈통적이고 본성적인 사랑도 어떤 면에서는 이기적인 것과 반대입니다. 그 사랑도 사랑하는 사람들에게 관대함과 호의를 보이는 감동스런 모습으로 나타날 수 있습니다. 그러면서도 한편에서는 이기적인 정신을 따릅니다. 근원을 거슬러 올라가면 동일하게 자신을 사랑하는 원리의 뿌리에서 나오기 때문입니다. 그러나 신적인 사랑은 예수 그리스도가 뿌리입니다. 그리스도 안에 원천을 둡니다. 그러므로 신적인 사랑은 이 세상이 아니라 더 높은 영역에 속해 있습니다.

모든 사랑은 그 사랑의 원천으로 기울어지는 경향이 있습니다. 신적인 사랑은 자기 사랑에서 나온 것이 아니라서 자신 쪽으로 기울어지지 않습니다. 하나님의 영예와 영광을 즐거워합니다. 그것도 자신을 위한 것이기는 하나 그저 단순하게 자신만 위하는 것은 아닙니다. 실로 그 신적인 사랑은 이기적인 정신보다 훨씬 높고 이기적인 정신에 반反합니다. 이기적인 정신으로부터 멀리 벗어난 나머지 원수에게까지 미치는 사랑입니다. 감사하지 않고 악한 사람들에게까지도 뻗어 나아가고, 우리를 해롭게 하고 손해를 끼친 이들에게까지 미치는 성질과 경향성을 가지고 있습니다.

그러니 이 신적인 사랑은 이기적인 성향을 정면으로 반대하고, 본성보다 철저하게 높습니다. 이 성향은 인간답다기보다는 하나님답습니다. 이와 같이 기독교의 사랑이 이기심과 정반대임은 확실합니다.

(3) 특히 하나님과 사람을 사랑하는 이 사랑의 성질

첫째로, 이 신적인 사랑은 하나님을 사랑하는 성향으로부터 그 교리의 진실성을 확증합니다. 성경이 말하는 것을 숙고하면, 하나님을 진정으로 사랑하는 사람들은 전적으로 하나님을 사랑합니다. 자신을 하나님께 드려 섬기기까지 하나님을 사랑합니다. 우리는 십계명에서 그것을 배웁니다.

"네 마음을 다하고 목숨을 다하고 뜻을 다하고 힘을 다하여 주 너의 하나님을 사랑하라."(막 12:30)

이 말씀은 하나님에 대한 바른 사랑이 어떤 것인지를 묘사합니다. 이 말씀은 하나님을 바르게 사랑하는 사람들이 자신을 전적으로 그에게 드림을 증거합니다. 마음과 생각과 힘, 그리고 자기들의 모든 기량과 재능을 다 드립니다. 분명히 하나님께 전적으로 이 모든 것을 드리는 사람은 뒤에 감추어 놓은 것 없이 전적으로 드립니다. 자신과 자신이 가진 모든 것을 전적으로 드리는 사람은 어떤 것도 남겨 감추어 두지 않습니다. 하나님을 향하여 진정한 사랑을 가진 사람들은 이렇게 전인적으로 자신을 드리는 심령이 있습니다. 이처럼 하나님을 사랑하는 참 사랑의 원리가 자신만을 생각하는 이기적인 원리와 얼마나 차원이 다른가를 보게 됩니다. 하나님께 자신을 전적으로 드리는 사람이라면, 자신만을 생각하는 이기주의적인 정신을 제어할 수 있기 때문입니다. 이기적인 원리는 자기의 것을 다른 이들에게 결코 주지 않습니다. 도리어 모든 사람들이 나만을 위하기를 요구합니다. 하나님을 생각하는 진정한 사랑을 가진 이들은 하나님을 사랑하되 최고 선善으로 생각합니다.

반면에 이기적인 성질은 하나님의 자리에 자신을 올려놓습니다. 자신을 우상으로 만듭니다. 그래서 모든 이들이 자기를 최고로 여겨야 하며, 모든 사람들이 자기만을 생각하여 우상처럼 떠받들기를 요구합니다. 자신을 우상으로 삼으면 모든 이들이 자기에게만 모든 것을 바쳐야 직성이 풀립니다. 그러나 하나님을 참으로 알고 사랑하는 사람은 하나님께 모든 것을 드립니다. 그리스도인의 사랑은 이기적인 마음과는 다릅니다. 성경의 가르침을 생각하여 보면 그 점이 분명하게 드러날 것입니다.

둘째로, 이 사랑이 사람을 사랑하게 될 때 어떤 모양으로 나타나는지 생각하여 봅시다. 이웃을 은혜롭고 참되게 사랑하는 것이 무엇입니까? 그 사랑이 참되기 위하여 요구되는 두 가지 주목할 점을 성경은 말하고 있습니다.

먼저 '우리 이웃을 우리 자신 같이 사랑하는 것'을 요구합니다. 구약에서 그것을 발견합니다.

"원수를 갚지 말며 동포를 원망하지 말며 네 이웃 사랑하기를 네 자신과 같이 사랑하라."(레 19:18)

"둘째도 그와 같으니 네 이웃을 네 자신과 같이 사랑하라."(마 22:39)

주님은 율법의 두 번째 돌판을 이 말씀으로 요약하십니다. 이것은 이기적인 생각과는 정반대입니다. 사랑은 생각을 자신에게만 국한시키지 않고, 다른 사람들에게까지 확장시키기 때문입니다. 그 사랑은 우리와 이웃을 하나로 보게 합니다. 자신의 형편에만 관심을 두지 않고 이웃의 부족함을 자신의 부족함같이 생각합니다. 자신의 소망을 존중할 뿐 아니라 다른 사람들의 소망도 존중합니다. '우리가 다른 이들에게서 받기를 바라는 대로' 그 대접을 다른 사람에게 하기 원합니다.

그리스도인적인 참다운 사랑에 관하여 성경이 두 번째로 지적하는 것이 있습니다. 그리스도께서 우리를 사랑하신 것 같이 우리도 다른 사람들을 사랑하라는 것입니다.

"새 계명을 너희에게 주노니 서로 사랑하라 내가 너희를 사랑한 것 같이 너희도 서로 사랑하라."(요 13:34)

주님께서는 "네 이웃을 네 자신과 같이 사랑하라."(레 19:18)는 옛 계명과 구분되는 새로운 계명으로 그 말씀을 하셨습니다. 다른 사람을 사랑하는 의무는 계명의 문제인데, 그것이 새롭다는 의미가 아닙니다. 구약에서도 지금과 같은 것을 요구하고 있기 때문입니다. 그러나 그것을 '새 계명'이라 부르는 이유는 우리가 더욱 특별하게 귀를 기울여야 하는 동기와 법칙이 섞여 있기 때문입니다. 옛 구약의 관점과 비교하여 보면, '우리 자신을 사랑하는 것 같이 우리의 이웃을 사랑하도록' 뒷받침하는 특별한 법칙과 동기가 거기에 있습니다.

신약의 관점에 입각한 복음 시대의 법칙과 동기는 그리스도의 사랑입니다. 그 사랑이 너무나 놀랍게 나타났습니다. "그리스도께서 우리를 사랑하신 것 같이 우리도 사랑해야 한다"는 것입니다. "그리스도께서 우리를 사랑하신 것 같이 이웃을 사랑하여야" 한다는 것입니다. 그러므로 그리스도께서는 요한복음 15:12에서 당신의 계명을 '새 계명'이라 부르신 것입니다.

"내 계명은 곧 내가 너희를 사랑한 것 같이 너희도 서로 사랑하라 하는 이것이니라."

특별히 "내가 너희를 사랑한 것 같이 너희도 서로 사랑하라"는 것을 강조하십니다.

자기 자신을 사랑하는 것 같이 이웃과도 서로 사랑하라는 것입니다. 이것은 모세의 계명입니다. 그리스도께서 우리를 사랑하신 것 같이 사랑하여야 한다는 것은 우리 구주 하나님의 계명입니다. 옛 것이나 새 것이 본질에 있어서는 같습니다. 그러나 새 것은 그리스도 예수의 사랑을 받은 빛이 뿜어져 나옵니다. 그리스도로 말미암아 옛 것에 새 힘이 더해졌습니다. 모세가 첨가하여 한 설명보다 더한 것을 그리스도께서 첨가하고 계십니다. 그러므로 '그리스도께서 우리를 사랑하신 것 같이 우리도 서로 사랑하라'는 이 원리는 보다 분명하게 이웃사랑에 관한 우리의 의무와 책임을 보여줍니다. 모세가 진술한 것보다 더 잘 나타냅니다.

(4) 이기적인 정신을 물리치는 그리스도의 사랑

본 주제로 돌아와서, 그리스도께서 말씀하시는 그리스도인의 사랑은 이기적인 것과는 반대됨을 분명하게 보여주고 있음을 함께 생각하여 봅시다. 그리스도께서 우리를 향한 사랑의 표현 방식을 숙고하면, 그리스도의 사랑의 모본이 이기심과는 반대임을 얼마나 강하게 보여주는지 알게 됩니다. 이것을 네 가지 항목으로 나누어 더 생각해 봅시다.

첫째로, 그리스도께서 자기를 대적하는 '원수들에게' 베푸신 사랑이 어떠한지 살펴봅시다. 그들은 사랑을 받고서 보답하는 양으로 그리스도를 향하여 한 점의 사랑도 베풀지 않았습니다. 오히려 적대감과 그리스도를 미워하는 정신으로 가득하였습니다.

"아직 죄인 되었을 때에 그리스도께서 우리를 위하여 죽으심으로 하나님께서 우리에 대한 자기의 사랑을 확증하셨느니라."

그 다음에 "우리가 원수 되었을 때에"라고 말합니다. 바로 그때에 그리스도께서 우리를 위하여 죽으셨습니다(롬 5:8,10).

둘째로, 그리스도께서 그렇게 우리를 사랑하셨다는 것은 어떤 의미에서 우리를 당신과 같이 보시기를 즐거워하셨음을 보여줍니다. 그리스도께서 우리를 사랑하신 것을 알면, 아니 그리스도의 사랑을 받아들이기만 하면, 우리를 용납하시고 마음에 두시고 자신과 같이 여기시며 기뻐하실 것입니다. 영원 전부터 선택받은 사람들은 주님이 보시기에 자신의 눈동자같이 사랑스러웠습니다. 주님은 아버지가 택하신 백성들을 자신과 유사하게 보셨습니다. 그래서 모든 문제를 자신의 문제로 여기셨고, 택한 백성들의 이익을 자신의 이익으로 여기셨습니다. 주님은 그들의 죄책罪責을 자신의 죄책으로 삼으시고 은혜롭게 떠맡으셨습니다. 우리의 죄책을 자신의 것으로 간주하시되, 신적인 전가轉嫁를 통하여 담당하셨습니다. 그 전가로 인하여 백성은 죄를 처리 받고 죄 없는 사람들로 대접을 받습니다. 주님은 택한 백성들을 위하여 고난 받으셨습니다. 주님은 택한 백성들을 자신과 같이, 말하자면 당신 몸의 지체로 생각하십니다. 그리하여 선택한 사람들은 그의 살과 뼈가 됩니다. 주께서 친히 마태복음 25:40에서 그것을 말씀하신 것이 분명합니다.

"너희가 내 형제 중에 지극히 작은 자 하나에게 한 것이 곧 내게 한 것이니라."

셋째로, 그리스도께서 우리를 그렇게 사랑하셨기 때문에, 그는 '우리들을 위하여 자신을 허비'하셨습니다. 단순한 느낌이나 가벼운 노력이나 작은 희생으로 되자 않았습니다. 우리가 원수임에도 우리를 사랑하신 나머지 자신을 부인하고 최대의 노력을 기울이셨고, 우리를 위하여 가장 큰 고난을 당하셨습니다. 자신의 안일을 피하셨습니다. 안위와 이익과 명예와 부요함을 우리를 위해 포기하셨습니다. 가난하게 되셨고 멸시를 받았고 머리 둘 곳을 찾지 못하셨습니다. 모두가 우리를 위한 것이었습니다. 그 뿐만이 아닙니다. 우리를 위하여 자신의 피를 흘리셨습니다. 하나님의 공의에 자신을 드려 희생 제물로 삼으셨습니다. 우리가 용서받고 하나님께 받아들여지고 구원받게 하기 위하여 그리 하셨습니다.

넷째로, 그리스도께서 우리에게 큰 사랑을 베푸셨으나 우리에게서 무엇을 받으려는 기대감으로 사랑하신 것이 결코 아닙니다. "나를 위하여 너희가 이러 저러한 것을 하라. 그리하면 사랑하겠다"는 식으로 말씀하지 않으셨습니다. 주님은 우리가 그 자비하심을 받고 보상할 아무 힘도 없음을 아셨습니다. 오직 우리 자신을 드리는 일 밖에는 없음을 아셨습니다. 그는 우리의 가난함을 아셨습니다. 또한 우리가 비참한 존재이며, 빈 손 들고 올 수밖에 없음을 잘 아셨습니다. 주님의 사랑에 대한 보답으로 우리 편에서 가지고 나갈 것이 아무것도 없음을 잘 아셨던 것입니다. 우리가 주님께 속한 어떤 것을 사기 위해 값을 지불할 능력이 전혀 없음도 아셨습니다. 그래서 우리에게 필요한 전부를 주님 편에서 값없이 다 주어야 함을 아셨습니다. 주님은 자신이 주시지 않으면 우리가 영원히 궁핍할 것도 아셨습니다. 주님께서 우리를 사랑하신 그 방식대로 우리는 이웃을 사랑해야 합니다. 그리스도 안에 있는 다른 이들을 자신같이 사랑할 마음을 가져야 합니다. 그리하려면 우리가 이기적인 정신에서 아주 멀어져야 하지 않겠습니까?

만일 우리가 그런 사랑의 심령을 가진다면 어찌 되겠습니까? 다른 사람을 사랑하는 우리의 사랑은 그들이 우리를 사랑하는 정도에 의존하지 않게 될 것입니다. 오히려 그리스도께서 우리를 사랑하신 방식으로 다른 사람들을 사랑할 것입니다. 원수라도 사랑하게 될 것입니다. 우리 자신에게 속하여 있는 것만을 구하지 않습니다. 다른 사람에게도 마음을 쓰고 그들의 문제도 우리 것과 같이 관심을 갖습니다. 그들의 형통을 위하여 무진 애를 쓸 것입니다. 그리스도께서 우리 안에서 그리하시는 것 같이 말입니다. 많은 경우에 있어서, 그리스도께서 우리에게 하신 것 같이, 자신이 소유를 다른 사람과 나누려는 뜻을 갖게 될 것입니다. 우리의 소유를 그러한 마음으로 공유하려 할 때에도 그리스도께서 어떤 보상도 기대하지 않고 우리를 위하여 가장 큰 일을 하신 것 같이 행하게 될 것입니다. 우리의 사랑을 받는 그들에게 무엇인가 받을 것을 기대하지 않고 베풀기를 원할 것입니다.

우리의 심령이 그러하다면 이기심의 영향을 받지 않습니다. 우리는 마음과 생활과 원리에 있어서 이타적이 될 것입니다.

4. 적용

이 항목의 적용은 큰 가치가 있습니다. 이 요점은 모든 이들에게 이기적인 마음과 일을 완전히 단념하고 반대되는 정신과 삶을 추구하도록' 권고합니다.

신적인 사랑으로 인하여 여러분은 그 마음을 하나님께 드려야 합니다. 그 마음을 구하고 그의 영광을 구하십시오. 여러분의 이웃을 자신과 같이 사랑하는 마음을 구하십시오. 아니, 그리스도께서 여러분을 사랑하신 것 같이 이웃을 사랑하기를 구하십시오. 자신의 것만 찾지 마십시오. 모든 이의 것을 찾으십시오.

여러분이 그러한 일에 감동받아 각성하게 하기 위하여 이미 말씀드린 동기에 다음의 세 가지를 첨가하여 생각해 봅니다.

첫째로, '여러분은 자신의 것이 아닙니다.' 여러분이 스스로 존재하지 않는 것 같이 여러분은 자신을 '위하여' 지음 받지 않았습니다. 여러분은 자신을 목적으로 삼거나 주인으로 삼지 말아야 합니다. 자신의 존재를 여러분 자신이 붙들고 있는 것이 아닙니다. 우리 스스로 공급할 양식을 얻는 것이 아닙니다. 우리 모두 자신에게 달려 있지 않습니다. 우리를 지으시고 지탱하시고 붙들고 계신 분이 계십니다. 하나님은 하나님 자신을 위해 우리를 지으셨습니다. 우리 자신과 같은 피조물들을 위하여 우리를 지으신 것이 아닙니다. 우리 자신만을 생각하고 우리를 창조하지 않으셨습니다. 여러분 자신보다 사회나 동료의 복지를 더 높이 두시고 고상하게 하신 분이 바로 그 분입니다. 하나님은 당신 나라의 이익을 더 높이 두시는 분입니다. 그래서 여러분이 현실 세계에서나 영원 세계에서 이러한 삶을 위해 노력하고 애를 써야 하는 것입니다. 우리가 그리스도인이라면, 특별한 의미에서 우리는 우리 자신의 것이 아닙니다. 우리를 값으로 사신 이의 소유입니다(고전 6:20). 우리는 그리스도의 피로 사신 바 된 사람들입니다(벧전 1:19).

이 요점은 그리스도인이 자신의 유익을 구하지 않아야 할 이유를 논증으로 설명해 줍니다. 이는 그리스도인이 하나님의 영광을 구해야 하는 이유를 설명할 때 소용됩니다. 사도는 더하여 이러한 말을 합니다.

"그런즉 너희 몸으로 하나님께 영광을 돌리라."

본질상 우리는 비참한 사람들이요 타락한 조건을 가지고 있었습니다. 죄와 사단에 매인 노예였습니다. 그런데 그리스도께서 여러분을 구속하셨습니다. 그러므로 값으로 산 것이 되어서 그리스도의 소유가 되었습니다. 가장 의로운 권리로 여러분은 그에게 속해 있습니다. 여러분은 여러분 자신의 것이 아닙니다. 그러므로 이후부터 여러분을 자신의 것으로 여기지 말아야 합니다. 자신의 즐거움과 유익을 위하여 살지 않아야 합니다. 만일 그렇게 하면 그리스도의 것을 도적질하는 죄를 범하는 것입니다.

여러분이 자신의 것이 아닌 것 같이, 여러분에게 속한 어느 것도 자신의 것이 아닙니다. 몸과 마음과 모든 생각하는 기능들, 외적인 소유와 모든 재능과 영향력과 평안의 도구들 중에 어느 하나도 여러분의 것이 아닙니다. 우리는 모든 것들을 마음대로 사용할 수 있는 절대적인 소유권이 없습니다.

그러한 것들이 우리 자신의 유익만을 위하여 필요하다고 생각하거나, 그리스도의 영예와 동료의 선함을 위하여 주어진 것이라는 생각을 하지 않으면서, 마치 우리가 절대적인 소유권을 가진 것 같이 그런 것들을 '사용하기 십상' 입니다.

둘째로, 자신이 그리스도인이라고 고백함으로써 그리스도와 연합된 사실뿐 아니라 '동료 신자들과의 연합' 을 함께 고백하는 셈입니다. 그리스도와 모든 그리스도인들은 서로 연합하고 있어 그들은 한 몸을 이룰 수밖에 없습니다. 그리스도는 이 몸의 머리요, 모든 그리스도인들은 그 몸의 지체들입니다.

"이와 같이 우리 많은 사람이 그리스도 안에서 한 몸이 되어 서로 지체가 되었느니라."(롬 12:5)

"우리가 유대인이나 헬라인이나 종이나 자유자나 다 한 성령으로 세례를 받아 한 몸이 되었고 또 다 한 성령을 마시게 하셨느니라."(고전 12:13)

그리스도인에게 이기심은 얼마나 합당치 않습니까! 우리의 몸의 손은 머리를 섬길 만반의 준비가 되어 있습니다. 모든 지체들이 서로 도울 준비를 하고 있습니다. 손이 자기의 이익만을 위하여 하는 일이 무엇입니까? 그리스도인이 자신의 개인적인 이익만을 생각하는 것은 얼마나 부적합합니까! 손이 하는 일을 보면 자신뿐 아니라 다른 지체들을 위하여 얼마나 많이 수고합니까? 끊임없이 그러한 일을 하고 있습니다. 손은 날마다 몸 전체를 위하여 일하지 않습니까? 눈이나 치아나 발이나 다 마찬가지입니다. 그들은 모두 자신만을 위하지 않고 다른 지체들을 위하여 쓰이고 있습니다. 만일 머리가 수치를 당하면, 몸의 모든 지체가 불명예스러워지지 않습니까? 머리의 불명예를 씻고 영예롭게 하려고 무한한 노력을 기울이지 아니하겠습니까? 만일 몸의 지체들 중 어떤 지체라도 상처를 받으면 몸의 모든 지체는 즉각적으로 고통 받는 지체를 구하기 위하여 총력을 기울여 고통의 원인을 제거하려 하지 않겠습니까? 눈이 그것을 보려고 동원되고, 귀는 의사의 지시에 귀를 기울입니다. 발은 치료할 수 있는 곳을 찾아가고, 손은 치료를 위하여 사용됩니다.

그리스도의 몸된 교회도 마찬가지입니다. 몸의 모든 지체들은 서로 돕는 자가 되어야 하고 위안을 주어야 합니다. 그리하여 상호간에 형통과 복락을 촉진합니다. 그리고 머리되시는 그리스도의 영광을 위하여 서로 힘을 합합니다.

셋째로, 하나님의 영광과 동료 그리스도인이나 이웃의 유익을 구할 때, 여러분은 '하나님으로 하여금 여러분의 유익을 위하고 복락을 도모하시게 하는 가장 분명한 길'을 밟고 있는 셈입니다. 만일 여러분이 하나님께 자신과 자기의 모든 이익을 드린다 해도, 여러분이 홀로 내버림을 당하지 않습니다. 비록 여러분이 자신을 소홀히 하고 부인하는 것 같이 보이고, 하나님의 자비하심을 높이기 위하여 자신을 방관하는 듯 하지만 '하나님께서 여러분을 돌보실 것'입니다. 하나님께서 여러분의 이익과 복락을 보장하실 것입니다. 여러분이 가진 전부를 그를 위하여 드린다 할지라도 손해를 보는 것이 아닙니다. 하나님의 영광을 위하여 그런 일을 할 때, 하나님께서는 여러분에게 빚을 지고도 갚지 않는 자와 같이 하지 않으십니다. 그는 이 세상에서 백 배로 갚으실 분입니다.

여러분이 내세에서 하나님께 받을 영원한 상급을 제외하고라도 말입니다. 주님의 선언을 들으십시오.

"내 이름을 위하며 집이나 형제나 자매나 부모나 자식이나 전토를 버린 자마다 여러 배를 받고 또 영생을 상속하리라."(다른 복음서 기자들은 '이 현세에서 받는다'고 하였음 ; 마 19:29)

이 말씀의 정신은 그리스도를 위한 모든 희생을 말합니다. 이웃이나 그리스도를 위하여 행하는 모든 희생을 다 포함하여 선언하신 말씀입니다. 그리스도께서는 이 세상에서 받는 상급의 크기를 분명한 수數로 표현합니다. 그러나 단지 숫자를 말하고 있는 것이 아닙니다. 그것이 아무리 큰 것이라 할지라도 내세에 그들에게 약속된 상급은 숫자로 바꾸어 말씀하시지 않았습니다. 다만 그들이 영생을 받을 것이라고 말씀하십니다. 왜냐하면 상급이 계산할 수 없을 정도로 커서 숫자로 나타내는 것이 적당하지 않기 때문입니다. 그리스도를 위하여 자신을 부인한 사람들은 그러한 상급을 받는다는 것입니다. 만일 여러분이 이기적인 사람이요 자신의 이익과 사적인 관심을 우상으로 만들면, 하나님께서는 여러분을 혼자 내버려둘 것입니다. 여러분의 이익을 위하여 할 수 있는 모든 것을 하도록 내버려두실 것입니다. 그러나 이기적인 마음으로가 아니라 주 예수 그리스도와 다른 동료의 것을 구하면, 하나님께서는 여러분의 이익과 복락을 자신의 것으로 아시고 떠맡으십니다. 여러분이 할 수 있는 것보다 더욱 큰 행복과 이익을 촉진시켜주시고 제공하실 수 있습니다. 우주의 모든 자원이 하나님의 손에 달려 있습니다. 하나님께서 그 모든 것들을 명하여 복락을 위해 일하도록 하시는 것은 쉬운 일입니다. 그러므로 이기적으로 여러분 자신의 것을 구하지 않는 것은 더 큰 의미에서 자신의 유익을 구하는 것입니다.

이기적인 사람이 되지 말라는 말씀은, 앞에서 관찰했듯이 자신의 행복이나 자신의 것을 전혀 구하지 말라고 요구하시는 것이 아닙니다. 주로 개인적인 것만을 생각하고 구하는 자가 되지 말라는 것입니다.

만일 여러분이 행복을 하나님 안에 놓으면, 선행으로 하나님을 섬기고 영화롭게 하는 일에서 행복을 찾는다면, 그것이 다른 모든 것보다 여러분을 부요하게 하고 영예를 누리게 합니다. 여러분이 세상에서도 즐거움을 누리고 살 수가 있습니다. 내세에서는 시들지 않는 영광의 면류관을 쓰며, 하나님 우편에서 영원토록 즐거움을 누리게 될 것입니다.

반면에 이기적인 정신을 가지고 모든 것을 잡게 되면 여러분은 모든 것을 잃을 것입니다. 세상에서 헐벗은 사람이 됩니다. 영원한 궁핍과 경멸에 대하여 세상에서 오는 유혹을 받게 됩니다. 그러나 자신의 것을 구하지 아니하고 그리스도와 이웃의 것을 구한다면, 하나님께서 친히 여러분의 소유가 될 것입니다. 그리스도께서 여러분의 것이 되고, 성령께서 여러분의 것이 됩니다. 전부 여러분의 소유가 될 것입니다. 그렇습니다. 모든 만물이 여러분의 것입니다.

"그런즉 누구든지 사람을 자랑하지 말라 만물이 다 너희 것임이라 바울이나 아볼로나 게바나 세계나 생명이나 사망이나 지금 것이나 장래 것이나 다 너희의 것이요 너희는 그리스도의 것이요 그리스도는 하나님의 것이니라." (고전 3:21-23)

이런 것들을 알았으니 우리는 지금보다 덜 이기적인 사람이 되기를 힘써야 합니다. 이기적인 사람과 반대되는 가장 훌륭한 정신을 소유하기 위하여 구해야 합니다. 이기적인 것은 우리의 천성입니다. 우리 본성의 부패는 근본적으로 그 성향을 지닙니다. 그러나 그리스도를 아는 지식 안에는 이기적인 생각을 버리게 하는 동기들이 얼마나 무수하게 제공되고 있는지요! 그런 동기들이 우리의 이익만을 생각하고 구하려는 마음을 약화시킵니다. 그러나 악한 마음은 얼마나 많고, 고상한 정신은 얼마나 적습니까! "사랑은 자기의 유익을 구하지 아니한다"는 본문 말씀을 숙고하면서 우리가 생각하여 온 것들이 얼마나 적게 나타나는지요! 그러나 이런 악한 현실을 이기려고 투쟁해야 합니다. 그것이 기독교에 대한 편협한 사고방식에서 비롯된 것일 수도 있습니다. 또 그리스도를 통하여 우리가 마땅히 행할 바를 바르게 배우지 못함으로 나타난 결과일 수도 있습니다. 아니면 우리의 이기적인 습관에서나 조상들로부터 물려받은 악한 유전遺傳에서 나온 것일 수도 있습니다. 그것이 어떤 연유에서 기인한 것이든 간에, 우리는 그것을 극복하기 위하여 투쟁해야 합니다. 그렇게 해야 은혜 안에서 비이기적인 정신을 가진 사람으로 자라 하나님께 영광을 돌리고 사람들에게 선을 행할 수 있습니다.

사랑은 성내지 아니하며

고린도전서 13장 5절

CHAPTER 9

사랑은 성내지 아니하며

The Spirit Of Charity The Opposite Of An Angry Or Wrathful Spirit

사도는 사랑이 교만과 이기주의의 반대임을 선언하였습니다. 마음에 있는 죄와 사악이 흘러넘치는 깊은 샘과 상반됨을 선언합니다. 다음으로 사도 바울은 사랑은 교만과 이기적인 생각의 열매인 '성내는 것' 과, '비판하는 정신' 의 반대가 됨을 보여주기 시작합니다.

이 요점 중에서 첫 번째로 말씀드릴 것은 '사랑은 쉽게 성내지 아니 한다'는 점입니다.

이 본문이 우리 앞에 제시하는 교리는 다음과 같습니다.

'기독교 사랑의 정신은 성내거나 분노하는 심령이나 마음가짐을 용납하지 않는다.'

이 교리를 증거할 때 두 요점으로 나누어 보겠습니다.

첫째로, 성내는 정신이 그리스도인의 정신과 어떻게 배치背馳되는가?

둘째로, 두 정신이 공존할 수 없는 이유는 무엇인가?

1. 기독교 사랑과 배치되는 성냄의 실상

그리스도인의 사랑의 심령과 '쉽게 성내는 것이 배치되는 실상'을 알아보려 합니다.

성내는 것 모두가 그리스도의 정신과 전적으로 반대되는 것은 아닙니다. 에베소서 4:26에 "분을 내어도 죄를 짓지 말라"는 말씀은 죄를 짓지 않고도 분을 내는 것이 가능함을 전제하는 것 같습니다. 한 마디로, '그리스도인의 정신, 사랑하는 심령은 합당치 못한 분을 내는 것과 배치된다' 고 할 수 있습니다. 이 문제를 세 가지로 나누어 논의하겠습니다.

첫째, 분노의 성질.

둘째, 분노할 여러 경우들.

셋째, 분노의 목적과 정도.

이런 세 가지 면을 숙고하여 보면 '쉽게 성을 내는 것'이 왜 합당하지 않은지 그 이치가 밝혀질 것입니다.

(1) 분노의 성질

분노는 본질의 측면에서 볼 때 '부당하고 합당하지 못할 수' 가 있습니다. 분노는 다른 사람의 악행과 결점을 보고 다소 격렬한 의분을 내는 것이라고 정의될 수도 있습니다. 모든 분노는 '악하다 여겨지는 것을 거부하는 정서' 입니다. 그렇다고 '분노' 마다 악을 향하여 일어난다고 말하는 것은 아닙니다. 그릇된 판단에 따라서 분내는 경우도 있기 때문입니다. 그런 식의 분노는 냉철한 판단을 따라 나온 것이 아닙니다. 그 사람의 마음의 성향에 따라서 나온 것입니다. 우리들이 겪는 '육체적인 불행'natural evil을 싫어하는 마음의 거부반응이 있습니다. 예를 들어서 질고나 슬픔 속에서 나타나는 거부반응입니다. 그러나 그 경우는 여기서 다루는 '분(성)을 내는 것' 과는 전혀 다른 문제입니다. 여기서는 '도덕적인 악'moral evil이라 추정되는 것에 대한 거부반응으로써의 '성냄'을 다룹니다. 그것은 자유로운 심령을 가진 사람에게서 나옵니다. 자기의 의지로 행동하노라 자부하는 이들이 '악하다 여기는 것을 보고' 나타내는 적대감입니다.

그러나 분내는 것마다 다 '악행이나 결점에 반응한' 결과라고 할 수 없습니다. 흥분하거나 분내지 않으면서도 싫어하는 정서가 일어날 수 있습니다. 그 싫어하는 정서는 의지와 판단에서 나온 것이지요. 언제나 느낌 자체에서 나오는 것이 아니란 말입니다. 분을 내기 위하여는 먼저 격앙되는 일이 있어야 합니다. 모든 분내는 것에는 열렬하게 거부하는 느낌이 있기 마련입니다. 모든 분노마다 심령이 속에서 자극을 받고 동요하는 일이 있습니다. 분노는 일종의 격정이요, 영혼의 여러 정서affection들 중의 하나입니다. 여기서 정서라 할 때에는 대부분 악한 정서를 가리키는 것으로 여겨집니다.

일반적으로 분노의 성질이 그러하니, 부당하고 적당하지 못한 곳에서는 그 성질이 나타날 수 있습니다. 악의나 복수하는 욕망을 담고 있는 모든 분노가 바로 그 경우입니다. 어떤 이는 '분노는 복수하고자 하는 욕망'이라고 정의하기도 하였습니다. 그러나 그 정의는 분노를 보편적으로 바르게 정의했다고 할 수 없습니다. 만일 분노를 그렇게 정의하는 것이 옳다면, 악한 의지나, 다른 이에게 해를 입히고자 하는 열망을 품지 않는 분노는 없다는 말이 되기 때문입니다. 그러나 의심할 여지없이 선한 의지로 일관하는 분노도 있습니다. 아버지가 자녀들에게 분을 낼 수 있습니다. 그는 자녀들이 못되게 구는 것을 마음으로 열심히 반대합니다. 그것이 아버지의 분노입니다.

자녀들의 악한 행실을 반대하는 의분으로 가득 찬 것이 바로 아버지의 분노입니다. 아버지는 계속 악행하는 자녀를 그대로 두고 볼 수 없습니다. 그런 경우 아버지의 분노 속에 자녀에 대한 악한 의지가 담겨있지 않습니다. 오히려 선한 의도가 있습니다. 자녀에게 해롭지 않기를 바라며 잘되기를 가장 원하는 심정이 그 속에 있습니다. 아버지의 분은 자녀에게 해가 될 것이라는 생각에서 비롯된 분입니다. 이런 분憤은 복수가 아니라 악을 반대하는 성질을 띠고 있습니다.

만일 분노가 악한 의지와 복수하는 마음의 소원을 내포한다면, 어떤 경우에 있어서도 합법적이지 않습니다. 왜냐하면 어떤 경우에도 다른 사람에게 악한 의도를 가지지 말라는 말씀을 듣고 있기 때문입니다. 그리스도께서는 모든 사람들이 잘되는 것을 바라며 그를 위하여 기도하라고 말씀하셨습니다. 심지어 우리의 원수들이 잘되기를 위하여 기도하라고 말씀하십니다. 우리를 경멸하는 마음으로 대하고 핍박하는 이들을 위해 기도하라고 말씀하셨습니다(마 5:44). 사도가 우리에게 준 원칙은 무엇입니까?

"너희를 박해하는 자를 축복하라 축복하고 저주하지 말라."(롬 12:14)

다시 말하면 다른 사람들의 유익을 바라는 마음으로 기도하고 어떤 경우라도 잘못되기를 바라지 말라는 것입니다. 그러므로 성경은 공적인 법을 어긴 사람들에게 공적인 정의正義가 요구하는 보응을 시행하는 것을 제외하고는 모든 복수를 금합니다.

"원수를 갚지 말며 동포를 원망하지 말며 네 이웃 사랑 하기를 네 자신과 같이 사랑하라 나는 여호와니라."(레 19:18)

사도는 "내 사랑하는 자들아 너희가 친히 원수를 갚지 말고 하나님의 진노하심에 맡기라 기록되었으되 원수 갚는 것이 내게 있으니 내가 갚으리라"(롬 12:19)고 말합니다. 그러므로 기독교와 배치되는 악의와 복수의 마음을 가진 분노는 가장 무서운 것으로 금지되고 있습니다.

성경에는 악한 분노, 즉 악한 의지와 복수하는 소원을 포함하는 의미에서의 분노만을 가리켜 금하는 대목도 있습니다. 그런 의미에서의 모든 분냄을 금합니다. 에베소서 4:31에, "너희는 모든 악독과 노함과 분 냄과 떠드는 것과 비방하는 것을 모든 악의와 함께 버리라"고 말씀한 바와 같습니다. 골로새서 3:8에서는, "이제는 너희가 이 모든 것을 벗어 버리라 곧 분함과 노여움과 악의와 비방과 너희 입의 부끄러운 말이라"고 권면합니다. 그런 의미에서 분냄은 규례에 어긋나고 본질상 죄악적일 수 있습니다.

(2) 부당하고 비기독교적인 분노

분내는 것이 경우에 따라서 '부적합할 수 있으며 비기독교적일 수'가 있습니다.' 의로운 이유가 없는 분노는 부적합합니다. 이러한 일에 대하여 주님은 다음과 같이 언급하셨습니다.

"나는 너희에게 이르노니 형제에게 노하는 자마다 심판을 받게 되고."(마 5:22)

이런 심판이 세 가지 방향으로 나타날 수 있습니다.

첫째로, 상대방에게 '하등의 잘못이 없는데도 분내면' 그런 판단을 받습니다. 많은 사람들은 교만한 마음으로 별로 문제가 되지 않는 일에 대하여 화를 냅니다. 어떤 방면에서든지 자기들을 거스린다 여겨지거나 귀찮은 것이거나 자기들의 소원을 막아선다 여겨지면 다 화를 냅니다. 그 때문에 누가 책망하든지 그렇지 않든 화를 내고 봅니다. 그러니 어떤 때에는 무고한 이들에게 분을 냅니다. 잘못이 없는 다른 사람들을 향하여 분을 내는 일이 흔합니다. 뿐만 아니라 칭찬 들을 만한 일을 한 사람에게 분을 내는 일도 있습니다. 그것은 하나님을 향해 분을 내며 섭리에 불만을 표하는 것과 같습니다. 그러기에 인내하지 못하고 하나님의 처사에 불만을 가지는 것은 가장 두렵고 놀랄만한 종류의 악한 분노입니다. 그러나 세상에서는 이런 일이 매우 흔합니다. 이스라엘 사람들이 이 잘못을 얼마나 자주 범했는지, 이 범죄 때문에 많은 사람들이 광야에서 넘어졌습니다. 요나의 경우도 여기에 해당합니다. 그는 선한 사람이었지만 이유 없이 하나님을 향하여 분을 내는 잘못을 범했습니다. 하나님을 마땅히 찬양해야 할 일에 분을 내었습니다. 니느웨 백성에게 하나님께서 자비를 보이신 것은 찬양받으실 일입니다. 그런데 요나는 그런 잘못을 하였습니다.

사람의 심령은 자주 자신들의 생각과 반대 방향으로 일이 진행되면 안달합니다. 하는 일이 잘 안 되고 어려움을 겪으면 그런 마음을 갖습니다. 그때 하나님께 원망하며 자신들의 조급함은 인정하려 들지 않습니다. 그런 사람들의 조급함을 달리 이해할 수가 없습니다. 자기들의 조급함을 인정하지 않더라도 그런 태도는 궁극적으로 따지고 보면 하나님을 향한 분노입니다. 어려운 일이 일어나게 하신 분이 하나님이시니, 그 일을 보고 분을 내는 것은 하나님을 향하여 불만을 표하는 셈입니다.

일반적으로 다른 사람이 잘한 일을 가지고 성을 내는 경우도 있습니다. 자신의 의무를 다했던 그들을 향하여 분을 냅니다. 남이 잘한 일을 보고 분내는 것만큼 극한 악의는 없습니다. 세속 역사는 신앙을 고백하고 지킨 하나님의 사람들에 대하여 잔인했던 자들에 관한 기록을 전혀 남기지 않습니다. 바리새인과 서기관들은 이 땅에서 하나님 아버지의 뜻을 행하시는 그리스도를 보고 얼마나 괴롭혔습니까!

정부나 교회의 권위자들이 악한 일을 법대로 처리하는 것을 보고 분내는 것도 잘한 일에 분을 내는 격입니다. 자신이 행한 나쁜 일을 이웃이 타당한 증거와 함께 지적하며 책망하면 분을 내는데, 이 경우도 그런 악한 분노입니다. 법정에 고발하지 않으면 안될 일을 했음에도 도리어 자기가 분을 내는 것도 작은 경우입니다. 사람들은 자주 잘한 일을 한 다른 이들에게 분을 냅니다. 자신에게 우정 어린 행동을 하는 데도 분을 내는 경우가 있습니다.

우리의 잘못을 본 다른 이들이 그리스도인의 정신을 가지고 책망할 경우가 있습니다. 그 때 책망하는 이들에게 분을 내면 악한 종류의 분을 내는 셈입니다. 시편 기자는 그런 충고를 자비로 받아야 한다고 말합니다.

"의인이 나를 칠지라도 은혜로 여기며."(시 141:5)

우정 어린 충고를 받을 때에 도리어 그들에게 분을 내는 이들은 그 충고가 자기에게 해롭다 여깁니다. 그런 식으로 충고를 받는 이들은 어리석고 죄악된 행동을 보이는 것입니다. 상대방에게 아무 잘못도 없는데 화를 내고 분을 내는 경우가 그러합니다.

둘째로, '사소한 일을 가지고 분내는 것' 도 경우에 합당치 못하고 비기독교적입니다. 그것이 책망할 만한 일은 되지만 결점이 매우 작아 크게 떠들 문제가 아닌데 확대시키는 것은, 합당한 처사가 아닙니다. 항상 쉬지 않고 반대하는 심령을 가지라고 하나님께서 명하신 적이 없습니다. 그것이 어떤 중요성을 가진 경우라도 화를 내어 일을 크게 확대시키라 말씀하지 않으셨습니다. 본문은 다른 사람에게서 발견되는 작은 실수마다 분을 내는 사람을 경계합니다. 모든 사소한 문제를 가지고 성내는 사람에 관하여 '쉽게 성을 내지 아니한다' 고 말할 수 없습니다.

어떤 사람은 성내고 조급한 마음 때문에 사소한 일마다 언짢아합니다. 자신도 매일 저지르는 같은 종류의 결점을 남에게서 보면 화를 냅니다. 다른 사람에게서 보이는 모든 결점에 분을 내는 이들은 분명 조급한 마음을 가져서 결코 그 심령이 넓어지지 않을 것입니다. 끊임없이 다른 사람의 결점을 찾아내는 일은 정말 합당하지 않습니다. 우리에게도 그런 결점이 항상 있기 때문입니다. 그러므로 그리스도인들은 "듣기는 속히 하고 말하기는 더디 하며 성내기도 더디 하라"(약 1:19)는 지시를 받습니다. "노하기를 속히 하는 자는 어리석은 일을 행하고"(잠 14:17)라는 말씀이 있습니다. 부지런히 자신의 마음을 지키는 사람은 빈번하게, 또는 쉽게 분내지 않을 것입니다. 그는 지혜롭고 조용하게 마음의 균형을 지킵니다. 분노로 떠들어 대는 사람이 아닙니다. 특별한 경우를 제외하고는 분내지 않습니다.

셋째로, '다른 사람의 결점이 하나님의 이름을 손상시킬 때에는 화를 내지 않다가도 자기들에게 영향을 미친다 할 때에는 심령이 격동하여 분을 내는 경우' 가 있는데, 그것 역시 부당하고 비기독교적입니다. 우리는 죄에 대하여만 분을 내야 합니다. 죄에 대하여는 항상 분을 내어 대적하여야 합니다. 우리의 심령이 악을 대적하려고 격동할 때는 그것이 '죄' 이거나 하나님을 대적하는 것이기 때문이어야 합니다. 죄나 허물이 없는데 화를 낼 이유가 전혀 없습니다. 죄나 허물이 있으면, 그 경우는 우리를 거스른다기 보다는 하나님을 거스르기 때문에 무한히 더 악합니다. 바로 그 사실 때문에 죄와 허물에 대하여 단호한 경계가 필요합니다.

이기적인 마음으로 분을 내는 것은 범죄입니다. 우리가 우리 자신의 것이라는 식으로 행동하거나 단지 우리 자신을 위하여 행동하는 것 같이 하지 않아야 하기 때문입니다. 우리는 하나님께 속하였지 우리 자신에게 속하지 않았습니다. 하나님을 거스르는 죄를 범한 어떤 허물이 있다 합시다. 그 허물로 인하여 여러 사람이 해를 입게 되었다 합시다. 그 때 사람들이 그 일을 깊이 염려하고 그 심사가 크게 뒤틀렸습니다. 왜냐하면 그 일이 하나님을 거스르는 것이고 그들은 자기 자신들의 잠시적인 이해관계보다도 하나님의 영예에 대하여 더욱더 열심이었기 때문입니다. 모든 노함은 경우에 따라서 덕이 되든지 악이 되든지 둘 중 하나입니다. 중간 지대는 없습니다.

그러나 '죄'를 향한 분노가 아니라면 죄를 대적하는 일이 덕이나 선이 될 수 없습니다. 덕스러운 노함이 '질투zeal'로 칭해지는 것과 동일합니다. 그런 경우는 우리의 노함이 주님의 노하심과 같은 경우입니다. 주님께서는 당신 개인이 손해를 입을 때에는 어린 양과 같이 온순하셨습니다. 복음서에서 우리 주님께서 노하시는 경우마다 하나님의 대의를 위하여 죄에 대하여 노하신다는 것을 발견합니다. 주님께서 하나님 외에 다른 누구를 위하여 분 내신 적이 없습니다. 우리도 그리해야 합니다.

이렇게 하여 우리는 분노가 부당한 경우들을 세 가지 면에서 알아보았습니다.

(3) 분노의 목적이 부당할 때

분노의 목적이 '부당하고 죄악적' 일 수 있습니다. 이것을 두 가지 항목으로 살펴봅시다.

첫째로, 괜스레 '아무런 목적도 없이 분을 내는 경우' 입니다. 이런 식으로 분내는 것은 무례할 뿐 아니라 생각 없이 되는 것일 수 있습니다. 어떤 깊은 생각이나 동기도 없이 격분하고 격앙될 수 있습니다. 그런 경우에 이성理性은 손을 쓰지 못합니다. 정욕과 격정이 이성을 앞질러 갑니다. 분을 내어서 무엇을 얻는가 생각하기 전에 분노의 감정이 앞서는 것입니다. 이것은 사람의 분노라고 할 수 없습니다. 짐승들의 맹목적인 격정입니다. 그것은 짐승이 화를 내는 것이지 이성을 가진 사람의 생각 있는 감정이 아닙니다. 사람의 영혼 속에 있는 모든 것들은 이성理性의 지배를 받고 있어야 합니다. 이성은 우리의 존재에 있어서 가장 고차원적인 기능입니다. 모든 다른 기능과 영혼 속에 있는 원리는 영혼의 목적을 위하여 이성에 의하여 통제되고 제어되어야 합니다. 그러므로 우리들이 이렇게 분노할 때 그것은 비기독교적이고 죄악적입니다.

둘째로, 우리들 스스로 '잘못된 목적 때문에 분을 내는 경우'가 있을 수 있는데 이것도 잘못입니다. 하나님의 영광을 위해서나 우리 자신을 위해서나 다 진정 유익하고 해가 없을 정도로 보이는 분노가 있습니다. 그런 분노라도 자신의 긍지를 높이고 영향권을 넓히고 다른 사람들 위에 서려는 마음으로 분내는 경우가 있습니다. 그러한 경우에 우리는 목적을 달성하는데 도움이 되겠다 싶어 분내며 죄악적인 심령으로 빠져 들어가게 되는 것입니다.

(4) 분노의 정도가 과도하여 부당한 경우

분내는 정도에 있어서 부당하고 합당치 못할 수가 있습니다. 이 문제를 두 가지로 나누어서 생각하여 봅시다. 분을 내는 정도의 분량과 노를 품고 있는 시간의 분량에 관하여 숙고해 봅시다.

첫째로, 분내는 것이 '자신도 제어할 수 없을 정도가 되어 도를 지나치는 경우'가 있습니다. 그래서 스스로도 자신이 하는 일이 무엇인지를 모르고 감정과 행동을 제어할 수 없어 보이는 경우가 있습니다. 어떤 때는 감정이 너무 지나쳐서 이성은 맥을 못추고 정신 나간 사람처럼 행동합니다. 그러나 분내는 정도는 언제나 목적에 의하여 통제되어야 합니다. 이성이 제안하는 선한 목적의 범주를 벗어나지 말아야 합니다. 분내는 정도가 지나치면 죄악이 됩니다.

둘째로, 분내는 '시간의 길이'가 과도한 경우입니다. 오래 분내는 것은 죄악입니다. 성경도 지혜로운 사람은 "급한 마음으로 노를 발하지 말아야 한다"고 권면할 뿐만 아니라 "노는 우매한 자들의 품에 머무름이니라"(전 7:9), "분을 내어도 죄를 짓지 말며 해가 지도록 분을 품지 말라"(엡 4:26)고 말하고 있습니다. 분내는 것이 오래 계속되면, 악한 의도로 변하고 맙니다. 악한 누룩이 선한 누룩보다 부풀어 오르는 힘이 강합니다. 만일 어떤 사람이 다른 사람에게 오랫동안 분을 내고 있으면 미워하는 마음이 일게 됩니다. 마음속에 원한을 품고 오래도록 그 분한 마음을 버리지 아니하면 그 사람에 대해 미워하는 마음을 갖게 됩니다. 그들이 인정하든 않든 반드시 그렇게 진행됩니다. 이것은 하나님이 보시기에 가장 무서운 죄악입니다. 그러므로 모든 사람들은 마음에 오래 분을 품지 않도록 극히 조심해야 합니다.

이제까지 분내는 정신이 기독교의 사랑의 정신과는 어떤 점에서 반대되는지 말씀드렸으니 이제 저는 다음으로 나아가 보겠습니다.

2. 분내는 것이 그리스도인의 사랑과 반대되는 방식

분을 내는 것이 그리스도인의 사랑의 정신과는 어떻게 반대가 되는가? 이 문제를 두 가지 측면에서 다루어 봅시다.

첫째, 그리스도인의 정신인 사랑이 분내는 것과 정면으로 반대가 되는 방식을 다루겠습니다.

둘째, 본문에서 언급되는 사랑의 열매와 분내는 것이 왜 공존할 수 없는지를 알아보겠습니다.

(1) 부당하게 분을 내는 것을 용납하지 않는 그리스도인의 사랑

그리스도인의 사랑은 그 자체로 '부당하게 분내는 모든 것을 정면으로 반대' 합니다. 그리스도인의 사랑은 본질상 부당하게 분내는 것을 용납하지 않습니다. 분내는 것은 복수하기 쉽고 악의로 발전하기 쉽습니다. 사랑의 본질은 선한 의도를 가지는 것입니다. 그리스도인의 참 사랑은 정당한 이유 없이 분을 내지 못하게 하는 경향이 있습니다. 사랑은 분냄과 등을 돌립니다. 정당하지 못한 분노에 대하여는 아무리 사소해도 사랑은 무릎을 꿇지 않습니다. 분낼 만한 이유가 없는 경우라면 사랑은 더더욱 용납하지 않습니다. 사람들이 까닭 없이 분내고 싶어 하는 마음은 악하여 사랑일 수 없습니다. 하나님을 사랑하는 사람들은 다른 사람이 해를 끼쳤을 때에 그의 실수에 대해 분을 내고 싶은 성향을 억제합니다. 하나님을 사랑하는 사람은 오히려 그러한 성향이 하나님을 대적한다 여기고 다시 자신을 살핍니다. 만일 사랑이 있다면, 그것이 성을 잘 내는 정서를 묶어 놓고 복종시키고 규제합니다. 사랑은 감정이 과도하여 오래 분내는 방향으로 나가지 못하게 막아줍니다. 이와 같이 그리스도인의 사랑 자체는 모든 부당한 분노를 정면으로 대적합니다.

(2) 사랑의 열매와 공존할 수 없는 분노

본문에서 언급되는 모든 사랑의 열매들 역시 '분내는 것'을 반대합니다. 저는 열매 중에 두 가지만 언급하겠는데, 그것은 모든 다른 열매를 대표합니다. 곧 "사랑은 교만하지 아니하며 자기의 유익을 구하지 않는다"는 것입니다.

첫째로, 사랑은 모든 부당하고 죄악적인 분노를 반대합니다. 사랑은 그 열매에 있어서 교만을 반대하기 때문입니다. 교만은 부당한 분노의 주요한 동인動因이 됩니다. 사람들이 거만하기 때문에 복수심이 일어나고, 쉽게 흥분하고, 자신들을 반대하는 것들이 크다 할지라도 작게 여깁니다. 그들은 자신의 영예가 걸리고 자신의 뜻과 대립하면 대번에 덕스러운 것도 악하다고 취급합니다. 사람들로 하여금 이성을 잃고 분노하며 격정적이 되게 하는 것은 바로 교만입니다. 교만은 분을 발하게 하여 매우 높은 정도까지 격앙시키고 오래 지속하는 습관적인 악행으로 발전시킵니다. 그러므로 우리가 알아본 바와 같이 사랑, 그리스도인의 참 사랑의 정신은 교만을 절대 용납하지 않습니다.

둘째로, 사랑은 모든 죄악적인 분노와 반대입니다. 사람들이 자신만을 생각하고 자기 이익만 구하기 때문에, 자기 이익을 방해한다 여겨지는 모든 이들을 나쁘게 생각하고 복수하려고 합니다. 만일 사람들이 주로 자기 유익만을 구하지 않고 하나님의 영광과 공동적인 선을 구한다면, 그 마음은 자신의 유익보다는 하나님의 영광을 위하여 더 크게 움직일 것입니다. 자기들에게 해를 끼치고 화나게 하는 사람이 누구이든 간에, 지나치게 화내거나 부당하게 과격해져 오래 분을 품는 일을 하지 않을 것입니다. 하나님을 위하여 자신을 잊고, 그리스도의 영광을 위하는 열심으로 자신을 크게 생각하지 않을 것입니다. 그들의 목표는 자신을 크게 하거나 자기 이익을 얻는 것이 아닙니다. 오직 하나님의 영광과 동료들의 유익을 위하는 데 목표를 둡니다.

3. 적용

이 주제를 자신에게 다음과 같은 방식으로 적용합시다.

(1) 자기 검증의 방식으로

우리 자신의 양심으로 신실하게 탐구하고 양심의 요구를 절대적으로 받아들이면, 자신이 어떤 사람인지를 아주 잘 알게 될 것입니다. 위에서 묘사한 것과 같은 정신을 소유하고 발끈하여 성을 잘 내는 사람은 아닌지, 악의에 빠져 계속 분을 내지는 않는지 알게 될 것입니다. 자주 분내지 않았습니까? '내가 합당하지 않게 이유도 없이 죄악적인 분을 낸 적이 있었구나' 하는 생각이 들지 않습니까? 하나님께서는 조급함 속으로 크게 빠져들어 언제나 분내는 마음으로 가득하게 하시려고 우리 그리스도인들을 당신 나라로 부르신 것이 아닙니다. 그렇게 전적으로 화만 내는 것은 아니나, 자신의 이익이 달렸을 때에 분내는 마음을 기르지는 않았습니까? 사람들은 신앙적인 열심을 쉽게 늘어놓습니다. 흔히 우리는 "내가 분을 내는 것은 신앙적인 열심과 의무를 위함이다", 아니면 "하나님의 영광을 위한 것이다"라는 식으로 핑계를 잘 늘어놓습니다. 그러면서도 사실은 개인의 이익만을 생각하고 있습니다. 사람들은 자기의 유익과 영예가 걸려 있는 경우에, 마치 하나님의 의義를 위한 열심인 것같은 모습을 띠기를 얼마나 잘하는지요. 다른 사람들을 해롭게 하거나 불만을 나타내면서도 하나님의 영광을 위한 일인 것처럼 겉치레를 한다는 말입니다. 정작 하나님의 영예가 문제가 되나 자신의 이익에는 별 상관이 없다 할 때에는 핑계를 대어 책임을 다른 사람들에게 떠맡기고 냉정한 자세로 등을 돌립니다.

더 나아가서, 여러분 자신이 분을 내어 무슨 선한 것을 얻었으며, 무엇을 얻기를 바랐는지 자문해 보시기 바랍니다. 이 마을에서 일어난 공적인 일에 대해서는 매우 격렬하고 비통한 모습을 보인 이들이 많습니다. 그런 경우에 여러분이 앞에서 묘사한 그런 잘못을 저지르고 있지는 않은지 자문해 보십시오. 저는 여러분이 그와 같지 않은지 두렵습니다. 공적인 문제에 대하여 분을 내고 있는 여러분의 태도의 성격이 어떠한지 자문하여 보시기 바랍니다.

모든 경우가 다 그렇다고 할 수는 없지만, 분내는 경우 상당 부분이 그리스도인답지 않은 분냄은 아니었습니까? 악한 마음으로 마음이 굳어져서 갖게된 분노는 아닙니까? 여러분의 이익과 견해가 관련되어 교만하고 이기적인 동기에서 나온 분은 아니었습니까? 그리스도인다운 열심은 마음을 어지럽게 하거나 감정을 격하게 하지 않습니다. 그런데 이와 거리가 먼 방식으로 분을 낸 적이 많지 않습니까? 무자비한 행실과 복수심으로 분내지는 않았습니까? 하나님과 이웃이 아는 한에서, 여러분의 분노가 태양보다 더 강렬하였던 적이 여러 번이지 않았습니까? 겨울의 차가움이 분노의 마음을 얼리거나, 여름의 뜨거운 태양이 녹여 부드럽게 하기까지 오랫동안 그 분노가 남아 있지 않았습니까? 어떤 사람들은 마음에 분을 가지고 하나님 앞에서 있지 않습니까? 비록 분노가 잠시 인간의 눈에는 감추어져 있다 해도, 아직은 철저하게 치료되지 않은 옛 상처와 같지는 않습니까? 낙엽을 태워서 일어나는 불같은 분노는 아니었습니까? 가을 낙엽은 아무리 약한 불똥이 떨어져도 살라져 금방 불꽃이 일어납니다. 여러분의 분노가 그와 같이 감추어 있는 것은 아닌지요?

가족은 가장 긴밀하게 연합된 사회입니다. 가정의 구성원들은 가장 가까운 관계를 가지고 있습니다. 가족은 화평을 누리고 조화를 이루며 사랑해야 하는 당위적인 관계입니다. 그러나 여러분은 가정에서 어떤 마음가짐입니까? 하나님께서 주신 소중한 사람들에게 참지 못하여 분을 내거나 불친절했던 적은 없었습니까? 여러분의 말이나 행위에 쉽게 영향을 받는 가까운 사람들에게 참지 못하고 성을 낸 적이 없습니까? 가까운 가족에게 내었던 분노는 어떤 종류입니까? 본질에나 경우에 있어서 부당하고 생각 없이 행한 죄악은 아니었습니까? 별 실수도 아니고, 실수를 하였어도 사소하고, 또 일부 자신에게도 책임이 있음에도 그걸 생각하지 않고 가족에게 분을 내지 않았습니까? 정당한 이유가 있어도 여러분의 분노가 너무 오래 지속되어 너무 심했다 하는 양심의 가책을 느끼는 지점까지 가지는 않았습니까? 여러분 가까이 있는 이웃에게 성을 낸 적이 없습니까? 매일 관계하는 사람들에게 성을 낸 적은 없습니까? 하찮은 일에 성을 내었던 적은 없습니까?

이 모든 것을 통틀어 볼 때, 우리 자신을 점검하는 것이 마땅함을 알게 됩니다. 우리가 어떤 마음가짐이며, 어떤 점에서 그리스도의 정신이 부족하였는지 알아보는 것 또한 당연합니다.

(2) 죄악적인 분노를 막아주는 용도로

우리가 생각해 온 주제는 '부족하고 죄악적인 모든 분노에 빠지지 않도록 경계하고 막아주는 용도'로 쓸 수 있습니다. 인간의 마음이란 부당하고 죄악적인 분노로 기울어지기 쉽고, 나면서부터 교만과 이기적인 생각으로 가득 차 있습니다. 또 우리가 사는 세상은 우리의 부패하고 악한 성향이 격동하기 쉬운 세상입니다. 그래서 부단하게 삼가고 기도하지 않으면 이러한 면에서 그리스도인답게 살아가기를 기대할 수 없습니다. 우리는 잘못된 일을 할까 항상 조심하여야 합니다. 그뿐 아니라 성을 내는 원인과 항상 대적하여 싸워야 하며, 우리 마음에 그것이 일어나지 않도록 노력해야 합니다. 그 일이 가능하기 위하여는 신적인 사랑의 마음 세우기를 더 힘써야 하며, 겸손한 마음을 항상 견지해야 합니다. 그 일을 위하여 다음의 몇 가지 사항이 요청됩니다.

첫째로, 여러분의 감정 때문에 하나님과 사람을 불쾌하게 한 일은 없는지 늘 생각하십시오. 우리는 생애 전체를 통하여 하나님의 요구하시는 바들을 다 만족시키지 못하였습니다. 그래서 하나님의 무서운 진노를 샀으며, 그런 점에서 하나님께서 우리에게 진노하심이 정당합니다. 그래서 하나님께서 분노하지 않도록 끊임없이 기도해 왔습니다. 진노보다 자비를 베푸시기를 부단하게 기도하였습니다.

여러분의 감정이 동료를 보고 폭발한 적이 많았습니다. 그리하여 그들이 여러분에게 화를 낼 기회를 주었습니다. 여러분의 실수가 그들의 실수보다 클 수 있습니다. 이러한 생각을 하면 다른 사람의 눈에 티를 발견하고 안달하는 일로 시간을 허비하지 않을 것입니다. 오히려 스스로를 바라보고 자신의 들보를 뽑아내기에 힘써야 합니다. 매우 흔한 일로 다른 사람들의 실수에 대하여 언제나 성을 낼 준비를 하고 있는 사람들, 실수에 대하여 더 높은 요구를 하는 사람들은 그와 같은 실수를 함께 범하고 있든지, 아니면 더한 잘못을 범하는 셈입니다. 자신을 나쁘게 말한 사람에게 쉽게 성내는 사람이 다른 이들을 악평하는 일을 쉽게 봅니다. 그런 사람일수록 다른 사람을 중상하고 모독하는 경우가 허다합니다.

만일 다른 사람이 우리의 노를 격발하면, 성내는 대신 먼저 자신을 생각합시다. 그러면 노를 격발시킨 그와 같은 일을 우리가 범하였는지, 아니면 더 악한 일을 범하였는지 살펴보며 우리의 실패와 실수를 생각하여 다른 사람들에게 부당한 진노를 발하지 않게 될 것입니다.

둘째로, 부당한 분노가 안위安慰를 얼마나 잘 깨뜨리는지 생각하여 보세요. 폭풍이 대양大洋을 뒤집어 놓듯이 영혼을 어지럽혀 심령의 평안과 안정을 흔들어 놓습니다. 분내거나 쉽게 진노하는 사람들은 마음이 조급하여 인내하지 못하는 이들인데, 그런 이들이 가장 비참한 사람들에 속합니다. 우리 자신의 행복을 존중하려면 모든 부당하고 죄악적인 분노를 삼가도록 합시다.

셋째로, 그러한 심령은 '신앙의 의무들을 수행하지 못하게' 됩니다. 모든 부당한 분노는 경건의 연습을 못하게 하며, 신앙의 의무를 감당하려는 마음을 없애버립니다. 그리하여 하나님과의 교제에서 오는 마음의 질서와 온화함을 누리지 못하게 합니다. 하나님과의 교제야말로 진리와 모든 규례들을 통하여 우리에게 가장 큰 유익입니다. 그런데 부당한 분노는 하나님과의 교제를 멀리 하게 만듭니다. 그래서 하나님께서는 다른 사람들과 원수되면 하나님의 제단에 가까이 하지 말라고 명하신 것입니다.

"먼저 형제와 화목하고 그 후에 와서 예물을 드리라."(마 5:24)

사도는 "그러므로 각처에서 남자들이 분노와 다툼이 없이 거룩한 손을 들어 기도하기를 원하노라"(딤전 2:8)고 말씀하십니다.

넷째로, 혈기를 부리는 사람들을 성경에서는 인간 사회에 합당치 못한 사람이라 말합니다. 하나님의 엄위하신 지시는 이러합니다.

"노를 품는 자와 사귀지 말며 울분한 자와 동행하지 말지니 그의 행위를 본받아 네 영혼을 올무에 빠뜨릴까 두려움이니라."(잠 22:24,25)

그러한 사람은 사회의 독소로 여김을 받아 저주를 당합니다.

"노하는 자는 다툼을 일으키고 성내는 자는 범죄함이 많으니라."(잠 29:22)

모든 사람이 그런 사람을 불안해합니다. 그의 하는 일은 악합니다. 그의 행실은 하나님과 사람들에게 비난을 받습니다. 이러한 것들을 생각하고, 모든 사람들에게 근실하게 행동하고, 온유한 심령을 길러 자비하고 사랑하는 마음을 소유하시기 바랍니다. 바로 그것이 하늘에 속한 마음입니다.

사랑은 악한 것을 생각하지 아니하며

고린도전서 13장 5절

CHAPTER 10

사랑은 악평하지 아니하며

The Spirit Of Charity The Opposite Of A Censorious Spirit

우리는 그리스도인의 사랑이 교만과 이기심의 정반대요, 악한 마음의 일반적인 열매들과도 상반됨을 알았습니다.

사랑은 남에게 성내거나 악평하는 마음과 정반대입니다. 이제 우리는 다른 사람을 악평하는 마음과 반대되는 사랑의 속성을 알아봅니다. 본문에서 사도는 사랑은 "악한 것을 생각하지 아니하며"라고 하였습니다.

이 말씀 속에서 다음의 교리가 분명하게 드러납니다.

'그리스도인의 사랑의 마음은 악한 비평을 반대한다.'

다른 말로 하여, 사랑은 다른 사람들을 악하게 말하거나 판단하는 성향과는 정반대라는 것입니다.

사랑을 나타내는 일반적인 표현법들 중 하나는, '상황이 허락하는 한 다른 이들을 가장 선하게 생각하고픈 마음의 성향이 사랑이다' 입니다. 그러나 성경적인 의미의 '사랑'은 그것만이 아닙니다. 사랑을 나타내는 한 방식에 지나지 않습니다. 그것은 사랑의 풍성한 열매들 가운데 하나에 불과합니다. 사랑은 그보다 광대하고 훨씬 더 넓습니다.

성경에서 말하는 사랑은 그리스도인의 참된 신적 사랑입니다. 이런 참 사랑이 기독교의 정신이라고 할 수 있습니다. 본문은 이런 관점에 부합해서 사랑의 선한 열매들 중 하나를 말하고 있습니다. 곧 다른 사람을 사랑스러운 마음으로 좋게 판단하는 마음입니다.

그런데 다른 열매들과 같이 이 열매에 대해서도 부정적인 형식으로 표현합니다. 사랑의 열매와 반대되는 것을 표현하는 형식을 취하고 있습니다.

"사랑은 악한 것을 생각하지 아니하며."

검열관이 하는 방식으로 다른 사람의 악을 찾아내려는 마음을 갖지 않으며, 다른 이들의 상태를 나쁘게 비판하는 마음이 아니라는 것입니다.

저는 이 주제를 다룸에 있어서 다른 이의 약점을 노리는 마음의 본질이 무엇인지 말씀드리려 합니다. 그 마음이 그리스도인의 정신과 어떤 면에서 상반되는가를 언급하겠습니다.

1. 검열관식으로 악평하는 마음의 성향

이 마음은 사랑 없이 다른 사람을 판단하려는 심사입니다. 우리는 이 마음의 성향이 나타내는 세 가지 측면을 생각해 보아야 합니다.

첫째, 다른 사람의 상태를 악평하는 방식.
둘째, 다른 사람의 성품을 악평하는 방식.
셋째, 다른 사람의 행동을 악평하려는 방식.

(1) 타인의 상태를 검열하여 악평하는 방식

그것은 주위에 있는 이들이 누구든지 간에 '그들이 소유한 악한 것이 무엇인지 알아내려는 자세'로 나타납니다. 주위의 사람들이 그리스도인으로 자처하는 자들이든, 세상에 속해 있는 이들이든 상관없습니다. 우리와 같은 믿음을 고백하는 그리스도인들이 주위에 있으면 그들의 허물을 들추어 내려고 애를 쓰는 자세에서 드러납니다. 그런 마음을 소유한 이들은 다른 이들의 신앙 고백을 위선이라고 악평합니다.

그러나 이 땅에서 그런 식의 극단적인 판단은 피해야 합니다. 어떤 이들은 다른 사람들에게서 발견되는 경건의 모양을 조금 보고 '저들이야말로 경건한 사람이다'라는 결정을 재빨리 내립니다. 어떤 사람들은 타인의 적은 경건을 보고는 '저 사람 정말 최소한의 은혜도 없다'고 속단합니다. '저 사람은 사활을 좌우하는 종교적인 체험을 전혀 알지 못한다'고 단언합니다. 그러나 이 두 극단은 모두 하나님의 말씀의 지지를 받지 못합니다. 각 사람의 상태를 판단하는 것은 하나님 자신의 권한이라고 친히 말씀하십니다. 사람들의 마음을 감찰하시는 자만이 그런 큰일을 하실 수 있습니다.

악한 상태에 있다는 증거가 전혀 없는 다른 이들을 매우 성급히 정죄하는 죄를 짓는 자들이 있습니다. 욥의 세 친구가 바로 그러한 잘못을 저질렀습니다. 욥이 비상한 시련을 당한다는 사실을 들어서 그를 위선자로 공격합니다. '하나님께서 저 사람에게 섭리하시는 방식을 보니 그는 위선자임에 틀림없다'는 식으로 판단합니다. 또 다른 사람들의 실패를 보면 그들을 정죄합니다. 하나님의 사람들에게도 그런 넘어짐이 흔히 있는데도 불구하고, 실패를 판단 자료로 사용하여 다른 이들을 악평합니다. 자기가 한 실수보다 더 크지 않는 실수를 보고도 그 일을 저지른 다른 이들을 악평합니다.

그렇게 다른 이들을 악평하는 일을 자행하면서도 자신은 훌륭한 그리스도인이라 스스로 평가합니다. 그러면서도 다른 사람들을 악하게 비평합니다. 자기와 의견이 다르다고 하여 '저 사람 중생치 못한 사람이다'는 식으로 타인을 판단하든지, '저 사람 나와 다른 의견을 내는 것을 보니 육적인 사람이다'라고 악평하는 것은 잘못입니다. 다른 사람들이 보이는 연약한 모습을 보고는 '저들은 천성적인 기질과 태도가 부족하다', '교육을 덜 받았다', '처해 있는 환경이 악하다'는 식으로 남을 비평하면 죄를 짓는 것입니다.

또 다른 사람이 자기와 같은 체험을 하지 못했다고 해서 그 사람이 잘못됐다 평하지 말아야 합니다. 자기와 같은 방식으로 체험하지 못하였다고 '저 사람은 불신앙자요, 회심하지 못한 자'라고 몰아세우는 것 역시 잘못입니다. 자신의 체험을 다른 사람이 따라야 할 법칙과 표준으로 내세우는 것 역시 잘못입니다. 그런 식의 생각은 사람들의 마음에 역사하시는 성령께서 광범위한 다양성을 가지고 일하심을 인정하지 않는 처사에 불과합니다.

성령님의 방식은 신비롭고 측량할 수 없을 적이 얼마나 많습니까! 특히 사람들을 그리스도 예수 안에서 새로운 피조물로 만드실 때 그런 일이 얼마나 자주 발생합니까! 그런데 성령님의 그런 방식을 이해하지 못하고 악한 검열관이 하는 대로 행동하고 비합리적으로 행동하는 것은 악한 짓입니다. 자신과 같은 체험을 하지 않은 그리스도인은 어떤 사람도 인정치 않으려는 방식은 옳지 않습니다. 그런데 자신의 경험과 동일하지 않다는 사실로 다른 사람들을 인정하지 않으려고 합니다. 자신과 같은 힘이나 기질이나 몸의 상태, 심지어 자신과 같은 용모를 가지지 않은 사람을 전혀 인정하려 들지 않습니다. 잘못된 처사입니다.

(2) 다른 이의 자질들qualities을 악평하는 방식

남을 악하게 평가하기를 좋아하는 마음은 '다른 이의 기질을 악하게 판단' 하는 데도 빠릅니다. 그런 마음의 자세는 다른 사람의 좋은 기질에 관해서는 지나쳐 버리고 싶어합니다. 다른 사람이 갖추지 못한 자질을 찾아내려고 애씁니다. 다른 사람을 '매우 작은 사람'으로 보고, 그들의 악한 기질을 크게 확대하여 악평하고 싶어 합니다. 그들에게 악한 기질이 없는데도 '가지고 있다'고 단언합니다. 어떤 이들은 이렇게 다른 사람들을 비난합니다. "그 사람은 무지한 사람이며 어리석은 사람이다." 그리고 "그는 기질이 형편없다'고 비난합니다.

그러나 그렇게 악평을 당하는 사람을 가만히 보면 그런 평을 받을 만한 사람이 아닌 경우가 허다합니다. 어떤 사람은 타인에 대한 하찮은 평가를 확대하며 재미있어 합니다. 친구들이나 함께 일하는 사람에게 "저 사람 나쁘다"고 선전합니다. 사랑하는 마음으로 보면 선한 것을 발견할 수 있는 사람에 대하여도 그런 악평을 서슴지 않습니다. 그들의 선함이 악함보다 훨씬 커서 능히 상쇄되고도 남기 때문에 "저 사람은 악보다는 선한 것이 더 많다'고 말해야 할 판인데도 그런 악평을 감행합니다. 그렇게 남을 악평하는 그 사람이 바로 더 큰 악을 자행하고 있는 셈입니다. 사랑의 마음으로 보면 무시하지 말아야 할 사람인데도 비난을 퍼부어 댑니다.

어떤 이들은 도덕적이지 않은 이들에 대해서 '저들은 기질이 악하다'는 식으로 비난하려 듭니다. 그런 악평을 당하는 이들은 원래 받을 비난보다 높은 비난을 받는 셈이지요. 그런 마음으로 가득합니다. 이웃 중 어떤 사람에게 선입견을 가지고는 '저 사람, 매우 거만하다'고 여깁니다. 그래서 원래 비난 받을 정도보다 더 이기적이고 비열하며 악한 사람이라는 평가를 받습니다. 그런 선입견이 있는 사람은, 모든 이에 대해 '선한 것은 하나도 없다'는 식으로 생각하려 듭니다. 다른 사람은 극히 거만하고 탐욕적이며 이기적인 사람으로 비춰집니다. 그런 식으로 보일 뿐 사실은 그렇지 않은데, '그 사람은 아예 그런 사람' 이라는 식으로 평합니다. 그러나 그런 선입견이 없는 이들은 비난당하는 사람에게서 선한 것을 보며, 악하게 보이는 자질들도 달리 생각하면 정상을 참작할 만함을 발견합니다.

다른 사람의 악한 것만 보고 악하게 평가하는 사람의 눈에는 악한 것만 보입니다. 다른 사람의 성품 중에 의롭지 못한 부분만 보고 비방 받을 부분만을 말합니다.

(3) 타인의 행동을 악평하는데 빠른 방식

검열관식으로 남의 허물을 들추어내려는 마음은 '다른 사람들의 행동을 악하게 판단' 하는 데 빠릅니다. 여기서 행동이란 겉으로 드러난 행동과 행동의 저변에 있는 마음의 자발성 등 그 사람의 전부를 의미합니다. 언어나 행실 모두가 포함됩니다. 사람의 행동을 악하게 판단하는데 있어서 그 정신은 다음의 두 가지 경우로 모습으로 드러납니다.

첫째로, '그런 판단을 내릴 근거가 없는데도 다른 사람이 행한 것을 악하다고 평가합니다.' 악하게 생각하는 마음은 다른 사람을 시기하게 하며, 비기독교 정신으로 행하였다는 증거가 전혀 없는 사람을 보고도 악하게 행동하였다고 의심하게 만듭니다. '다른 사람이 보는 데서는 안 그런 척 행동하지만 사실은 악한 사람' 이라는 식으로 상정하고 악하게 평가하는데 매우 자유롭습니다. 그는, 남이 이런 저런 일을 행하였으리라고 믿을 준비가 되어 있습니다. 비밀리에 눈에 띄지 않는 곳에서는 악한 일을 했을 것이라는 생각으로 그 사람을 악평합니다. 그 악평을 당하는 사람의 친구나 동역자들에게 '그 사람이 악한 일과 말을 하였다' 고 퍼뜨리고 다닙니다. "그 사람 말이야, 자기와 관련이 없는 이들에게는 이러 저러한 의도로 그 일을 숨기고 있어"라고 소문을 냅니다. 사도 바울은 그러한 죄악을 범하는 사람들을 향하여 "비방하는 죄를 범하고 있노라"(딤전 6:4)고 정죄하였습니다. 그리고 그 비방은 '투기, 분쟁, 악한 생각'과 관련이 있습니다.

어떤 사람은 다른 이의 소문을 내는 일에 앞장서서 사랑 없는 마음을 여실히 드러냅니다. 단순히 악한 소문만 듣고 그 사람에 대해서 악하게 생각하는 것은 거짓을 말하는 세상을 따라가는 것에 불과합니다. 소문이 충분한 근거도 없는데 따라가고 있습니다. 세상에 거짓되고 사려 없이 내는 소문은 사람들로 하여금 소문을 사실로 믿게 하는 악입니다. '이 세상 신神'이라 불리는 마귀는 "거짓말쟁이요 거짓의 아비"(요 8:44)입니다. 마귀의 자식들은 거짓을 지어 말하는 일에 마귀와 똑같습니다. 사람들은 자기가 들은 것이나, 다른 사람의 말만 믿어 사람을 판단하는 일이 얼마나 흔합니까? 그러한 일이 다반사입니다. 들은 일에 대한 정당한 근거 하나도 없이 다른 사람을 판단하는데 얼마나 빠른지 모릅니다. 다른 사람이 무슨 말을 하면서 소문을 전해 주면 흔히 더 알아보려고 하지 않고 즉각 결론을 내려 버리고들 있습니다. 확실한 증거도 없고 다만 일반적으로 풍문에 지나지 않은 것을 가지고 그런 판단을 내립니다. 어떤 사람은 언제나 악한 소문에만 귀를 기울이려 합니다. 다른 이의 소문 듣는 것을 재미로 삼습니다. 그런 일에 탐심을 가진 자들은 다른 이의 소문을 들으려는데 혈안이 되어 있습니다. 그들은 굶주린 배를 악한 소문으로 채우려 합니다. 마치 썩은 고기를 먹고 살아가는 까마귀 같습니다. 까마귀들은 고기가 썩은 것이 아닌지 잘 살펴보기도 전에 먹어 치웁니다.

그런 짓에 배부른 사람들은 성품이나 행실에 있어서 '주의 성산에 거하고 주의 장막에 거하는 사람들에' 대하여 선언한 시편 기자의 말과 얼마나 상반되는지 스스로 보여줍니다. 시편 기자는 하나님의 장막에 거하는 사람들, 하나님의 성산에 거하는 사람들에 대해서 이렇게 말합니다. "여호와여 주의 장막에 머무를 자 누구오며, 주의 성산에 사는 자 누구오니이까 정직하게 행하며 공의를 실천하며 그의 마음에 진실을 말하며 그의 혀로 남을 허물하지 아니하고 그의 이웃에게 악을 행하지 아니하며 그의 이웃을 비방하지 아니하며"(시 15:1-3)라 하였습니다. 다른 이를 악하게 생각하는 사람들은 '악을 행하는 사람'과 같습니다. 악한 자는 '거짓된 입술에서 나오는 소리에 귀를 기울이는 사람'입니다. 그들은 "거짓말을 하는 자는 악한 혀가 하는 말에 귀를 기울이는 사람"(잠 17:4)임을 스스로 드러냅니다. 다른 사람들의 행동을 악하게 판단하는 마음의 성향은 다음과 같은 면에서도 나타납니다.

둘째로, 그 성향은 '다른 사람의 행동을 가장 악하게 해석하도록 사람을 유도'합니다. 악한 마음은 근거 없이 다른 사람들의 행동을 악하다 판단하기 쉬울 뿐 아니라 다른 사람들의 행동 자체를 악하게 해석합니다.

의롭고 잘한 일이라고 판단해야 할 경우에도 악하게 해석하여 평가합니다. 흔히 행동하는 사람의 마음 속 깊이에는 행동의 의도와 목적이 숨어 있습니다. 그러나 악평하는 사람들은 그런 것을 전혀 염두에 두지 않습니다.

사랑하는 마음이 없이 악평하는 일이 무엇보다 더 보편화 되어 있습니다. 사람들은 남의 행동에 대하여 선입견을 갖습니다. 겉으로 볼 때 좋아 보이는 행동을 악하게 평가해 버립니다. 물론 사람의 행동이 위선적인 경우가 있습니다. 그러나 행동에 대한 성급한 악평은 잘못입니다. 사람들은 그러한 일을 다반사로 행합니다. 특히 공적公的 지위에 있는 사람의 일들을 그런 식으로 악하게 평가하려 드는 경우가 많습니다. 어떤 공직에 있는 사람이 공적인 유익과 이웃의 이익을 위하고, 하나님의 영광과 신앙적 유익을 위하여 무엇을 말하고 행하면, '그 모든 것이 다 위선'이라고 몰아붙이는 이들이 있습니다. 또 '사실은 자기 자신들만을 위한 처사다'라고 조롱합니다. '공직에 있는 사람들은 자기의 유익을 위하여 일을 꾸미기 잘하는 사람들이며, 다른 이들을 얼러서 무엇을 시도하려고 하지만 속으로는 악한 계획을 숨겨 두고 진행하고 있다' 는 식으로 악평하기를 서슴지 않습니다.

(4) 악하다 판단하는 일이 정당할 때

우리는 이러한 자세를 따져 보아야 합니다. 다른 사람들을 악하다고 판단하는 모든 것이 다 비합법적인 것은 아닙니다. 그러면 어떤 경우에 악평이 잘못입니까? 어디에 선을 그어야 하는지요? 저는 이 질문에 대하여 다음과 같이 답하려 합니다.

첫째로, 교회나 사회에서 '재판관의 위치에서 판단하는 자리'에서 일하라 지명받은 사람들이 있습니다. 그들은 관내管內 사람들의 선악의 문제를 판별합니다. 선한 사람들에게 포상褒賞하고 칭찬하며, 악한 사람들은 정죄하는 권한을 부여 받았습니다. 그들은 행동의 성질과 증거, 합법성 여부를 종합하여 판결합니다.

둘째로, 다른 사람들을 개인적으로 판단하는 데 이치를 벗어나서는 안됩니다. 이치를 따라야만 다른 사람들을 선하게 판단합니다. 남을 악평하는 것은 이성理性을 심히 거스르는 일입니다. 사랑은 '부패한 이성' 위에 세워지지 않습니다. 사랑과 이성은 매우 훌륭한 조화를 이루고 있습니다. 판단하는 것 전부를 금하지는 말아야 합니다. 악한 행위를 계속 행하는 증거가 보이는 사람들에 대해 악하다는 판단은 잘못이 아닙니다. 사도는 "어떤 사람들의 죄는 밝히 드러나 먼저 심판에 나아가고 어떤 사람들의 죄는 그 뒤를 따르나니"(딤전 5:24)라고 말합니다. 어떤 사람들의 죄는 증거가 분명하고 빠르게 드러납니다. 그런 행실은 세상이 보기에도 악하다고 판단 받을 만합니다. 그런 죄는 모든 사람의 마음의 숨은 것을 다 밝히실 최후 심판 날이 오기 전에 정죄를 받습니다.

어떤 사람들의 행동은 의도가 악하다는 증거를 분명히 보여주므로 그것이 악하다는 판단은 다른 사람들의 비밀스런 의도를 악평하는 것이 아닙니다. 그러므로 다른 사람의 행동을 판단하는 것 전부가 사랑없는 악한 행동이라 말해서는 안됩니다.

(5) 검열관식으로 악평하는 경우들

첫째로, 마땅한 근거가 없는데도 다른 사람들을 악하다 판단하는 경우입니다. 선하게 생각할 만한 타당한 근거가 있는데도 나쁘게 생각하면 그것도 악한 것입니다. 좋아 보이는 것은 무시하고 자기를 거스른다 생각하고, 그렇게 보이는 것만 크게 확대하여 강조하며 악평하는 것은 잘못입니다. 문제의 행동을 신중하게 검토하고 그 경위와 처지를 주밀하게 알아보기도 전에 성급하게 다른 사람을 판단하고 정죄해도 잘못입니다. 사려 깊은 사랑의 마음을 가진 자는 빠짐없이 잘 살펴 알아보고 모든 사항을 참작한 후에야 판단합니다. 그러나 어떤 이들은 다른 사람들을 판단하는데 거칠고 몰인정합니다. 그래서 잠언에서 이렇게 말하고 있습니다.

"사연을 듣기 전에 대답하는 자는 미련하여 욕을 당하느니라."(잠 18:13)

둘째로, 악을 생각하고 판단하는 자체를 즐거워하는 것 역시 악한 일입니다. 분명한 증거가 있어서 악하다 판단을 내릴 수 있습니다. 그러나 그렇게 판단하지 않을 수 없는 것은 퍽 안된 일입니다. 온유하고 자비로운 부모가 자녀의 큰 죄를 알면 마음이 아픕니다. 그러나 악한 판단을 즐기면 문제는 달라집니다. 그러한 일에 즐거움을 느끼는 사람들이 있습니다. 그들은 남을 악하다 판단하기에 빠릅니다. 아주 적은 증거만으로도 다른 사람을 악평하고 싶어 어쩔 줄 모릅니다. 남을 악하게 생각하는 것을 즐거워하기까지 합니다. 그들은 그런 일이 적성에 맞는 사람처럼 보입니다.

다른 사람들을 악하게 판단하는 것을 좋아하는 성향은 여러 가지를 심사숙고하기도 전에 빨리 판단해 버림으로 드러납니다. 다른 사람들의 악을 생각하고, 악하게 말하는 데서도 나타납니다. 다른 사람들에 관한 것을 조롱 섞인 투와 경멸하는 분위기로 악의에 차서 말하면 그런 정신이 드러나는 셈입니다. 다른 사람의 실수를 말하기 좋아하는 것이 바로 그러한 성향의 증거입니다.

남에 대한 판단을 싫어하는 이들은 그런 일을 할까봐 극히 조심합니다. 악한 평가를 내리기에 충분한 근거가 주어지기까지는 악하다고 평가하지 않습니다. 그런 경우에도 허락하는 한 가장 선하게 생각하려고 합니다. 남의 행동이나 말에 대하여 가능한 제일 좋게 이야기할 것입니다. 그런 이들은 남들을 악하다 판단하지 않을 수 없는 경우, 자기들의 성향과는 맞지 않으나 하는 수 없이 그렇게 판단을 해야 할 경우에도 그 판단을 즐거워하지 않습니다. 그러한 이들은 누구에 관해서 악하고 판단 내리기를 좋아하지 않습니다. 의무상 그렇게 하지 않을 수 없을 때에만 마지못해 하는 자세로 그 일을 해내는 것입니다.

이렇게 하여 이제까지 남의 약점을 검열관식으로 발견하여 악평하려는 것이 어떠한 성질을 띠고 있는지 보여드렸습니다.

2. 그리스도인의 사랑과 인애를 거스르는 악평하는 성향

(1) 이웃 사랑과 반대되는 악평

악평하는 것은 이웃 사랑과 반대가 되는데, 그 요점이 세 가지 방식으로 드러납니다.

첫째로, 아시다시피 사람들은 누구나 '자기 자신을 악평하는 일'을 매우 주저합니다. 사람들은 자신의 상태에 관하여는 매우 좋게 생각하려는 태도를 가집니다. 자신의 상태를 가장 좋게 평가하고 생각하는 데 열심입니다. 자신 안에 은혜와 유사한 어떤 것이 있으면, 아주 강하게 자기 상태가 선하다고 생각합니다. 늘 자기 말이나 행실을 좋게 생각할 준비가 되어 있습니다. 그래서 자신을 악하게 보려는 일에는 매우 망설입니다. 자신을 크게 사랑하기 때문입니다. 그러므로 이웃을 자신과 같이 사랑한다면, 그 사랑은 이웃에 대해서도 같은 경향을 띠게 될 것이 분명합니다.

둘째로, 사람은 자기가 사랑하는 자들을 악하게 평가하는 일을 매우 주저합니다. 자기와 친밀한 동료들에게 그러한 태도를 나타냅니다. 자기 자녀를 사랑하는 부모의 사랑하는 마음에서 그러한 것이 발견됩니다. 자신들과 친한 사람에 관해서는 좋게 생각하려고 늘 준비하고 있습니다. 자기와 친한 이들의 경우 가장 좋게 보려고 합니다. 천성에 관해서든 도덕적인 문제이든, 친한 사람들에게 대하여는 좋은 판단을 내립니다. 그리고 자기와 친한 사람들의 잘못에 대하여 누가 말하여도 좀처럼 믿으려 들지 않습니다. 또는 못들은 체하려 합니다. 사람들은 자기와 가까운 사람에 대해 평하는 누구의 말도 더디 믿습니다. 친한 사람들의 행동에는 가장 우호적인 평가를 내립니다. 그런 일에는 모두 앞장을 섭니다.

셋째로, 반대로 자기가 미워하고 감정이 좋지 않는 사이의 사람들에 대해서는 악한 것만 보려는 경향이 일반적입니다. 사이가 틀어지고 문제가 있으면 금방 분내고 선입견이 작동합니다. 그래서 서로를 악하게 해석하고 심지어 가장 악한 경우를 상정하여 상대에게 뒤집어씌우기도 합니다. 그런 경우에는 서로 상대방을 하찮게 보려합니다. 상대방에게 있는 악한 성질을 많이 발견하였다고 상정하고는 실제로 상대방에게 악함이 있다고 단정해 버립니다. 서로 상대가 자기가 보지 않는 자리에서 악을 행하였으리라고 추측합니다. 상대방에 대한 악한 일이나 소문을 견딜 수 없이 듣고 싶어 합니다. 그런 소문은 따져보지도 아니하고 다 믿어 버립니다. 그의 말과 행실에 대하여 가장 악한 평가를 내립니다. 상대방의 상태에 대하여 악하게 생각하려는 경향을 띱니다. 그에게 은혜가 없다는 식으로 비난합니다. 어떤 특별한 관계 안에서 문제가 있어서 틈이 벌어졌을 때도 그렇습니다. 이러한 일들은 그리스도인다운 참 사랑이 우리에게 부족함을 여실히 드러냅니다. 사랑에 반대되는 마음에 빠져 있기 때문입니다.

(2) 교만한 심령의 표현

남의 악한 것을 생각하여 나쁘게 평가하는 것은 교만한 심령의 증거입니다. 문맥이 보여주는 바와 같이 교만한 마음은 그리스도인의 참 사랑과는 반대입니다. 다른 사람들을 악하게 생각하고 평가하는데 빠른 것은 교만한 성향을 보여줍니다. 악하게 보기를 좋아하는 사람이 '나는 실수와 책망 받을 만한 일에서 벗어나 있다'고 생각할지라도, 그것은 도리어 교만한 성향을 드러내는 것입니다. 교만한 마음이 있어 남을 비난하는 일에 분주하고 통렬해져도 정당하다고 생각합니다. 타인을 보고 잘못하였다고 비난하는 것이 잘 하는 일이라 여깁니다. 그것은 교만함 때문에 생기는 심리입니다. 그러한 요점이 마태복음 7장에 암시되어 있습니다.

"비판을 받지 아니하려거든 비판하지 말라 너희가 비판하는 그 비판으로 너희가 비판을 받을 것이요, 너희가 헤아리는 그 헤아림으로 너희가 헤아림을 받을 것이라 어찌하여 형제의 눈 속에 있는 티는 보고 네 눈 속에 있는 들보는 깨닫지 못하느냐."(마 7:1-3)

이는 사도의 선언 속에도 포함되어 있습니다.

"그러므로 남을 판단하는 사람아, 누구를 막론하고 네가 핑계하지 못할

것은 남을 판단하는 것으로 네가 너를 정죄함이니 판단하는 네가 같은 일을 행함이니라."(롬 2:1)

만일 사람들이 자신의 결점을 겸손하게 인정한다면 다른 사람을 판단하는데 앞장서지 않을 것이며 남을 판단하는데 즐거움을 느끼지 못할 것입니다. 다른 이들에 대한 악한 판단이 결국에는 자신에게 떨어질 것임을 알기 때문입니다.

누구나 남의 마음에서 보이는 것과 동일한 종류의 부패를 지니고 있습니다. 악평에 분주한 사람들이 자기 속을 들여다보며 마음과 삶을 점검하여 본다면, 그들은 스스로에게도 악한 성향과 행실이 있음을 진지하게 볼 수 있습니다. 이러 저러할 때 다른 사람을 비판했던 점이 자신에게도 있음을 알고, 자기가 악평하던 죄악이 남이 아닌 자기 속에도 많음을 깨닫게 될 것입니다. 비판하고 정죄하기를 좋아하는 성향은 기만적이고 거만한 성향입니다. 자신을 다른 사람들보다 위로 높이 세우는 마음이 겉으로 드러난 모습입니다. 마치 자신이 주인이라도 된 듯 하고 동료를 판단하는 재판관이라도 된 양 모습을 보입니다. 자기의 선고宣告 여하에 따라 넘어지고 선다고 착각합니다. 이러한 요점은 사도의 말에서도 나타납니다.

"형제들아 서로 비방하지 말 형제를 비방하는 자나 형제를 판단하는 자는 곧 율법을 비방하고 율법을 판단하는 것이라 네가 만일 율법을 판단하면 율법의 준행자가 아니요 재판자로다 입법자와 재판관은 오직 한 분이시니 능히 구원하기도 하시며 멸하기도 하시느니라 너는 누구이기에 이웃을 판단하느냐."(약 4:11,12)

이 말씀은 사실상 이렇게 말하고 있는 셈입니다. "너는 네가 판단하는 사람과 자신이 동류요 같은 종이라 여기지 않고 행동하고 있다. 네가 그와 똑같이 법을 지켜야 할 사람이라는 것을 부인하고 있구나. 너는 율법을 지켜야 하는 사람들을 재판하는 재판관 같이 행동하고 있다." 로마서 14:4에도 이런 말씀이 있습니다.

"남의 하인을 비판하는 너는 누구냐 그가 서있는 것이나 넘어지는 것이 자기 주인에게 있으매 그가 세움을 받으리니 이는 그를 세우시는 권능이 주께 있음이라."

오직 하나님만이 의로운 재판관입니다. 하나님의 주권과 통치에 대한 바른 견해는 우리로 하여금 감히 우리와 같은 형제들을 판단하고 악평하는 일을 두려워하며 삼가게 합니다.

3. 적용

우리는 이 주제를 다음과 같은 방식으로 적용시켜 생각할 수 있습니다.

(1) 책망의 용도로

이 주제는 다른 사람을 악평하고 마음대로 자신들을 높이는 자들을 혹독하게 책망합니다. 악한 생각이 정죄받아 마땅하다면, 남을 악하게 비판하는 자리에 자신을 방임하는 사람은 더 비난을 받아야합니다. 그들은 혀로써 다른 사람들을 찢는 이들입니다. 이웃을 등 뒤에서 악평하는 사람은 이를 매우 잘하는 일로 여기는 마음의 성향을 드러내는 것입니다. 그러한 마음은 다른 사람의 인격과 행실을 사랑하는 마음이 없이 생각하고 판단함으로 드러납니다. 그러므로 다른 이에 대한 악한 비평은 때로 성경에서 방금 인용한 사도 야고보의 구절에 있는 것과 같은 모습을 지니게 됩니다.

성경은 뒤에서 말로 수군거리며 악하게 비평하는 것을 얼마나 자주 정죄합니까? 시편 기자는 악한 사람들에 대하여 이렇게 말합니다.

"네 입을 악에게 주고 네 혀로 거짓을 꾸미며 앉아서 네 형제를 공박하며 네 어머니의 아들을 비방하는도다."(시 50:19,20)

사도는 디도서에서 이러한 말을 하였습니다.

"아무도 비방하지 말며 다투지 말며 관용하며 범사에 온유함을 모든 사람에게 나타낼 것을 기억하게 하라."(딛 3:2)

이러한 말씀도 있습니다.

"그러므로 모든 악독과 모든 기만과 외식과 시기와 모든 비방하는 말을 버리고."(벧전 2:1)

그리고 "그 혀로 남을 허물하지 아니하고 그의 이웃에게 악을 행하지 아니하며 그의 이웃을 비방하지 아니하며 그의 눈은 망령된 자를 멸시하며 여호와를 두려워하는 자들을 존대"(시 15:3,4)하는 것이 시온 백성들의 특징인데, 그 특징이 하나님의 거룩한 산에 설 자임을 말하고 있습니다.

그러므로 여러분이 이러한 죄를 자주 범하지는 않는지 잘 살펴보시기 바랍니다. 다른 사람을 향하여 이와 같은 악한 생각을 표현하지는 않았는지 보십시오. 특별히 여러분과 어려운 관계에 있는 사람을 향하여 이러한 말을 하지 않았는지 살펴보시기 바랍니다. 여러분과 같은 편이 아닌 사람에게 이러한 악행의 말을 하였는지 조심히 살펴보십시오. 이러한 것은 여러분이 매일 하는 잘못이 아닙니까? 그러하다면 그것이 얼마나 비기독교적인 정신이며, 그리스도를 고백하는 사람들이 가져야 할 정신과 얼마나 상반되는지를 생각해 보십시오. 그리고 전적으로 마음을 고쳐먹고 단번에 끊어 버리시기 바랍니다.

(2) 바른 그리스도인을 악평하지 못하게 하는 경계로

이 주제는 말이나 생각을 통하여 그리스도인의 이름에 합당한 사람들을 악평하는 모든 것을 경고합니다. 이미 언급한 내용에 세 가지를 더 생각해 보십시다.

첫째로, 진상을 알고 보니 처음에 판단하려던 것보다 훨씬 좋은 것들이 그들에게 드러나는 경우가 얼마나 많습니까! 성경에는 이러한 경우가 많이 나타납니다. 르우벤의 후손들과 므낫세 반 지파의 후손들이 요단 가까이에 제단祭壇을 만들었다는 소문이 들렸습니다. 그 소식을 들은 이스라엘 다른 지파의 족속들은 그들이 주 여호와를 버렸다는 결론을 내리고는 그들을 치려고 서둘러 준비하였습니다. 그러나 진상이 밝혀지니 진실은 정반대였습니다. 그들은 선한 의도로 단을 건축하였습니다. 여호수아 22장에서 볼 수 있는 것처럼 하나님을 경배하기 위해서였습니다. 엘리는 한나가 성전에 올라왔을 때에 술에 취한 것으로 알았습니다. 그러나 진상을 알아보니 한나는 슬픔이 가득하여 있었습니다. 엘리는 그녀가 하나님 앞에 자기의 영혼을 토하고 기도하고 있음을 알고는 만족했습니다(삼상 1:12-16). 밧세바가 다윗에게 와서 므비보셋이 다윗을 반역하고 왕관을 탐내고 있다는 보고를 하였습니다. 다윗은 그 보고를 그대로 믿어 악하게 판단하고 그를 크게 해할 뻔했습니다. 그러나 진상을 알고 보니 정반대였습니다.

엘리야는 이스라엘의 상태를 악하게만 판단하였습니다. 아무도 하나님을 섬기는 사람이 없다는 결론을 내렸습니다. 그러나 하나님께서 바알에게 무릎 꿇지 아니한 칠천인을 준비해 주셨음을 알게 되었습니다. 오늘날에도 그러한 일들은 많습니다. 자세히 알아보면 우리가 듣고 판단하였던 것보다 다른 훨씬 더 좋은 것을 발견하게 되는 경우가 얼마나 자주 있는지요! 모든 이야기에는 언제나 양면兩面이 있는 법입니다. 둘 중에 가장 선한 것을 취하는 것이 가장 지혜롭고 안전하고 사랑스러운 일입니다. 아직 모든 진상을 다 파악하기도 전에 다른 사람들의 행동을 악하다고 단정하는 것만큼 그릇된 길로 들어서는 것은 아마 없을 것입니다.

둘째로, 우리와 관련되지 않은 남들의 상태나 자질이나 행동에 대하여 좋게 판단하는 예가 얼마나 드뭅니까! 자신에게는 큰 관심을 가집니다. 우리가 하나님 앞에서 받는 좋은 평가, 우리가 가진 선한 자질과 원리, 스스로 잘 행동하는 것, 바른 목적을 가지고 행동해 나가는 일 등은 우리에게 무한한 관심거리입니다. 그러나 다른 사람들에 관해서는 얼마나 관심이 적은지요! 우리는 자신에 관하여 악평을 요구하는 일이 극히 적습니다! 자신에게는 극히 큰 관심을 보이고 다른 사람들에 대한 관심은 극히 작습니다. 자신의 잘못을 지적하여 달라는 식의 요구를 하는 경우는 아주 드물고, 아니 거의 없습니다.

이 일에 "나는 그렇지 않다"고 장담할 사람은 하나도 없습니다. 하나님은 우리가 할 수 있는 것보다 바른 일을 하시기에 무한히 더욱 합당하신 분이십니다. 하나님의 판결이 내려지는 날이 이를 것입니다. 만일 우리가 다른 사람들을 판단하여 단정한다면, 우리에게 속한 일을 스스로 감당해야 할 뿐 아니라 때가 이르기 전에 그 일을 행한 결과에 부딪치고 맙니다. 그에 대해서 사도는 이와 같은 말을 하고 있습니다.

"그러므로 때가 이르기 전 곧 주께서 오시기까지 아무것도 판단하지 말라. 그가 어둠에 감추인 것들을 드러내고 마음의 뜻을 나타내시리니 그 때에 각 사람에게 하나님으로부터 칭찬이 있으리라."(고전 4:5)

셋째로, 하나님께서는 만일 우리가 다른 사람들을 악하게 판단하며 정죄한다면 결국 우리 자신을 정죄하는 것이나 다름없다고 말씀하십니다.

"비판을 받지 아니하려거든 비판하지 말라 너희의 비판하는 그 비판으로 너희가 비판을 받을 것이요 너희가 헤아리는 그 헤아림으로 너희가 헤아림을 받을 것이니라."(마 7:1,2)

다시 사도는 이러한 말을 하고 있습니다.

"이런 일을 행하는 자를 판단하고도 같은 일을 행하는 사람아, 네가 하나님의 심판을 피할 줄로 생각하느냐."(롬 2:3)

마지막 날에 우리를 판단하실 위대한 그분의 무서운 경고입니다. 그분은 그러한 일에 너희는 상관치 말라고 선언하셨고, 끝까지 고집스레 그런 일을 한다면 말할 수 없이 무서운 정죄를 내리실 것입니다. 우리가 그분께 정죄받지 않으려면 다른 이들을 정죄하지 않아야 합니다.

사랑은 불의를 기뻐하지 아니하며

진리와 함께 기뻐하고

고린도전서 13장 6절

CHAPTER 11

사랑은 거룩한 행실을 낳아

All True Grace In The Heart Tends To Holy Practice In The Life

사도는 4절과 5절에서 사랑의 선한 열매들을 많이 언급하였습니다. 그리고 사랑이 특별한 면에서 어떻게 탁월한 행실을 유발하는지도 알았습니다.

이제 사도는 이 모든 것을 요약합니다. 사랑이 다른 모든 성향을 통하여 능동적인 행실로 나아가게 한다는 것입니다. 다시 말하면, "사랑은 불의를 기뻐하지 아니하며 진리와 함께 기뻐하고"라는 말씀으로 요약합니다. 사도는 이렇게 말하고 있는 듯 합니다. "나는 사랑이 유발하는 많은 훌륭한 것들을 말하였다. 그리고 사랑이 어떻게 악한 것과 반대되는지도 말하였다. 그러니 나는 이제 더 이상 특별한 것들을 상세하게 말할 필요가 없다. 한 마디로 사랑은 모든 악한 것과 반대되기 때문이다. 사랑은 모든 선한 것들을 유발하는 경향을 가진다. 사랑은 불의를 기뻐하지 아니하며 진리와 함께 기뻐한다."

여기서 '불의'不義라는 단어는 삶의 실천 속에 들어 있는 죄악된 모든 것을 의미하는 것 같습니다. '진리'라는 말은 삶에 있어서 모든 선한 것을 의미합니다. 이 단어는 참된 그리스도인다운 거룩한 실천에 내포된 전부를 담는 말로 사용되었을 것입니다. '진리'라는 말이 성경에서는 실로 다양하게 사용됩니다. 신앙의 참된 교리를 의미하는 말로 사용됩니다. 교리를 아는 지식을 표현하기 위해 사용되기도 합니다. 어떤 때는 신실성이나 정직성을 의미하기도 합니다. 모든 덕 있는 행실과 거룩을 다 포함하여 '진리'라는 말을 사용하기도 합니다. 성경의 모든 위대한 진리를 다 받고 아는 것을 나타낼 때에도 '진리'라는 단어가 사용됩니다. 지식과 일치하는 생활과 행실을 의미하는 경우도 있습니다. 사도 요한이 "형제들이 와서 네게 있는 진리를 증언하되 네가 진리 안에서 행한다 하니 내가 심히 기뻐하노라 내가 내 자녀들이 진리 안에서 행한다 함을 듣는 것보다 더 기쁜 일이 없도다"(요삼 1:3,4)라고 말할 때에, 앞에서 언급한 마지막 의미의 '진리'를 사용합니다.

'진리'라는 단어를 이러한 의미로 전제하고 본문에 나오는 말씀을 살펴봅시다. 그렇게 되면 다음과 같은 교리를 얻게 됩니다.

'참된 그리스도인의 마음에 있는 은혜는 삶 속에서 거룩을 실천하도록 유도한다.'

소극적으로 사도는 사랑이 모든 악함이나 악한 행위를 반대한다고 선언합니다. 그리고 적극적으로는 모든 의로움과 모든 거룩한 실제로 나아가서 의와 거룩의 열매들을 맺는다고 선언하고 있습니다. 모든 참되고 구원하는 은혜의 총합이 사랑임을 감안하면, 본문은 앞에서 진술한 교리를 내포합니다. '모든 그리스도인의 참된 은혜는 거룩한 행위를 유발한다'는 것입니다.

만일 어떤 사람이 은혜에 대한 개념이 있다고 하면서 다음과 같은 식으로 생각한다면 오해하는 것입니다. '은혜라고 하는 것은 마음에 어떤 것을 주입하기는 하나, 그 은혜는 마음에만 머물러 있을 뿐 행동의 주체로서 전인全人에 영향을 주지는 못한다. 또는 은혜에 의한 변화는 본래의 상태보다는 더 낫지만, 외적인 생활에 영향을 주어 개선하기는 어렵다.'

그래서 이 주제를 다룸에 있어서 다음의 두 요점을 집중하여 상고하여 보려 합니다.

첫째, 방금 진술된 교리가 옳다는 것을 있는 힘을 다하여 논증하려고 합니다.

둘째, 특별한 은혜가 어떻게 하여 거룩한 행실을 유도함으로 진리가 되는지 그 이치를 밝히려 합니다.

1. 그 교리의 정당성을 위한 논증

저는 '모든 마음속에 있는 참된 은혜가 거룩한 생활을 유도한다'는 교리를 뒷받침하기 위하여 몇 가지 논증을 말씀드리겠습니다.

(1) 영원한 선택의 목적으로써의 거룩한 실천

'하나님께서 성도들에게 참된 은혜를 부어 주심에 관한 제1의 근거는 영원한 선택이고, 그 선택의 목적은 바로 성도들의 거룩한 행실입니다.'

'거룩한 실천'이 선택의 이유나 근거가 되지는 못합니다. 아르미니안Arminian들은 거룩한 행실이 선택의 근거가 된다고 합니다. 그들은 어떤 이들이 선하게 살아갈 것을 미리 아시고 그 사람들을 영생하도록 선택하셨다고 합니다. 그러나 그런 식의 주장은 순서를 뒤바꿨습니다. 선한 삶은 선택의 목적으로써 선택받은 자들의 종착점입니다. 하나님께서 사람들을 선택하시되, 거룩하게 될 것을 미리 아시고 선택하신 것이 아니라, 그들을 선하고 거룩하게 하시려고 선택하신 것입니다. 하나님은 당신의 백성될 자들을 택하실 때 그들로 선한 행실을 하도록 작정하셨던 것입니다.

"우리는 그의 만드신 바라 그리스도 예수 안에서 선한 일을 위하여 지으심을 받은 자니 이 일은 하나님이 전에 예비하사 우리로 그 가운데서 행하게 하려 하심이니라."(엡 2:10)

"곧 창세 전에 그리스도 안에서 우리를 택하사 우리로 사랑 안에서 그 앞에 거룩하고 흠이 없게 하시려고…예정하사…."(엡 1:4,5)

그리고 그리스도께서 제자들에게 하신 말씀을 우리는 잘 알고 있습니다.

"내가 너희를 택하여 세웠나니 이는 너희로 가서 열매를 맺게 하고 또 너희 열매가 항상 있게 하여 내 이름으로 아버지께 무엇을 구하든지 다 받게 하려 함이라."(요 15:16)

그러므로 하나님의 영원한 선택은 가장 우선적으로 구원하시는 은혜를 백성들에게 베푸시는 근거입니다. 어떤 사람들은 그 은혜를 받았고 그렇지 못한 이들도 있습니다. 하나님의 영원한 선택을 받은 자들도 있고, 그렇지 못한 자들도 있습니다.

거룩한 열매는 은혜의 제1차적 근거인 하나님의 택하심의 목적입니다. 그러니 은혜 자체가 가진 거룩한 행실 쪽으로 나아가는 성향은 의심할 여지가 없습니다. 그렇지 않으면 하나님께서는 거룩한 목적에 합당치 않고 그 성향이 전혀 맞지 않는 어떤 방편들을 통하여 그 목적을 이루신다는 말이 됩니다.

(2) 구속救贖의 목적도 거룩한 행실

'구속으로 인하여 우리가 은혜를 받게 되었는데 그 구속도 같은 목적을 향합니다.' 그리스도께서 이루신 구속은 선택받은 모든 이들에게 은혜를 부어 주시는 두 번째 근거입니다. 그리스도께서 행하시고 받으신 모든 고난의 큰일들 안에서 자기 백성의 거룩을 위한 기틀을 확보하여 택한 백성들이 은혜를 받게 조처하셨습니다. 주님의 말씀을 들어 보십시오.

"또 그들은 위하여 내가 나를 거룩하게 하오니 이는 그들도 진리로 거룩함을 얻게 하려 함이니이다."(요 17:19)

그리스도께서는 택하신 백성들을 구속하셨고 그들을 위하여 은혜를 확보하셨습니다. 그리하여 그들이 거룩한 삶을 살아가게 하셨습니다. 당신의 죽으심으로 인하여 자기 백성들이 하나님과 화해하게 하셨습니다. 악한 행실에서 그들을 구하여 내시어 그들의 삶이 거룩하고 책망할 것이 없는 사람들이 되게 하셨습니다. 사도는 이렇게 말하고 있습니다.

"전에 악한 행실로 멀리 떠나 마음으로 원수가 되었던 너희를 이제는 그의 육체의 죽음으로 말미암아 화목케 하사 너희를 거룩하고 흠 없고 책망할 것이 없는 자로 그 앞에 세우고자 하셨으니."(골 1:21,22)

천사가 요셉에게 나타나서 마리아에게서 날 아이를 '예수, 곧 구주' 로 칭하라 하였습니다. 예수는 자기 백성을 그 죄에서 구원하실 자라는 의미입니다(마 1:21). 사도는 그리스도에 대하여 말씀하면서, "우리를 속량하시고 우리를 깨끗하게 하사 선한 일을 열심히 하는 자기 백성이 되게 하려 하심이라"(딛 2:14)라고 하여 구속의 목적이 거룩한 삶이라고 말하고 있습니다.

그리고 그리스도께서는 "모든 사람을 대신하여 죽으심은 살아있는 자들로 하여금 다시는 그들 자신을 위하여 살지 않고 오직 그들을 대신하여 죽었다가 다시 살아나신 이를 위하여 살게 하려 함이라"(고후 5:15) 이러한 목적을 위하여 자신을 주셨습니다. 영원하신 성령으로 말미암아 흠 없는 자신을 하나님께 드리셨습니다. 그리하여 그리스도의 피로 양심을 죽은 행실에서 깨끗하게 하고 살아 계신 하나님을 섬기게 하였습니다(히 9:14).

모든 구약의 역사歷史에서 하나님의 사랑에 대한 구속의 대업을 가장 두드러지게 예표한 것은 이스라엘 사람들을 애굽에서 구속하여 내신 일이었습니다. 하나님께서 구속을 통하여 이루시려는 목적은 백성의 거룩한 삶이었습니다. 하나님께서는 자주 바로에게 그러한 의도를 말씀하셨습니다. 모세와 아론을 통하여 "내 백성을 보내라. 그들이 나를 섬길 것이니라"라고 말씀하셨습니다.

우리는 신약성경에서 그리스도의 구속과 관련하여 같은 표현을 만납니다.

"찬송하리로다 주 이스라엘의 하나님이여 그 백성을 돌보사 속량하시며 우리를 위하여 구원의 뿔을 그 종 다윗의 집에 일으키셨으니 이것은 주께서 예로부터 거룩한 선지자의 입으로 말씀하신 바와 같이 우리 원수에게서와 우리를 미워하는 모든 자의 손에서 구원하시는 일이라…우리 조상 아브라함에게 하신 맹세라 우리가 원수의 손에서 건지심을 받고 종신토록 주의 앞에서 성결과 의로 두려움이 없이 섬기게 하리라 하셨도다."(눅 1:68-75)

이 모든 일은 구속의 목적이 우리의 거룩한 삶임을 명백하게 보여줍니다. 더 나아가서 다음과 같은 요점을 생각할 수 있습니다.

(3) 유효有效한 부르심의 목적

'유효한 부르심effective calling, 또는 영혼 속에 은혜의 시작이라 할 수 있는 구원 얻는 회개도 같은 목적으로 이어집니다.' 하나님께서는 성령님과 진리로 말미암아 기뻐하시어 지음 받은 모든 사람들을 권능의 날에 부르시고, 깨우치시고, 죄를 깨닫게 하시고, 회개하게 하시고, 은혜를 실천, 곧 거룩함에 이르는 연습을 하게 하십니다. 사도 바울은 에베소서 2:10에서 "우리는 그의 만드신 바라 그리스도 예수 안에서 선한 일을 위하여 지으심을 받은 자니 이 일은 하나님이 전에 예비하사 우리로 그 가운데서 행하게 하려 하심이니라"라고 말합니다. 사도는 데살로니가의 그리스도인에게 말합니다.

"하나님이 우리를 부르심은 부정하게 하심이 아니요 거룩하게 하심이니."(살전 4:7)

다시 "오직 너희를 부르신 거룩한 이처럼 너희도 모든 행실에 거룩한 자가 되라"(벧전 1:15)고 하였습니다.

(4) 영적인 지식과 이해와 거룩한 실천

'마음속에 있는 모든 참된 은혜와 함께 주어지는 신령한 지식과 총명도 거룩한 실천으로의 성향을 지닙니다.' 하나님과 하나님께 속한 것들을 아는 참 지식은 실천적인 성격을 띱니다. 악인들도 신앙에 속한 것들을 사색적思索的으로는 어느 정도 알 수 있습니다. 그들도 광대한 학식을 가지고 있으며, 그들의 학식에 하나님의 신성과 성경에 대한 매우 많은 지식이 내포되어 있을 수 있습니다. 더 나아가 하나님의 속성과 기독교 교리에 대하여 매우 강한 논증도 펼 수 있습니다. 그러나 그들의 지식은 구원 얻는 지식에는 미치지 못합니다. 사변적思辨的이지 실제적인 것이 아닙니다. 하나님께 속한 것들에 대하여 바른 지식을 가져 구원에 이르는 자는 성결의 탁월성과 성결케 되는 방식을 압니다. 왜냐하면 그는 하나님의 아름다움과 탁월성을 알기 때문입니다. 그 아름다움과 탁월성은 그분의 거룩하심에 있기 때문입니다. 같은 이유로 그는 죄가 얼마나 혐오스러운지, 죄의 모든 길이 어떠한지 압니다. 죄의 길들이 혐오스러움을 아는 이들은 분명 그 길을 피합니다. 반면에 성결의 길이 사랑스러움을 아는 사람은 성결한 길로 행하려는 성향을 나타낼 것입니다.

하나님을 아는 사람은 하나님께 복종하는 것이 합당함을 압니다. 바로는 자기가 어째서 하나님께 복종해야 하는지 그 이유를 알지 못하였고 하나님이 누구신지 알지 못하였습니다. 그는 말하였습니다.

"여호와가 누구관대 내가 그 말을 듣고 이스라엘을 보내겠느냐?"(출 5:2)

이는 악인들이 불의를 행하며 자신을 그처럼 악하게 방임하는 이유가 됩니다. 시편 기자의 말처럼 그들은 영적인 지식이 하나도 없습니다.

"죄악을 행하는 자는 다 무지하냐 그들이 떡 먹듯이 내 백성을 먹으면서 여호와를 부르지 아니하는도다."(시 14:4)

하나님께서 이스라엘 백성에게 자신을 아는 참된 지식을 묘사하실 때에, 하나님을 아는 지식의 참 열매로 거룩한 삶을 맺게 될 것이라고 말씀하셨습니다.

"그는 가난한 자와 궁핍한 자를 변호하고 형통하였나니 이것이 나를 앎이 아니냐 여호와의 말씀이니라."(렘 22:16)

사도 요한도 그리스도의 계명을 지키는 것은 그를 아는 자가 반드시 보여야 하는 열매임을 증거합니다. 그리스도를 안다 하면서도 그리스도의 계명을 지키지 않는 사람을 가장 큰 위선자요 거짓말쟁이로 여깁니다(요일 2:3,4).

영적인 지식과 이해는 그것을 지닌 사람의 마음을 탁월하게 합니다.

"말을 아끼는 자는 지식이 있고 성품이 냉철한 자는 명철하니라."(잠 17:27)

탁월한 마음은 그에 상응하는 행실을 낳습니다.

(5) 은혜의 원리와 실천의 관계

'은혜의 원리 자체에 집중하여 숙고하면, 모든 기독교 은혜의 실천적 성향이 드러날 것입니다.'

첫째로, 모든 참된 그리스도인의 은혜가 실천을 유도하기 마련인 이유를 알아봅시다. 은혜가 직접적으로 역사하여 사로잡는 기능이 바로 의지의 기능입니다. 그 의지가 사람의 모든 행실과 실천을 명령합니다. 은혜가 즉각적으로 자리 잡은 영역이 의지나 성향이라는 말입니다. 이 점이 모든 참된 은혜는 실제를 유발함을 보여줍니다. 왜냐하면 사람의 어떤 행동도 실천의 일부이거나 그 한 부분에만 해당한다는 말은 정당하지 않기 때문입니다. 어떤 경우에도 사람의 행동은 의지의 명령을 따릅니다. 우리가 어떤 사람의 실천적 행동을 언급할 때, 그것은 그 사람이 자유롭고 자발적인 인격체로서 행하는 모든 일을 가리킵니다. 그의 의지의 행동으로 행하는 일과 같습니다. 그러므로 사람의 실제 삶 전체는 의지라는 기능의 통제를 받습니다. 몸에 속한 것이든 마음의 이지理智에 속한 것이든 그 사람의 모든 행동은 의지의 기능에 복종하게 되어 있습니다. 창조주 하나님께서 그를 질서를 주셨습니다. 하나님께서는 우리 존재의 위대한 주인이십니다. 의지는 실천의 샘입니다. 샘 근원은 거기로부터 흘러나오는 물줄기의 원천인 것과 똑같은 원리입니다. 그러므로 참된 은혜의 원리가 이러한 기능 위에 놓여 있다면, 그 기능은 필연적으로 실제를 향해 나아가고 싶어합니다. 마치 샘에서 나오는 물이 넘쳐 물줄기를 형성하여 흘러가듯이 말입니다.

둘째로, 은혜를 정의하자면 '거룩한 행실의 원리' 입니다. 그것이 은혜를 정의한 말입니다. 은혜가 성결의 원리, 혹은 마음에 있는 거룩한 원리가 아니면 무엇이란 말입니까? '원리principle'라는 말은 어떤 것과 연관성을 가진 말입니다. 곧 '무엇의 원리' 라는 식으로 말입니다. 만일 은혜가 하나의 원리라면, 행실의 원리가 아니면 무엇입니까? 원리와 행동은 서로 연관되어 있습니다. 원리와 행동은 서로를 존중합니다. 생명의 원리 자체가 삶 속에 행실의 원리입니다. 그러므로 '이해의 원리' 는 이해의 행동을 유도하는 원리를 뜻하고, '죄의 원리' 는 죄의 행동을 유발시키는 원리를 말합니다. 같은 방식으로 '은혜의 원리' 라고 할 때에는 '은혜의 행실과 은혜로운 행동'을 유발하는 원리라는 의미입니다. '은혜'라는 원리는 실천 생활에 관계되어 있습니다. 마치 나무 뿌리와 나무의 관계와 유사하게 말입니다.

뿌리가 있으면 거기서 움이 돋아나옵니다. 뿌리는 그 나무를 조성하는 바탕입니다. 아무 바탕도 없는 뿌리가 있다고 하면 조소를 당합니다. 그와 같이 실천 생활의 열매를 맺지 못하는 은혜의 원리를 말하는 것도 무모한 일입니다.

셋째로, 실질적이고 본질적인 것과 그저 그림자와 겉모양에 불과한 것의 뚜렷한 차이가 무엇인지 생각해 보세요. 둘의 차이는 '유효성有效性'에 따라 결정됩니다.

'참된 실질은 유효합니다.' 사람을 너무 생생하게 그려서 언제나 살아 있다고 착각할 정도로 잘 그린 그림이 있다 합시다. 그러나 그 그림은 아무것도 할 수 없습니다. 그것으로 할 수 있는 것도 전혀 없습니다. 그것은 실체가 아니고 그림자에 불과합니다. 그러나 본체本體, substance, 또는 실질實質, reality은 효력을 발생합니다. 사람의 마음속에서도 마찬가지입니다. 그저 모양만 가진 모조적인 은혜는 아무리 크게 보인다 하여도 효력을 내지 못합니다. 실질과 실체가 없기 때문입니다. 그러나 실제적이고 참된 것은 효력을 나타내어 삶 속에 어떤 일들을 일으킵니다. 다시 말해 삶을 통한 실천의 열매로 나타나기 마련입니다.

넷째로, 은혜의 원리의 본질은 그것이 '생명의 원리요, 사활을 좌우하는 원리' 라는 데 있습니다. 성경은 어느 곳에서나 이 점을 가르칩니다. 마음속에 은혜의 씨를 갖지 않은 거듭남이 없는 자연인은 죽었다고 말합니다. 반면에 은혜를 가진 사람들은 살아 있고, 그 속에 생명의 원리가 있는 사람들로 묘사됩니다. 활동과 작용은 생명의 본질적인 원리입니다. 죽은 사람은 움직이거나 어떤 일도 하지 못합니다. 그러나 살아 있는 사람 속에 있는 생명은 날마다 활동을 계속하여 그 살아있음을 드러냅니다. 그러한 사람은 언제나 일하고 움직입니다. 활동하는 생명의 열매들로 그들의 생활을 가득 채웁니다.

다섯째로, 참된 그리스도인으로서 우리가 가진 은혜는 생명의 원리일 뿐 아니라 '지극히 강력한 능력'입니다. 그래서 '경건의 능력'에 대하여 디모데후서 3장 5절에서 말하고 있습니다. 그 경건의 능력 속에는 신적인 능력이 있으며, 이는 그리스도께서 죽은 자 가운데서 살리심을 받을 때에 그리스도 안에서 역사하던 능력입니다. 그것을 증명하는 말씀도 있습니다(엡 1:19,20). 원리가 강력할수록 작용과 실제를 유발하는 데 있어서 더욱더 효과적입니다. 보편적으로 마음속에 역사하는 모든 참된 은혜는 생활 속에서 참된 실천을 낳게 합니다.

2. 거룩한 실천을 유도하는 특별 은혜의 여러 측면들

그리스도인이 받는 특별한 은혜에 있어서도 역시 같은 논리가 적용됩니다.

(1) 구원 얻는 은혜

주 예수 그리스도를 참되게 믿어 구원을 얻게 하는 은혜에 대하여 살펴보도록 합시다. 구원을 얻는 믿음과 일반적인 믿음 사이에는 차이가 많습니다. 참된 믿음은 역사하는 믿음입니다. 거짓된 믿음은 역사役事하거나 일하지 못합니다. 그러므로 사도는 구원 얻는 믿음을 "사랑으로써 역사하는 믿음"(갈 5:6)으로 묘사합니다. 야고보는 "너는 믿음이 있고 나는 행함이 있으니 행함이 없는 네 믿음을 내게 보이라 나는 행함으로 내 믿음을 네게 보이리라 하리라"(약 2:18)고 말합니다. 그러나 이에 대하여 보다 특별하게 생각할 몇 가지 사항이 있습니다.

첫째로, 구원 얻는 믿음에 함축되어 있는 바, 확신있게 받아들인 이해와 분별은 거룩한 실천 생활로 열매를 맺습니다. 참된 믿음을 가진 사람은 하나님을 믿는 신앙에 속한 위대함을 확신하고, 그것의 실재를 삶으로 확증합니다. 이 실재를 확신하는 사람들은 그 영향과 지배를 받아 행동과 행실을 낳습니다. 어떤 사람이 자기에게 가장 큰 문제가 되는 일을 듣기는 하였으나 믿지 않는다면, 그것이 진리라 할지라도 그들은 지각하지 못하고 행실도 바꾸지 않을 것입니다. 그러나 그들이 실제로 믿고 확실하다고 인정한다면, 그들의 행동에 영향을 미치게 될 것입니다. 그것을 생각하고 행동을 바꾸게 될 것입니다.

사람들이 각별히 주의하라고 호소하는 모든 것들에 대하여도 마찬가지입니다. 만일 그들이 자신에 관하여 중요한 소식을 듣게 되었는데 실제로 아무 변화가 없다면, 대번에 그것을 진실로 여기지 않았다는 결론을 내리게 됩니다. 사람의 본성은 믿고 확신하는 것을 따라서 행동하는 성향이 있기 때문입니다. 사람들이 복음이 말하는 영원한 세계나 영원한 구원주심을 믿는다면 그의 실제를 변화시키는 결과를 나타낼 것입니다. 믿음에 따라서 자기들의 행동을 결정하고 영원한 구원을 얻는 것에 일치하는 방식으로 행동하게 될 것입니다. 영원한 부요와 영원한 즐거움을 약속하는 복음의 약속들의 진실성을 확신한다면, 또한 세상의 모든 부요와 명예와 즐거움보다도 훨씬 더 광대한 가치가 있다고 믿는다면, 그들은 이러한 것들을 위하여 세상에 속한 것들을 희생할 것입니다. 필요하다면 전부를 버리고 그리스도를 따를 것입니다. 만일 자기 백성들에게 이 모든 것을 부어주시리라는 그리스도의 약속이 진실함을 온전히 확신한다면, 또 그 약속들이 참된 의미로 전달된다면, 그들의 실제 생활에 영향을 미치게 될 것이고 그들은 그에 합당한 행동을 할 것입니다.

이와 같이 그들의 행실은 그들의 확신에 따릅니다. 인간의 본성이란 자기들이 확신하는 것 외에는 하지 않게 되어 있습니다. 가령 어떤 사람이 1파운드를 내면 천 파운드를 주겠다는 약속을 하였다고 합시다. 그 사람의 약속이 진실이라고 온전히 믿는다면, 천 파운드를 얻는다는 확신으로 1파운드를 기꺼이 내어줄 것입니다. 만일 그리스도께서 자기를 모든 악에서 구원하기에 충분하고 모든 선한 것들을 소유하기에 합당한 분이라고 믿는다면, 그 믿음을 따라서 자기의 실제 삶을 조정할 것입니다. 그가 실질적으로 확신을 가지기 전에는 두려웠습니다. 그러나 그리스도를 믿고 난 후 전에는 힘들고 두려웠던 요소들을 더 이상 두려워하지 않습니다. 그리스도께서 자기를 구원하실 수 있다고 믿기 때문입니다. 주님을 위하여 세상의 행복을 도모하는 다른 방식들을 버리기를 두려워하지 않습니다. 그리스도만이 자기에게 필요한 전부를 부여하기에 충분하시다고 확신하기 때문입니다.

둘째로, 구원 얻는 믿음 안에 있는 의지의 행동은 거룩한 실천을 유도하는 경향이 있습니다. 그는 자기 의지의 행동으로 진실로 그리스도를 구주로 영접합니다. 자기를 죄에서 구하여 주시는 구주로 예수님을 영접합니다. 단순히 '죄의 심판'에서 건져 주시는 구주로만 받아들이지 않습니다. 진지하고 기꺼운 마음으로 모든 죄의 길에서 돌아서기를 원하지 않으면, 그리스도를 죄에서 구원하시는 구주로 영접하지 못합니다. 사실은 죄와의 분리를 원하지 않는 사람이 자기를 죄에서 떼어내는 구주로 그리스도를 영접할 리가 없기 때문입니다. 그리스도를 살아 있는 믿음으로 영접하는 사람은 그리스도와 친밀한 관계를 맺고, 자기를 다스리고 주관하시는 주主와 왕으로 모십니다. 주님을 단순히 자기 죄를 속贖하여 주시는 제사장으로서만 영접하지 않습니다. 그리스도를 선택하고 그리스도를 왕으로 모시고 가까이 섬기는 것은 그리스도의 법에 대한 복종이요, 그리스도의 권위와 명령에 대한 복종입니다. 그렇게 하는 사람은 실천적으로 거룩한 삶을 영위합니다.

셋째로, 구원 얻는 믿음에 함축되어 있는 바, 하나님께 대한 진정한 신뢰는 거룩한 실제 생활을 유발합니다. 여기서 하나님을 참되게 신뢰하는 것과 거짓으로 신뢰하는 것 사이의 차이가 나타납니다. 하나님을 만홀히 여기는 식으로 믿는 것을 성경에서는 하나님을 경멸한다고 말합니다. 하나님을 신뢰한다 하면서 죄의 길을 가고 있다면, 그것이야말로 경책을 받아야 마땅한 방자함이라고 성경은 증거합니다. 그러나 하나님을 진실하고 바르게 신뢰하는 사람들은 하나님을 향해 열심을 내고 거룩한 방식으로 신뢰합니다. 그것이 거룩한 실제 생활에서 나타내는 방식과 같습니다.

'우리가 그리스도를 신뢰한다'는 말 자체에 그리스도의 미쁘심과 충분하심을 온전하게 확신함이 내재되어 있습니다. 그 마음과 뜻으로 성심껏 그를 믿고 살아가며, 그 안에 안주하는 것을 의미합니다. 우리의 행동이 기꺼이 그를 신뢰하고 과감하게 나가는 데까지 이르게 됩니다.

그러나 신실성과 인격의 충분함이 믿을만하지 않으면, 그에게 믿음을 줄 시도를 전혀 하지 않습니다. 못 믿을 사람들에게는 어떤 모험도 하지 않습니다. 믿지 못할 대상을 위하여 믿음의 행동을 시작하거나 진행해 나가지 않습니다. 하나님을 신실하게 진실로 신뢰하는 사람들에게도 마찬가지입니다. 그들은 하나님의 충분하심과 미쁘심을 완전히 확신합니다. 하나님을 확신하면서 일을 진행하여 나갑니다. 필요하다면 어떤 난관도 겪을 각오가 되어 있습니다. 자신에게는 어려운 일이라 할지라도 불사하고 하나님을 따라서 나아갈 준비가 되어 있습니다. 하나님께서는 그런 믿음에서 나온 행동으로 그들이 손해보도록 내버려 두지 않으신다고 약속하셨습니다. 그들은 하나님을 믿고 확신하기 때문에 하나님의 약속을 믿고 모든 모험을 무릅쓰는 것입니다. 하나님의 약속을 믿고 모험을 감행합니다. 하나님을 믿지 않는 외인들은 그런 모험을 할 수 없습니다.

구원받을 만한 믿음으로 하나님을 신뢰하는 이들은 자기들의 지위를 희생해가면서까지 하나님 신뢰하기를 두려워하지 않습니다. 사람들을 신뢰하는 경우에도 마찬가지입니다. 가령 우리가 정말 온전히 신뢰하는 사람들이 부족한 돈을 빌리러 와서 꾸어 달라며 나중에 백배로 갚겠다고 약속하였다 합시다. 그런 경우 우리는 모험을 두려워하지 않을 것입니다. 위험을 무릅쓰고 꾸어 줄 것입니다. 그와 같이 하나님을 완전하게 신뢰하는 마음을 가진 사람들은 주님께 빌려 드리기를 두려워하지 않습니다. 우리가 하나님을 신뢰하면 그 주님을 위하여 수고하고 싸우고 감시를 받고 고난 받기를 감수하며, 주님의 모든 일로 받을 비방을 예상하고 두려워하지 않을 것입니다. 그리스도께서는 우리의 의무를 감당하느라고 드린 우리의 모든 것, 당하기 쉬운 어려움과 손해에 대하여 몇 배로, 혹은 무한히 풍성하게 갚아 주겠다고 약속하셨습니다. 주님을 섬기느라고 해害 당한 그 모든 것들은 무한하게 갚아주리라고 약속하셨기 때문입니다.

만일 우리의 믿음이 구원 얻는 믿음이라면 하나님의 성품과 약속들을 온전히 신뢰하게 할 것입니다. 그 신뢰함으로 하나님을 위한 모험을 실제로 행할 것입니다. 믿음 자체와, 믿음 안에 함축된 모든 것이 거룩한 실천에 이르게 하는 것과 똑같이 하나님을 사랑하는 모든 참된 사랑도 그와 같은 원리가 해당됩니다.

(2) 하나님을 향한 참 사랑

사랑은 능동적인 원리입니다. 우리는 이 세상에서 일어나는 모든 일들에 언제나 원리가 작용하고 있음을 봅니다. 이웃을 사랑하면, 그 사랑은 언제나 우리의 행동이나 실제 생활에 영향을 미칩니다. 인류 전체는 날마다 어떤 종류의 사랑의 힘으로 행동을 결정하여 밀고 나가고 있습니다. 돈을 사랑하는 사람은 실제 생활에서 돈을 사모하는 마음에 영향을 받습니다. 그의 전체 생활 영역에서 일어나는 행동들은 돈을 얻으려는 소원의 규제를 받습니다. 육체의 즐거움을 사랑하는 자는 그것을 위하여 얼마나 부지런합니까! 하나님을 진정으로 사랑하는 사람 역시 실제 삶에서 그 사랑의 영향을 받습니다. 살아가는 부단한 과정을 통하여 하나님을 추구하는 삶을 영위합니다. 하나님의 은혜를 구하고, 하나님의 인정을 받고, 하나님의 영광을 얻으려는 일을 위해 매진합니다.

사랑의 행동을 사랑의 진정성을 가늠하는 가장 좋은 시금석이요, 가장 분명한 증거로 보는 것이 합리적입니다. 가령 어떤 사람이 다른 사람에 대한 큰 사랑과 대단한 우정을 고백한다면, 그의 행실에서 정말 그러한 고백의 진실성이 나타나는지 눈여겨 볼 일입니다. 말만 듣는 것이 아니라 그의 행실을 보아야 합니다. 그 고백이 진실하고 필요하다면 그 사랑하는 친구를 위하여 기꺼이 자신을 부인하려는 자세를 갖고, 개인적인 손해를 보면서도 그에게 자애로움을 나타낼 것입니다. 이것이 합당한 이치입니다. 그 입으로는 우정과 인애를 많이 고백한다 해도 지혜로운 사람은 그 입의 고백만을 신뢰하지 않을 것입니다. 행동을 통하여 증거가 있는지 시험하여 보고 나서야 믿을 것입니다. 그 사람이 행동을 통하여 부단한 우정을 보이고, 자기가 사랑한다는 사람을 위하여 받는 고난도 불사하는 행동을 통하여 확인하지 않고는 결코 그 말을 믿지 않을 것입니다. 아무리 큰 고백이고, 아무리 엄숙한 서약이라도 입으로 하는 것만 가지고는 믿지 않을 것입니다. 실제에 나타난 증거를 더 신뢰합니다.

그러므로 누가 부단한 행동으로 기꺼이 하나님을 위하여 자신을 버리고 고통당한다면, 당연히 그 사람이 보이는 하나님을 사랑한다는 증거를 믿어야 합니다. 이는 그저 입으로만 하나님을 향해 사랑하는 마음이 크다고 고백하는 것보다 더 큰 증거를 보이고 있는 셈입니다.

그와 같이 어떤 사람이 살아가는 일련의 모습을 보니 그리스도를 따르고 그리스도를 본받으며, 그리스도의 영광을 위하여 자신을 버리고 세상에서 하나님 나라 확장을 위하여 자신을 부인하면, 이는 입으로만 하나님을 사랑하며 마음으로 얼마나 하나님을 사랑하는지 모른다고 하는 표현보다 훨씬 더 큰 증거입니다. 말로는 하나님을 사랑하는 데로 마음이 향한다고 하면서 그리스도를 위하여 어떤 큰일 하는 것을 부인하고 하나님 나라의 확장을 위하여 자신을 내어 주는 일을 싫어한다면 그것은 잘못입니다. 어떤 행위의 노력을 요구하는 일에 그저 핑계를 대며 구주를 위하여 자신을 부인하지 못하는 것보다, 실제적으로 위에서 말한 증거를 보이는 것이 얼마나 더 신빙성이 있습니까!

(3) 하나님을 사랑함을 표현하는 여러 길

진지한 사랑을 표현하는 길은 여러 가지이며, 그 길들은 한결같이 거룩한 실천으로 인도하는 경향이 있습니다.

첫째, 하나님을 크게 '높이 평가하는 것high esteem'입니다. 우리는 우리가 사랑하는 것을 최고 가치 있게 여깁니다. 그리고 우리의 행동에서 그것을 그렇게 크게 평가하고 있음이 드러나기 마련입니다.

둘째, 하나님께 대한 사랑을 나타내는 또 다른 길은 다른 모든 것보다 하나님을 '가장 먼저 택하는 것choice'입니다. 다른 모든 것들보다 하나님을 높은 데 두고 우선으로 생각한다면, 실제 생활에서 우리에게 시험이 올 때에 하나님을 위하여 다른 것들은 포기하게 될 것입니다. 살아가는 과정에서 하나님과 우리의 영예, 하나님과 우리의 돈, 하나님의 뜻과 우리의 사정처럼 둘이 앞에 놓여 하나만 택해야 할 때가 있습니다. 둘 다는 안 되고 오직 하나만 붙잡아야 할 경우가 있습니다. 그 때에 우리가 이 모든 것보다 하나님을 우선하여 택한다면, 실제에서 하나님 사랑함을 보여주는 것이고, 우리가 부여잡고 있는 모든 것들은 하나님을 위하여 포기할 것입니다.

셋째, 하나님을 향한 사랑을 표현하는 또 다른 방식은 하나님을 추구하고 싶은 '소원desires'입니다. 이것 역시 실제적으로 나타나는 성향이 있습니다. 실제로 하나님을 열심히 추구하는 사람은 하나님을 따라 능동적으로 행동합니다. 세상 사람들이 이 세상을 얻기 위하여 행하듯이, 하나님을 추구하며 그 일을 자기의 기업企業으로 삼습니다. 세상 사람들은 어떤 물건을 갖고 싶은 열렬한 욕망이 일면, 그것을 소유하기 위해 부지런하게 자신을 몰두시킵니다.

넷째, 하나님에 대한 사랑을 행사하는 또 다른 방식은 하나님을 '기뻐하는 것delighting'입니다. 그런 사람은 하나님 안에서 만족과 행복을 찾습니다. 이런 정서 역시 실제로 인도합니다. 실로 하나님을 다른 무엇보다 더 진지하게 기뻐하고 즐거워하는 이들은 하나님 안에서 만족을 발견하기 때문에 다른 것들을 위하여 하나님을 버리지 않습니다. 행실을 통하여 그가 진정으로 하나님 안에서 만족함을 얻고 그분을 자기의 분깃으로 삼고 있음을 보여줍니다. 모든 경우에서 그 점이 드러납니다. 우리가 어떤 것을 좋아하고 즐거워하였는데 다른 것이 오니 더 좋아 보여 그리로 마음이 쏠렸다 합시다. 이는 이전에 우리가 즐거워하던 것 속에서 온전한 만족을 얻지 못하였음을 보여주는 셈입니다.

(4) 진정한 회개의 은혜

'모든 참되고 구원 얻은 회개는 거룩한 행실을 낳습니다.' 원어 상으로 볼 때 신약성경에서 '회개'라고 번역된 말은 '생각(mind, 마음)을 바꾼다'는 의미입니다. 자기 죄에 관한 생각을 바꿀 때에 죄에 대하여 회개하였다고 말합니다. 전에는 죄를 높이 평가하였었는데, 지금은 그것을 전혀 높이지 않고 싫어한다는 말입니다. 그러한 생각의 변화는 반드시 실제 행동의 변화를 보이기 마련입니다. 다른 일들에서도 그런 이치는 보편적입니다. 사람이 몰두하던 사업이나 일에 대한 마음을 바꾸면 실제 행동도 바뀌게 됩니다. 그 사업을 따라 추구하던 것을 멈추고 다른 것에 손을 댈 것입니다. 죄를 슬퍼하는 것은 구원 얻는 회개에 속한 한 요소입니다. 그러나 회개에 죄에 대한 애통이 진실하고 철저하다면, 그 회개는 죄를 버리는 데로 나아갈 것입니다. 모든 일에 그 원리는 해당됩니다. 사람이 어떤 행동양식을 따라서 어떤 방향으로 오랫동안 진행하다가 그것이 어리석고 죄악됨을 확신하게 되어 마음으로 애통하고 부끄럽게 여긴다면, 앞으로는 자연히 그 일을 피할 것입니다. 만일 전에 행하던 대로 행한다면, 누구도 그 사람이 과거 일을 진심으로 슬퍼하였다고 믿지 않을 것입니다.

(5) 참된 겸손의 은혜

'모든 참된 겸손은 거룩한 행실을 유발합니다.' 이것은 성경에서 풍성하게 추천하고 강조하는 은혜입니다. 그 은혜는 흔히 기만적이고 거짓된 은혜를 판가름하는 참된 그리스도인의 체험으로 불립니다. 마음에 있는 이 은혜는 삶 속에서 즉각적인 거룩의 실천으로 우리를 유도합니다. 겸손한 마음은 겸손한 행실을 유발합니다. 자신이 미미하고 무가치하며 전혀 아무것도 아님을 의식하는 사람은 하나님 앞과 사람 앞에서 그 의식에 상응하는 자세를 취합니다. 더 이상 그 전과 같이 거만하거나 부정적이거나 야심찬 모습을 보이지 않습니다. 자기가 다른 사람들 위에 서 있는 것처럼 행동하지 않습니다. 그 전에는 그러한 일을 위하여 총력을 기울여 경주하였습니다. 다른 사람들을 정죄하고 불만을 토로하는 경향이 있었고, 심지어 자기의 세상 영광의 길목을 막고 서 있다 여겨지는 사람들에 대해 격분하기까지 하였습니다. 그가 변화하기 전에 마음의 교만으로 그런 행동이 나오게 되었던 것입니다. 그러므로 그 교만한 마음에 큰 변화가 있었고, 교만이 영혼에서 축출되어 사라지고 그 자리를 겸손이 차지하게 되었다면, 분명 태도와 실제에서 변화가 나타납니다. 교만이 그러하였듯이 마음의 겸손도 실제 행동을 강하게 유발하는 경향을 띠기 때문입니다. 그러므로 만일 교만한 마음이 죽임을 당하였다면, 겸손이 그 자리를 차지하며, 앞서 있었던 교만한 행실은 그에 비례하여 사라집니다. 겸손한 실천은 겸손의 자연스런 열매이므로 나타나기 마련입니다.

참된 그리스도인의 마음의 겸손 역시 하나님의 뜻에 복종하게 하는 성향이 있습니다. 그것은 하나님의 거룩한 손에 인내하며 복종하도록 인도합니다. 하나님께서 주실 수 있는 고난과 역경 속에서도 복종과 인내를 보이게 합니다. 겸손은 하나님의 하나님 되심을 깊이 경외하는 충만한 마음으로 나아가게 하는 경향이 있습니다. 또 겸손은 하나님께 속한 것들을 가장 존귀하게 대하게 합니다. 그리고 사람들에게도 온유하게 행동합니다. 낮은 자에게는 겸허하게, 높은 자에게는 존경으로, 그리고 모든 사람을 향하여서 자비하고 신적인 화평의 마음으로 대합니다. 자기 멋대로 하려는 마음이 줄어들고 다른 사람들을 향한 시기가 없는 편안한 마음을 갖게 됩니다. 다른 사람들을 욕하고 싶어하는 마음도 일어나지 않습니다. 다른 사람들을 악평하고 싶지도 않고, 조용하고 고요한 심령으로 도리어 실수를 용서합니다. 분명히 이러한 것들은 거룩한 행실에 속한 특성들입니다.

(6) 하나님을 참으로 두려워함

'하나님을 참으로 두려워하는 것은 거룩한 행실을 유발하는 경향이 있습니다.' 성경에서 말하는 '하나님을 경외함fear of God'의 중요한 요소는 하나님을 범하여 죄를 짓지 않을까 근심하고 두려워하는 것으로 나타납니다. 어떤 사람이 하나님을 범할까봐 진정으로 두려워하여 죄를 삼가는 마음을 가진다면, 그는 하나님을 향하여 죄짓는 일을 피하게 될 것입니다. 사람들은 자기가 무서워하는 것을 피합니다. 어떤 사람이 '나는 독사毒蛇가 무섭다' 하면서도 독사를 피하지 않고 담대하게 독사에게 가까이 가려고 한다면, 누가 그의 말을 믿겠습니까? 하나님을 두려워하는 것과 하나님의 모든 계명들을 지키는 것은 신명기 28:58,59에서와 같이 상호 보완적입니다.

"네가 만일 이 책에 기록한 이 율법의 모든 말씀을 지켜 행하지 아니하고 네 하나님 여호와라 하는 영화롭고 두려운 이름을 경외하지 아니하면 여호와께서 네 재앙과 네 자손의 재앙을 극렬하게 하시리니 그 재앙이 크고 오래고 그 질병이 중하고 오랠 것이라."

요셉이 자기 형제들을 의롭고 자비롭게 대한 이유는 하나님을 두려워하였기 때문입니다.

"사흘 만에 요셉이 그들에게 이르되 나는 하나님을 경외하노니."(창 42:18)

잠언 8:13에서는 "여호와를 경외하는 것은 악을 미워하는 것이라"고 말합니다. 욥은 자기가 죄를 피하는 이유를 이렇게 진술하였습니다.

"나는 하나님의 재앙을 심히 두려워하고 그의 위엄으로 말미암아 그런 일을 할 수 없느니라."(욥 31:23)

하나님께서 친히 욥을 "악에서 떠난 자"라고 말씀하셨습니다. 욥이 하나님을 두려워하여 악을 떠나 있다고 말씀하신 것입니다.

"그와 같이 온전하고 정직하여 하나님을 경외하며 악에서 떠난 자는 세상에 없느니라."(욥 1:8)

어떤 경우에서든지 하나님을 두려워함이 그 사람 속에서 왕 노릇하면, 그는 두려워 죄를 피하고 거룩하게 되려는 목적을 이루어 나갑니다.

(7) 감사와 찬미의 심령

'감사하고 찬미하는 심령은 거룩한 실제를 유발하는 경향이 있습니다.' 하나님께 대한 참된 감사는 우리로 하여금 받은 은혜에 합당하게 행동하도록 인도한다는 말입니다. 어떤 사람이 자기의 이웃에게서 특별한 친절을 받아 감사하는 마음이 있으면, 기회가 주어질 때 그 선을 보답할 일을 할 것입니다. 그럴 준비가 항상 되어 있을 것이기 때문입니다. 물론 우리가 하나님께 영광이 될 만한 어떤 일을 한다해도 하나님께서 베푸신 자비하심을 다 보상할 수는 없습니다. 그럴지라도 감사하는 마음은 우리가 할 수 있는 것을 하고 싶은 마음을 갖게 합니다. 나아가 하나님께서 기뻐 받으실 일이나 하나님의 영광을 드러낼 일을 하고 싶은 마음이 생기게 합니다. 사람이 큰 재난을 만난 어떤 이를 보고 불쌍히 여겨 도와야겠다고 생각하였다 합시다. 그래서 그 어려움을 당한 사람을 보호하려고 마음을 쓰고, 거기서 건져 주려고 큰 어려움과 고난을 감수하였다 합시다. 결국 그는 곤경에서 벗어나게 되었습니다. 그런데 곤경에서 벗어난 사람이 감사하다는 말은 하나 실제적인 행실과 태도로는 자기를 건져준 이를 멸시하고 도리어 해롭게 하고자 한다면, 그 경위를 아는 다른 이들이 그에 대하여 어떻게 생각하겠습니까? 자기를 곤경에서 벗어나게 한 사람에게 감사한다는 말을 곧이곧대로 받는 이가 있겠습니까? 그가 진정 감사하는 마음이라면 자기에게 은혜를 베푼 사람을 향하여 결코 악을 행치 아니할 것입니다.

그와 같이 하나님께서 그리스도를 통하여 베푸신 사랑의 은혜에 진정 감사하는 마음이 있고, 자신을 향한 하나님의 무한하신 자비하심과 사랑을 인하여 하나님께 참으로 감사하는 마음을 가진 사람은 악한 행실을 일삼지 않습니다. 그의 감사하는 마음이 진심이라면 그 마음은 그로 하여금 거룩한 실천으로 나아가게 할 것입니다.

(8) 하늘에 속한 사고방식heavenly mindedness의 은혜

'세상에서 마음을 떼고 하늘에 속한 마음의 사고방식을 가진 그리스도인은 거룩한 행실로 기울어지는 성향을 갖습니다.' '세상에서 마음을 떼는 것'과, '하늘에 속한 마음의 사고방식'을 함께 말하는 것은 그 둘이 거의 동일하기 때문입니다. 하나는 소극적으로, 다른 하나는 적극적으로 표현한 것에 불과합니다. 세상을 단념하지 않는 것은 세상적인 사고방식을 가지고 있는 것이나 같습니다. 반면 참된 그리스도인답게 세상을 단념하면 세상이 아닌 하늘에 속한 사고방식을 소유합니다.

이 은혜 역시 위에서 언급한 다른 모든 것들과 같이 거룩한 행실을 유발합니다. 만일 마음이 세상을 단념하면, 세상을 추구하던 일을 멈춥니다. 반면 마음의 생각이 하늘에 속한 것들에 향한다면, 곧 세상에 속하지 않은 것들에 머무른다면, 그 마음은 우리로 하여금 하늘에 속한 것들을 추구하도록 인도합니다. 세상의 끈에서 자기 마음을 풀어 낸 사람은 세상을 붙잡아 자기 가까이 머물게 하지 않을 것입니다. 그는 세상에 속한 것을 버리는 마음을 상당히 좋아하게 될 것입니다. 어떤 사람이 자기 체험에 관하여 이렇게 말한다 합시다. "나는 어떤 때 마음이 세상에서 격리된 것 같이 느껴져 세상은 나에게 아무것도 아니라고 여겨진다." 그런데 그 사람의 실제를 보니 전과 같이 여전히 세상을 격렬하게 추구합니다. 하늘보다 세상에 속한 것을 더 열심히 추구합니다. 하나님을 아는 지식과 하나님께 대한 의무를 아는 지식을 추구하기보다 세상적인 것을 더 열심히 추구합니다. 그렇다면 자기 체험에 대한 그의 진술은 무게가 없는 것입니다.

실제로는 하늘에 있는 보화보다 땅에 있는 보화를 더 좋아하며, 세상과 세상에 있는 것들을 얻었을 때에 그것을 꼭 부여잡고 아주 작은 부분도 경건하고 사랑스러운 일에 드리기를 아까워하는 표정을 짓는다 합시다. 하나님께서 그런 일에 대하여 하늘에서 천 배의 보상을 주신다고 약속하셨음에도 불구하고 그런 인색한 마음이라면, 그는 세상을 단념한다는 기색이 하나도 없는 셈입니다. 그에게는 세상보다 하늘에 속한 것들을 더 좋아한다는 기색이 전혀 없습니다. 그의 행실은 그의 고백이 허사라고 믿을 만한 슬픈 증거가 되는 셈입니다.

(9) 사람들을 향한 참 사랑의 은혜

'사람들을 향하여 그리스도인다운 참 사랑을 가져도 역시 거룩한 행실로 이어집니다.' 만일 사람을 사랑하는 마음이 진실하면, 그것은 사랑의 실천과 행실을 낳게 하는 법입니다. 말이나 혀로써 사랑하는 사랑만 있고 행실을 통하여서는 나타나지 않으면 가식이요, 진지한 사랑이 아닙니다. 진지한 사랑과 참된 사랑은 사도가 말하는 바와 같이 행실에서 드러나기 마련입니다.

"자녀들아 우리가 말과 혀로만 사랑하지 말고 행함과 진실함으로 하자 이로써 우리가 진리에 속한 줄을 알고 또 우리 마음을 주 앞에서 굳세게 하리니." (요일 3:18,19)

행실을 통하여 나타나지 않는 형제 사랑은 누구에게도 유익을 주지 않습니다.

"만일 형제나 자매가 헐벗고 일용이 양식이 없는데 너희 중에 누구든지 그에게 이르되 평안히 가라, 덥게 하라 배부르게 하라 하며 그 몸에 쓸 것을 주지 아니하면 무슨 유익이 있으리요."(약 2:15,16)

경험상 타인을 향하여 진지한 사랑을 가진 사람들은 그들을 위하여 일을 할 때에 오는 어떠한 고난도 감수할 준비가 되어 있습니다. 부모들이 자녀를 사랑한다는 말은 항상 믿을 만합니다. 그것은 자연스러운 일이기 때문입니다. 그러한 사랑은 일반적으로 세상에 편재하여 있습니다. 자기의 자녀들을 사랑하지 않는 부모는 납득하기가 어렵습니다. 이런 경우를 생각하여 보세요. 아들이 어려움에 빠져 고생하는 것을 보는 아버지가 그를 살리기 위하여 자신을 버릴 각오를 하지 아니하고, 보편적인 생각과 같이 자비롭고 사려 깊게 자식을 대하지 않고 도리어 날마다 자녀들의 안위를 지킬 마음이 없음을 아주 적나라하게 보이는 행동을 한다고 합시다. 그런 경우 우리는 그 사람의 마음에 자식을 향한 아버지 사랑이 있다고 믿기가 어려워집니다. 자녀들을 향한 사랑은 우리들로 하여금 자녀들에 대하여 사랑스러운 행동을 하고픈 마음을 갖게 합니다.

이웃을 진정 그런 참 사랑으로 사랑하면, 우리 이웃을 향하여 선을 행할 모든 수단을 강구할 마음을 먹게 됩니다. 사도는 율법의 두 번째 돌판에 기록된 계명들을 요약해서 이렇게 말합니다

"간음하지 말라, 살인하지 말라, 도둑질하지 말라, 탐내지 말라 한 것과 그 외에 다른 계명이 있을지라도 네 이웃을 네 자신과 같이 사랑하라 하신 그 말씀 가운데 다 들었느니라 사랑은 이웃에게 악을 행하지 아니하나니 그러므로 사랑은 율법의 완성이니라."(롬 13:9,10)

끝으로 한 가지 요점을 더 생각하여 봅시다.

(10) 참되고 은혜로운 소망의 은혜

'참되고 은혜로운 소망은 거룩한 행실로 우리를 유도합니다.' 거짓된 소망도 한 경향을 가지고 있는데, 그것은 이의 정반대입니다. 그 소망은 방탕하게 합니다. 사람들로 하여금 죄악된 소원과 정욕을 품게 합니다. 그들이 악의 길에 있을 때에도 조심성없이 함부로 행하게 합니다. 그러나 참된 소망은 사람이 범죄하도록 마음을 완악하게 하거나 무분별한 행동을 하게 하

기는커녕, 거룩한 삶의 마음을 갖게 합니다. 또 그 소망이 의무를 다하게 합니다. 죄를 피하는데 더욱 조심하게 하며, 하나님을 더욱 즐거움으로 섬기게 합니다.

"주를 향하여 이 소망을 가진 자마다 그의 깨끗하심과 같이 자기를 깨끗하게 하느니라."(요일 3:3)

은혜로운 소망이 바라는 행복의 본질상 거룩한 복락을 위하여 이러한 경향을 갖는 것입니다. 그 행복을 바라고 추구할수록 그는 더욱 거룩하게 되려합니다.

그 소망 역시 바라는 행복을 주시는 분에 대한 존경심 때문에 이런 성향을 띠게 됩니다. 왜냐하면 그것이 하나님으로부터 나오며, 받을 만한 자격이 없는 사람들에게 베푸시는 하나님의 무한한 자비하심의 열매이기 때문입니다. 그러므로 그런 이는 모든 감사하는 동기로 유익을 추구할 마음에 사로잡히고 격동됩니다.

또 그 소망은 바라는 행복을 얻는 방편들을 존중하는 성향이 있습니다. 참된 소망의 은혜를 가진 자들은 그 행복을 비복음적 방식으로는 얻기를 원하지 않습니다. 복음의 방식은 하나님의 거룩한 구주로 말미암습니다. 그리스도 구주를 반드시 따라가고 부여잡는 것으로 인하여 소망이 바라는 복락에 이릅니다. 결국 그것은 모든 은혜로운 소망의 직접적인 원천입니다. 그 소망이 원천의 영향을 받아 같은 경향성을 누립니다. 그것은 바로 그리스도를 믿는 믿음입니다. 그 믿음이 은혜로운 소망의 원천입니다. 그 믿음은 언제나 역사하며, 사랑으로 일하고 마음을 순결하게 하며, 생활 속에서 거룩한 열매를 맺게 합니다.

이렇게 하여 마음에 있는 참된 은혜가 삶의 실제 속에서 거룩한 행실을 유발한다는 것을 알아보았습니다. 먼저는 일반론적 입장에서, 그 다음에는 그 은혜의 특별하고 상세한 측면에서 숙고하여 보았습니다. 특별하고 상세한 측면들은 모든 주도적인 그리스도인의 은혜들을 열거하여 보았습니다. 나무의 뿌리는 나무 자체를 자라게 하는 특성이 있으며, 빛은 밝게 하는 성질이 있으며, 생명의 원소는 살아 있는 인격의 행동들로 그 모습을 드러냅니다. 이와 같이 마음속에 있는 모든 참된 은혜는 거룩한 행실과 실제를 낳게 합니다.

이제 우리에게는 지금까지 살펴본 본 강론의 주제를 적용하는 일이 남았습니다.

3. 적용

(1) 실천과 선행이 강조되는 이유

'우리는 이 주제를 적용함으로써 마음속에 있는 은혜의 진정성을 증거하는 실천과 선행을 성경이 어찌 그리 풍성하게 강조하는지 주된 이유를 알 수 있습니다.'

그리스도께서는 '열매로 사람들을 판단하라'(마 7:16-20)는 법칙을 주셨습니다. 그리스도께서는 그것을 매우 강조하는 방식으로 말씀하셨습니다. 주님의 계명을 지키는 자라야 주님을 진정 사랑하는 자라고 말씀하셨습니다(요 14:21).

"예수께서 대답하여 이르시되 사람이 나를 사랑하면 내 말을 지키리니 내 아버지께서 그를 사랑하실 것이요 우리가 그에게 가서 거처를 그와 함께 하리라 나를 사랑하지 아니하는 자는 내 말을 지키지 아니하나니 너희가 듣는 말은 내 말이 아니요 나를 보내신 아버지의 말씀이니라."(요 14:23,24)

어째서 사도 바울이 이 요점을 그렇게 많이 강조하는지 그 이유를 우리는 알 수 있습니다. 그는 자신의 편지를 받는 사람들에게 말합니다. 외모로는 하나님의 나라에 속하여 있는 것 같이 하면서 하나님의 계명들을 지키지 아니하는 사람들은 외식자거나 자기를 속이는 자라고 말입니다.

"너희도 정녕 이것을 알거니와 음행하는 자나 더러운 자나 탐하는 자 곧 우상 숭배자는 다 그리스도와 하나님 나라에서 기업을 얻지 못하리니 누구든지 헛된 말로 너희를 속이지 못하게 하라 이로 말미암아 하나님의 진노가 불순종의 아들들에게 임하나니."(엡 5:5,6)

"불의한 자가 하나님의 나라를 유업으로 받지 못할 줄을 알지 못하느냐 미혹을 받지 말라 음행하는 자나 우상 숭배하는 자나 간음하는 자나 탐색하는 자나 남색하는 자나 도적이나 탐욕을 부리는 자나 술 취하는 자나 모욕하는 자나 속여 빼앗는 자들은 하나님의 나라를 유업으로 받지 못하리라." (고전 6:9,10)

"그리스도 예수의 사람들은 육체와 함께 그 정욕과 탐심을 십자가에 못 박았느니라."(갈 5:24)

"너희가 육신대로 살면 반드시 죽을 것이로되 영으로써 몸의 행실을 죽이면 살리니."(롬 8:13)

이 모든 말씀들은 어찌하여 야고보도 같은 것을 강조하는지 그 이유를 설명해줍니다. 성경의 여러 곳에서 이러한 교훈과 친숙하게 만날 수 있습니다. 그리고 요한 사도도 다른 어떤 주제보다 이 문제를 더 많이 말합니다. 선한 행실이 우리 영혼에 참 은혜가 있음을 만족스럽게 증거하는 유일한 표지인데, 하나님께서 그 표지를 모든 사람들이 보고 인상 깊게 여기게 하십니다. 하나님께서 이 땅에 사는 우리를 판단하실 때 우리의 행실로 판단하십니다. 마지막 그 큰 날에 우리의 지상 생애 속에서의 행실을 따라 우리 모두를 심판하실 것입니다.

(2) 자기 검증

'본 강론의 주제 아래서 숙고한 여러 진리들에 자신을 비추어 자기 속에 있는 은혜가 참되고 진실한지 여부를 시험해 보아야 합니다.'

누구를 막론하고 자기 속에 있는 모든 은혜가 실천으로 옮겨지고 있는가, 매일의 삶과 행실 속에서 그 은혜가 실증되고 있는가를 부지런히 살피며 기도하는 마음으로 자문해야 합니다.

참으로 경건한 어떤 사람들은 자기에 대하여 이렇게 말할 용의가 있을 것입니다. "나의 행실로 나를 판단하건대 정말 정죄 감을 느끼지 않을 수 없다. 나는 너무나 자주 실수하였고, 너무 많이 방황하였고, 또 너무 자주 그러한 과실을 범하여 내가 진정 하나님의 자녀일까 하는 의심이 들 정도다."

그런 이들에게 저는 이렇게 응대하려 합니다. 자신의 실천 생활을 시험하려는 사람은 자신의 실수와 방황을 매일 발견합니다. 그러면서도 자신들을 정죄할 정당한 이유를 자신들의 생활에서 진정으로 보지 못할 수도 있습니다. 그 이유는 여기에 있습니다. 우리가 그리스도인의 실천 생활을 말할 때나 성경이 그리스도인으로서의 삶의 과정을 말할 때 그 삶이 완전하고 죄가 전혀 없는 삶을 의미하는 것은 아니기 때문입니다. 오히려 그리스도인의 삶이 극히 불완전한 것들로 넘칠 수도 있습니다. 그러면서도 그 삶이 그리스도인답고 거룩하고 진정한 것이 될 수 있습니다. 그 삶이 그가 소유한 은혜가 거룩한 삶으로 유도하는 성향이 있음을 필연적이고 분명하게 보여주는 것일 수도 있기 때문입니다. 그 행실은 마치 열매가 그 나무의 좋은 특성을 잘 드러내는 경우와 같을 수 있습니다. 그의 행실들이 믿음의 진정성을 증명할 수도 있다는 말입니다. 만일 여러분이 더 분명한 것을 제게 요구한다면, 저는 이렇게까지 말씀드리고 싶습니다. 자신의 불완전함과 실수가 어떠하든지 거룩한 실천의 성향을 가진 은혜의 증거들을 보이고 있는지 자신을 점검해 보십시오.

그런 성향을 가진 은혜의 증거들을 몇 가지 언급하겠습니다.

(3) 거룩한 실천을 유발하는 은혜의 증거들

첫째로, 여러분이 '거룩한 행실의 실패로 인하여 슬프고 겸손해지는' 데로 돌아갑니까? 여러분의 은혜가 과거의 죄의 행실들을 보고 혐오감을 일으키어 하나님 앞에서 애통하게 하는 영향력을 행사합니까? 그러한 은혜가 회심한 이후 이전의 일들이 그리스도인다운 참된 실제와 정면으로 반대됨을 알고 역겨움을 느끼게 합니까? 여러분의 행실이 하나도 선하지 않고 더 나아진 것이 없다는 것이 여러분 삶에 큰 부담이 됩니까? 여러분의 실수와 죄가 여러분을 진정으로 슬프게 합니까? 경건한 욥처럼 그러한 것들을 생각하고 여러분 자신에 대하여 미워하는 마음으로 먼지와 재를 무릅쓰고 회개할 준비가 되어 있는지요? 바울과 같이 여러분의 곤고함을 생각하고 애통하며 죄에서 구출되기 위하여 울며 기도합니까? 사망의 몸에서 건져지기를 바라는 것처럼 기도할 용의가 있습니까?

둘째로, 여러분은 '항상 습관적으로 죄를 두려워하는 마음을 늘 갖습니까?' 지나간 죄악들 때문에 애통할 뿐 아니라 장래에도 죄를 범할까 두려워하는 마음을 갖고 있습니까? 여러분은 죄 자체가 악하기 때문에 무서워하는 것입니까? 그것이 여러분의 영혼을 상하게 하고 하나님을 향한 범죄이기 때문에 그러는 것입니까? 그것이 여러분을 자주 괴롭혔으므로 두려워합니까? 이제까지 여러분을 심각하게 수고하게 하던 것이라는 느낌이 듭니까? 여러분은 죄가 여러분을 해롭게 하고 상하게 하고 여러분을 찌르는 것이어서 두려워합니까? 그래서 여러분은 더이상 죄를 보지 않기를 원하는 것입니까? 여러분은 어떤 사람이 그가 두려워하는 일을 할까봐 조심하듯이 죄를 지을까봐 조심하여 서 있습니까? 마치 요셉이 "내가 어찌 이 큰 악을 행하여 하나님께 죄를 지으리이까?"(창 39:9)라고 한 것과 같이 말입니다.

셋째로, 여러분은 '거룩한 행실로 가는 길이 아름답고 즐거운 길' 이라는 것을 의식하십니까? 여러분은 거룩함이 아름답다는 것을 아십니까? 하나님과 그리스도의 길들이 사랑스러움을 아십니까? 본문에 "사랑은 진리와 함께 기뻐하고"라는 말씀이 있습니다. '의를 기뻐하고 행하는 것' 이 참된 경건의 특징입니다. 그것은 '그가 의를 행하기를 즐거워한다' 고 말하는 것과 같습니다. 시편 기자는 하나님의 법이 그의 즐거움이요 자신이 하나님의 계명들을 사랑한다는 것을 얼마나 자주 말합니까?

넷째로, 여러분은 '그리스도인다운 행실이라고 일컬어지되 뛰어난 방식으로 불리어지는 그러한 실천들' 을 세상의 도덕과 구별하고 즐거워하며 특히 높이 평가합니까? 그리스도인적인 실천은 온유하고, 겸손하고, 기도하는 심령으로 자신을 부인하고, 자신을 새롭게 하고, 하늘에 속한 길을 걷는 그러한 행실을 행함을 말합니다. 이방인들 중에 어떤 이들은 그들의 도덕적인 행실이 뛰어났습니다. 그들은 도덕적인 덕행들에 관하여 탁월한 글들을 많이 썼습니다. 정의와 관용과 용기 등에 관한 글들을 훌륭하게 쓴 사람들입니다. 그러나 그리스도인의 가난한 심령과는 거리가 먼 사람들입니다. 그들은 마음을 낮추는 것과는 거리가 먼 사람들입니다. 그들은 자신의 영광을 추구합니다. 복음이 명하는 행실에 관하여는 아무것도 모릅니다. 심령이 가난하다는 말, 자기를 비워 행동한다는 말이나 자신을 신뢰하지 아니한다는 것, 자신을 포기하는 것들에 관하여는 아는 것이 없는 사람들입니다. 기도함으로 하나님을 의지하는 것에 관해서도 전혀 아는 것이 없습니다. 그들은 온유함에 대하여 외인입니다. 그들은 원수를 향한 사랑이나 용서가 하나의 덕행이라는 것조차 알지 못합니다. 그러한 덕행들은 특별히 기독교적인 덕행들입니다. 그러한 덕행들은 그리스도인의 구별되고 탁월한 방식입니다.

이러한 것들에 대하여 제가 기대하는 것은, 여러분이 이러한 것들을 특별히 높일 때 여러분의 구주를 위하여 그리하십니까? 이 덕행들은 그의 영으로 인하여 가능합니다. 만일 여러분 자신의 심령이 단순한 도덕주의자들과 다르며 본질적으로 구별되며 이방의 철학자들과 다르다면, 여러분은 특별히 높은 평가를 받을 영을 모시고 있는 셈입니다. 그리고 특별히 복음에 포함된 덕행들을 즐거워할 것입니다.

다섯째, 여러분은 '거룩한 행실에 목마르고 주린 상태' 에 있습니까? 거룩한 삶을 열망합니까? 하나님을 따라 살려고 애를 씁니까? 매일 더 나은 삶을 살아 여러분의 행실이 더 나아지기를 바랍니까? 여러분은 보다 영적으로 변화되고 하나님의 영광을 위해 일하는 것에 진보하고 있습니까? 갈수록 그리스도인다워집니까? 여러분은 거룩한 행실을 사랑하고 기도하며 갈망하며 그러한 것들을 위하여 살아가는 데 총력을 기울이고 있습니까? "의에 주리고 목마르는 것"이 참된 그리스도인들의 특징이 된다고 말씀하셨습니다. 이것이 여러분에게 속한 것입니까?

여섯째로, 여러분은 '거룩하게 살려는 일' 에 애쓰고 있습니까? 모든 방면에서 하나님께서 여러분에게 살게 하신 거룩한 삶에 총력을 기울이고 있습니까? 여러분이 거룩한 삶을 위하여 애를 쓰고 있다고, 그것을 따라 힘쓰는 것을 자신의 '기업' 같이 여기고 있다고 말할 수 있습니까? 그것이 언제나 여러분의 생각을 사로잡고 있습니까? 참되고 신실한 그리스도인은 거룩한 삶이 단순히 우발적인 일이 아님을 알고 지대한 관심을 둡니다. 병사의 일은 전투를 수행하는 것이듯이, 그리스도인의 일은 그리스도와 같이 되는 것입니다. 그분이 거룩하신 것같이 거룩하게 되는 것입니다. 그리스도인의 실천 생활은 자신을 몰입시켜야 할 큰일입니다. 마치 경주하는 사람에게는 바로 그 경주가 큰일이듯이 말입니다. 여러분에게도 거룩해지는 일이 그처럼 총력을 기울이고 있는 일인지요? 하나님의 '모든' 계명들을 지키는 것이 여러분의 큰 목적이며, 거기에 사랑을 쏟고 있습니까? 자기가 아는 한에서는 하나도 빠뜨리지 않으려고 애쓰고 있습니까? 시편 기자는, "내가 주의 모든 계명에 주의할 때에는 부끄럽지 아니하리이다"(시 119:6)라고 하였습니다. 여러분이 아는 모든 의무를 신실하게 지키기 위하여 심각하고 부단히 기도하는 마음으로 나아가고 있는지요?

일곱째로, 여러분은 자신이 '감당해야 할 모든 도리'를 알기 원합니까? 여러분은 그것을 알기를 바라는지요? 족장 욥같이 여러분도 전능하신 하나님께 기도할 수 있습니까? 욥은 "내가 깨닫지 못하는 것을 내게 가르치소서"라고 말하고 난 뒤에, "내가 악을 행하였으나 다시는 아니하겠나이다"(욥 34:32)라고 마음을 감찰하시는 하나님께 아뢰었습니다.

이런 시금석들을 정직하게 직면했을 때 여러분이 가지고 있는 은혜가 거룩한 행실로 유도하는 증거가 있다면, 그 안에서 자라 가십시오. 비록 여러분이 실수하여 넘어진다 할지라도 하나님의 자비하심 속에서 다시 일어나게 될 것입니다. 여러분 안에서 착한 일을 시작하신 이가 그리스도 예수의 날까지 이루실 줄 확신합니다. 여러분이 때로 희미하고 약하게 된다 할지라도 밀고 나가면 여러분은 힘에 힘을 더 얻어서 하나님의 능력으로, 구원 얻는 믿음으로 견디어 나갈 것입니다.

모든 것을 참으며

고린도전서 13장 7절

CHAPTER 12

사랑은 도리를 위하여 모든 고난을 달게 받게 해

Charity, Or A Christian Spirit, Willing to Undergo All Sufferings In The Way Of Duty

사도는 앞의 여러 구절에서 '행함'을 내용으로 하는 사랑의 여러 열매를 선언하였습니다. 이제 사도는 사랑의 열매들을 '고난당하는 일'과 관련하여 말해 나갑니다. 여기서 사도는 그리스도인의 참 사랑의 정신은 당연히 그리스도를 위하여 모든 고난을 감당할 각오를 할 마음을 갖게 한다고 선언하고 있습니다. 저는 "모든 것을 참으며"라는 말씀이 바로 그 주제를 표현한다고 생각합니다. 제가 알기로, 어떤 이들은 이 말씀을 이웃에게 받는 해를 온유하게 참아내는 것만으로 이해하고 싶어합니다. 그러나 제가 보기에 이 말씀은 여기에 주어진 대로 이해되어야 마땅합니다. 그리스도와 신앙의 대의大義를 위하여 고난당하는 문제를 다루고 있다고 간수해야 합니다. 다음 몇 가지 이유들을 숙고하여 보면 알게 될 것입니다.

첫째로, 사람들이 우리를 해롭게 하는 것에 대하여는 이미 언급했습니다. "사랑은 오래 참고", "사랑은 쉽게 성내지 않는다"고 사도는 말합니다. 다른 말로 해서 사랑은 '성내는 정욕을 제어하는 성향이 있다'고 선언하였습니다. 그러므로 같은 내용을 세 번이나 말할 정도의 반복법을 사도가 쓰고 싶어 한다고 단정지을 필요가 없습니다.

둘째로, 사도가 보다 능동적인 성질에 속한 사랑의 열매들에 대하여는 이미 지적하였다는 분명한 증거가 보이기 때문입니다. 그는 그 모든 것을 "사랑은 불의를 기뻐하지 아니하며 진리와 함께 기뻐하며"라는 표현 속에서 종합하여 말한 것으로 보입니다. 사랑이 우리 이웃에게 행하는 선한 여러 행실의 다양한 측면들을 상기하며 그 표현들로 종합했습니다. 그래서 사도는 이제 사랑의 다른 성질에 속한 특성들을 다루어 나가려 하는 것입니다. 같은 요점들을 다른 말로 반복하여 말하려는 것이 아닙니다.

셋째로, 사도 바울은 그리스도로 인하여 받는 고난이 그리스도인의 사랑의 열매임을 아주 흔히 말합니다. 그러므로 그가 이 본문에서 그처럼 큰 사랑의 열매를 생략하는 것은 있을 법한 일이 아닙니다. 고린도전서 13장에서 사도는 사랑의 중요한 모든 열매를 전문적으로 다 열거하여 모아 놓았습니다. 사도는 다른 곳에서 신앙을 위하여 받는 고난이 사랑의 열매임을 늘 언급합니다. 고린도후서 5:14에서는, 다른 이들이 자기 보고 미쳤다고 말할 정도로 그리스도를 위하여 자기가 당한 일을 말한 뒤에 어째서 그런 일을 감당하였는지 이유를 말합니다. 그리스도의 사랑이 자기를 강권하기 때문이라고 말합니다. 로마서 5:3,5에서도 하나님의 사랑이 성령으로 말미암아 자기 마음에 부은 바 되었다고 말하면서, 바로 그 때문에 환난을 자랑할 준비가 되어 있다고 말합니다. 그는 또 다시 환난이나 위험이나 적신이나 칼의 위협이 있다 할지라도 그리스도의 사랑에서 자신이 끊어질 수 없다고 밝히 선언합니다(롬 8:35). 다른 곳에서 그리스도를 위하여 당하는 고난을 그렇게 큰 사랑의 열매로 자주 말하는 사도가 여기 사랑의 모든 열매를 전문적으로 다루는 대목에서 그것을 빠뜨릴 리가 없습니다.

넷째로, 다음의 말씀, "사랑은 모든 것을 믿으며 모든 것을 바라며 모든 것을 견디느니라"는 말씀이 이웃과 관련된 사랑의 주요한 열매들을 다 내포합니다. 더욱 자세히 숙고하여 보면 이후에라도 그 점이 확연하게 밝혀질 것입니다. 저는 이 본문에서 다음과 같은 교리를 추출하여 냅니다.

'사랑, 혹은 참된 그리스도인의 심령은 우리로 하여금 그리스도와 마땅한 도리를 위해 일하면서 받을 수 있는 모든 고난을 감수할 마음을 갖게 한다.'

첫째로, 저는 이 교리를 간단하게 설명하겠습니다.

둘째로, 그 교리의 진실성의 증거와 이유들을 밝히려 합니다.

1. 교리의 설명

저는 다음과 같은 요점을 생각하려고 합니다.

(1) 사랑은 고난을 기쁘게 감수하게 함

참된 사랑의 심령, 혹은 그리스도인다운 사랑은 그리스도를 위하여 그러한 일을 할 뿐 아니라 '기꺼이 고난도 받을 마음'을 갖게 합니다. 외식자들도 때로 대가가 요구되지 않는 말이나, 어떤 어려움이나 고난이 전혀 수반되지 않는 행동들을 하며 마치 큰 믿음을 가졌다는듯이 떠들썩합니다. 그러나 그런 이들은 '고난을 감수하고픈 마음'이 없습니다. 그리스도를 위하여 기꺼이 고난 받고자 하는 정신을 갖고 있지 않습니다. 그들이 신앙을 위하여 했다는 이들을 가만히 보면, 그것은 고난이나 세상적인 유익에 손해를 보지 않는다고 예상될 때에 한 일임이 드러납니다. 그들은 무엇인가 자기들에게 돌아올 때에만 기꺼이 그리스도를 위하여 기꺼이 하는 사람들입니다.

그들이 행한 신앙적인 일들은 모두 자신을 위하는 마음에서 비롯되었습니다. 옛날 바리새인들과 같이 상당한 이익이 거기에 달렸다고 판단될 때만 일을 합니다.

그러므로 그들은 자기 인격이나 이익에 손해가 될 일을 위하여는 결코 고난 받으려 하지 않습니다. 그러나 참 그리스도인들은 그리스도를 위하여 고난 받고 싶은 심령을 갖습니다. 그들은 자신을 드린다고 하는 전제하에 그리스도를 따릅니다.

"누구든지 자기 십자가를 지고 나를 따르지 않는 자도 능히 내 제자가 되지 못하고."(눅 14:27)

그들은 그리스도를 위하여 기꺼이 고난 받을 마음을 가졌지만 거기에서 머무는 사람들이 아닙니다.

(2) 이 교리가 내포하는 진실

그들은 그리스도를 위해 도리를 수행하여 나갈 때에 주어지는 '고난 모두를 기꺼이 감당하고픈 마음' 을 가지고 있습니다.

첫째로, 그들은 도리를 수행하는 과정에서 만나는 '모든 종류의 고난'을 감수하려는 자발적인 마음을 가지고 있습니다. 그들은 자기들의 선한 이름으로 기꺼이 고난 받으려는 마음이 있습니다. 또한 책망 받고 경멸당하면서도 그리스도를 위하여 겪는 고난을 기쁘게 생각합니다. 그들은 자기의 명예보다 그리스도의 명예를 더 우선시합니다. 그들은 사도와 같이 이러한 고백을 할 수 있는 사람들입니다.

"그러므로 내가 그리스도를 위하여 약한 것들과 능욕과 궁핍과 박해와 곤고를 기뻐하노니 이는 내가 약한 그 때에 강함이라."(고후 12:10)

사람들이 자기들을 미워하고 악의를 갖고 공격을 해도 그리스도를 위해 참아낼 마음이 그들에게 있습니다. 그리스도께서는 "너희가 내 이름으로 말미암아 모든 사람에게 미움을 받을 것이나"(마 10:22)라고 말씀하심으로써 그 점을 미리 알려 주셨습니다. 그들은 자기들의 외적인 소유를 손해 보는 일도 감내하고픈 이들입니다.

"내가 그를 위하여 모든 것을 잃어버리고 배설물로 여김은 그리스도를 얻고 그 안에서 발견되려 함이니 내가 가진 의는 율법에서 난 것이 아니요."(빌 3:8,9)

그들은 안일과 위안도 버릴 각오가 되어 있습니다. 어려운 일과 곤고함을 견뎌낼 마음도 가지고 있습니다. 바울이 말한 바와 같습니다.

"오직 모든 일에 하나님의 일꾼으로 자천하여 많이 견디는 것과 환난과 궁핍과 고난과 매 맞음과 갇힘과 난동과 수고로움과 자지 못함과 먹지 못함 가운데서도 깨끗함과 지식과 오래 참음과 자비함과 성령의 감화와 거짓이 없는 사랑과 진리의 말씀과 하나님의 능력으로 의의 무기를 좌우에 가지고 영광과 욕됨으로 그러했으며 악한 이름과 아름다운 이름으로 그러했느니라. 우리는 속이는 자 같으나 참되고."(고후 6:4-8)

그들은 육체의 고통을 참을 각오가 되어 있습니다. 살아날 가망이 없는 무서운 고문을 당할 준비도 되어 있습니다. 잔인하게 매를 맞고 고문당하는 것도 견딜 마음을 가집니다. 그들은 옥에 가두고 붙들어 매는 아픔을 참는 사람들입니다(히 11:35,36). 심지어 죽음까지도 참습니다.

"자기 목숨을 얻는 자는 잃을 것이요 나를 위하여 자기 목숨을 잃는 자는 얻으리라."(마 10:39)

그들은 다른 상상할 수 있는 모든 종류의 고난을 그리스도를 위하여 달게 받으려는 마음을 가지고 도리를 다하는 이들입니다.

둘째로, 그들은 모든 고난을 받되 '어떤 분량의 고난이든지 다' 감당하려는 기꺼운 마음을 가지고 있습니다. 그들은 마치 순금純金과 같습니다. 도리를 수행하는 과정에서 겪을 일을 당할 각오를 합니다. 그리스도를 위해서라면 모든 것을 희생할 각오가 되어 있습니다. 자기의 부모나 자녀나 형제자매들이나 자기 목숨까지도 그리스도를 위해서라면 '미워할' 각오가 되어 있습니다(눅 14:26). 가장 격렬한 비난과 경멸과 고통을 받을 준비도 되어 있습니다. 조롱당할 뿐 아니라 모든 것을 잃어버리는 것도 참을 각오가 되어 있습니다. 죽음까지도 견뎌낼 준비가 되어 있습니다. 그뿐 아니라, 가장 잔인한 형태의 죽음까지도 당할 각오를 하고 있습니다. 히브리서 11:37에서 말하는 형태의 죽음까지도 맞을 각오를 하고 있습니다.

"돌로 치는 것과 톱으로 켜는 것과 시험과 칼로 죽임을 당하고 양과 염소의 가죽을 입고 유리하여 궁핍과 환난과 학대를 받았으니."

그리스도를 위해서라면 격렬하고 잔인한 고난의 분량도 감수하며 그 모든 것을 당할 각오가 되어 있습니다.

2. 교리의 이유와 증거

참된 은혜의 마음을 가진 그리스도인이 믿음의 도리를 수행하여 나가는 길에서 만나는 모든 고난들을 기꺼이 감수하려는 마음을 가지고 있음은 다음과 같은 몇 가지 사항을 숙고하면 분명하게 밝혀질 것입니다.

(1) 정반대의 마음의 자세

만일 그런 마음이 없다면, 그리스도께 '자신을 온전히 드리지 않았음을 증거 하는 것' 입니다. 그리스도인이요, 그리스도를 따르는 사람이라면, 자신을 그리스도께 아낌없이 드리되 오직 그만을 위하여 영원토록 드리는 것이 필요합니다. 그러므로 신자가 그리스도와 가까이 하는 것은 때로 성경에서 보여주는 바와 같이 결혼함으로 신부가 신랑에게 전부를 드리는 행동에 비유합니다. 하나님께서 백성들에게 이렇게 하신 말씀과 같습니다.

"내가 네게 장가들어 영원히 살되 공의와 정의와 은총과 긍휼히 여김으로 네게 장가 들며."(호 2:19)

결혼한 여인은 남편의 소유가 되도록 자신을 온전하게 드립니다.

참으로 믿는 자의 모든 것은 다 자기 것이 아닙니다. 그리스도께서 값으로 산 것이 되어 믿는 자 전체의 소유권을 갖고 계시기 때문입니다. 그들은 자신이 그리스도의 소유임을 행동으로 보여야 합니다. 자원하는 심령으로 자신을 그리스도께 산 제물로 드려 온전히 그리스도의 차지가 되어야 합니다. 그리스도를 위해 모든 것을 참아야겠다는 마음이 없으면 자신을 전적으로 그리스도께 드리지 않았음을 드러내는 것입니다. 그들은 그리스도를 위하여 참아내려는 마음이 없습니다. 그리스도와 그 영광을 위하는 일에서 빠져 나오려고 구실을 찾습니다.

그들은 그리스도의 영광은 생각지 아니하고 자기 이익이나 안일을 위하는 일에만 몰두합니다. 그렇게 받아야 할 고난을 미루는 일은 하나님께 자신을 전적으로 드린 것과 완전히 배치됩니다. 마치 주께 모두 바치겠다 약속해 놓고 뒤에 가서는 얼마를 떼어 감추어 두었던 아나니아와 삽비라 같은 처사입니다. 그리스도께 전적으로 자신을 드린다는 것은 그리스도를 위하여 자신의 일시적인 유익을 전적으로 희생함을 함축합니다. 전적으로 그리스도를 위하여 자신의 일시적인 유익을 희생하는 사람은 그 때문에 세상적인 자기 모든 유익을 희생함으로써 모든 고난을 참아낼 준비가 되어 있습니다.

하나님을 진정으로 사랑한다면 하나님을 하나님으로 알고 사랑합니다.

하나님을 하나님으로 알고 하는 사랑은 하나님을 최고선最高善으로 알고 사랑합니다. 하나님을 최고의 선으로 알고 하는 사랑은 그 최고선을 위해 다른 모든 것을 유보하게 합니다. 혹은 그 선을 위하여 모든 것을 견뎌내려는 자발적인 마음을 갖게 합니다.

(2) 하나님을 참으로 두려워하는 마음

참된 그리스도인들은 하나님을 두려워하는 나머지 '하나님께서 불쾌하게 여기시는 것을 세상에서 당하는 모든 고통과 고난보다 더' 무서워합니다. 그리스도께서 당신을 위해서 제자들이 받아야 할 고난이 어떠할지에 대해 이렇게 말씀하셨습니다.

"내가 내 친구 너희에게 말하노니 몸을 죽이고 그 후에는 능히 더 못하는 자들을 두려워하지 말라 마땅히 두려워할 자를 내가 너희에게 보이리니 곧 죽인 후에 또한 지옥에 던져 넣는 권세가 있는 그를 두려워하라 내가 참으로 너희에게 이르노니 그를 두려워하라."(눅 12:4,5)

"만군의 여호와 그를 너희가 거룩하다 하고 그를 너희가 두려워하며 무서워할 자로 삼으라"(사 8:13)고 이사야 선지자는 말하였습니다. 참다운 그리스도인들은 하나님이 얼마나 위대하시고 얼마나 두려운 존재인가를 알고 세상에서 잠시 당하는 모든 고통보다 하나님의 진노와 불쾌하심을 더 무서워합니다. 자기들이 당할 수 있는 이 세상에서의 모진 고문보다도 하나님을 더 두려워합니다. 아무리 무서운 고문拷問이라 할지라도 하나님의 진노하심보다는 못함을 그들은 알고 있습니다. 그러므로 그들은 당할 수 있는 모든 것을 주님을 위해 참아낼 마음을 갖습니다. 하나님을 무시하는 것보다 그렇게 고통당하는 편을 택합니다. 영원한 진노로 자기들을 괴롭게 하실 수 있는 하나님께 죄짓는 일은 절대 하지 않으려 합니다.

(3) 더 큰 것을 아는 믿음

참된 그리스도인은 자기가 주님으로 인하여 당할 수 있는 고난이 아무리 커도 '그 고난을 무마하기에 충분하고도 남는 더 큰 무엇을 아는 믿음'을 가지고 있습니다. 자기의 분깃으로 택한 그리스도와 하나님 안에 있는 모든 탁월하심이 자기가 당할 수 있는 모든 고난들을 훨씬 능가함을 압니다. 하나님께서 자기를 위하여 고난을 받는 사람들을 위하여 약속하신 영광의 어떠함도 압니다. 그리스도를 위하여 받는 고난이 지극히 넘치도록 영원한 영광의 진중함이 자기들에게 이루어진다는 것을 알고 있습니다. 그리스도를 위하여 고난과 무서운 슬픔과 정말 두려운 시련을 참아 낸다 하여도 받을 영광에 비하면 '환난의 경한 것'(고후 4:17)에 지나지 않음을 알고 있습니다.

모세는 믿음 때문에 하나님의 백성들과 함께 고난 받기를 즐거워하였습니다. 그리고 그리스도를 위하여 받는 수모를 더 좋아하였습니다. 왜냐하면 믿음을 행사함에 있어서 애굽의 모든 보화보다도 하늘에 자기를 위하여 더 나은 삶이 쌓여 있음을 알았기 때문입니다(히 11:24-26).

(4) 마지막에 당할 부끄러움

만일 신앙 때문에 모든 어려움을 당하였을지라도 '믿음을 위하여 기꺼운 마음을 가지지 않은 채' 그런 일을 당했다면, 결국에는 부끄러움으로 압도당할 것입니다. 그래서 그리스도께서는 아주 명백히 말씀하셨습니다.

"너희 중의 누가 망대를 세우고자 할진대 자기의 가진 것이 준공하기까지에 족할는지 먼저 앉아 그 비용을 계산하지 아니하겠느냐 그렇게 아니하여 그 기초만 쌓고 능히 이루지 못하면 보는 자가 다 비웃어 이르되 이 사람이 공사를 시작하고 능히 이루지 못하였다 하리라 또 어떤 임금이 다른 임금과 싸우러 갈 때에 먼저 앉아 일만 명으로써 저 이만 명을 거느리고 오는 자를 대적할 수 있을까 헤아리지 아니하겠느냐 만일 못할 터이면 그가 아직 멀리 있을 때에 사신을 보내어 화친을 청할지니라 이와 같이 너희 중의 누구든지 자기의 모든 소유를 버리지 아니하면 능히 내 제자가 되지 못하리라."(눅 14:28-33)

우리가 믿음의 도리를 행하다 만나는 모든 고난들은 믿음에 수반되는 어려움들입니다. 그러한 고난들은 신앙적인 사람이 되는 대가의 일부입니다. 이러한 대가를 기꺼이 지불하려는 마음이 없는 사람은 결코 신앙의 차원에 도달하지 못합니다. 그런 자는 집을 짓기 원하나 집을 짓는데 필요한 대가를 지불하기는 꺼리는 사람과 같습니다. 그런 이는 사실상 집을 짓기를 싫어하는 사람입니다.

복음을 받았다 하나 복음적 신앙이 수반하는 어려움들을 함께 받지 않는 사람은 복음이 제시하는 영광도 누리지 못합니다. 그리스도의 면류관 뿐 아니라 자기 십자가를 지고 그리스도를 받지 않는 사람은 진정으로 그리스도를 받지 않은 사람입니다. 그리스도께서 우리에게 "내게 와서 쉬라"고 청하셨고, "포도주와 젖을 사서 먹으라"고 청하신 것은 사실입니다. 그러나 그 청과 함께 "십자가도 지라" 하신 것도 사실입니다. 우리가 그를 따르기 위하여서는 십자가를 져야한다고 말씀하십니다.

만일 우리가 그리스도께 와서 쉬라는 말씀의 초청만 받고 더 이상은 아니라면 복음의 제시를 받은 것이 아닙니다. 둘은 함께 갑니다.

'쉼'과 '멍에'는 함께 갑니다. 십자가와 영광의 면류관은 함께 갑니다. 하나만 받아들이면 아무 의미가 없습니다. 그럴 경우 하나님께서 공급하시는 것을 결코 받을 수 없습니다. 기독교의 편안함만 받아들이고 어려움은 받지 않는 이들은 고작 부끄러운 그리스도인의 부류에 들뿐입니다. 참된 그리스도인들은 기독교 전체를 받습니다. 그래서 그들은 마지막 날에 영광 중에 영접 받아 수치를 당하지 않을 것입니다.

(5) 고백의 허위성

본문이 함축하는 그런 심령이 없으면 '그리스도를 위하여 모든 것을 잃어버렸다'고 말할 수 없습니다. 만일 그리스도를 위하여 어려움을 감당하고 싶은 마음 없이 잠시 당하는 어떠한 형태의 고난 받기도 거부한다면, 그리스도를 위하여 버리지 않은 무엇인가 있다는 말입니다. 예를 들면, 우리가 그리스도를 위하여 고난 받기를 즐거워하지 않으면, 그를 위하여 기꺼이 명예를 잃을 각오가 되지 않았다는 말입니다. 그와 같이 궁핍함을 기꺼이 참아내려는 마음을 갖고 있지 않으면 그를 위한 죽음을 기뻐하지 않는다는 말이요, 그렇다면 그리스도를 위하여 부요와 안일과 목숨을 버리기를 꺼려한다는 말입니다. 그러나 그리스도께서 가르치시는 것이 많습니다. 우리의 소유를 그를 위하여 다 버릴 각오가 되어 있어야 합니다. 필요하다면 그러한 일도 당할 각오를 해야 합니다. 그렇지 않으면 우리는 주님의 제자일 수 없습니다(눅 14:26 이하).

(6) 자신을 부인하는 것의 실상

이런 정신이 없이는 '성경이 요구하는 대로 자신을 부인'한다고 말할 수 없습니다. 성경은 다음과 같은 것이 우리가 그리스도의 제자가 되려면 자신을 부인하는 것이 절대 필요하다고 가르칩니다.

"이에 예수께서 제자들에게 이르시되 누구든지 나를 따라오려거든 자기를 부인하고 자기 십자가를 지고 나를 따를 것이니라 누구든지 제 목숨을 구원하고자 하면 잃을 것이요, 누구든지 나를 위하여 제 목숨을 잃으면 찾으리라."(마 16:24,25)

이 말씀의 표현들은 사람이 자신을 어느 정도까지 포기해야 하는지를 보여줍니다. 이 말씀을 따라 행하는 사람은 마치 자신을 그리스도를 위하여 내어준 것처럼 살아갑니다. 그는 자신의 것이 아닌 양 고난과 어려움을 위하여 자신을 양도합니다. 레위의 후손들은 이스라엘 백성들이 황금 우상의 송아지를 만드는 죄를 범한 일 때문에 칼을 들어 사람들을 찌를 때에, 자신의 친척이나 친구들을 아는 척 하지 않았습니다. 그와 같이 그리스도인들은 자신을 생각하지 않을 뿐더러 자신을 부인하는 데까지 나아가야 합니다. 그리스도를 위하여 육체를 십자가에 못 박고 자신을 부인하는 것입니다. 마치 스스로에게 무자비한 행동을 하는 사람들 같습니다. 고난을 피하기 위해 그리스도의 영광과 그리스도의 뜻에 반대하여 행동하는 사람들은 자신을 부인하지 않고 대신 그리스도를 부인합니다. 핍박을 당한 때에 핍박하는 사람 앞에서 그리스도를 믿는 자신의 신앙을 고백하지 않으면, 그는 사람들 앞에서 그리스도를 부인하는 것입니다. 그리스도께서 하나님 아버지 앞에서 부인할 자들에 그들이 해당합니다(마 10:33).

사도는 그러한 사람들에게 이러한 말씀을 하였습니다.

"참으면 또한 함께 왕 노릇 할 것이요 우리가 주를 부인하면 주도 우리를 부인하실 것이라."(딤후 2:12)

(7) 범사에 그리스도를 따른다는 의미

진정 그리스도를 따르는 사람들의 특징은 '모든 일 속에서' 그리스도를 따릅니다. 주님이 사랑하시는 제자 요한이 하나님의 보좌에 둘러 있는 사람들을 가리키면서 이러한 말을 하였습니다.

"이 사람들은…어린 양이 어디로 인도하든지 따라가는 자며…."(계 14:4)

부요할 때만 그리스도를 따르는 이들은 역경이 오면 그리스도를 따르지 않는 이들입니다. 어려움이 그리 크지 않을 때만 따르고 모진 고난이 오면 그리스도를 따르지 않습니다. 그런 사람을 가리켜 "어린 양이 어디로 인도하든지 따라가는 사람"이라고 말할 수 없습니다. 그리스도께서 지상에 계실 때에, "선생님이여 어디로 가시든지 저는 따르리이다"라고 말한 사람이 있었습니다. 예수님께서 그에게 무어라 하셨습니까?

"예수께서 이르시되 여우도 굴이 있고 공중의 새도 거처가 있으되 인자는 머리 둘 곳이 없다 하시더라."(마 8:19,20)

그리스도께서 그 사람에게 말씀하신 의미는 이러합니다.

"내가 어디로 가든지 네가 나를 따르려 하면 큰 어려움과 고난을 무릅써야 한다."

진정으로 그리스도를 따르는 사람들은 가드 사람 잇대가 다윗에게 보여준 대로의 마음자세를 그리스도께 보이는 사람들입니다. 잇대라는 사람은 어려움을 당할 때나 순경順境을 만났을 때에나 다윗에게 꼭 붙어 다녔습니다. 심지어는 다윗이 자기와 함께 하는데서 그를 제외시켰을 때에도 변함없이 그런 마음을 가졌습니다.

"잇대가 왕께 대답하여 이르되 여호와의 살아 계심과 내 주 왕의 살아 계심으로 맹세하옵나니 진실로 내 주 왕께서 어느 곳에 계시든지 사나 죽으나 종도 그 곳에 있겠나이다."(삼하 15:21)

참 그리스도인들도 그리스도를 향하여 바로 그런 마음을 가지고 있습니다. 다윗은 영적으로 그리스도의 모형이었습니다.

(8) 세상을 이김

'세상을 이기는 것'이 참된 그리스도인들의 특징입니다.

"하나님께로부터 난 자마다 세상을 이기느니라."(요일 5:4)

그러나 세상을 이긴다는 것이 세상의 가볍고 쉬운 것들을 이기는 것만을 의미하지 않습니다. 세상의 고난과 난관들도 이기는 것을 함축합니다. 세상은 어찌하든지 우리를 이기려고 온갖 무기들을 다 사용할 것입니다. 만일 우리가 그리스도를 위하여 대처할 각오가 단단히 되어 있지 않으면 세상은 그 무기들로 우리를 제압하여 이겨낼 것입니다. 그러나 그리스도께서는 당신의 종들에게 어떤 형태로든 세상을 이기는 이김을 주셨습니다. 그들은 이긴 자들입니다. 세상을 넉넉히 이깁니다. 자기들을 사랑하신 그분을 통하여 세상을 이깁니다.

(9) 시련

흔히 '도리를 수행하는 과정에서 만나는 고난'들을 성경에서 시험이나 시련으로 칭하는 경우가 있습니다. 왜냐하면 하나님께서 시험이나 시련을 통하여 하나님의 백성인 우리 그리스도인들의 성품의 진실성을 연단하시기 때문입니다. 하나님께서는 우리가 가는 길에 고난들을 놓음으로써 당신을 위하여 고난 받고자 하는 자발적인 심령이 있는지 시험합니다. 고난 속에서 우리의 진지성을 연단하십니다. 마치 금이 불에 연단 받는 것 같이 말입니다. 금이 순수한지 아닌지는 불로 연단 받아야 알 수 있습니다. 순전한 금이라도 불을 지나면 모든 불순한 것들이 벗겨집니다. 외양으로 보기에는 금같이 보이나 아닌 물질을 불로 연단하여 다 정결하게 합니다. 그러므로 하나님께서는 우리가 그리스도를 위해 시련과 고난도 받을 용의가 있는지 주목하게 하심으로 우리가 참으로 하나님의 백성인지 확인하십니다. 아울러 우리가 그리스도를 위해서라면 무슨 일이라도 할 준비가 되어 있는지 확인하십니다. 어떤 어려움이나 위험이 길에 놓여있을 때 하나님을 참으로 섬기고 있는지의 여부를 그 일들을 통하여 알아볼 수 있습니다.

사도 베드로가 그의 편지를 받는 사람들에게 다음과 같이 말한 것은 바로 그런 관점을 표명하기 위함입니다.

“그러므로 너희가 이제 여러 가지 시험으로 말미암아 잠깐 근심하게 되지 않을 수 없으나 오히려 크게 기뻐하는도다 너희 믿음의 확실함은 불로 연단하여도 없어질 금보다 더 귀하여 예수 그리스도께서 나타나실 때에 칭찬과 영광과 존귀를 얻게 할 것이니라.”(벧전 1:6,7)

이러한 말씀도 있습니다.

“사랑하는 자들아 너희를 연단하려고 오는 불 시험을 이상한 일 당하는 것 같이 이상히 여기지 말고 오히려 너희가 그리스도의 고난에 참여하는 것으로 즐거워하라 이는 그의 영광을 나타내실 때에 너희로 즐거워하고 기뻐하게 하려 함이라.”(벧전 4:12,13)

하나님께서는 선지자들을 통하여 다음과 같이 선언하셨습니다.

“내가 그 삼분의 일을 불 가운데에 던져 은같이 연단하며 금같이 시험할 것이라 그들이 내 이름을 부르리니 내가 들을 것이며 나는 말하기를 이는 내 백성이라 할 것이요 그들은 말하기를 여호와는 내 하나님이시라 하리라.”(슥 13:9)

3. 적용

우리는 이상에서 살펴본 바를 다음과 같은 방식으로 적용할 수 있습니다.

(1) 자기 검증

그리스도인이라 자처하는 이들은 그리스도를 위하여 ‘모든 고난을 감당할 심령을 가지고 있는지’ 자신을 시험하여 보도록 합시다. 모든 사람들은 자신이 그러한 고난을 받으려는 마음이 있는지 스스로 시험하되 매우 엄격하게 시험해 보는 것이 합당합니다. 성경에서 확인할 수 있듯이 그런 고난받을 각오를 하는 심령에 매우 큰 중요성을 부여하고 있습니다. 비록 믿음의 도리를 감당할 때 극히 큰 고난을 받지 않았어도, 하나님의 섭리 과정은 여러분이 어떤 심령인지 나타내기에 충분합니다. 고난을 받되 안일과 평안을 기꺼이 희생할 각오가 되어 있습니까? 하나님의 섭리의 과정은 그것을 잘 드러냅니다. 그리스도보다는 자신의 유익과 관심거리와 안일을 위하여 살아가는 마음의 자세를 가지고 있는지 그 섭리의 과정은 충분하게 밝혀 줍니다. 일반적으로 섭리를 통하여 모든 신앙고백자들을 연단하고 단련하시는 것이 하나님의 방식입니다. 특별히 시련을 당하는 이들의 차원에서는 더욱 그러합니다.

하나님께서는 섭리의 과정을 통하여 사람들이 자기의 마땅한 도리를 감당하여 나갈 때 정말 주님을 위하여 고난을 받을 각오가 되어 있는지, 아니면 자신만을 세우려는 정신인지 연단하여 알아보십니다. 흔히 핍박받는 그리스도인들이 이에 해당됩니다. 그들이 그리스도를 진실로 믿고 떠나지 않는 믿음을 가진다면 고난을 받음으로 좋은 이름을 얻을 것이 틀림없습니다. 다른 이들의 호의를 상실하고, 외양적인 안일과 편의를 잃어버림으로 많은 고통을 받아야 하는 사람들의 경우에도 해당됩니다. 사람들에게 받는 평판이나 사업상 어려움이 있을 경우, 또는 지극히 혹독하고 가공할만한 두려움을 수반하는 일을 감당해야 할 경우 더욱 특별히 그러합니다.

여러분은 그러한 시련을 당할 때에 모든 것들을 감당할 마음의 자세가 있음을 발견하였습니까? 위대하신 주와 구속주 되신 예수님을 불신앙하는 모습을 드러내지 않고 당하는 여려움을 더 좋게 여깁니까? 이런 점에 대하여 더욱 자신들을 시험하여 볼 필요가 있습니다. 여러분이 죽기 전에 다른 그리스도인들이 받았던 그러한 시련의 핍박을 당할지도 모르기 때문입니다. 모든 참된 그리스도인은 순교 정신을 가집니다. 하나님께서 여러분에게 주실 수 있는 더 작은 시련이나 고난을 견디지 않으면, 더 큰 핍박을 받을 경우에는 어떻게 이겨 나갈 수 있습니까? 옛 성도들은 그처럼 격렬한 핍박을 받았습니다. 만일 작은 시련들을 참아내지 못한다면 어떻게 '모든 것을 참는 사랑'을 소유하였다고 할 수 있겠습니까?

선지자는 다른 곳에서 이러한 말을 하였습니다.

"만일 네가 보행자와 함께 달려도 피곤하면 어찌 능히 말과 경주하겠느냐 네가 평안한 땅에서는 무사하려니와 요단강 물이 넘칠 때에는 어찌하겠느냐."(렘 12:5)

(2) 각성

우리가 다루어온 사랑의 이 측면은 모든 신앙고백자들로 하여금 그리스도를 위한 도리를 수행하여 나갈 때에 당할 수 있는 '모든 고난을 견뎌 낼 마음의 준비'를 하게 합니다.

첫째로, 그리스도를 위하여 고난을 받을 마음의 준비가 되어 있다면 실제 그런 고난을 받았던 성경의 인물들이 얼마나 복된 사람들이었는지 살펴봅시다.

그리스도께서 말씀하셨습니다.

"의를 위하여 박해를 받은 자는 복이 있나니 천국이 그들의 것임이라 나로 말미암아 너희를 욕하고 박해하고 거짓으로 너희를 거슬러 모든 악한 말을 할 때에는 너희에게 복이 있나니 기뻐하고 즐거워하라 하늘에서 너희의 상이 큼이라."(마 5:10-12)

"지금 주린 자는 복이 있나니 너희가 배부름을 얻을 것임이요 지금 우는 자는 복이 있나니 너희가 웃을 것임이요 인자로 말미암아 사람들이 너희를 미워하며 멀리하고 욕하고 너희 이름을 악하다 하여 버릴 때에는 너희에게 복이 있도다 그 날에 기뻐하고 뛰놀라 하늘에서 너희 상이 큼이라." (눅 6:21-23)

"그리스도를 위하여 너희에게 은혜를 주신 것은 다만 그를 믿을 뿐 아니라 또한 그를 위하여 고난도 받게 하려 하심이라."(빌 1:29)

"시험을 참는 자는 복이 있나니 이는 시련을 견디어 낸 자가 주께서 자기를 사랑하는 자들에게 약속하신 생명의 면류관을 얻을 것이기 때문이라."(약 1:12)

"그러나 의를 위하여 고난을 받으면 복 있는 자니 그들이 두려워하는 것을 두려워하지 말며 근심하지 말고. "(벧전 3:14)

신약성경은 그리스도를 위하여 고난 받는 우리에게 용기를 북돋아 주는 유사한 표현들로 가득합니다.

둘째로, 그리스도를 위하여 기꺼이 고난을 받는 자들에게 하늘에서 주시려고 아버지께서 예비하신 '상급의 영광'이 어떠함을 숙고합시다. 그들에게 생명의 면류관이 약속되어 있습니다. 그리스도께서는 "또 내 이름을 위하여 집이나 형제나 자매나 부모나 자식이나 전토를 버린 자마다 여러 배를 받고 또 영생을 상속하리라"(마 19:29)고 약속하셨습니다. 그리고 그리스도를 위하여 고난 받는 사람들은 하나님 나라에서 귀히 여김을 받을 것이라고 말씀하셨습니다(살후 1:5). 그리고 만일 그리스도와 함께 고난 받으면 그와 함께 왕 노릇도 하게 될 것이라고 말씀하셨습니다(딤후 2:11,12). 또 우리가 그리스도와 함께 고난을 받으면 그와 함께 영광을 받을 것이라고 말씀하십니다(롬 8:17). 우리는 이 세상을 이기고 승리한 사람들에게 약속된 가장 영광스러운 약속들을 알고 있습니다. 그에 대한 그리스도의 말씀입니다.

"이기는 그에게는 내가 하나님의 낙원에 있는 생명나무의 열매를 주어 먹게 하리라." "이기는 자는 둘째 사망의 해를 받지 아니하리라." "이기는 그에게는 내가 감추었던 만나를 주고" "이기는 자와 끝까지 내 일을 지키는 그에게 만국을 다스리는 권세를 주리니" "내가 또 그에게 새벽 별을 주리라" "이기는 자는 이와 같이 흰 옷을 입을 것이요 내가 그 이름을 생명책에서 결코 지우지 아니하고 그 이름을 내 아버지 앞과 그의 천사들 앞에서 시인하리라 귀 있는 자는 성령이 교회들에게 하시는 말씀을 들을지어다" "이기는 자는 내 하나님 성전에 기둥이 되게 하리니 그가 결코 다시 나가지 아니하리라 내가 하나님의 이름과 하나님의 성 곧 하늘에서 내 하나님께로부터 내려오는 새 예루살렘의 이름과 나의 새 이름을 그이 위에 기록하리라" "이기는 그에게는 내가 내 보좌에 함께 앉게 하여 주기를 내가 이기고 아버지 보좌에 함께 앉은 것과 같이 하리라"(계 2:7,11,17,26,28 ; 3:5,6,12,21). 이렇게 풍성하고 영광스런 약속들은 그리스도를 위하여 달게 고난 받을 마음을 갖게 합니다.

셋째로, 그리스도를 위하여 '고난을 받았던 사람들의 복된 실례'에 대하여 성경은 얼마나 많이 증거하고 있습니까! 시편 기자는 원수가 보복하려는 마음으로 자기에게 들이대는 능욕과 모독을 가리키며 이렇게 아뢰었습니다.

"이 모든 일이 우리에게 임하였으나 우리가 주를 잊지 아니하며 주의 언약을 어기지 아니하였나이다 우리의 마음은 위축되지 아니하고 우리 걸음도 주의 길을 떠나지 아니하였으나."(시 44:17,18)

다시 시편 기자는 "교만한 자가 나를 심히 조롱하였어도 나는 주의 법을 떠나지 아니하였나이다…나를 핍박하는 자와 나의 대적이 많으나 나는 주의 증거에서 떠나지 아니하였나이다…방백들이 무고히 나를 핍박하오나 나의 마음은 주의 말씀만 경외하나이다" 선지자 예레미야는 죽음의 위협이 있음을 알고도 하나님을 위하여 담대하게 말하였습니다(렘 26:11,13). 사드락과 메삭과 아벳느고는 바벨론 왕이 세워 놓은 금 신상神像 앞에 절하기를 거절하였습니다. 그렇게 하지 아니하면 풀무불 속에 들어간다는 것을 알았지만 거절했습니다(단 3장). 다니엘 자신도 여전히 신실하게 그의 하나님께 기도하였습니다. 사자굴 속에 들어간다는 것을 알았음에도 그 일을 하였습니다(단 6장).

시간이 없어서 사도들과 선지자들과 순교자들과 성도들과 그리스도 자신에 관하여 다 말하지 않았습니다. 그들은 사람들로부터 좋은 평판과 악한 평판을 받을 때, 고난과 시련의 때에 일향 미쁘신 모습을 보였습니다. 그러한 난관難關 속에서도 신실함을 끝까지 견지하기 위하여 자기 목숨을 귀하게 여기지 아니하였습니다.

"이러므로 우리에게 구름 같이 둘러싼 허다한 증인들이 있으니 모든 무거운 것과 얽매이기 쉬운 죄를 벗어 버리고 인내로써 우리 앞에 당한 경주를 하며 믿음의 주요 또 온전하게 하시는 이인 예수를 바라보자 그는 그 앞에 있는 기쁨을 위하여 십자가를 참으사 부끄러움을 개의치 아니하시더니 하나님 보좌 우편에 앉으셨느니라."(히 12:1,2)

주님께서는 말씀하십니다.

"네가 당할 그 모든 일들을 조금도 두려워하지 말라. 네가 죽도록 충성하라. 그리하면 생명의 면류관을 내가 네게 주리라."

모든 것을 참으며 모든 것을 믿으며 모든 것을 바라며

고린도전서 13장 7절

CHAPTER 13

사랑과 관련된 모든 은혜들

All The Graces Of Christianity Connected

사람들은 이 말씀의 의미를 이렇게 이해하려 합니다. '사랑은 우리로 하여금 이웃과의 관계에 있어서 모든 경우에서 가장 선한 것을 믿으며, 가장 선한 것을 바라게 한다.' 그러나 제가 볼 때 이 말씀 속에서 사도는 오히려 그와는 다르게 다음과 같은 말을 하고 있습니다. '사랑은 모든 다른 은혜들이 자라 활발하게 활동하도록 촉진시키는 은혜다.' 다시 말하면 믿음과 소망에 속한 은혜들이 어떻게 해서 사랑의 은혜로 힘을 얻는지 보여주고 있다는 말씀입니다. 제가 그렇게 이해하는 데는 다음과 같은 이유가 있습니다.

첫째로, 사도는 이웃에 대하여 가장 선하게 생각하게 하는 사랑의 열매를 앞에서 언급한 바 있습니다. "사랑은 악한 것을 생각하지 아니한다"는 말씀이 바로 그것입니다. 그러니 사도가 같은 것을 이 부분에서 반복하고 있다고 생각할 이유가 없습니다.

둘째로, 우리가 살펴본 바와 같이 이웃을 사랑하는 열매들에 대하여는 다 말한 셈입니다. "사랑은 불의를 기뻐하지 아니하며 진리와 함께 기뻐한다"는 말씀을 할 때에 이웃들을 향한 사랑의 모든 열매들을 종합하여 말한 것이 분명합니다. 사랑은 모든 악한 행실은 막아 주고 선한 행실은 장려하는 경향이 있다는 것입니다. 그러므로 우리가 살펴보려는 이 구절에서는 다른 종류의 사랑의 열매들에 대한 언급을 예상하는 것이 좋습니다. 예를 들면, 사랑이 믿음과 소망의 열매들을 촉진시켜주는 성향이 있다는 것입니다. 그런 은혜들은 복음의 위대한 은혜들입니다.

셋째로, 바울 사도는 이 장章에서 믿음과 소망과 사랑의 세 은혜들을 여러 번 함께 언급했습니다. 사도가 그럴 때마다 같은 세 가지의 은혜들을 의미한다고 전제하는 것이 이치에 맞습니다. 그러면서도 사도는 그 은혜들을 비교하면서 언급합니다. 사도가 말하는 '믿음'과 '소망'은, 이웃에 관하여 가장 선한 것을 믿고 바라게 하는 사랑의 속성을 의미하지 않음이 분명합니다. 다만 하나님과 그리스도를 가장 직접적인 믿음의 대상이 되게 하는 복음의 위대한 은혜들을 말하려고 할 뿐입니다. 7절에서 13절과 동일하게 세 은혜들을 언급하고 있는데도 두 구절이 다른 것을 말한다고 여길 이유가 어디 있습니까? 같은 장章, 같은 강론, 같은 논증 과정 속에 나오는데 어찌 동일하지 않겠느냐는 말입니다.

넷째로, 제가 보고 있는 이 관점이 고린도전서 13장의 핵심 요점과 일치합니다. 고린도전서 13장 말씀은 사랑과 다른 은혜들, 특히 믿음과 소망이라는 은혜들과의 관계를 보여 주는 데 주요한 목적이 있습니다. 그래서 사도가 마지막 절에서 이 주제의 결론에 이를 때에 믿음과 소망과 사랑을 동시에 언급하면서 '사랑이 제일이다'라고 말합니다. 곧 여기 7절에서 "사랑은 모든 것을 믿으며 모든 것을 바란다"라도 표현한 의도를 마지막 13절에서 말하고 있습니다. "그 중에 제일은 사랑이라" 한 것은 '믿음과 소망보다 사랑이 더 크다' 는 의미입니다. 사랑이 믿음과 소망을 도출해내는데 있어서 가장 효과적인 영향력이 있기 때문입니다. 믿음과 소망은 영혼 속에 있는 사랑으로 촉진되고 성장합니다.

이상의 여러 이유들로 제가 본문에서 유추한 교리는 다음과 같습니다.

'기독교의 모든 은혜들은 함께 연관되어 상호 의존하고 연합한다.'

모든 은혜들은 다 함께 연결되고 서로 연합합니다. 사슬의 고리들이 서로 연결되고 모든 은혜들이 상호 결속되어 얽혀 있습니다. 사슬의 고리들이 서로 물고 물려 있는 것과 같습니다. 한 고리가 풀리면 다 풀어져 고리 하나 하나가 다 아무 효력도 내지 못하고 아무 짝에도 쓸모가 없게 됩니다. 기독교의 모든 은혜들이 다 함께 서로 연결되어 있음이 그와 같다고 저는 생각합니다. 그 이유를 다음과 같이 설명하여 드리고자 합니다.

1. 모든 은혜들의 연관 방식

기독교의 은혜들이 관련되는 방식에 대하여 간단히 설명하려 합니다. 우리는 이 제목 아래 세 가지 항목을 두어 생각해 볼 수 있습니다.

(1) 동행하는 모든 은혜들

'기독교의 모든 은혜들은 언제나 같이 갑니다.' 그러니 어떤 은혜가 있으면 거기에 다른 모든 은혜도 함께 있습니다. 만일 하나가 모자라다면, 사실 전부가 모자란 셈입니다. 믿음이 있으면 거기에 사랑이 있고, 또 그 믿음이 소망과 결속되어 있습니다. 사랑이 있는 곳에는 역시 신뢰가 있습니다. 하나님을 거룩하게 신뢰하는 곳에는 하나님을 향한 사랑이 있습니다. 은혜로운 소망이 있는 곳에는 역시 거룩한 하나님을 향한 두려움이 있습니다.

"여호와는 자기를 경외하는 자들과 그의 인자하심을 바라는 자들을 기뻐하시는도다."(시 147:11)

하나님을 사랑하는 곳에는 사람을 사랑하는 은혜도 있습니다. 이웃을 향해 그리스도인다운 참 사랑이 있으면 거기에 하나님을 향한 참 사랑도 있습니다. 그래서 사도 요한은 하나님을 향한 사랑의 표지標識로 형제 사랑을 말하고 있습니다.

"누구든지 하나님을 사랑하노라 하고 그 형제를 미워하면 이는 거짓말하는 자니 보는 바 그 형제를 사랑하지 아니하는 자는 보지 못하는 바 하나님을 사랑할 수 없느니라."(요일 4:20)

그런 다음에 그는 형제 사랑에 대한 표증으로 하나님 사랑을 말하고 있습니다.

"우리가 하나님을 사랑하고 그의 계명들을 지킬 때에 이로써 우리가 하나님의 자녀를 사랑하는 줄을 아느니라."(요일 5:2)

(2) 은혜들의 연합의 진실성

'기독교 은혜들이 모두 함께 서로 상호 의지하고 있음은 진리입니다.' 그 은혜들을 하나로 연합하여 묶는 끈이 하나만 있는 게 아닙니다. 그들 사이에는 서로를 묶고 있는 끈이 여럿 있어 서로 얽혀 있습니다. 그러므로 이 은혜가 다른 은혜들 없이 존재할 수 없습니다. 그래서 하나를 부인하면 사실상 다른 모든 것을 부인하는 셈이 됩니다. 결국은 모든 것을 부인하는 것이 됩니다. 결과를 부인하는 것은 원인을 부인하는 것이요, 원인을 부인하는 것은 결과를 부인하는 것이 됩니다.

믿음은 사랑을 촉진합니다. 사랑은 살아 있는 믿음의 요소들 중에서 가장 효과적인 요소입니다. 사랑은 믿음에 의존합니다. 자신이 진정으로 존귀하다 여기지 않는 대상을 향하여 다른 존재들에게보다 더 많은 사랑을 줄 수 없습니다. 그런 존재는 진정으로 사랑 받을 수 없습니다. 믿음을 촉진시키고 크게 하는 것은 사랑입니다. 우리는 사랑하는 자들을 사랑하지 않는 이들보다 더 많이 신뢰합니다. 그와 같이 믿음이 소망을 낳습니다. 믿음은 모든 복을 주시는 하나님의 충분하심을 알고 의뢰합니다. 하나님께서 자신의 약속에 대하여 신실하심을 신뢰합니다. 또한 하나님의 약속의 말씀을 반드시 이행하실 것을 믿습니다. 거기서 소망이 나옵니다. 은혜로운 소망은 믿음이 기초입니다. 소망은 믿음의 행사들을 낳고, 낳은 믿음의 행사들을 격려합니다. 사랑도 그와 같은 방식으로 소망으로 나아가는 성향이 있습니다.

사랑의 정신은 어린아이와 같은 정신입니다. 하나님을 사랑하는 마음을 가지면 자연히 하나님을 바라게 되고, 하나님을 자기 아버지로 알고 나아갑니다. 어린아이와 같은 심령은 두려워하는 종의 심령에서 벗어나게 합니다. 그런 심령은 양자養子의 마음을 줍니다. 그러한 양자의 정신은 확신과 소망의 정신입니다.

"너희는 다시 무서워하는 종의 영을 받지 아니하고 양자의 영을 받았으므로 우리가 아빠 아버지라고 부르짖느니라."(롬 8:15)

사도 요한은 우리에게 말하기를, "사랑 안에 두려움이 없나니 온전한 사랑이 두려움을 내어 쫓는다"(요일 4:18) 하였습니다. 그와 같이 진정한 소망은 사랑을 강하게 불어넣습니다. 그리스도인은 하나님의 은혜 안에 자신의 유익이 있다는 바른 소망을 갖습니다. 그래서 그 열매들로써 영원한 복락 안에 자신이 참예하였다는 소망을 가집니다. 그 소망이 사랑하고 싶은 마음을 주며 실로 그 사랑을 유발합니다. 사도 바울이 말한 바와 같습니다.

"환난은 인내를, 인내는 연단을, 연단은 소망을 이루는 줄 앎이로다 소망이 우리를 부끄럽게 하지 아니함은 우리에게 주신 성령으로 말미암아 하나님의 사랑이 우리 마음에 부은 바 됨이니."(롬 5:3-5)

믿음은 또한 겸손을 촉진합니다. 누구든지 하나님의 충분하심을 전적으로 의지할수록 자신의 부족함을 더욱더 의식합니다. 그와 같이 겸손도 믿음을 촉진하는 성향이 있습니다. 누구나 자신이 부족하다는 의식으로 겸손할수록 하나님만을 전적으로 의지하고픈 마음이 더 들게 됩니다.

사랑도 겸손을 촉진합니다. 하나님의 사랑에 감격할수록 그 마음은 자신을 미워하게 되고, 자신의 마음이 사랑없이 비열하다는 것을 알아 겸손해져서 낮은 데 처할 자세를 갖게 됩니다.

또 겸손이 사랑을 촉진합니다. 자신이 무가치하다는 의식으로 겸손할수록 자신을 향하여 늘 선하신 하나님께 감격스런 마음을 갖게 되고, 그것이 하나님을 향한 더 깊은 사랑으로 나아가게 합니다.

그리고 믿음은 하나님의 영광스런 은혜로 인하여 하나님을 사랑하고픈 마음을 유발합니다. 또 사랑은 회개를 촉진합니다. 죄란 자기가 그렇게 사랑하는 하나님을 거역한 범죄임을 아는 사람은 진정으로 죄를 회개합니다. 또 회개는 겸손으로 인도하는 경향이 있습니다. 죄를 참으로 슬퍼하며 죄를 보고 정죄감을 가지는 사람은 그 죄 때문에 겸손한 마음을 갖지 않을 수 없습니다.

회개, 믿음, 사랑 그 모든 것들은 다 합하여 하나님께 감사하는 마음으로 나아갑니다. 구원을 위하여 그리스도를 신뢰하는 사람은 구원을 주신 그리스도께 감사할 것입니다. 하나님을 사랑하는 사람은 하나님께 감사하고 그 자비하심을 인정하는 데로 나아갑니다. 죄를 회개하는 사람은 죄책과 죄의 권세에서 자기를 능히 건져 구원하기에 충분한 은혜를 주신 하나님께 마음 깊이 감사하게 됩니다.

하나님을 진정으로 사랑하는 마음은 하나님의 형상대로 지음 받은 사람들을 사랑합니다. 사랑과 평화의 마음으로 사람들을 대하는 사람은 하나님 사랑하는 마음이 자랍니다. 형상形象, image을 향한 사랑이 그 형상의 원본原本, original을 향한 사랑을 성장시키는 바와 같은 이치입니다.

이렇게 하여 저는 모든 은혜들이 어떻게 서로를 의지하는지 그 방식을 설명했습니다. 여러 많은 경우들을 언급함으로써 그 사실을 밝히 보여 드린 셈입니다. 겸손은 다른 모든 은혜를 양육합니다. 다른 모든 은혜들은 겸손을 촉진합니다. 그와 같이 믿음도 모든 다른 은혜들을 촉진합니다. 다른 모든 은혜들 역시 믿음을 자라게 하고 촉진시킵니다. 복음에 속한 모든 각양 은혜가 다 서로 같은 원리로 작용합니다.

(3) 서로 함축된 은혜들

'모든 은혜들은 다 서로 다른 은혜들에 함축되어 있습니다.' 기독교의 은혜들은 서로 연관되어 의지하며 서로를 촉진하는 역할을 하지만, 거기서 멈추지 않습니다. 어떤 면들은 서로 다른 성질 속에 들어 있습니다. 여러 경우 은혜가 다른 은혜의 진수와 본질이 된다는 말입니다. 예를 들어서 겸손은 참된 믿음의 본질 속에 포함됩니다. 그래서 겸손은 믿음의 참된 진수로 나타납니다. 따라서 참된 믿음은 겸손한 믿음입니다. 겸손은 진실한 신뢰의 진수입니다. 참된 신뢰는 겸손한 신뢰입니다. 그와 같이 겸손은 많은 다른 참다운 은혜들의 본질과 진수입니다. 겸손은 그리스도인의 사랑의 진수입니다. 그리스도인의 사랑은 참된 겸손한 사랑입니다. 겸손은 복종에 있어서 진수입니다. 복종은 겸손한 복종입니다. 겸손이 회개의 진수가 됩니다. 겸손한 회개여야 참 회개입니다. 겸손은 감사하는 마음의 진수입니다. 참 감사는 겸손이 함께 한 감사입니다. 하나님을 경외함의 진수는 하나님 앞에서의 겸손입니다. 겸손이 빠지면 참으로 경외한다 할 수 없습니다.

그와 같이 사랑도 은혜로운 믿음 속에 들어 있습니다. 그래서 사랑이 믿음의 본질적인 요소입니다. 그러니 사랑은 믿음의 영혼과 같습니다. 사랑은 역사하는 믿음의 진수가 됩니다. 믿음의 역사가 작용하는 본질 속에 사랑이 들어 있어야 합니다. 사람으로 활동하고 일하게 작용하는 본질이 영혼이듯이, 믿음의 역동적인 진수는 사랑입니다. 그래서 사도 바울은 "사랑으로 역사하는 믿음"이라는 표현을 썼습니다. 사도 야고보는 말합니다.

"영혼 없는 몸이 죽은 것 같이 행함이 없는 믿음은 죽은 것이니라"(약 2:26).

또 어떤 측면에서는 믿음이 사랑 안에 내재되어 있습니다. 그리스도인다운 참 사랑에는 믿음이 진수입니다. 그리하여야 그 사랑이 믿음으로 역사하는 사랑이 됩니다. 구원에 이르는 회개와 믿음은 서로를 품고 있습니다. 그 둘이 동시에 작용하여 영혼으로 하여금 그리스도로 말미암아 하나님께 죄짓는데서 돌아서게 합니다. 그런 회개를 참된 회개라 합니다. 그렇게 죄에서 돌아서게 하는 중간 역할을 하는 것이 믿음입니다. 그러나 그 둘은 한 영혼의 움직임입니다. 사람이 어둠에서 빛으로 돌아설 때에 그것은 하나의 행위와 움직임입니다. 비록 칭하는 이름이 다르다 하여도 같은 행동을 가리킵니다. 어둠에서 벗어나는 것은 빛이 흘러갔음을 의미합니다. 어둠에서 벗어나거나 어둠에서 눈을 떼는 것을 가리켜 돌이키는 것으로 부르기도 합니다. 빛을 받거나 빛 안으로 싸여 들어간다고 부르기도 합니다.

감사에도 사랑이 내재되어 있습니다. 참된 감사는 하나님께서 우리에게 베푸신 선함을 생각하고 하나님을 사랑하는 것이나 다름없습니다. 어린아이 같은 순전함으로 하나님을 두려워하는 사람은 그 속에 하나님을 향한 사랑을 품고 있습니다. 두려워하는 종의 마음속에는 사랑이 없습니다. 사랑과 겸손과 회개의 세 가지 은혜는 어린아이가 하듯 하나님의 뜻에 은혜롭게 복종하는 것에 다 함축되어 있습니다.

세상을 단념하고 하늘에 합한 마음은 주로 믿음, 소망, 사랑의 세 가지 은혜로 구성됩니다. 그리스도인이 사람을 사랑하는 것도 그리스도를 향한 일종의 간접적이고 중재적인 사랑이라 할 수 있습니다. 참된 그리스도인으로서 마음에 진정한 은혜를 소유한 이들은 공의와 진실을 품고 있으며, 그 속에 하나님을 사랑하는 것이 있습니다. 그들은 사람들을 향한 진정한 마음을 가지고 있을 것입니다.

사랑과 겸손은 사람들을 향한 온유溫柔를 내포하는 은혜입니다. 하나님을 향한 사랑과 믿음과 겸손도 그러합니다. 그리스도인이 하나님의 섭리로 자기에게 주어진 조건을 인내로 만족하는데 있어서 이것들은 긴요한 요소들입니다. 은혜들은 서로 사슬의 고리 역할을 하여 함께 연관되어 있습니다. 그 은혜들은 각각 독립적으로 존재하지 않고 상호 연관되어 있습니다.

2. 은혜들이 하나로 연합하는 이치

기독교의 모든 은혜들이 그렇게 상호 연관성을 가지고 의존하는 몇 가지 이유를 말씀드리겠습니다.

(1) 동일한 원천

'모든 은혜들은 같은 원천에서 나옵니다.' 모든 은혜들은 다 같이 한 성령님으로부터 나옵니다. 사도가 말한 바와 같습니다.

"은사는 여러 가지나 성령은 같고 직분은 여러 가지나 주는 같으며 또 사역은 여러 가지나 모든 것을 모든 사람 가운데서 이루시는 하나님은 같으니."(고전 12:4-6)

기독교의 은혜들은 모두 마음에 들어와 계시는 그리스도의 영으로부터 나옵니다. 그리스도의 영이신 성령께서 내주內住하시면서 거룩하고 강렬한 신적神的 본질을 나타내십니다. 태양 빛이 각각 다른 효과들을 낼 수 있습니다. 그러나 효과들은 다 같이 한 태양 빛으로 말미암습니다. 왜냐하면 모두 같은 원천인 빛의 한 몸체에서 나오기 때문입니다. 모든 은혜들은 같은 신적인 본질에서 나오되 그 나타나는 방식이 다를 뿐입니다. 영혼 속에 있는 은혜들은 성령께서 역사하시는 결과입니다. 성령께서는 자신의 본질을 그렇게 전달하십니다. 그것은 샘에 있는 물과 같은 이치입니다. 샘에서 나는 물이 만들어 내는 물줄기가 다르기는 하나 그 성질은 하나입니다. 그 물줄기들이 다 같은 한 원천에서 나오기 때문입니다. 은혜들도 마찬가지입니다. 같은 거룩한 성질을 띠고 있습니다. 그 은혜들에 각기 다른 이름을 붙이기는 했지만, 서로 긴밀하게 연관되어 있습니다. 그들의 차이는 본질적인 차이라기보다는 그 은혜마다 적용되는 대상과 실행 양태의 차이일 뿐입니다.

(2) 같은 성령님의 역사로 일어나는 은혜들

'그러므로 그들 모두는 성령님의 동일한 역사役事와 서로 교통합니다.' 회심을 통하여 마음에 있는 여러 은혜들이 서로 교통합니다. 그래서 영혼이 믿음으로 죄에서 돌이켜 하나님을 향하는 것과 하나님을 사랑하는 것은 별개가 아니라 하나입니다. 겸손과 회개는 다르지 않습니다. 또한 그런 차원에서 사람을 사랑하는 것도 별개가 아닙니다. 모두가 한 분 성령께서 역사하시는 결과입니다. 다 동일한 회심의 결과로 말미암습니다. 마음의 변화로 야기된 결과입니다. 그러니 이것이 바로 모든 은혜들은 다 함께 연합되어 있음을 증거합니다. 거듭날 때에 우리가 받는 새로운 성품 속에 다 들어 있습니다. 우리가 육신으로 출생할 때도 그러하였습니다. 같은 생명의 동작으로 여러 기능들이 움직입니다. 시각과 청각과 미각과 심미적인 감각과 후각과 활동력과 호흡하는 힘 등이 다 동시에 주어집니다. 모든 기능들이 한 인성人性, humanity, 한 인간의 생명을 이룹니다. 물론 여러 기능들의 모양과 활동 양태에 차이가 있습니다. 그러나 그 모든 것들이 한 인성적 생명을 이루고 있습니다. 기독교적인 은혜들도 그 점에 있어서 같습니다.

(3) 한 뿌리와 근원에서 난 모든 은혜들

'그 모든 은혜들은 같은 뿌리와 같은 근원, 곧 하나님의 탁월하심을 아는 지식을 기반으로 삼고 있습니다.' 하나님을 아는 그 지식이 믿음과 사랑과 회개와 다른 모든 은혜들을 낳습니다. 하나님이 탁월하심을 아는 지식이 그 모든 은혜들의 원천입니다. 그 지식이 모든 거룩한 성향의 근거와 이유를 보여주기 때문입니다. 하나님을 향한 거룩한 행실의 근거와 이유를 그 지식이 알려줍니다. 하나님의 존영을 진실로 아는 이들은 하나님을 사랑하고 신뢰하고 섬기고 순종하고픈 심령을 가집니다.

"주의 이름을 아는 자는 주를 의지하오리니 이는 주를 찾는 자들을 버리지 아니하심이니이다."(시 9:10)

"그 안에 거하는 자마다 범죄하지 아니하나니 범죄하는 자마다 그를 보지도 못하였고 그를 알지도 못하였느니라."(요일 3:6)

"사랑하는 자마다 하나님으로부터 나서 하나님을 알고."(요일 4:7)

모든 그리스도인이 가지고 있는 은혜들에 바로 이러한 이치가 해당됩니다.

(4) 은혜들의 법칙이 하나

'모든 은혜들은 같은 법칙, 곧 하나님의 율법을 그 모든 은혜의 원리로 가지고 있습니다.' 그러므로 모든 은혜들이 함께 연관되어 있어야 하고, 같은 원리를 바라보아야 합니다. 이 점을 감안하면 모든 은혜는 그 원칙에 전폭적으로 일치하려는 경향이 나타나기 마련입니다. 그래서 모든 은혜들은 전심으로 그 원칙을 고수하고 싶은 마음을 갖게 됩니다. 하나님의 계명 중 어느 하나만이라도 참된 경외심으로 존중하는 이는 다른 모든 계명에 대하여도 같은 경외심을 가질 것입니다. 왜냐하면 그 계명들은 다 같은 권위權威에 의해서 세워졌고, 그 모두는 같은 하나님의 거룩한 성품을 표현하기 때문입니다.

"누구든지 온 율법을 지키다가 그 하나를 범하면 모두 범한 자가 되나니 간음하지 말라 하신 이가 또한 살인하지 말라 하셨은즉 네가 비록 간음하지 아니하여도 살인하면 율법을 범한 자가 되느니라."(약 2:10,11)

(5) 은혜들이 지향하는 목표가 하나

'그리스도인이 소유한 모든 은혜의 목표가 같습니다.' 하나님께서 그 은혜들의 목적입니다. 왜냐하면 그 모든 은혜들이 하나님을 향하는 성향을 가지고 있기 때문입니다. 같은 원천에서 솟아 나오고 같은 기초 위에 서 있고 같은 뿌리에서 자랍니다. 우리로 하여금 같은 원칙인 하나님의 법에 따라서 방향을 잡고 나아가게 합니다. 이같이 하나님께서 주신 모든 은혜들은 하나의 목적을 향해 나가게 합니다! 하나님과 그 영광, 그리고 하나님 안에 있는 우리의 복락을 목적으로 나아가게 합니다. 이 점이 바로 모든 은혜가 서로 매우 긴밀하게 연관되어 있음을 보여 줍니다. 다음의 요점을 숙고하면 그 점은 더욱더 선명하게 드러날 것입니다.

(6) 모든 은혜들이 어떤 하나에 연결되어 있어

'모든 기독교의 은혜들은 하나님의 인애仁愛에 다 연결되어 있습니다.' 그런 의미에서 사랑이야말로 모든 은혜들의 종합總合이라고 할 수 있습니다. 앞에서 알아본 바와 같이 사랑은 기독교의 참된 모든 은혜들의 종합입니다. 은혜들을 아무리 많이 열거하여도 전부 이 사랑 속에 들어 있습니다. 은혜의 표현양식이 아무리 다르고 다양하여도, 면밀히 검증하여 보면 다 하나에 연결되어 있음을 발견합니다. 사랑은 모든 은혜의 완성입니다. 모든 은혜들의 표현 양식이 다양할 뿐입니다. 오직 '사랑' 속에 그 모든 것들이 다 포함되어 있습니다. 사랑이라는 한 은혜가 다른 모든 것들을 함축합니다. 마치 생명 있는 씨앗 속에 그 생명의 모든 기능과 다양한 측면들이 모두 들어 있는 것과 동일한 이치입니다.

그러므로 그 모든 것들이 항상 함께 있음은 전혀 이상할 것이 없습니다. 또 상호 연관되어 있음도 놀랄 일이 아닙니다. 은혜들이 서로를 함축하는 것이 당연합니다.

3. 적용

우리는 이제 이 강론에서 숙고하였던 내용을 실천에 적용해 봅시다.

(1) 새로운 피조물

우리가 회개하고 예수님을 믿을 때에 "이전 것은 다 지나가고 새 것이 되었다"하는 말씀이 무슨 의미입니까? 어떤 의미에서 그러한지 앞에서 알아본 내용이 도움이 됩니다.

"그런즉 누구든지 그리스도 안에 있으면 새로운 피조물이라 이전 것은 지나갔으니 보라 새 것이 되었도다."(고후 5:17)

본문 말씀의 교리와 그 교리를 설명하기 위하여 살펴본 내용은 어떻게 해서 그리스도 안에 있는 이들이 새로운 피조물인지 어느 정도 밝힐 수 있습니다. 본문 말씀의 교리를 설명한 내용을 통하여 기독교의 모든 은혜들은 회심할 때 즉시 분여分與됨을 배울 수 있기 때문입니다. 모든 은혜들이 서로 연관되어 있다는 것입니다. 하나의 은혜가 주어질 때 다른 모든 은혜들도 주어집니다.

하나님께서 은혜를 주실 때에 한 가지의 측면에 속한 은혜만 주시는 법이 없습니다. 참으로 회심(중생)한 사람은 회심하는 순간에 한두 가지의 거룩한 원리만 받습니다. '모든' 거룩한 원리들과 은혜에 속한 마음가짐을 다 받는 것입니다. 그것들이 처음에는 어린아이의 힘이나 기능같이 약할 수 있습니다. 그러나 약해도 있기는 한 것입니다. 그 은혜들은 우리 속에서 하나님과 사람을 향해 거룩한 모든 종류의 정서와 행실로 점진적으로 자라나게 되어 있습니다.

모든 진정한 회심자마다 그 속에 주 예수 그리스도의 모든 은혜를 다 가지고 있습니다. 사도 요한이 말한 것이 바로 그것입니다.

"말씀이 육신이 되어 우리 가운데 거하시매 (우리가 그의 영광을 보니 아버지의 독생자의 영광이요) 은혜와 진리가 충만하더라…우리가 다 그의 충만한 데서 받으니 은혜 위에 은혜러라."(요 1:14-16)

이 말씀을 다르게 이해할 수 없습니다. 모든 참된 회심자들이 그리스도의 형상 안에서 새롭게 되기 때문입니다.

"새 사람을 입었으니 이는 자기를 창조하신 이의 형상을 따라 지식에까지 새롭게 하심을 입은 자니라."(골 3:10)

다른 이의 형상이라고 하는데 바로 그 다른 이의 어떤 특징이나 지체가 없다면, 그것은 진정한 의미에서 그 사람의 형상이나 그림이 아닙니다. 복사본複寫本은 원본原本의 지체들을 그대로 보여주며, 원본 그대로의 모습을 나타내야 합니다. 기능과 지체들 모두에 있어서 그래야 마땅합니다. 비록 어떤 부분이 희미할 수는 있으나 그 부분이 전혀 없는 것과는 다릅니다. 어떤 부분이 완전한 모습을 띠고 있지는 못하여도 원본이 가진 것은 다 갖추고 있어야 합니다. 은혜가 은혜에 호응하는 것과 같은 이치입니다. 영혼 안에 있는 은혜는 그리스도의 영광을 투영합니다. 고린도후서 3:18이 밝히 말하는 바와 같습니다. 회심자 속에 있는 은혜는 그리스도의 영광을 조명합니다. 거울에 그 사람의 형상이 그대로 나타나는 것과 같은 이치입니다.

사람이 거듭날 때 갓난아기의 출생과 같습니다. 갓난아기는 어른의 모든 지체들을 다 가지고 있습니다. 물론 그 아기의 지체들은 아직은 매우 불완전한 상태입니다. 그러나 아기는 어떤 한 지체도 모자람 없이 다 가지고 있습니다. 충만한 힘을 가진 장성한 어른의 지체들을 다 가지고 있습니다. 사람이 영적으로 거듭날 때 그 사람을 가리켜 '새 사람'이라 부릅니다. 그 사람의 눈이나 귀만을 언급하여 '새로운 눈', 혹은 '새로운 귀'라 하지 않습니다. 인간의 모든 기능과 지체들을 가진 '새 사람'이라 칭합니다.

그리스도인의 모든 은혜는 새롭습니다. 모든 은혜는 회심한 이후 그 회심자 개인의 지체들이 되었습니다. 그것들 중 어느 것 하나도 갖고 있지 않았습니다. 그 사람은 회심으로 말미암아 모든 새로운 지체들을 가진 새 사람으로 태어났습니다. 그러므로 그리스도인이란 전적으로 몸과 혼과 영, 모두에서 온전하게 거룩함을 입은 사람이라는 말이 성립됩니다.

"평강의 하나님이 친히 너희를 온전히 거룩하게 하시고 또 너희의 온 영과 혼과 몸이 우리 주 예수 그리스도께서 강림하실 때에 흠 없게 보전되기를 원하노라."(살전 5:23)

옛 것은 지나가고 모두 새 것이 되었습니다. 새로운 사람으로 옷 입었고 옛 사람은 벗어버렸기 때문입니다. 그러므로 어떤 의미에서는 그 사람의 모든 것이 새로워진 것입니다.

그리고 만일 이 '새 사람' 안에 모든 은혜가 살아 움직인다면, 모든 부패는 반드시 통제됩니다. 부패의 어떠한 요소도 은혜를 대적하면서 호응할 수는 없기 때문입니다. 하나님께서 베푸시는 은혜로 대적하는 부패를 억제 합니다. 그래서 믿음은 불신앙을 억제하여 활동하지 못하게 만듭니다. 사랑이 복수심을 죽이는 성향이 있듯이 말입니다.

겸손은 교만을 억제하는 성향이 있습니다. 온유한 마음이 복수심을 억제하여 없애려는 성향을 가지듯이 말입니다. '새 사람'의 모든 은혜 중 하나가 마음에 자리를 잡을 때 그와 대적하는 요소는 그 자리에서 물러납니다. 어두운 방에 빛이 들어오면 어둠이 사라지는 것과 같은 이치입니다. 이전 것은 새것이 오면 지나갑니다. 모든 옛 것이 어느 정도 지나갑니다. 물론 완전하지는 않습니다. 땅에서는 그런 일들이 완전무결할 수 없습니다. 그럼에도 불구하고 모든 것들이 새롭게 됩니다. 불완전할지라도 말입니다.

언제 어느 곳에서 일어나더라도 회심은 위대한 역사役事와 위대한 변화입니다. 비록 은혜가 매우 불완전할지라도 회심자는 반드시 그 속에 위대한 변화가 일어나게 되어 있습니다. 회심 전에는 부패의 요소가 통제되는 일은 전혀 일어나지 않았습니다. 그러나 부패의 모든 요소를 억제합니다. 그러니 그 사람을 '새로운 피조물new creature'이라 일컫는 것이 합당합니다. 성경 원문에 있는 대로 그리스도 예수님 안에 있는 '새로운 창조new creation'로 불리는 것이 온당합니다.

(2) 이 은혜로 다른 은혜를 시험하기

'자기 마음에 은혜를 소유하기를 원하는 이들은 이 은혜를 다른 은혜로 검증해 볼 수도 있습니다. 왜냐하면 모든 은혜들은 함께 가기 때문입니다.'

만일 믿음이 있으며 그리스도로 말미암아 거듭난 자로 자신을 생각하는 이들이라면, 자기 믿음이 회개를 동반하는지 검증해야 합니다. 상한 심령으로 그리스도께 나왔는가? 스스로 전혀 무가치하다고 의식하는가? 자신이 죄로 인하여 비열한 존재임을 의식하는가? 자신을 점검해야 합니다. 자기가 거짓되고 바리새인 같은 위선적인 모습을 띠고 있지는 않은지 시험해 보아야 합니다. 자기가 상정한 어떤 이익을 얻겠다는 베짱으로 그리스도께 나오지 않았는가? 자기의 믿음이 겸손을 동반하는가? 낮고 겸손한 자세로 그리스도를 신뢰하는가? 아니면 자신을 즐겁게 하거나 자신을 높이는가? 모든 구원의 영광을 그리스도께 돌리고 있는지 자신을 점검해 보아야 합니다.

믿음을 가졌다고 자처하는 이들은 '사랑'으로 '믿음'을 점검할 수 있습니다. 믿음이 빛은 있는 것 같은데 온기가 전혀 없다면, 그 믿음은 참 빛을 가진 것이 아닙니다. 순전한 참된 믿음은 그럴 수가 없습니다. '사랑으로 역사하는 믿음'이 아니라면 순전하고 바른 믿음이라고 할 수 없습니다.

사람들은 자기의 사랑을 자기의 믿음으로 시험해 보아야 합니다. 하나님과 그리스도를 향하여 참된 애정을 가진 사랑이 자기 마음에 있다고 생각하는 이들은 정작 그리스도가 계심을 영혼으로 확신하는지 자신을 돌아보아야 합니다. 그리스도를 밝혀 주는 복음 진리에 대한 확신이 그 사랑과 동반하는가 알아 보아야 합니다. 자기의 사랑이 그리스도께서 하나님의 아들이라는 확신과 함께 하는지를 살펴야 합니다. 그 사랑에 그리스도를 유일하시고 영광스러우며 모든 충만으로 충만하신 구주救主라는 확신이 함께 있는지 여부를 검토해야 합니다.

참된 인애仁愛와 그렇지 못한 것 사이에는 엄청난 차이가 있습니다. 거짓된 것은 위에서 언급한 확신들을 동반하지 않습니다. 그런 사람들은 하나님께 속한 것들과 진리를 알아보기 위하여 멈추지 않습니다. 그러므로 그러한 애정은 믿기가 어렵습니다. 그러한 애정은 소설에서 보게 되는 사람을 사랑하는 애정의 수준에 지나지 않습니다. 우리는 그런 사랑을 가상의 인물에 대한 사랑에 불과하다고 단정합니다. 실재적 확신을 동반하지 않으면 사람들로 하여금 도리를 행하는데까지 나아가게 할 힘이 없습니다. 일을 하게 하거나 고난을 받게 하는 데까지 움직여 나아가게 할 힘이 없습니다.

자기들 안에 소망의 은혜같이 보이는 것이 정말 진보인지 시험해 보아야 합니다. 그 소망이 믿음을 동반하는지 점검해야 합니다. 그리스도 예수를 믿는 믿음 안에서 떠오른 것인지 알아보아야 합니다. 그리스도의 존귀함을 믿는 믿음 안에서 나왔는지의 여부를 따져 보아야 합니다. 오직 그분만을 가치 있는 분으로 믿는 믿음을 동반하는 소망인지 살펴야 합니다. 그 소망이 반석 위에 터를 잡고 있습니까? 자기들의 생각에 좋다고 여기는 의견에 자리를 잡고 있는 소망은 아닙니까?

그렇게 그 소망이 역사하는 방식을 잘 검토해야 합니다. 그 소망이 그들에게 모종의 영향을 미치고 있는지를 살펴야 합니다. 겸손을 동반하는지도 알아 보아야 합니다. 참된 소망을 가진 자들은 스스로의 무가치함을 알며, 자기 죄가 부끄러워 마음을 찢으며 아파합니다. 자신이야말로 하나님 앞에 먼지일 뿐이라 생각합니다. 소망에서 솟아오르는 위안慰安으로 자신을 낮춥니다. 겸손하여 마음이 평화롭습니다. 반대로 거짓된 소망은 자신을 높이는 기만으로 자기 체험을 높이 여기게 합니다.

우리의 소망이 순종의 정신을 수반하며, 자신을 부인하고 세상을 사랑하지 않는 마음에서 비롯되었는지 점검해야 합니다. 참된 소망은 다른 은혜들을 동반합니다. 다른 은혜들과 연관되어 있습니다. 그리고 다른 은혜들은 바로 참 소망에 의존합니다. 반면 거짓된 소망에는 다른 은혜들이 없습니다. 거짓된 소망은 마음으로 순종하지 못하게 합니다. 마음을 부추겨서 불순종으로 굳어지게 합니다. 거짓된 소망은 육신의 소욕들을 죽이지 못하여 세상을 단념하지 못하게 합니다. 죄악의 소욕과 정욕들에 빠져 세상에 속한 것들을 택하게 합니다. 거짓된 소망을 가진 이들은 정욕적인 것들 속에서 삶을 영위하면서 위안을 받습니다.

사람들은 스스로 세상을 사랑하지 않는다는 사실을 점검해야 합니다. 그것이 그들의 마음으로 하여금 세상에 속한 것들을 사랑하지 않고 마음을 이끌어 가는 참된 사랑, 하늘에 있는 것들과 영적인 것들에 이끌리게 하는 그러한 사랑의 원리를 동반하는 것인가 알아 보아야 합니다. 참다운 사랑은 세상보다 하나님께 속한 것들에 착념하게 합니다. 사람들은 자기가 참된 사랑을 가졌는지 자문해야 할 뿐만 아니라, 그리스도께서 베드로에게 물으셨던 바와 같이 자신들을 향하여 묻고 계시는 질문을 듣고 거기에 답해야 합니다.

"네가 이 '사람들보다' 나를 더욱 사랑하느냐?"

참으로 세상에서 물러난 것은 거짓으로 그러한 모양을 띠고 있는 것과는 다릅니다. 세상을 사랑하지 않는 것 같아 보이지만 그러한 거짓된 모습은 하나님과 하늘에 속한 것들을 사랑하는 마음에서 일어난 것이 아닙니다. 대개 양심의 두려움과 불편에서 나왔을 것입니다. 외적인 환난으로부터 나왔을 수도 있습니다. 세상의 무서운 재난들을 보고 세상보다는 더 낫게 생각되는 것에 잠시 마음이 끌리게 됩니다. 비록 달갑지 않지만 잠시 동안은 달갑게 여기는 태도를 보입니다. 그들은 세상에 의해서 비틀려 있고 세상에서 얻어 맞았을 뿐입니다. 그러하면서도 그들의 마음은 언제나처럼 세상에 집착합니다. 공포와 환난에서 자유로워졌음을 알게되면 그들의 마음은 다시 세상으로 향합니다. 반면에 진정으로 세상을 사랑하지 않는 마음을 가지고 있는 사람들은 세상에서의 상황이 최고일 때에도, 가장 그럴듯한 행태를 가지고 있을 때에도 마음이 세상적인 것들에 끌리지 않습니다. 이는 그들의 마음이 더 나은 것을 사랑함으로 세상에서 자신을 떼어냈기 때문입니다. 그들은 하나님을 사랑하고 영적인 것들을 사랑하는 사랑에 빠져서 그들의 애정이 세상에 집착할 수 없습니다.

그와 같이, 자기가 진정 하나님을 사랑하는지는 사람을 사랑하느냐로 시험할 수 있습니다. 이웃 사랑이 참인지를 알아보는 척도 역시 하나님을 향한 사랑입니다. 거짓된 은혜는 어떤 중요한 부분이 빠져 있는 기괴하고 결함 있는 형상과 같습니다. 하나님을 향하여 기울어지는 선한 성향이 그 사람 속에 있으면, 그것이 사람들을 향하여 기울어지는 성향도 함께 갖게 합니다. 겉으로 보기에는 사람을 향하여 자비하고 의롭고 관대하여 보이면서도 하나님을 향한 정서가 바르지 못하면 거짓입니다. 하나님께서 에브라임에 대하여 못마땅해 하시며 "저는 곧 뒤집지 않은 전병煎餠이라"(호 7:8) 말씀하셨습니다. 에브라임의 선은 일부에 국한되고 전체적이지 못했습니다. 어떤 일에는 바른 마음을 가진 듯 합니다. 그러면서도 다른 일에는 악합니다. 마치 뒤집지 않은 전병과 같습니다. 그 전병이 한 쪽은 탈 정도로 뜨거웠습니다. 그러나 다른 쪽은 익지 않은 채 그대로입니다. 우리는 그런 성품이 되지 않도록 지극히 조심해야 합니다.

각 은혜마다 다른 은혜의 순전성을 검증함을 알고 항상 힘써야 합니다. 그럼으로써 우리는 균형있는 그리스도인들이 되며, "우리가 다 하나님의 아들을 믿는 것과 아는 일에 하나가 되어 온전한 사람을 이루어 그리스도의 장성한 분량이 충만한 데까지"(엡 4:13) 이를 것입니다.

사랑은 모든 것을 견디느니라

고린도전서 13장 7절

CHAPTER 14

사랑은 대적을 만나도 떨어지지 않아

Charity, Or True Grace, Not To Be Overthrown By Opposition

사람들은 흔히 이 말씀이 앞에서 나온 "사랑은 오래 참고"나 "모든 것을 참으며"라는 말씀과 표현 양식이 같으니 뜻도 같을 것이라 여깁니다. 같은 의미를 표현만 바꾼 것으로 이해하려 한다는 말입니다. 그러나 그런 생각은 분명 바울의 의도를 오해한데서 나옵니다. 여기 나오는 여러 표현들을 면밀히 숙고하고 그 말들이 사용되는 방식을 자세히 살펴보면 그렇지 않음을 알게 됩니다. 각 경우 마다 사랑의 다른 열매를 가리키고 있음을 발견합니다.

우리는 이미 "사랑은 오래 참고"와 "사랑은 모든 것을 참으며"를 숙고하여 보았습니다. 전자前者는 사람들에게서 받는 해를 참아내는 것이고, 후자는 그리스도를 위하여 처할 수 있는 모든 어려운 고난들을 감내하는 것을 가리킴을 알았습니다.

"사랑은…모든 것을 견디느니라"는 말씀은 앞의 두 진술과 다른 무엇을 의미합니다. 본문의 말씀은 '영혼 속에 내재하는 사랑의 원리나 참된 은혜의 지속적인 성질'을 표현합니다. 그래서 가능한 모든 반대에도 불구하고 그 원리와 은혜가 계속 견뎌 낼 것을 선언합니다. 실로 그 사랑의 원리는 도전하는 모든 대적을 만나도 계속 견뎌냅니다. "사랑은 모든 것을 참으며 bearth all things"나 "모든 것을 견디느니라endureth all things"가 영어의 일상적인 용법에서는 서로 매우 유사한 의미를 전달하는 표현으로 간주됩니다(한국어에서도 그러함-역자 주). 그러나 "모든 것을 견딘다"의 원어原語를 문자 그대로 번역하면 "사랑은 모든 것을 당해도 남아 있다charity remains under all things"로 번역해야 합니다. 곧 사랑이 여전히 지속적으로 남아 있다는 것입니다. 사랑을 대적하는 모든 가능한 세력 앞에서도 견디어 여전히 남아 있습니다. 어떤 욕설이 퍼부어져도 여전히 사랑은 남아 견디어 멈추지 않는다는 의미입니다. 사랑은 모든 것을 인내하면서 떨어지지 않고 남아 있습니다.

이 구절의 네 가지 표현, "참다berath", "믿다believeth", "바란다hopeth", "모든 것을 견딘다endureth all things"는 표현들이 우리가 이미 제시한 설명과 문맥상 들어맞아 보입니다. 사랑의 보편적인 유익을 제시하고 싶어합니다. 그 표현들은 다 그리스도인의 사랑의 보편적 정신을 제시합니다. 마음에 있는 모든 선의 요약인 사랑의 실상을 보여주기 위하여 사도는 먼저 사람들을 향하여 선한 행실을 하도록 마음을 유도하는 사랑의 방식을 말하였습니다. 그래서 그는 "사랑은 불의를 기뻐하지 아니하며 진리와 함께 기뻐한다"고 하였습니다.

그런 다음 더 나아가 그리스도를 위하여 고난 받을 각오를 하게 하는 사랑의 성향을 말합니다. 그래서 "사랑은 모든 것을 참는다"고 한 것입니다. 사랑은 믿음과 소망의 은혜를 촉발시킴으로써 참아내게 합니다. 믿음과 소망은 주로 그리스도를 위하여 받는 고난에 사용됩니다. 그러한 고난들이 우리 믿음을 연단하기 때문입니다. 그리스도를 위하여 고난을 받으면서 끝까지 견뎌낼 수 있는 신실한 자들은 자기들의 고난으로 지극히 큰 영광을 이

룬다는 소망이 있습니다. 사랑이 이러한 믿음과 소망을 자라게 합니다. 사랑은 믿음과 소망의 열매를 맺어 모든 것을 견디어 언제까지나 떨어지지 아니합니다. 사랑은 대적하여 일어나는 모든 세력에도 불구하고 넘어질 수가 없습니다. 믿음이 세상을 이기기 때문입니다. 또한 하나님에 대한 소망이 그리스도 예수 안에서 승리하게 하기 때문입니다.

그래서 저는 이 본문에서 다음과 같은 교리를 유추합니다.

'사랑, 혹은 그리스도인의 은혜는 대적하는 무엇에도 결코 전복당하지 않는다.'

저는 이 교리의 다음과 같은 요점을 피력하고자 합니다.

첫째, 그리스도인의 마음에 있는 은혜를 대적하는 세력이 득실거림을 주목하고자 합니다.

둘째, 그 은혜, 곧 사랑의 은혜는 결코 전복당하지 않는다는 위대한 진리를 주목하고자 합니다.

셋째, 모든 대적하는 세력에도 불구하고 은혜가 그렇게 확고하게 견뎌내는 이유들을 알아보려고 합니다.

1. 은혜를 대적하는 세력들

'그리스도인의 마음에 있는 은혜를 크게 대적하는 것들이 많습니다.' 거룩한 원리를 거스르고 대적할 기회를 찾고 있는 적수들이 수도 없이 많습니다. 하나님의 자녀들은 사방이 원수들에게 둘러싸여 있습니다. 하나님의 자녀는 원수의 나라를 통과하여 매 순간 공격을 받으며 순례의 길을 가고 있는 나그네입니다. 간교하고 교활하고 행동적이며 권능있고 무자비한 수천의 귀신들이 그리스도인의 마음에 있는 은혜를 격렬하게 공격합니다. 그들은 있는 힘을 다하여 은혜를 대적합니다. 세상은 은혜를 대적하는 원수입니다. 세상은 그리스도인의 은혜를 반대하는 사람이나 일들로 가득 차 있습니다. 또 시험과 속임으로 가득합니다. 우리의 도리를 수행하는 길에서 벗어나게 하려는 시험이 여러 모양으로 존재합니다.

그리스도인은 밖으로 많은 원수들이 있을 뿐 아니라 속마음에도 수많은 원수가 있습니다. 언제나 대적을 품고 다닙니다. 그런 면에서 자유로울 수 없습니다. 악하고 죄악된 사상들과 성향이 그를 얽어매고 있습니다. 여전히 그리스도인의 마음에 뿌리를 박은 많은 부패의 요소들이 은혜를 대적하는 가장 악한 원수들로 존재합니다. 그리고 원수들은 은혜를 대항하여 싸울 유리한 위치를 늘 차지하고 있습니다. 수적으로도 많고 힘도 강합니다. 증오심도 매우 격렬합니다. 무자비하며 화해할 수 없는 도덕적 원수들입니다. 그들은 우리의 전적인 패망과 우리 안에 있는 은혜의 전복顚覆을 도모하는 일에 매진합니다. 그 일에 지치지 않습니다.

성경은 그리스도인이 이 세상에 있는 동안에는 그 싸움에서 벗어날 때가 없다고 말합니다. 그리스도인이 이 세상에 살아가는 동안에는 군인의 임무를 그의 본업本業으로 삼아야 합니다. 그래서 그리스도인을 가리켜 자주 십자가의 군사로 일컫는 것입니다. 십자가의 군사의 위대한 도리는 '믿음의 선한 싸움'입니다.

은혜를 향하여 원수들이 던지는 욕설은 강하고 격렬합니다. 은혜를 부단히 포위할 뿐 아니라, 은혜는 폭풍이 불면 날아갈 도성에 불과하다고 욕설을 퍼붓습니다. 항상 은혜를 대적할 기회를 엿보기를 즐깁니다. 어떤 때에는 무서운 노를 발하여 급한 습격으로 위협합니다. 어떤 때는 이런 원수가 다른 때에는 그와는 모습이 다른 원수와 동지가 되어 사방에서 홍수 같이 달려듭니다. 은혜를 압도할 준비를 갖추고 단번에 없애 버릴 기세입니다. 때로 은혜의 원수들은 서로 힘을 합하여 그 교활함을 드러내곤 합니다. 원수들의 가장 격렬한 반대에 부딪치게 되어 은혜가 마치 불어나는 물살과 격렬한 물결로 소멸되는 불씨와 같이 보일 때도 있습니다. 금방 은혜가 사라져 더 이상은 존재하지 않을 것 같은 상황에 처하기도 합니다. 은혜가 마치 훨훨 타는 불구덩이 속에 떨어지는 눈송이 같아 보입니다. 아니 용광로 속에 들어 있는 값비싼 금 보석 같습니다. 벌겋게 달아 있는 용광로의 뜨거운 열기는 불로 소멸되지 않는 순금純金을 제외하고는 무엇이든 다 소멸하기에 충분합니다.

그리스도인의 마음에 있는 은혜가 그러하듯이 세상 안에 있는 하나님의 교회도 그러합니다. 교회는 하나님의 진리의 기둥입니다. 하나님의 교회의 크기는 작습니다. 그러나 교회를 반대하기 위하여 일어난 세력은 측량할 수 없이 큽니다. 가능하다면 교회를 없애 버리려고 세상의 모든 권세와 지옥 권세가 연합합니다. 어찌나 강하고 포학하게 일어나는지, 나타나는 대로 판단한다면 하나님의 교회가 금방이라도 잔멸되겠다고 생각될 정도입니다. 애굽에서 이스라엘 사람들도 그와 같은 일을 만났습니다. 이스라엘 사람들을 멸하려고 바로 왕과 애굽 사람들이 힘과 수단을 다 모았습니다. 어찌하든지 이스라엘 사람들을 박멸하려 하였습니다. 광야에서 다윗도 그러한 일을 만났습니다. 그는 산 위에 있는 당아새가 사냥꾼에게 쫓기는 것과 같은 처지에 있었습니다. 다윗을 죽이려고 생명을 찾아 광야의 이곳저곳을 추적하며, 이 동굴 저 동굴을 뒤지고 다니는 사람들이 있었습니다. 그는 여러 차례 외지로 도망해야 했습니다. 이교도와 적그리스도로부터 핍박받던 기독교회가 바로 그런 일을 만났었습니다. 온 세상이 힘과 지혜를 총동원하여 교회를 지상에서 완전히 멸절시키려 하였습니다. 그리하여 극도의 잔인함과 피비린내 나는 핍박으로 남녀노소를 불문하고 수천 수만의 그리스도인들을 죽였습니다. 그러나 그 때에 사랑의 은혜는 어떠하였습니까?

2. 무너지지 않는 참된 은혜

'마음속에 있는 참된 은혜를 대적하여 일어나는 세력이 어떠해도 그 은혜를 전복시킬 수 없습니다.' 여러 방면에서 은혜의 원수들은 은혜를 대적하기 위한 매우 유리한 고지高地를 점령하고 있습니다. 원수들은 은혜를 거의 초토화시키는 지점에 도달하였다고 장담할 정도의 상황에 이르기까지 은혜를 압박하고 몰아내기도 하였습니다. 그러나 그래도 은혜는 살아 있습니다. 은혜가 전멸될 절박한 순간이 이르렀다고 생각될 때에 상황은 전도顚倒될 것입니다. 때로 이리가 우는 사자같이 삼키려고 달려드는데 그 앞에 있는 양은 전혀 피난처가 없어 보입니다. 그럴지라도 연약한 어린 양은 탈출하고 안전할 것입니다. 어린 양이 사자와 곰이 으르렁대는 틈바구니에 있는 것 같지만 그 양은 건짐을 받고 잡아 먹히지 않을 것입니다. 요나가 물고기 뱃속에 들어간 것 같이, 어린 양이 삼켜진 듯 보여도 다시 나오고 살게 될 것입니다. 마음에 있는 은혜도 마찬가지입니다. 이러한 면에서는 물 위에 있는 방주와 같습니다. 폭우가 얼마나 무섭고 두려운지 모든 것들을 다 삼켜버릴 듯 합니다. 그러나 방주는 그런 폭우에도 압도당하지 않습니다. 홍수가 아무리 높이까지 이른다 해도 방주는 여전히 물위에 떠 있습니다. 강력한 파도가 가장 높은 산봉우리마저 삼켜 버렸어도 이 방주만은 어찌할 수가 없었습니다. 방주는 안전하게 물 위에 떠 있었습니다.

그리스도와 제자들이 탄 배에 밀어닥친 파도같이 은혜도 험상궂은 대적을 만날 수 있습니다. 얼마나 바람이 불고 파도가 높이 일든지 탄 배가 금방이라도 가라앉을 것 같았습니다. 그러나 그 배는 가라앉지 않았습니다. 물속에 잠겨버릴 것 같았지만 그렇지 않았습니다. 그리스도께서 배 안에 함께 타고 계셨기 때문입니다.

그와 같이 마음 안에 있는 은혜는 애굽에서나 홍해 앞에서나 광야에서의 이스라엘과 같습니다. 바로 왕이 그들을 멸하려고 그렇게 애를 썼지만 여전히 성장하고 번성하였습니다. 모든 군대를 몰고 이스라엘 사람들을 쫓았습니다. 말과 병거로 홍해 앞까지 이르렀습니다. 이스라엘 사람들은 피할 길이 전혀 없어 다 망했다고 생각할 정도였지만 그들은 피하였습니다. 원수들에게 털끝 하나도 다치지 않았습니다. 그들은 바다를 통과하였습니다. 바닷물이 그들 앞에서 갈라졌기 때문입니다. 그들이 안전하게 건넌 뒤에 다시 그 바닷물은 닫히고 원수들은 수장되었습니다.

이스라엘은 오랫동안 거친 광야, 어려움과 무서운 독사가 우글거리는 그 속에서 보존되었습니다. 지옥문이 그리스도의 교회를 반대하여 방해하는 일이 결코 불가하듯이, 그리스도인의 마음에 있는 은혜도 막아 버릴 수 없습니다. 어떤 것도 그것을 뿌리 뽑을 수가 없습니다. 홍수 속에서도 그 불씨는 보존되어 살아 있습니다. 흔히 불씨가 잘 보이지 아니하고 희미하기도 하고, 심지어 아예 꺼져버린 듯이 보입니다. 미세한 연기만 보일 뿐입니다. 그러나 그 작은 연기의 불씨는 꺼지지 않습니다.

은혜는 남아 있을 뿐 아니라 끝내 승리하게 될 것입니다. 갈등의 장구한 시간을 지나며 많은 불리한 여건 속에서 침체될 수 있었지만 은혜는 아직 살아 있습니다. 살아 있을 뿐 아니라 다시 일어나 왕성하여지고 승리하게 됩니다. 모든 원수들은 그 발아래 엎드리게 됩니다. 다윗은 낮고 비참한 환경에 처해 오랫동안 광야에서 지냈으며, 강한 원수들에게 추격을 당하여 여러 번 죽을 뻔 하였습니다. 죽음 일보 직전까지 간 것 같이 보였습니다. 그러한 모든 일에도 불구하고 다윗은 보존되었고, 종래 이스라엘을 다스리는 왕의 보좌에까지 올랐습니다. 그래서 위대한 영광과 부요함으로 옷 입은 왕이 되었습니다.

우리가 보았듯이 은혜도 그러합니다. 은혜는 전복당하여 무너질 수 없습니다. 여러 방면에서 은혜를 침체시키기 위하여 일어나는 원인들은 도리어 은혜의 높은 길을 예비하는 것에 지나지 않습니다. 은혜가 진실로 마음에 거하는 곳은 어떤 원수라도 그것을 멸할 수 없습니다. 대적이 일어난다 해도 파괴할 수 없습니다. 은혜는 모든 것들을 참아내고 모든 충격들을 견뎌냅니다. 압박하는 모든 대적 앞에서 은혜는 남아있습니다. 우리는 그 이유를 다음의 세 가지 요점에서 발견할 수 있습니다.

(1) 참된 은혜가 가진 견인堅忍의 성질

'참된 은혜의 본질은 거짓된 은혜보다 견뎌내는 성향이 우세합니다.' 거짓된 은혜는 피상적이며 외양적인 모습만 갖춥니다. 피상적인 감정만을 드러내 보일 뿐입니다. 어떤 본질적인 변화가 없습니다. 그러나 참된 은혜는 마음의 맨 밑바닥에서부터 일어나는 변화를 가져옵니다. 그 변화는 새로운 성질을 내포하며, 그래서 마지막까지 참아냅니다. 기만적인 은혜만 있는 곳에는 부패의 요소를 죽이는 일이 일어나지 않습니다. 겉으로 보기에 수술을 하여 없앤 것 같으나 사실은 미세한 수술 밖에 안한 것입니다. 그러니 그 생명의 깊이까지는 미치지 못합니다. 부패의 원리를 불식시켜 버리지 못합니다. 영혼 안에 있는 죄의 힘은 여전히 그대로 남아 있습니다. 그래서 죄가 다시 고개를 들고 그 죄 앞에서 모든 것이 고개를 숙이게 되는 일은 전혀 이상한 일이 아닙니다.

그러나 참된 은혜는 진실로 마음 안에 있는 죄를 죽입니다. 죄의 급소急所를 찔러 치명적인 상처를 냅니다. 그리하여 그 타격의 힘을 바로 마음에까지 전달합니다. 참된 은혜가 마음에 들어올 때에 죄와 그치지 않는 투쟁을 시작합니다. 참된 은혜는 침착을 잃지 않고 끝내 죄를 이기고 맙니다. 은혜의 원수를 이기고 맙니다. 기만적이고 거짓된 은혜는 결코 영혼을 지배하는 죄를 몰아내지 못합니다. 그리고 죄가 왕 노릇하는 권세를 멸하지 못합니다. 그러므로 기만적인 은혜는 결국 남아나지 않음을 의아하게 생각할 필요가 없습니다. 그러나 진정한 은혜는 죄가 왕 노릇하는 권세와 싸움을 벌입니다. 은혜는 죄의 마음을 물러나게 하는 성향을 갖습니다. 참된 은혜는 죄에게서 그 권좌를 빼앗습니다. 그래서 마음에서 은혜가 왕 노릇하기 쉽게 되고 끝내는 죄를 완전히 압도하는 승리를 이룩합니다. 거짓된 은혜는 마음을 움직이는 듯 하지만 그 기초에 영혼에 대한 진실한 각성이 없습니다. 그러나 참된 은혜는 진실하고 철저한 깨달음을 가지고 시작합니다. 그런 기본이 있으니 견뎌내기가 훨씬 용이합니다. 기만적인 은혜는 기도에 열심내지 않습니다. 참된 은혜는 기도하게 하고 하나님의 힘에 의지하여 마음을 붙잡습니다. 그 자체가 신적神的인 것, 말하자면 은혜를 받는 사람들에게 분여되는 하나님의 생명입니다. 거짓된 은혜는 은혜를 받은 사람의 마음이 믿음을 끝까지 견지하느냐의 여부에 대하여 문제 삼지도 않습니다.

그러나 참된 은혜는 자연히 열심으로, 끝까지 견뎌내기를 바라는 소원을 갖습니다. 그러한 일에 주리고 목마릅니다. 참된 은혜는 사람들로 하여금 그들이 빠질 수 있는 위험에 대하여 예민하게 경계하게 합니다. 참된 은혜는 경성하도록 깨우치는 성향이 있습니다. 그리고 끝까지 견디기 위하여 열심을 내려는 마음을 사람들에게 줍니다. 참된 은혜는 사람들로 하여금 열심히 하나님의 도움을 기대하도록 합니다. 은혜를 대적하여 일어나는 많은 원수들로부터 그 은혜를 보호하기 위하여 하나님을 의뢰하게 합니다.

(2) 하나님께서 책임지심

'마음에 참된 은혜를 부어 주신 하나님께서 모든 대적으로부터 그 은혜를 방어하여 주십니다.' 하나님께서는 은혜를 대적하는 모든 세력들이 그 은혜를 넘어뜨리게 내버려 두지 않으십니다. 참된 은혜가 거짓된 은혜보다 견인적堅忍的 성향을 많이 보유하고 있지만 하나님을 떠나 그 자체로 적을 대항할 만큼 충분하지는 않습니다. 은혜를 지속하는 확실한 힘을 그 자체는 가지고 있지 않다는 말입니다. 은혜 자체의 힘으로는 끝까지 견디어 내거나 자신을 효과적으로 방어할 만한 충분한 요소가 없습니다. 우리를 은혜에서 떨어지지 않게 보호하는 것은 은혜 자체의 힘이 아니라 베드로가 말한 바와 같습니다.

"믿음으로 말미암아 하나님의 능력으로 보호하심을 받았느니라"(벧전 1:5).

우리의 첫 조상祖上인 아담과 하와 속에는 싸워 이겨야 할 부패가 전혀 없었습니다. 오직 거룩한 원리만이 있었습니다. 그런데 그 원리가 무너졌습니다. 하물며 타락한 사람들의 마음에 있는 은혜의 씨앗에 대해서 무슨 말을 하겠습니까? 그것도 타락하고 부패한 근성이 많으며 그렇게 집요하고 부단하게 거스르는 대적의 반대를 받는 상황을 감안하면, 은혜의 원리 그 자체만으로는 얼마나 쉽게 무너지겠습니까! 그러나 하나님께서 그 은혜를 붙잡고 계시니 결코 넘어지지 않습니다. 하나님께서는 모든 원수들로부터 그 참된 은혜를 지키기 위하여 모든 일을 강구하셨습니다. 하나님께서는 결국 은혜가 승리케 하셨습니다. 그러므로 참된 은혜가 넘어져 무너져 버릴 리가 없습니다.

(3) 참된 은혜가 떨어지지 않을 근거

여기서 저는 하나님께서 참된 은혜를 붙잡으셔서 넘어지지 않게 하실 분명한 증거를 두 가지로 간단히 보여 드리려 합니다. 곧 '하나님의 약속의 말씀들'과 '구속과 은혜 언약'의 차원에서 말씀 드리려 합니다.

● 하나님의 약속의 말씀

'하나님께서 마음 안에 있는 참된 은혜를 얼마나 확실하게 보전해 주시겠습니까!' 하나님의 약속에 비추어 그 사실은 너무나 분명합니다. 하나님께서는 노골적으로 자주 약속하셨습니다. 참된 은혜는 결코 떨어지지 않겠다고 말씀하셨습니다.

"그는 넘어지나 아주 엎드러지지 아니함은 여호와께서 그의 손으로 붙드심이로다."(시 37:24)

의인에 대한 이 선언이 약속합니다. 다시 예레미야 32:40에서, "내가 그들에게 복을 주기 위하여 그들을 떠나지 아니하리라 하는 영원한 언약을 그들에게 세우고 나를 경외함을 그들의 마음에 두어 나를 떠나지 않게" 하겠다고 하셨습니다. 또 그리스도께서는 "이와 같이 이 작은 자 중의 하나라도 잃는 것은 하늘에 계신 너희 아버지의 뜻이 아니니라"(마 18:14)고 하셨습니다. 그리스도께서는 이러한 여러 말씀의 선포와 일치하게 은혜에 관한 다음의 약속을 하셨습니다.

"내가 주는 물을 마시는 자는 영원히 목마르지 아니하리니 나의 주는 물은 그 속에서 영생하도록 솟아나는 샘물이 되리라."(요 4:14)

"나의 보내신 이의 뜻은 내게 주신 자 중에 내가 하나도 잃어버리지 아니하고 마지막 날에 다시 살리는 이것이니라."(요 6:39)

"내 아버지의 뜻은 아들을 보고 믿는 자마다 영생을 얻는 이것이니 마지

막 날에 내가 이를 다시 살리리라."(요 6:40)

다른 곳에서는 "내 양은 내 음성을 들으며 나는 그들을 알며 그들은 나를 따르느니라"(요 10:27) 하셨습니다.

"하나님이 미리 아신 자들을 또한 그 아들의 형상을 본받게 하기 위하여 미리 정하셨으니 이는 그로 많은 형제 중에서 맏아들이 되게 하려 하심이니라 또 미리 정하신 그들을 또한 부르시고 부르신 그들을 또한 의롭다 하시고 의롭다 하신 그들을 또한 영화롭게 하셨느니라."(롬 8:29,30)

그런 다음에 "누가 우리를(그리스도인들을) 그리스도의 사랑에서 끊으리요"(롬 8:35)라고 말씀하셨습니다. 다시 "너희 안에서 착한 일을 시작하신 이가 그리스도 예수의 날까지 이루실 줄을 우리는 확신하노라"(빌 1:6)고 사도는 말하였습니다. 또한 "주께서 너희를 우리 주 예수 그리스도의 날에 책망할 것이 없는 자로 끝까지 견고하게 하시리라"(고전 1:8)고 합니다. 그리고 유다서 24절에는, "능히 너희를 보호하사 거침이 없게 하시고 너희로 그 영광 앞에 흠이 없이 기쁨으로 서게 하실 이"로 하나님을 묘사합니다.

그런 약속들을 다 예로 들려면 한이 없습니다. 하나님께서 마음에 심어주신 은혜를 끝까지 보존하시고, 하나님을 의지하는 사람들을 끝까지 지키시리라는 약속의 말씀들을 아직도 많이 열거할 수 있습니다. 그러나 이 정도로만 말씀드립니다.

• 구속의 성질과 은혜 언약

'하나님께서 은혜의 원리를 붙잡고 넘어지지 않도록 지키시는 이유가 있습니다.' 그 이유들을 몇 가지로 나누어 보여 드리려 합니다.

첫째로, 주께서 우리에게 제공하신 구속救贖, redemption이 모든 대적에도 불구하고 우리를 안전하게 보전하지 못하면 그 구속은 완벽할 수 없습니다.

그리스도께서는 율법 아래서 당하던 악에서 건져내어 영광에 이르게 하실 목적으로 죽으셨습니다. 그러나 그리스도께서 우리의 본래 상태 이상을 벗어나게 못하여 그전이나 다름없이 실족하기 쉬운 채로 우리를 내버려 두셨다면 그 행하신 모든 구속은 허사가 되고 말았을 것입니다. 사람이 타락하기 전에 자기의 의지를 자유자재로 사용할 수 있었습니다. 그런데도 그는 굳센 데서 떨어졌습니다. 그는 비교적 강하였고, 우리가 현재 만나는 대적들을 만나지 않은 상태에서도 은혜를 상실하였습니다. 그러한데 만일 그가 현재 우리 입장처럼 타락한 상태로 그렇게 불완전한 은혜를 소유한 채 대적들의 틈바구니에 서 있는 처지에서 자신만을 의뢰하였다면 어떠하였겠습니까? 철저하게 넘어져 망하였을 것입니다. 그리스도로 인하여 우리에게 제공하신 구속救贖이 그런 넘어짐에서 우리를 온전하게 지켜주지 못할 정도라면, 그 구속은 매우 불완전한 것이 될 것입니다.

둘째로, 은혜 언약의 도입은 첫 언약의 부족함을 보충하기 위해서였습니다. 첫 언약 안에는 없던 주요한 것이 견인堅忍의 확실한 근거가 됩니다. 첫 언약은 그것을 세우신 하나님 편에 결함이 있지 않았습니다. 그런 면에서 첫 언약은 거룩하고 의롭고 지혜롭고 완전하였습니다. 그러나 결과로 볼 때 그 언약은 우리 편의 부족함으로 인해 연약하였습니다. 우리의 행복을 위하여 효과를 발휘하기 위해서는 더 많은 무엇이 필요하였습니다. 첫 언약 아래서는 우리 의지의 자유 외에 그 언약을 행할 바탕이 전혀 없었습니다. 이 바탕은 의뢰할 만한 것이 아니었습니다. 그러므로 하나님께서는 또 다른 언약을 세우셨습니다. 첫 번째 언약은 실패하기 쉬운 성질을 가지고 있었습니다. 다른 새 언약은 첫 언약보다 영구하게 효력이 지속되어야 하고, 떨어질 수 없는 것이어야 했습니다. 그래서 그 언약을 '영원한 언약all the everlasting covenant'이라 부릅니다. 요동하지 않을 것들에 자리를 내주기 위하여 요동할 것들이 제거되었습니다. 첫 언약의이 '머리' 와 '보증' 은 실패하기 쉬웠습니다. 우리 인류의 시조마저 실수하기 쉬웠습니다. 그래서 하나님께서는 새 언약의 머리와 보증으로 그리스도를 주셨습니다. 그리스도께서는 당신의 모든 백성의 머리와 대표입니다. 새 언약이 그분과 체결되었습니다. 언약의 모든 보증이 다 그분과 연결되었습니다.

셋째로, 긍휼과 구원을 베푸는 은혜 언약이 그 사람 자신의 견인堅忍 여부에 따라서 생명 보장 여부를 규정한다면 합당하지 않습니다. 사람의 의지의 힘과 강함에 그 사람의 생명이 달려 있다면 마땅치 않습니다. 그 언약은 은혜 언약이 아니고 행위 언약입니다. 그런 언약은 영생을 보증하지 못합니다. 그렇게 되면 영생은 실족하지 않게 자신을 지키는 그 사람의 의지와 능력에 달려 있다는 말이 되기 때문입니다. 우리에게 대가를 요구하지 않고 주권적인 은혜로만 우리의 영생을 보증해야 합니다. 그 은혜가 임무를 완벽하게 처리하여야 합니다. 그래야 우리가 끝까지 견디어 냅니다. 은혜 언약이 우리에게 대가를 요구하지 않고 은혜를 베풀어 주기 때문에 우리는 자신에게 우리 영생의 문제를 맡기지 않았습니다. 첫 번째 언약 아래서는 그러하였습니다. 그러나 하나님의 은혜가 일에 착수하면 그 일을 마칠 때까지 은혜가 이룹니다. 그래서 궁극적으로 우리 믿음이 끝까지 참아냅니다.

넷째로, 우리의 두 번째 보증자가 이미 견뎌 내셨습니다. 처음 보증자인 아담이 못한 일을 우리의 새 보증자이신 그리스도께서 행하셨습니다. 첫 번째 보증자인 아담은 견뎌내지 못했습니다. 그래서 그와 함께 모든 사람이 타락했습니다. 만일 아담이 견뎌내었다면 모든 사람들은 그와 함께 견뎌내어 결코 타락하거나 실족치 않았을 것입니다. 그러나 우리의 두 번째 보증인 그리스도께서 이미 견뎌 내셨습니다. 그러므로 그분을 보증으로 삼는 모든 사람은 그와 함께 보전될 것입니다. 아담이 타락할 때 정죄함을 받았고, 모든 후손이 함께 타락하였습니다. 그가 견뎌 내었다면 의롭다 하심을 받아 생명나무에 참예함을 얻었을 것입니다. 그리고 생명의 상태로 고정되고 모든 후손들도 함께 그의 영광을 누렸을 것입니다. 같은 논리로 둘째 아담인 그리스도께서 견뎌 내시고 참아내셔서 의롭다 하심을 얻어 생명 안에 그 자리를 완전히 확보하셨으니, 그분 안의 모든 이들 역시 하나님께서 받으신 것입니다. 그리고 함께 의롭다 하심을 얻고 그분 안에 안연히 거하게 되었습니다. 백성의 언약의 머리이신 그분이 언약 조항들을 성취하셨다는 사실이 백성들에게 궁극적인 견인 역할을 확실히 했습니다.

다섯째로, 믿는 자는 사실상 이미 의롭다 하심을 받았고, 긍휼의 약속으로 인하여 영생을 얻었습니다. 그러므로 하나님께서는 그가 떨어져 나가거나 부족함을 당하게 버려두시지 않으십니다. 의롭다 하심稱義, justification은 실제적인 사면赦免입니다. 칭의는 죄책으로부터의 완전한 사면이며, 지옥에서 건짐 받고 영생의 온전한 자격을 얻었음을 의미합니다. '지옥에서 해방되고 영생의 완전한 자격을 획득하는 문제는 믿음을 끝까지 지키는 것이 불확실하므로 여전히 미지수다'라는 개념은 이 진리와 분명하게 어긋납니다.

여섯째로, 성경이 우리에게 가르치는 바를 들으십시오. 신자의 은혜와 영적인 생명은 그리스도의 부활로 말미암아 그리스도의 생명에 동참함을 뜻한다고 가르칩니다. 그리스도의 생명은 영원불멸하고 결코 약화되지 않는 생명입니다. 사도는 그 점을 분명히 가르칩니다. "범죄와 육체의 무할례로 죽었던 너희를 하나님이 그와 함께 살리셨다"(골 2:13)라고 말합니다. 곧 그리스도를 믿는 이들은 그리스도와 함께 살리심을 받았다는 말입니다.

"긍휼이 풍성하신 하나님이 우리를 사랑하신 그 큰 사랑으로 인하여 허물로 죽은 우리를 그리스도와 함께 살리셨고(너희는 은혜로 구원을 받는 것이라) 또 함께 일으키사 그리스도 예수 안에서 함께 하늘에 앉히시니."(엡 2:4-6)

“이제는 내가 사는 것이 아니요 오직 내 안에 그리스도께서 사시는 것이라.”(갈 2:20)

“내가 전에 죽었었노라 볼지어다 이제 세세토록 살아 있어 사망과 음부의 열쇠를 가졌노니.”(계 1:18)

“이는 그리스도께서 죽은 자 가운데서 살아나셨으매 다시 죽지 아니하시고 사망이 다시 그를 주장하지 못할 줄을 앎이로라.”(롬 6:9)

나무의 생명이 나뭇가지의 생명이듯이, 우리의 영적 생명은 그리스도의 생명입니다. 그러니 우리의 생명은 영원히 지속될 수밖에 없습니다.

일곱째로, 많은 원수들의 큰 대적에도 불구하고 하나님께서는 우리 마음에 은혜를 심어 놓으셨습니다. 그러므로 그 은혜를 뿌리째 뽑아 버리려고 부단하게 갖은 애를 다 쓰는 원수들에도 불구하고 마음에 있는 은혜를 하나님께서 지키실 것이 분명합니다. 하나님을 반대하고 영혼을 거스르는 영들은 우리 마음에 은혜를 심지 못하게 상당한 방해를 하였습니다. 그러나 하나님께서는 영광스럽고 모든 것을 이기는 능력을 발휘하시어 모든 원수의 대적들을 물리치고 은혜를 마음에 도입하셨습니다. 하나님께서 강력한 능력으로 개선가를 부르며 승리로 들여오신 은혜를 몰아내려는 그들의 계략에 무릎을 꿇으실 분이 아닙니다.

이 모든 것을 종합하여 볼 때, 하나님께서 그리스도인의 마음에 있는 은혜의 원리를 끝까지 붙잡으실 것이 명백합니다. 그러므로 마음에 있는 은혜는 결코 무너지지 않을 것입니다.

3. 적용

(1) 죄인의 회심을 반대하는 마귀의 속셈을 알게 해

'마귀가 죄인의 회심을 그렇게 반대하는 이유 하나를 우리는 여기서 발견합니다.' 죄인들이 일단 회심하였다 하면 그 회심의 상태는 영원히 지속되기에 마귀는 반대합니다. 회심하기만 하면 그 이후부터 마귀는 그에게는 더 이상 손대지 못합니다. 마귀는 그런 이들을 넘어뜨릴 수도, 멸망케 할 수도 없습니다. 은혜에서 떨어지는 일이 있다 할지라도, 의심할 것도 없이 마귀는 우리가 은혜를 소유하는 것을 반대할 것입니다. 그러나 일단 은혜를 소유하면 그 은혜를 둘러엎기를 기대할 수 없음을 마귀는 알기에 우리가 은혜를 갖지 못하게 하려고 더욱 특별하게 대적합니다. 은혜를 소유하기만 하면 우리는 그것만으로도 마귀와 완전히 작별합니다. 그 이후 우리는 멸망하게 하는 마귀의 힘이 미치는 한계에서 영원히 벗어납니다. 각성하여 죄를 깨닫고 회개하기를 구하는 사람들이 많은 큰 시험을 당하는 이유를 이 점에 비추어 설명할 수 있습니다. 원수는 회심 상태에 있는 사람들을 큰 시험으로 갑자기 습격합니다.

마귀는 언제나 활동합니다. 가능하면 성령님의 구원 역사役事도 방해하기 위하여 산같이 높은 장벽을 쌓습니다. 은혜를 전복하기 위하여 그러한 일을 자행합니다. 그리하여 죄인들의 회심을 방해합니다. 그는 있는 힘을 다하여 죄의 뉘우침을 없애려고 무진 애를 씁니다. 가능하다면 회심 과정에 있는 사람으로 하여금 이전의 악하고 게으른 길로 돌이키도록 유도합니다. 어떤 때는 회심의 과정을 겪는 이들에게 아첨하기도 하며, 또 어떤 때는 용기를 꺾기도 합니다. 그들의 마음을 당황케 하며 뒤틀리게 하려고 애씁니다. 있는 힘을 다하여 부패를 행하도록 유도합니다. 하나님을 모독하는 생각을 하게 합니다. 그리하여 하나님을 대적하여 논쟁하는 마음을 갖게 하려고 매우 애를 씁니다. 마귀는 많은 교활한 시험을 통하여 회심하는 사람들로 하여금 '내가 구원받기를 바라는 것은 허사다'라고 생각하게 하려고 야단입니다.

또 마귀는 하나님이 정하신 경륜의 교리doctrine of God's decree를 이용하여 그들을 시험합니다. 무능과 절망을 이용하여 그들을 시험합니다. 마귀는 "너희가 흥하는 것은 모두 죄악이다'라고 말함으로 마음이 약해지도록 시험합니다. '은혜 받을 때가 다 지나갔다'는 생각을 하게끔 그들을 설득합니다. '너는 용서받지 못할 죄를 저질렀다'고 상상하게 함으로써 두렵게 하기도 합니다. 그런 일을 통하여 사람들을 시험합니다. 그리고 '그렇게 고통스러워하고 염려할 것 없다. 이후에도 시간은 얼마든지 있다. 지금은 그런 생각으로 괴로워하지 마라.' 그런 식의 논리로 사람들을 유혹합니다.

또 마귀는 가능한 한 사람들이 거짓된 소망을 갖도록 시험합니다. 그리고 사람들이 그리스도 밖에 있는데도 안전한 상태에 있으니 염려하지 말라는 식의 논리를 들고 나옵니다. 사단은 이러한 방법 말고도 수없이 많은 다른 방식으로 회심하지 못하게 방해하는 일에 총력을 기울입니다. 왜냐하면 그는 우리가 주장하여 온 교리의 진리를 알기 때문입니다. '은혜가 영혼 안에 심어지기기만 하면 은혜를 전복 시킬 수 없다'는 구원 진리를 그는 너무나 잘 알기 때문입니다.

(2) 은혜에서 떨어져 나간 사람들에 대한 평가

이 강론의 주제로부터 우리는 다음과 같은 결론을 내릴 수 있습니다. '은혜에서 떨어지고 아주 넘어진 사람들은 참된 은혜를 가진 적이 전혀 없었던 이들이다.' 아침 안개와 같고 이른 아침 이슬과 같이 쉬 없어져 버리는 은혜는 참된 은혜가 아닙니다. 그러한 것은 참된 은혜일 수 없습니다. 사람들이 잠시 동안은 각성하여 두려움을 가지고, 무언가 자기가 죄인이며 비참하다는 의식이 있는 듯 보일 수 있습니다. 그리고 다음에 보니 하나님의 긍휼로 채움을 입은 사람들같이 보여 긍휼 안에서 안위安慰를 받는 모습을 띨 수가 있습니다. 그러다가 그 고상한 마음이 막을 내린 것 같고, 그들이 받았던 인상印象은 희미해지고 그저 그런 상태로 돌아가 버립니다. 그리하여 마음과 삶에 있어서 변화가 보이지 않습니다.

그런 경우 그들이 참된 은혜를 가진 적이 전혀 없었음을 표증해 줍니다. 그런 경우는 사도의 선언에 부응할 것이 전혀 없습니다.

"누구든지 그리스도 안에 있으면 새로운 피조물이라."(고후 5:17)

어떤 개인이 회심한 것 같이 보인 다음에 다시 하나님을 떠나서 그리스도를 배반하고 영적인 일들을 멀리하여 등을 돌리고, 마음이 다시 허망해져 세상을 추구하며 신앙의 의무들을 게을리 한다 합시다. 그는 다시 죄의 길로 돌아서 육신의 정욕과 이기적인 것만을 추구하고 분별없는 삶을 계속 살아갑니다. 그런 사람의 경우에 '내가 분명하게 회심하였다' 하는 모든 공언은 기만적입니다. 마치 늦은 봄이나 이른 여름에 나무에 달린 꽃망울의 약속들과 같습니다. 그 시절의 꽃들은 거의가 떨어지고 나무에 붙어 있어도 열매는 맺지 못합니다.

결과적으로 은혜처럼 그렇게 멋지게 보였던 것들이 외양에 불과하였습니다. 그런 겉모습에 신뢰를 두었던 사람들은 무섭게 기만당한 것입니다. 견뎌내지 못하고 끝까지 남아나지 못하는 은혜는 진정한 은혜가 아닙니다.

(3) 큰 기쁨과 위안의 원천

'이 주제는 마음에 참 은혜가 있다는 선한 증거를 가진 모든 이들에게 큰 기쁨과 위로의 원천을 제공합니다.' 그 은혜를 소유한 사람들에게는 그 은혜가 말로 다할 수 없이 고귀한 보석입니다. 그 보석은 모든 보석보다 더 가치 있고 모든 보화보다 가치 있습니다. 세상에 있는 모든 왕관들과 값비싼 보물보다 더 값집니다. 그러한 사람들에게 이 참 은혜는 위대한 위로의 이유가 됩니다. 그들은 그 보석을 결코 잃지 않을 것입니다. 보석을 주신 분이 그들을 위해 간수하여 주실 것입니다. 그분이 그들을 가장 행복한 상태로 이끌어 들이신 것 같이, 그들을 가장 행복한 상태 안에서 보존하실 것입니다. 그들을 그 안에 견고히 붙잡아 두실 것입니다. 만물을 자기에게 복종케 하실 수 있으신 전능하신 능력이 그들을 위합니다. 하나님은 그 능력으로 그들의 보호자가 되실 것을 맹세하셨습니다. 어떤 원수라도 그들을 멸할 수 없습니다. 그들은 하나님께서 구원하시려고 지정하시어 성벽과 보루로 건축하신 강력한 성城을 소유한다는 사실을 즐거워합니다. 원수가 아무리 격렬하게 대적하며 온갖 교활하고 포학한 공격을 하여도 그들은 여전히 높은 곳에 서 있습니다. 하나님께서 놓으신 반석 위에 요동치 않습니다. 그리고 거기 서서 원수들의 조롱을 비웃을 것입니다. 그들의 확실한 피난처요, 요새이신 지존至尊하신 하나님 안에서 영광을 자랑합니다. 영원한 팔이 그들을 안위합니다. 하늘에 계신 여호와께서 그들의 도움이십니다. 그러므로 그들은 주 안에서 족히 즐거워하며 그들의 구원의 반석을 기뻐합니다.

(4) 용기의 보루

'이 주제는 자기 영혼의 원수들과 싸우고 있는 성도들에게 큰 용기를 줍니다.' 군인이 싸워 이길 수 있다는 희망없이 출전하는 것같이 불리한 것은 없습니다. 질 것이라는 절망감으로 전선戰線에 나가는 것은 가장 큰 손해입니다. 어떤 경우에는 소망이 싸움의 반을 이깁니다. 반대로 말하면 낙담이 패배를 굳히기 쉽다는 것입니다. 후자後者는 왜소矮小하게 하며 딱하게 만듭니다. 그러나 소망을 가지는 것은 힘을 북돋아 줍니다. 여러분의 마음에 진정한 은혜가 있다는 선한 증거를 가졌으면, 여러분의 구원의 대장은 끝내 승리할 것을 확실하게 보증할 것입니다. 능히 지탱하여 주실 수 있는 그분은 여러분이 이길 것이라고 약속하셨습니다. 그의 약속은 실패한 적이 없습니다. 그 약속 위에 굳게 서서 최선을 다하십시오. 머지않아 승리의 노래가 여러분의 것이 될 것입니다. 구분께서 친히 승리의 면류관을 여러분의 머리에 씌워 주실 것입니다.

사랑은 언제까지나 떨어지지 아니하되
예언도 폐하고 방언도 그치고 지식도 폐하리라.

고린도전서 13장 8절

CHAPTER 15

사랑의 은혜로 성도와 영원히 교통하시는 성령님

The Holy Spirit For Ever To be Communicated To The Saints, In The Grace Of Charity, Or Divine Love

사도는 전체 문맥 속에서 모든 다른 성령의 은사들을 능가하는 탁월함을 지닌 사랑의 우월성을 보이려 합니다.

사도는 이 고린도전서 13장에서 사랑의 우월성을 세 가지 방면에서 보여 줍니다.

첫째, 사랑은 본질이라서 그것이 없이 다른 모든 은사들은 아무것도 아니다.

둘째, 사랑으로부터 모든 선한 성향과 행실이 유발된다.

셋째, 사랑은 모든 은사들 중에서 가장 오래 견뎌낸다. 심지어 하나님의 교회가 완전한 상태에 이르게 될지라도 사랑은 여전히 남아 있을 것이다. 그 때에 성령의 다른 은사들은 폐하여지나 사랑은 여전히 남을 것이다.

우리는 이미 앞의 두 측면은 살펴보았습니다. 이제 세 번째 측면으로 나아가야 합니다. 이것을 말하는 문맥에서 우리는 다음의 두 가지 요점을 관찰할 수 있습니다.

첫째, 이는 사랑의 고유한 성질이다.

둘째, 사랑은 이 고유한 성질로 인하여 성령의 다른 모든 은사들과 구분된다.

첫째, 사랑의 고유한 성질로 인하여 '사랑'의 탁월함이 드러납니다. 곧 '사랑은 영구히 견디며 남아 있다'는 것입니다.

"사랑은 언제까지나 떨어지지 아니하되."

바로 앞에 "사랑은 모든 것을 견디느니라"는 말씀 뒤로 아주 자연스럽게 따라오는 요점입니다. 그 표현 속에서 사도는 '견디어 내는' 사랑의 성질을 선언하였습니다. 사랑은 세상에서 일어날 수 있는 모든 대적의 요동에도 불구하고 어엿한 모습으로 서 있습니다. 이제 사도는 한 단계 더 나아갑니다. 사랑은 '시간의 끝'이 올 때까지만이 아니라 영원무궁토록 존재한다고 선언합니다. "사랑은 언제까지나 떨어지지 아니한다"는 것입니다. 모든 세상의 것들과 잠정적인 것들이 다 떨어질 때가 되어도 사랑은 여전히 남아 영원토록 거합니다.

둘째, 사랑은 예언이나 방언이나 지식과 같은 성령의 모든 다른 은사들과 구분됩니다.

"사랑은 언제까지나 떨어지지 아니하되 예언도 폐하고 방언도 그치고 지식도 폐하리라."

사랑은 언제까지나 떨어지지 아니합니다. 여기서 말하는 '지식'은 신령하고 거룩한 지식까지 다 포함한 개념이 아닙니다. 지식은 이후 하늘에서도 지상에서처럼 존재할 것이기 때문입니다. 그런 지식은 하늘에서는 지상에 비해 광대하게 증가될 것입니다. 9절 이후에 그 점을 분명하게 선언합니다. 그리스도인들이 하나님과 그리스도와 신령한 일들을 아는 지식들, 그리고 일반적으로 '지식'이라는 어휘로 표현되는 그리스도인들의 모든 지식은 사실상 사라지지 않을 것입니다. 오히려 하늘에서는 영광스럽게 증대되고 완전하게 될 것입니다. 하늘은 빛의 세계일 뿐 아니라 사랑의 세계입니다.

"지식도 폐하리라" 할 때의 지식은 초대교회 시대 하나님의 교회에 있었던 특이한 이적적인 은사로써의 지식을 말합니다. 우리가 알아본 바와 같이 사도는 여기서 성령의 이적적인 은사들과 사랑을 비교합니다. 초대교회 때에 보통 있었던 특이한 은사들과 사랑을 비교합니다. 그런 은사들 중에는 예언의 은사와 방언의 은사, 또는 배운 적이 없었던 다른 지역의 언어를 말하는 능력의 은사가 있었습니다. 사도는 본문에서 이런 은사들을 다 말하고 있습니다. 사도는 그런 은사들이 떨어지고 그치게 된다고 말합니다. 또 다른 은사인 지식의 은사, 또는 '지식의 말씀' 의 은사는, 이성과 연구를 통하여 얻는 사색적思索的 지식이나 영혼 안에서 구원하는 감화를 일으키시는 성령의 역사와 구분되는 은사입니다. '지식의 말씀'의 은사는 일부 사람들만이 부여받았던 성령의 특이한 은사입니다. 그 은사를 받은 사람들은 비밀스러운 일을 직관적으로 이해할 수 있는 능력을 발합니다. 비밀스러운 예언이나 성경의 모형模型과 같은 것을 말하는 은사입니다. 사도는 고린도전서 13장 2절에서 그 은사에 대하여 이렇게 말합니다.

"내가 예언하는 능이 있어 모든 비밀과 모든 지식을 알고."

8절에서 '폐할 것'이라고 한 은사가 바로 그 이적적인 은사입니다. 예언하는 것이나 방언으로 말하는 이적적인 은사들이 폐할 것이라고 말합니다. 그것들은 어떤 기간 동안에만 특별하게 주어졌던 은사들입니다. 세상에 기독교를 소개하고 세울 목적으로 하나님께서 부여하시는 은사들입니다. 목적이 이루어졌을 때 그런 은사들은 다 폐하고 그쳐져야 했습니다. 그러나 사랑은 그치거나 중단되지 않습니다.

사도는 본문을 통하여 다음의 교리를 분명하게 가르치고 있습니다.

'성령께서는 잠시만이 아니라 영원토록 그리스도의 교회와 교통하시되, 위대한 사랑의 열매인 신적인 사랑 안에서 교통하실 것이다.'

저는 이 교리의 의미와 진실성을 더 잘 이해하기 위하여 다음의 네 가지 전제前提들로 나누어 말하겠습니다.

첫째, 하나님께서 그리스도의 성령님으로 하여금 그리스도와 교회와 백성들 안에 영원히 거하사 감화를 끼치게 하실 것이다.

둘째, 성령께서 교회와 교통하시어 주시는 사랑의 열매 말고 다른 열매들이 있다.

셋째, 다른 열매들은 잠정적으로만 주어진다. 그 중에는 이미 그친 것도 있고, 머지않아 때가 되면 그칠 것도 있다.

넷째, 성도들 안에 거하시면서 영원한 감화를 끼치시는 성령의 떨어지지 않는 열매는 사랑이다.

1. 성령님의 영원한 내주內住

'그리스도의 성령께서 오시어 그리스도의 교회와 백성들 안에서 거하시는 것은 감화를 끼치기 위함입니다.' 성령님은 그리스도의 위대한 선물입니다. 비싼 대가를 치르고 사신 선물입니다. 성령님은 교회를 위하여 값으로 사신 바 되었으며, 현재나 장래의 그리스도 백성들의 삶에 있어서 모든 선의 요약이요, 제일의 선善입니다. 하나님과 그리스도께서 교회를 향하여 약속하신 위대한 큰일은 성령님에 대한 것입니다. 오순절에 사도 베드로가 말한 바와 같습니다.

“하나님이 오른손으로 예수를 높이시매 그가 약속하신 성령을 아버지께 받아서 너희 보고 듣는 이것을 부어 주셨느니라.”(행 2:33)

그리스도께서 큰 값을 지불하고 사시어 교회에 주시겠다는 약속은 영원토록 교회에 유효합니다.

그리스도께서는 당신의 교회가 영원히 존재할 것 또한 선언하셨습니다. 지옥문이 교회를 대적하여 일어난다 할지라도 이기지 못한다고 말씀하셨습니다. 성령을 교회의 모든 지체들에게 부어주시어 교회가 보전되게 하셨습니다. 주님은 친히 이러한 말씀을 하셨습니다.

“내가 아버지께 구하겠으니 그가 또 다른 보혜사保惠師를 너희에게 주사 영원토록 너희와 함께 있게 하리니 그는 진리의 영이라 세상은 능히 그를 받지 못하나니 이는 그를 보지도 못하고 알지도 못함이라 그러나 너희는 그를 아나니 그는 너희와 함께 거하심이요 또 너희 속에 계시겠음이라.”(요 14:16,17)

인간이 에덴에서 죄를 범하지 않았을 때에도 성령님을 모시고 있었습니다. 그러나 불순종함으로 성령님을 잃었습니다. 인간은 잃어버린 성령님을 회복할 수 있는 길을 제공 받았습니다. 성령이 두 번째로 주어진 것입니다. 이제는 성령께서 결단코 성도들을 떠나지 않으십니다. 그들이 참으로 하나님의 사람답게 되기까지 그 백성들에게 주어졌습니다. 그전에 우리 첫 조상이 무죄한 상태에 있을 때 성령께서 함께 계셨습니다. 그러나 그리스도 안에 있는 신자들에게 성령께서 거하시는 방식과 동일하게 계신 것은 아니었습니다. 조상들은 성령님을 어떤 권리로 계시게 할 수 없었습니다. 그들에게는 영원히 주어지지 않았습니다. 그러나 그리스도 안에 있는 신자들에게는 영원하게 주어졌습니다. 그리스도 안의 신자들이 성령님을 받기만 하면, 그분을 상실하는 일은 결코 없습니다. 그리스도의 성령은 회심한 사람들과 교통하시되, 분명한 언약에 따라서 그들의 소유로 양도되셨습니다. 그리스도께서 성도들의 소유입니다. 그리스도의 충만이 그들의 것입니다. 그러므로 그리스도의 성령님도 그들의 것입니다. 성령은 값으로 산 바 되어 그들의 인침 받은 소유가 되셨습니다.

2. 하나님의 성령께서 교회에 전달하신 다른 은사들

'하나님의 성령께서 그의 교회에 전달하신 다른 은사들이 있으니, 그 은사들도 신적인 사랑을 진수로써 함축합니다.'

(1) 특이한 은사들을 통한 성령의 교통

'하나님의 성령께서는 이적의 은사나 영감의 은사같은 특이한 은사들을 통하여 하나님의 교회와 교통해 오셨습니다.'

구약시대에는 선지자들과 그들이 받은 은사들을 통하여 교회와 교통하셨습니다.

신약시대에서는 사도들과 복음 전하는 이들과 복음을 위하여 일하던 초기 대부분의 사역자들과 평범한 그리스도인들 중 많은 사람과 교통하셨습니다. 그런 사람들에게 예언의 은사, 방언을 말하는 은사, 지식의 은사 외에 고린도전서 12장에서 언급된 여러 다른 은사들을 주셨습니다.

(2) 하나님의 성령의 보통 은사들

'하나님의 성령의 일반적이고 평범한 은사들이 있습니다.' 이 은사들은 모든 시대에 걸쳐 많은 믿지 않는 중생치 못한 자연인들에게도 주어졌습니다. 죄의 일반적인 회오悔衙, 보편적인 깨달음, 일반적인 종교적 감흥 등이 그것입니다. 그 속에 신적이고 참된 사랑과 구원하는 은혜의 본질은 없지만, 사람들의 마음에 감화를 끼친다는 의미에서 성령의 열매들임엔 틀림없습니다.

믿음과 소망에 관하여 말하자면, 그것에 신적인 사랑을 겸하지 못하면, 중생하지 못한 자연인들에게도 일반적으로 주어지는 은사 이상을 넘어가는 믿음과 소망이 아닙니다. 사도는 그 점을 분명하게 표현합니다.

"내가 산을 옮길 만한 믿음이 있을지라도 사랑이 없으면 내가 아무것도 아니요."

모든 구원하는 믿음과 소망은 그 안에 사랑의 성분을 가집니다. 그리고 사랑을 진수로 삼고 있습니다. 만일 이 요소를 제거하면, 그것은 영혼 없는 몸과 같습니다. 구원하는 은혜가 되지 못합니다. 성령의 일반적인 열매에 불과합니다. 아무리 최선을 다하여도 하나님의 성령의 일반적인 열매에 지나지 않습니다.

3. 영구하지 못한 은사들

'성령의 다른 은사들은 일시적인 것에 불과하여, 이미 중단된 것도 있고 머지않아 중단될 것도 있습니다.' 이적적인 예언의 은사나 방언을 하는 은사들은 잠시 필요합니다. 하늘에서는 계속될 수 없는 은사들입니다. 그 은사들은 하나님께서 세상에 있는 자기 교회에 허락하시기를 기뻐하시는 동안만 주어지는 특이한 은혜의 방편들에 불과합니다. 그러한 은혜의 수단들을 누렸던 성도들이 하늘에 가면 그런 은혜의 방법들은 필요가 없습니다.

그래서 그런 은혜의 방편들은 중단됩니다.

하늘에서는 어떠한 은혜의 방편도 필요 없습니다. 그것이 일반적인 것이든지 특이한 것이든지 상관 없습니다. 하나님의 집에서는 일반적인 보통 은사들이든지 방언, 지식, 예언과 같은 특이한 은사들이든지 다 소용이 없습니다. 거기서는 그런 은혜의 수단들이 더 이상 필요가 없습니다. 왜냐하면 거기서는 은혜의 모든 방편들이 목적하는 바가 다 이루어졌기 때문입니다. 하나님 백성들의 성화聖化와 행복이 완전하게 이루어진 곳이 하늘입니다. 사도는 에베소서 4장에서 은혜의 여러 가지 방편들을 말하고 난 뒤에 이러한 말을 합니다.

"이는 성도를 온전하게 하며 봉사의 일을 하게 하며 그리스도의 몸을 세우려 하심이라 우리가 다 하나님의 아들을 믿는 것과 아는 일에 하나가 되어 온전한 사람을 이루어 그리스도의 장성한 분량이 충만한 데까지 이르리니."

이러한 목적이 이루어지고 성도들이 온전해지고, 그리스도의 충만한 분량에까지 자라게 될 때 그런 방편들은 더 이상 소용되지 않습니다. 일반적이든 특이한 것이든 다 소용이 없습니다. 밭의 곡식을 거두는 일과 같은 면이 있습니다. 밭에 있는 곡식이 열매를 맺어 익어 추수하기까지는 거름을 주고 비를 맞게 해야 하고 태양 빛을 받아야 합니다. 그러나 그 열매가 익어 거두어들일 때가 되면 그런 것들은 다 필요 없게 됩니다.

성령의 이적적인 은사들이 특별한 사람들에 대하여 일시적인 것과 같이, 그 은사들은 하나의 총체적總體的인 몸으로써의 하나님의 교회를 향해서도 잠시 어느 기간에만 있는 것입니다. 그 은사들은 모든 시대의 모든 교회를 향하여 계속 주어지는 성령의 열매들이 아닙니다. 하나님의 성경이 완성되기까지 상당한 기간 동안 교회를 향하여 시시때때로 계속 주어진 적이 있었습니다. 욥기라든지 모세 오경과 같은 성경의 처음 책들이 기록되기 전에는 그러한 은사들이 교회에 주어졌습니다. 백성들은 그 당시 또 다른 방식으로 하나님의 말씀을 소유하였습니다. 하나님의 교회 안에서 교부敎父의 역할을 하던 특별한 사람들에게 때를 따라 주어진 직관적 계시를 통해 하나님의 말씀을 들었습니다. 이 계시는 구전口傳으로 전수傳受되었습니다. 그 당시에는 성령께서 꿈이나 환상을 통하여 사람들과 교통하신 일이 다반사였습니다. 홍수 때에 하나님의 성령의 특이한 은사들이 있었습니다. 하나님께서 아담과 하와에게는 직접 자신을 계시하여 주셨습니다. 우리가 성경을 통하여 아는 대로, 아벨이나 에녹도 예언의 은사를 가지고 있었습니다(유 14).

그 때에는 하나님의 성령께서 특이한 은사들을 통하여 교회와 교통하셨습니다. 노아는 직접 자기에게 임한 계시를 받았습니다. 그는 하나님의 입장에 서서 옛 세상을 향하여 경고하였습니다. 그리스도께서는 자기로 말미암아 말씀하시는 그의 성령으로 옥에 있는 영들에게 전도하셨습니다. 옥에 있는 영들은 한때 불순종하던 사람들이었습니다. 방주를 예비하는 동안에 하나님의 오래 참으심을 멸시하고 불순종하던 사람들이었습니다(벧전 3:19,20). 아브라함과 이삭과 야곱도 직접적인 계시로 은총을 입었습니다. 요셉도 성령의 특이한 은사들을 갖고 있었습니다. 욥과 그의 친구들도 그러하였습니다. 이때로부터 모세의 때까지 중간 기간이 있었던 것 같습니다. 성령의 특이한 은사들이 잠깐 동안 중지된 시대라 할 수 있습니다. 모세의 시대 이후에 그 은사들은 선지자들의 계보를 통하여 계속되었습니다. 말라기까지는 그런 은사가 중단되는 중간 기간이 없었습니다. 그리고서 사백 여 년에 걸쳐서 긴 중간 기간이 있었던 것 같습니다. 성령께서 안나나 시므온, 사가랴나 엘리사벳, 마리아와 요셉, 그리고 세례 요한에게 특이한 은사들이 주어지기 시작하던 때까지 그러한 중간 기간이 존재하였습니다.

성령의 이러한 교통하심은 한량없이 성령을 소유하신 분을 위한 길을 예비하기 위하여 주어졌습니다. 그는 하나님의 위대하신 선지자요, 성령께서는 그로 말미암아 모든 다른 선지자들과 교통하십니다. 그리스도께서 육신을 입고 땅에 계실 때에, 제자들은 가르치고 이적을 행하는 성령의 이적적인 은사들도 어느 정도 가지고 있었습니다.

그러나 그리스도께서 부활하시고 승천하신 후에 오순절과 함께 성령의 놀랍고 충만한 부어주심이 시작되었습니다. 그때부터 성령의 이적적인 은사들이 가장 놀라운 양상으로 주어졌습니다. 그러한 일은 그리스도께서 부활하시고 하늘에 올라가신 후에 다가온 오순절부터 시작되었습니다. 이 일로 인하여 특이한 은사들을 부여받은 특별한 사람이 여기 저기 존재하게 되었습니다. 그 특이한 은사들은 하나님의 교회에 보편적인 현상이 되었습니다. 그러한 일은 사도들이 활동하는 시기까지 계속되었습니다. 사도들 중에 마지막으로 요한 사도가 죽기까지 역사役事는 계속되었습니다. 그리스도께서 탄생하신 때로부터 백년 가량 그러한 일이 있었다고 추정합니다. 기독교 기원후 1세기의 백년 간은 이적의 시대라 할 수 있습니다.

그러나 사도 요한이 요한계시록을 완성하였을 때가 이르러서 이적적인 은사들은 교회 안에 더 이상 존재하지 않게 됩니다. 요한계시록은 사도 요한이 죽기 바로 얼마 전에 완성되었습니다. 하나님의 생각과 하나님의 뜻을 기록으로 확정한 계시가 완성되었습니다. 하나님께서는 계시 안에서 모든 시대의 교회가 지키고 의지할 충분한 법칙을 완벽하게 기록하셨습니다.

유대교와 유대 나라가 전복 당하고, 그리스도의 교회와 하나님의 교회의 마지막 시대가 확정되어 열려졌습니다. 성령의 이적적인 은사들은 더 이상 필요 없게 되었습니다. 그래서 은사들은 중단되었습니다. 은사들이 여러 시대의 교회 안에서 계속 되었다 할지라도 결국에는 떨어지고 말았습니다. 하나님께서는 그러한 은사들이 더 이상 필요 없음을 아시고 그 은사들을 폐하셨습니다. 본문의 말씀이 그렇게 이루어졌습니다.

"예언도 폐하고 방언도 그치고 지식도 폐하리라."

이와 같은 성령의 은사들은 종결된 듯 합니다. 우리는 그러한 은사들을 하나님께 기대할 필요가 없습니다. 그러한 은사들을 기대할 하등의 이유가 없습니다.

경건한 사람들이나 경건치 않은 사람들에게 일반으로 주어지는 죄를 깨닫고 뉘우치는 마음과 믿음을 주고 깨달음을 갖게 하는 그러한 보편적인 성령의 열매들은 모든 시대의 교회들에게 주어집니다. 그러나 이러한 은사들을 가진 사람이 죽으면 그 은사들도 다 중단됩니다. 하나님의 교회를 총체적으로 생각해 볼 때도 그러한 은사들은 멈추게 될 것입니다. 심판 날이 오게 된 이후에는 그런 은사들이 필요없기 때문입니다.

4. 영구히 존재하는 성령님의 위대한 열매

'신적인 사랑은 성령의 위대한 열매로써 결코 떨어지지 아니하며, 성령께서 그 열매로 인하여 교회에 계속 영원히 내주하심을 명백하게 나타내실 것입니다.' 우리는 하나님께서 그리스도의 성령을 그리스도의 교회에 영원토록 주신 사실을 알았습니다. 그것은 성도들 안에 영원히 거하시면서 결코 떨어지지 아니할 감화를 끼치기 위함입니다. 성령의 많은 열매들은 일시적인 것에 불과하고, 언젠가는 떨어질 한계가 있습니다. 그러나 결코 떨어지지 않고 멈추지 않는 영원한 성령의 감화와 열매의 어떤 방식이 있을 것임에 분명합니다. 신적인 거룩한 사랑이 바로 그 열매입니다. 성령께서는 바로 그 열매를 전달하시고 기르시고 역사하게 하심으로써 떨어지지 않으며 영원한 당신의 감화를 나타내십니다. 그리스도의 교회를 지체별로 생각하든지 집단적인 하나의 몸으로 생각하든지 그 교회 안에서 항상 떨어지거나 그치지 않는 성령의 열매는 바로 사랑입니다.

(1) 그리스도의 교회 지체들 각자와 사랑의 열매

'우리는 그 교회를 이루는 지체들의 입장에서 그리스도의 교회를 생각하여 볼 수 있습니다.' 여기서 그리스도인의 사랑이 성령의 떨어지지 않는 열매임이 드러날 것입니다. 눈에 보이지 않는 그리스도 교회의 참 지체들 각자는 그 마음에 이 성령의 열매를 보유합니다. 신적이고 그리스도인다운 사랑은 성령의 영구한 열매요 떨어지지 아니하는 열매로써 교회의 참 지체들 각자의 마음에 심겨 왕 노릇합니다. 그것은 세상에서도 떨어지지 않습니다. 모든 시련과 대적에도 불구하고 여전히 남아 있습니다.

사도는 "그리스도 예수 안에 있는 하나님의 사랑에서 끊을 수 없으리라"(롬 8:39)고 말하였습니다. 성도들이 죽어도 그것은 중단되지 않습니다. 사도들과 그 시대의 사람들이 다 죽었을 때 몸의 죽음과 함께 그들에게 있던 모든 이적적인 은사들을 놓고 하늘로 갔습니다. 그러나 그들이 가진 사랑은 세상에 남겨 두고 갈 것이 아니었습니다. 하늘로 갈 때 사랑은 가지고 갔습니다. 그 사랑은 하늘에서 더 영화롭게 되고 완전하게 되었을 것입니다.

하나님을 인정하지 않는 악인들도 일반적인 성령의 감화가 있으나 죽으면 그 은사들은 다 버리고 갑니다. 그러나 그리스도인이 마음에 담고 있는 사랑만은 죽음도 없애지 못합니다.

그가 어떤 사람이라도 성령의 위대한 열매인 그 사랑이 있으면, 그 사랑을 가지고 하늘에 갑니다. 사랑의 열매를 가진 이들이 악인들과 같이 여러 다른 성령의 열매들이 있어도 하늘에 갈 때에는 버리고 갑니다. 그러나 사랑만은 가지고 가서 그들과 영원히 함께 있을 것입니다. 그 사랑이 하늘에서 완전하게 될 것입니다. 그 열매는 그들 영혼 속에서 완전하고 영광스러운 지배권을 가지고 왕 노릇할 것입니다.

(2) 총체적인 몸으로써의 교회와 사랑

'그리스도의 교회를 총체적인 한 몸으로 생각하여도 신적인 사랑은 결코 떨어지지 아니함이 명백하게 드러납니다.' 그리스도의 교회 안에 있는 다른 성령의 열매들은 떨어지나 이 사랑만은 떨어지지 않습니다. 구약 어떤 시대의 교회에 성령의 이적적인 은사들이 없었던 경우가 있었습니다. 그 때는 그런 은사들을 가진 영감 받은 사람들이나 선지자가 없었습니다. 그러나 그런 시대에도 성령님의 이 탁월한 열매와 감동이 없었던 것은 아닙니다. 말라기부터 그리스도께서 탄생하시기까지 이적적인 은사들이 중단되었습니다. 그러나 성령께서는 교회 안에 신적인 사랑이 존재하게 하는 역사를 중단하신 적이 없었습니다. 하나님께서 인간 타락 이래 교회를 창설하신 후에 항상 세상에 있는 성도들의 교회를 보존하셨습니다.

그러므로 성령의 이 열매와 감화력은 교회 안에서 떨어진 적이 없었습니다. 성경이 완성된 후에 성령의 이적적인 은사들이 종결되어 교회에서 떨어졌을 때에도 하나님 성도들의 마음속에 거룩한 신적 사랑을 일으키시는 성령의 감동하심이 중단되지 않았습니다. 오히려 그때부터 지금까지 모든 시대에 걸쳐서 그 일은 계속되었습니다. 이러한 성령의 역사는 세상 끝날까지 이르게 됩니다. 그리스도의 교회가 가장 완전한 상태에 이르러 영원한 상태로 자리를 잡게 될 때, 일반적인 은사들, 곧 죄를 뉘우치고 깨달음을 갖게 하는 은사들이나 모든 이적적인 은사들은 완전히 끝나게 될 것입니다. 그러나 그 때에도 이 신적인 사랑은 떨어지지 않을 것입니다.

하늘에 있는 구속받은 교회의 각 지체들 모두는 가장 영광스럽고 완전한 사랑의 상태에 이르게 될 것입니다. 지금은 하나의 작은 불씨로밖에 보이지 않는 그 사랑이 하늘에서는 모든 사람들의 심령 안에서 밝게 빛나는 불길로 훨훨 타오를 것입니다. 모든 구속받은 영혼은 신적이고 거룩한 그 사랑으로 벌겋게 달구어질 것입니다. 그 사랑의 충만한 상태에 이른 영혼은 영광스럽고 완전하고 복된 자리에서 영원무궁토록 존재하게 될 것입니다!

(3) 그 논리의 정당성

이제까지 제시된 교리가 진리임을 증거하는 한 가지 이유를 제시하고자 합니다. 성령의 다른 열매들은 다 떨어지는데 사랑의 위대한 그 열매만은 떨어지지 아니하는 위대한 이유가 여기 있습니다. '사랑은 성령의 모든 다른 열매들과 모든 은사들의 목적' 이기 때문입니다. 마음에 있는 신적인 사랑의 원리와 행사들, 행실 속에서 나타나는 사랑의 열매들, 그 사랑에서 흘러나오는 행복이 언젠가는 떨어지는 다른 성령의 은사들과 열매들이 바로 그것을 위해 존재한다는 말입니다. 신적인 거룩한 사랑은 모든 영감의 목표이며, 세상에서 역사하는 모든 이적적인 은사들이 겨냥하는 목표입니다. 모든 다른 은사들은 그 목적에 이르는 방편에 불과합니다. 그것들은 '은혜의 방편들' 입니다. 그러나 사랑은 '은혜 그 자체' 입니다. 그뿐 아니라, 사랑은 모든 은혜의 요약입니다. 계시와 이적들은 어떤 다른 목적들을 위하여 주어지지 않습니다. 오직 마음에서 거룩을 유발시키고 하나님 나라를 이루기 위하여 그 은사들이 주어졌습니다. 그러나 그리스도인의 사랑은 모든 거룩의 요약입니다. 그 사랑의 성장은 영혼 안에서 그리스도의 나라가 성장함을 의미합니다. 성령의 특이한 은사들은 하나님의 말씀과 하나님의 뜻을 계시하고 확증하기 위하여 주어졌습니다. 사람들이 믿음으로 하나님의 뜻을 따르게 하려고 그 은사들이 주어졌습니다. 목적에 이르는 수단으로 주셨습니다.

그래서 은사들은 수단으로 사용해야 유익합니다.

은사들의 목표하는 바가 이루어졌고, 위대하고 강력한 은혜의 방편인 성경이라는 정경正經, canon이 완성되었습니다. 신약성경과 마지막 시대의 규례들이 온전하게 세워졌습니다. 이제는 성령의 특이한 은사들은 중단되었습니다. 더 이상 필요가 없게 된 것이지요. 그러나 신적인 사랑은 '목적 그 자체' 입니다. 그러므로 목적을 이루는 수단이 폐하여질 때에도 그 목적인 사랑은 남는 것입니다. 그 목적은 선할 뿐 아니라, 자체가 가장 높은 차원의 선善입니다. 그러므로 그것은 영원히 남습니다.

깨우침이나 죄에 대한 깨달음과 같이 모든 시대에 주어지는 일반적인 보통 은사common grace들도 역시 수단에 불과합니다. 그 자체로는 하늘의 선善이 없습니다. 신적인 사랑을 근본적이고 진수적인 내용으로 하는 거룩과 은혜를 촉진하는 의미에서만 선합니다. 그러므로 이 목적이 일단 이루어지기만 하면, 일반적인 보통 은사들은 더 이상 존재할 필요가 없습니다. 그러나 신적인 사랑은 모든 은사들의 목표로써 영원히 남게 될 것입니다.

5. 적용

(1) 잘못된 생각

어떤 사람들이 생각하는 바와 같이 '성령의 특이한 은사들이 장래 어느 교회 시대에 다시 주어질 것'이라고 생각해야 할 하등의 이유가 없어 보입니다. 그들은 영광스럽고 풍요로운 어느 교회시대에 다시 특이한 은사들이 있게 될 것이라고 생각합니다.

많은 하나님의 사람들이 그러한 생각을 하였습니다. '하나님의 말씀에서 언급되는 말세의 영광스러운 교회에는 다시 선지자들이 있을 것이고, 사람들이 사도 시대와 같은 방언의 은사와 이적 행하는 은사를 부여받을 것' 이라고 지금 이 시대에 사는 어떤 이들이 그러한 사고에 빠진 것 같습니다.

그러나 이 본문과 문맥에서 사도가 하는 말을 들어 보면, 그런 시대의 영광에 대하여 성경이 말하는 것을 가지고 그런 상상을 할 이유가 전혀 없습니다. 또는 이전의 어느 교회 시대보다 더 영광스런 시대의 교회 상태에 대하여 성경이 말하고 있다는 것을 구실로 그렇게 생각할 이유가 전혀 없습니다. 아무리 그 이전 어느 시대보다 더 풍성하게 하나님의 성령을 부어주신다고 할지라도 그렇습니다. 신적인 사랑을 도출하고 촉진하기 위하여 하나님의 성령을 부어주시는 때에는, 이적적인 은사들보다 더 탁월한 방식으로 부어주십니다.

사도는 고린도전서 12장 후반부에서 그 점을 아주 밝히 가르치고 있습니다. 거기서 사도는 여러 이적적인 은사들을 열거하고 나서 그들 중에서 제일 되는 것을 사모하라고 충고합니다. 그리고 나서 이렇게 부연합니다.

"내가 또한 가장 좋은 길을 너희에게 보이리라."

곧 마음에서 신적 사랑을 일으키시는 성령님의 감동하심을 구하라는 것입니다. 교회가 탁월한 상태로 들어가게 되는 영광스런 장래에 대하여 성경이 말할 때, 가장 좋은 그 길 외에 '다른 방식으로 하나님의 성령을 부어주실 것'이라고 결론을 내릴만한 충분한 이유를 전혀 제공하지 않습니다. 그 점은 너무나 분명합니다. 의심할 여지없이 성령의 가장 좋은 길은 교회가 가장 탁월한 상태에 이르는 길입니다.

이전 시대보다 훨씬 더 탁월해지는 교회의 장래 상태는 그런 이적적인 특이한 은사들이 있을 것이라 증거하기보다는 도리어 정반대를 입증하는 경향이 있습니다. 고린도전서 13장의 본문에서 사도는 특이한 은사들이 더욱 완전한 성령의 열매들이나 성령의 감화들(믿음, 소망, 사랑-역자 주)에게 자리를 내주기 위하여 중단될 것이라고 말하고 있기 때문입니다. 만일 여러분이 9,10절을 8절과 관련하여 읽으면 예언이나 방언은 폐하고 사랑은 남아야 하는 이유를 알아낼 수 있습니다. 불완전한 것이 완전한 것에 자리를 내주고 덜 훌륭한 것이 더 훌륭한 것에 자리를 내주게 되기 때문입니다. 사도는 '사랑이 더 좋고 탁월하다'고 선포합니다.

예언과 이적들이 주어지는 시대의 교회는 완전성보다는 불완전성을 드러내고 있습니다. 제가 이렇게 말하여도 좋은지 모르겠지만, 하나님께서 주신 그런 은사들은 장성한 상태의 교회가 채용할 수단이 아니라, 유아기에 있는 교회의 버팀목으로 사용하기 위함이었습니다. 사도가 이적적인 은사들에 대하여 그와 같이 말하는 것 같습니다. 그리스도께서 승천하신 뒤에 교회가 처음 설립되었는데 그 때의 교회는 유아 상태였습니다. 그래서 이적이 필요하였던 것이지요. 그것을 세워주기 위하여 그러한 은사들이 필요하였습니다. 그러나 일단 교회가 든든히 서가고 성경이 완성되었을 때 그 은사들은 멈추었습니다. 사도의 논리에 따르면 그 은사들은 불완전성을 드러냅니다. 신적 사랑 안에 나타나는 성령의 열매나 감화에 비하여 그 은사들이 얼마나 열등한지를 드러냅니다. 그러니 교회가 온전한 상태에 이르게 되었을 때 그런 은사들이 다시 부어질 것이라고 기대할 필요가 어디에 있습니까?

사도는 더욱 고상한 그리스도인의 사랑의 열매와 비교할 때 이 모든 이적적인 은사들은 '어린아이의 일들childish things'로 칭하는 듯 합니다. 그런 은사들이 주어지는 때에도 거룩한 사랑이 더욱더 장성하고 온전한 상태에 이르기를 더욱 기대해야 합니다. 교회가 그리스도 예수 안에서 온전하여지고 장성한 분량이 넘치어 풍성해질 그 거룩한 사랑에 비하면 이적적인 은사들 자체는 어린아이의 일에 불과합니다.

장래 교회가 영광스럽게 된다는 사실이 성령의 이적적인 은사들의 계속성을 위한 논리를 전혀 제공하지 못합니다. 왜냐하면 그런 시대가 올지라도 그 시대의 교회 상태가 하늘에서의 교회보다 더 영화롭지 못할 게 분명하기 때문입니다. 하늘에서는 이 모든 은사들이 종결된다고 사도는 가르칩니다. 오직 사랑으로 역사하시는 성령님의 감화만이 하늘에서 남는다고 말합니다. 교회의 영광 시대를 불러오기 위하여 어떤 이적적인 은사들의 필요성은 전혀 보이지 않습니다. 왜냐하면 하나님께서는 그런 은사들을 방편으로 하지 않고도 능히 교회를 그러한 영광의 상태에 들어가게 하실 것이기 때문입니다. 성령께서 영혼을 회심시키고, 원하시는 대로 영혼 속에 은혜의 감동으로 사랑의 불을 지르기만 하시면, 어떤 새로운 계시나 이적들이 없어도 우리가 말하는 영광의 시대를 이룩하기 위해 필요한 모든 효력들을 도출하기에 충분합니다.

이곳과 이웃 지역에서 일어나는 성령의 부어주심을 우리는 최근에 경험합니다(저자가 이 강론을 할 때에 그가 시무하던 교회만 아니라 노샘프턴 일대에 영적 각성과 부흥의 역사가 있었음을 감안하면 좋다-역자 주). 최근에 성령의 부어주심으로 알게 된 작은 일들만으로도 우리 모두 믿음의 확신을 갖습니다. 만일 우리가 따를 새로운 법칙이 필요하였고, 하나님의 말씀과 함께 역사하시는 성령님의 일반적인 감화만으로는 불충분하였다면, 그런 이적적인 은사들의 회복이 필요할 수도 있습니다. 그러나 새로운 성경이나, 우리가 가진 성경에 부가적으로 무엇인가 더할 필요성이 전혀 없습니다. 성경은 그 자체로 우리의 믿음의 실천에 있어서 완전한 법칙입니다. 새로운 정경正經이 전혀 필요치 않습니다. 그와 같이 성경을 확증해주기 위해서나, 영감을 주시는 성령님께서 아직 주시지 않은 것 같아 부족함을 보충하기 위한 그런 이적적인 은사들은 전혀 필요하지 않습니다.

(2) 우리가 삼가 경계할 일

'우리가 숙고하여 온 주제는 어떤 새로운 계시를 구하거나 성령의 어떤 특이한 은사들로 불리는 것을 추구하는 일을 삼가게 합니다.'

누구나 때로 자기나 친척들이나 친구들에게 장래 일을 즉시 예측하는 계시가 주어졌으면 하는 바람이 은근히 있을 수 있습니다. 자기도 모르는 사이에 일어나는 일들을 계시를 통하여 알았으면 하고 바라기도 합니다.

비밀을 알려 주시면 좋겠다는 생각을 하는 경우도 있어 보입니다. 마음에 있는 신령한 표지標識나 은혜의 증거들로 말고 다른 어떤 방식으로 다른 이들이 그들 자신의 영적 상태를 알았으면 하고 바라기도 합니다. 때로 자기들이 하늘과 직통하고 있다고 상상하기도 합니다. 성경이나 이성적인 연구를 통하여 배워서 수행해야할 도리를 어떤 인상印像이 마음에 떠오르는 방식을 통해서 수행하려 하기도 합니다. 어떤 때는 하나님께서 자기들에게 일어난 일을 꿈으로 계시하셨다는 환상에 빠지기도 합니다. 이 모든 것들이 하나님의 성령으로부터 온 것이라면 특이한 은사들의 성질이 있는 셈입니다. 사도는 여기서 바로 그 성질을 가진 은사들이 폐하여진다고 말합니다. 그 은사들은 오래 전에 떨어졌으니, 하나님께서 그것들을 다시 부어 주신다고 상상해야할 하등의 이유가 없습니다. 하나님의 성령으로부터 온 것이 아니면, 그것들은 일종의 큰 속임수에 지나지 않습니다.

(3) 우리들이 가장 귀하게 여겨야 할 것

'이 주제는 영혼 안에 있는 참된 은혜의 증거인 성령의 열매와 감화들을 얼마나 귀하게 여겨야 할지를 가르쳐 줍니다.' 모든 성령의 열매와 감화들은 신적인 사랑 안에 요약됩니다.

문맥과 본문에서 사도는 바로 이 사랑의 가치를 가르치기를 목표로 합니다. 사랑이 떨어지지 아니함을 보여주어 그 사랑의 가치를 배우게 합니다. 모든 이적적인 은사들이 다 떨어지고 종결된다 할지라도 그 사랑은 떨어지지 않음을 보여줍니다. 이 은혜 없이는 다른 모든 것이 아무것도 아닐 정도로 가장 탁월한 성령의 열매입니다. 다른 모든 이적적인 은사들의 목적이 바로 이 은혜입니다. 이적적인 은사들은 그 목적을 위한 '방편'에 지나지 않습니다. 사랑은 이 모든 방편들보다 더 탁월합니다.

우리는 열심을 다하여 이 성령의 복된 열매를 맺도록 구하여야 합니다. 그것이 우리 가슴에 넘치기를 구해야 합니다. 하나님의 사랑이 우리 마음에 더욱더 부어지기를 구하십시다. 우리가 진실로 그리스도를 사랑하기를 구합시다. 그리스도께서 우리를 사랑하신 것 같이 우리가 서로 사랑하기 위하여 구하십시다. 그러면 우리는 이 세상에서 가장 귀한 보화를 갖게 됩니다. 모든 은혜들 중에서 가장 높고 가장 탁월한 은혜를 가진 셈이 됩니다. 우리 안에 불멸하는 그 사랑의 소유가 우리들의 영원불멸이 복되다는 가장 분명한 증거입니다. 우리 영생의 소망이 우리를 실망시키지 아니할 선한 소망임을 증명하는 가장 분명한 증거를 갖게 되는 것입니다.

지상에서 영혼 속에 심겨져 양육 되는 사랑은 장차 올 세계를 미리 맛보게 하고, 아울러 그 세계를 준비하기 위해 주어지는 것입니다. 그 세계는 사랑의 세계요, 사랑의 성령께서 영원토록 왕 노릇하시고 복 주실 곳입니다.

사랑은 언제까지나 떨어지지 아니하되
예언도 폐하고 방언도 그치고 지식도 폐하리라.
우리는 부분적으로 알고 부분적으로 예언하니
온전한 것이 올 때에는 부분적으로 하던 것이 폐하리라.
내가 어렸을 때에는 말하는 것이 어린아이와 같고
깨닫는 것이 어린아이와 같고 생각하는 것이 어린 이와 같다가
장성한 사람이 되어서는 어린아이의 일을 버렸노라.
우리가 지금은 거울로 보는 것 같이 희미하나
그 때에는 얼굴과 얼굴을 대하여 볼 것이요,
지금은 내가 부분적으로 아나
그 때에는 주께서 나를 아신 것 같이 내가 온전히 알리라.
그런즉 믿음, 소망, 사랑 이 세 가지는 항상 있을 것인데
그 중의 제일은 사랑이라.

고린도전서 13장 8~13절

CHAPTER 16

사랑의 세계 하늘

Heaven, A World Of Charity Or Love

저는 이미 8절을 통하여 하나님의 성령께서 그리스도의 교회와 잠시 동안이 아닌 영원토록 교통하시는 성령의 열매가 무엇인가를 묘사하였습니다. 그 사랑의 위대한 열매는 사랑의 열매, 혹은 신적인 사랑입니다. 저는 이제 8절과 그 다음에 나오는 두 절, 곧 9절과 10절 말씀을 서로 관련하여 살펴보려고 합니다. 세 구절에 대하여 두 가지 요점을 관찰하여 보려고 합니다.

첫째, 세 구절은 사랑의 탁월한 점을 언급합니다. 그것은 성령의 다른 모든 은사들이 다 떨어졌을 때에도 그 사랑은 여전히 남아 있게 될 것이라는 점입니다.

둘째, 교회가 완전한 상태에 이르게 될 때 이러한 일이 있겠다고 말합니다. 부분적으로 하던 것이 다 폐하여지고 온전한 것이 올 것입니다. 그리스도의 교회는 두 가지 측면의 '불완전한' 상태와 두 가지 측면의 '온전한' 상태가 있습니다. 교회가 처음 생겨나서 아직 강하지 않고 신약성경이 완성되지 아니하여 신약 교회 상태가 정착되지 않았을 때에는 불완전한 상태에 처하여 있었습니다. 자라나며 보다 성숙한 교회시대에 비하여 어린아이와 같은 상태였다는 것입니다. 교회가 어른의 상태에 도달하고 지상적地上的인 의미에서 비교적 온전함을 이룰 때가 왔습니다. 그러한 때에 비하여 어린아이의 상태였던 때가 있었습니다. 그와 같이 비교적 온전하다고 하는 그리스도의 교회도 투쟁 중에 있는 한 마지막 때까지 어린아이의 상태에 있습니다. 말하자면 하늘heaven에서 이루어질 완전한 상태에 비하여 불완전한 상태라는 것입니다. 하늘의 교회는 지상의 교회에 비하여 성숙하고 온전한 상태의 교회입니다.

그러므로 여기서 말하는 성령의 이적적인 은사들이 두 가지 국면에서 떨어집니다. 하나는 교회가 어린아이의 시기를 지날 때 떨어집니다. 성경의 정경正經이 완성되었을 때 이적적인 은사는 떨어집니다. 그런 시기가 되면 이제 교회는 장성한 상태가 되어 그러한 은사를 더 이상 필요로 하지 않습니다. 그 시대의 교회는 어린아이의 일을 버려야 합니다. 그리고 교회는 말세가 되기 전에 성숙한 상태에 이르게 될 것입니다. 그때가 되면 하나님의 성령께서 극히 영광스럽게 부어져 사랑 안에서 가장 명백한 모습을 드러내십니다. 그 사랑은 성령의 가장 위대하고 영원한 열매입니다. 또 다른 하나는, 어떤 특별한 은사를 받았던 사람들이 죽을 때 성령의 모든 일반적인 열매들이 다 그치고, 세상의 마지막이 오면 온 교회는 그러한 은사들을 소유하지 않게 됩니다. 그러나 사랑은 여전히 하늘의 교회에 남아 있습니다. 거기서 성령님을 부어주실 것이고, 모든 사람은 그 마음마다 영원히 완전한 사랑 속에 그 성령의 부어주심을 받게 될 것입니다.

사도는 이 문맥에서 교회의 두 가지 상태에 관해 말하고 있는 것 같습니다. 특별히 후자後者의 경우를 말합니다. 지상 교회에 있어서 뒤에 존재하는 영광스러운 교회가 초기 교회의 상태보다 더 온전합니다. 그러하더라도 사도가 여기서 "온전한 것이 올 때에는"이라고 한 표현은 하늘에서 교회가 온전한 상태에 이르게 됨을 염두에 두었다고 보는 것이 더욱 타당할 것 같습니다. 또 사도는 "우리가 지금은 거울로 보는 것 같이 희미하나 그 때에는 얼굴과 얼굴을 대하여 볼 것이요 지금은 내가 부분적으로 아나 그 때에는 주께서 나를 아신 것 같이 내가 온전히 알리라"고 표현하고 있습니다. 그 표현도 하늘에 있는 교회의 완전한 상태와 지상교회의 상태를 비교하는 것이라 봐야 합니다. 그래서 저는 다음과 같은 교리를 이 본문에서 끌어냅니다.

'하늘은 사랑의 세계'라는 것입니다. 사도는 본문에서 교회가 하늘에서 완전한 상태에 들어가게 된다고 말합니다. 그러므로 그때에는 지금 이 땅의 교회보다 더 완전하고 더 풍성하게 성령을 받을 것입니다. 그러나 성령을 그렇게 더욱 풍성하게 부어주실 때에는 성령의 저 위대한 열매 안에서 부어주실 것입니다. 하늘에 거하는 모든 복된 사람의 마음에 있는 성령의 가장 위대한 열매는 거룩하고 신적인 사랑입니다.

그러므로 하늘에서의 교회는 이 지상에서와 구별되는 상태입니다. 그 상태는 하나님, 특히 성령님의 교통을 위하여 정하셨습니다. 그 상태 안에서 하나님의 성령을 온전하게 부어주실 것입니다. 반면에 현재 교회의 상태에서도 하나님의 성령을 부어주시기는 하나 매우 불완전합니다. 하늘 상태에서는 거룩한 사랑이 성령의 유일한 은사이자 단 하나뿐인 열매입니다. 그 사랑의 은사는 모든 것 중에서 가장 온전하고 영광스러워서 그 외의 다른 모든 은사들이 하늘에서는 필요가 없습니다.

우리는 하늘이 거룩한 사랑의 세계임을 더 잘 알기 위하여 다음과 같은 사항들을 중심으로 숙고하려 합니다.

첫째, 하늘에서의 사랑의 원인과 원천.

둘째, 하늘이 소유한 사랑의 대상들.

셋째, 하늘에서 사랑하는 주체主體들.

넷째, 그 사랑의 원리, 또는 사랑 자체.

다섯째, 사랑이 행사되고 표현되고 누려지는 하늘의 탁월한 환경.

여섯째, 이 모든 것의 행복한 결과와 열매들.

1. 하늘에서의 사랑의 원인과 원천

여기서 제가 먼저 거론하고 싶은 것은 사랑의 하나님께서 친히 그 하늘에 거하신다는 점입니다. 하늘은 지존하시고 거룩하시고 '사랑'의 이름을 가지신 하나님께서 거하시는 궁정이요, 거실입니다. 그분은 모든 거룩한 사랑의 원인과 원천이십니다. 하나님의 본질을 생각하면, 하나님은 어디나 계십니다. 하늘에도 땅에도 다 계십니다. 하늘과 땅을 채우고 계십니다. 그러나 어떤 면에서는 다른 곳들보다 더 특별하게 계신다고 말하기도 합니다. 옛적에 다른 모든 나라들보다 이스라엘에 계신다고 표현되어 있으며, 이스라엘의 다른 모든 도성들보다 예루살렘에 거하시는 분으로 묘사되기도 하였습니다. 또한 그 예루살렘 성의 다른 곳보다도 성전에 계신다고 하였습니다. 성전의 다른 낭실廊室 보다 지성소至聖所에 더욱 거하신다고 하였습니다. 지성소 중에서도 언약궤 위에 있는 시은좌市恩座, 또는 속죄소에 더욱 머무신다고 하였습니다. 그러나 우주 전체 중에서 하늘은 다른 어떤 곳 보다 하나님께서 훨씬 더 계신 장소로 지목됩니다.

구약에서 '하나님께서 거하신다'고 소개된 다른 곳들은 하늘의 모형에 불과합니다. 하늘은 창조 세계의 일부로써 하나님의 영광스러운 임재가 가장 충만한 장소로 지은 바 되었습니다. 하늘은 하나님의 영원한 거처입니다.

하나님께서 하늘에 영원히 거하시면서 영원토록 자신을 영광스럽게 나타내실 것입니다.

이것이 하늘을 사랑의 세계로 만듭니다. 하나님은 사랑의 원천이십니다. 마치 태양이 빛의 원천이듯이 말입니다. 하나님의 영광스러운 임재로 인하여 하늘은 사랑으로 가득합니다. 태양이 구름 한 점 없는 날 중천에 떠 있으면 세상이 빛으로 충만하게 되는 것과 같습니다. 사도는 "하나님은 사랑이라" 합니다. 하나님의 무한성을 감안하면, 하나님이 사랑의 무한샘無限泉이시라는 것은 필연적인 귀결입니다. 하나님의 모든 충분성을 생각하면 필연적으로 하나님은 다함없이 넘쳐흐르는 사랑의 샘입니다. 하나님의 불변성만이 아니라 그 영원성을 생각하면, 하나님은 분명 변하지 않는 영원한 사랑의 샘이십니다.

하늘에 거하시는 하나님으로부터 거룩한 사랑의 모든 물줄기가 흘러나오니, 모든 사랑의 물방울은 다 하나님께로부터 시작되었습니다. 성부 하나님, 성자 하나님, 성령 하나님께서 하나로 거하시되, 서로 무한히 신비롭고 불가분해적인 영원한 사랑을 나누시며 거하십니다. 하늘에 계신 하나님은 긍휼의 아버지십니다. 그분은 자기의 독생자를 세상에 내어 주시기까지 사랑하셨습니다.

거기 계신 그리스도께서는 하나님의 어린 양이시요, 사랑과 평화의 왕이십니다. 그분은 세상을 위하여 피를 흘리기까지 사랑하셨습니다. 사람들을 위하여 죽음에 이르기까지 자기의 영혼을 쏟으셨습니다. 하늘에서 그리스도는 모든 신적 사랑이 표현되는 통로와 위대한 중보자로 거하십니다. 그분에 의하여 사랑의 열매들이 확보됩니다. 그분으로 인하여 사랑의 열매들이 전달됩니다. 그분을 통하여 모든 하나님 백성들의 마음에 사랑이 나누어집니다. 하늘에서 그리스도께서는 신성神性과 인성人性을 함께 가지시고 아버지와 같은 보좌에 앉아 계십니다.

또 거기는 신적 사랑의 영이신 성령께서 거하십니다. 그분으로 말미암아 하나님의 신적 본체가 흘러나오되, 사랑 가운데서 뿜어져 나옵니다. 모든 거룩한 사랑이 성령님의 직접적인 감화로 지상과 하늘에 있는 모든 성도들의 마음에 흘러넘칩니다.

이처럼 하늘에는 영원하신 삼위일체 하나님 안에 있는 무한한 사랑의 샘이 열려 있어 누구나 그 샘으로 거침없이 나아갈 수 있습니다. 그 샘은 언제나 흘러넘칩니다. 하늘은 영광스러운 하나님이 비춰어 나타나십니다. 충만하신 영광과 사랑의 눈부신 광채 속에 그분이 투영됩니다. 하늘은 이 영광의 샘이 언제나 흘러 물줄기를 냅니다. 사랑의 강물, 기쁨의 강물이 항상 흐릅니다. 말하자면 이 강물은 사랑의 대양大洋을 이루어 흐릅니다. 이 사랑의 대양에서 구속받은 영혼은 가장 즐겁고 상쾌한 목욕을 합니다. 곧 구속받은 이들의 마음이 충일하게 됩니다.

2. 사랑의 대상들

저는 이 주제에 대하여 세 가지 요점을 생각하여 봅니다.

(1) 하늘에 있는 사랑스러운 대상

'하늘에는 사랑스럽지 않은 것은 것이 하나도 없습니다.' 이상하거나 고상하지 못하거나 더러운 사람이나 더러운 것이 보이지 않는 곳이 하늘입니다. 거기에는 악하고 거룩하지 못한 것은 하나도 없습니다.

"무엇이든지 속된 것이나 가증한 일 또는 거짓말하는 자는 결코 그리로 들어가지 못하되 오직 어린 양의 생명책에 기록된 자들만 들어가리라."(계

21:27)

육신적으로나 도덕적으로 흉한 것이 아무것도 없습니다. 모든 것이 보기에 아름답습니다. 다 훌륭하고 칭찬할 만합니다. 영광스럽게 자신을 나타내시는 하나님은 무한히 사랑스러우십니다. 하나님은 하늘 아버지와 거룩한 구속자이십니다. 그래서 스스로 거룩하시고 남을 거룩케 하시는 영광스럽게 사랑스러우신 분입니다.

하늘이라는 복된 사회에 속해 있는 모든 이들은 다 사랑스럽습니다. 가정의 아버지가 사랑스러우면, 그 자녀들도 다 사랑스럽습니다. 몸의 머리가 사랑스러우면 모든 지체들도 다 사랑스럽습니다. 하늘에 있는 천사들 중에 사랑스럽지 않은 천사는 하나도 없습니다. 그들 모두가 거룩하기 때문입니다.

악한 천사들은 이 세상에서 하듯이 하늘을 노략하지 못합니다. 악한 천사들의 거처와 영광의 사랑의 세계 사이에는 큰 구렁이 있어 멀리 떨어져 있습니다.

모든 성도의 무리들 중에서 사랑스럽지 않은 사람이 하나도 없습니다. 거기에는 거짓 신앙고백자들이 하나도 없습니다. 위선자들이 하나도 없습니다. 성도인 척하면서 위장하는 사람들이 하나도 없습니다. 세상에는 성도인 척하면서 그리스도인답지 않은 미워하는 마음을 가지고 못된 행실을 계속하는 사람들이 많습니다. 하늘에는 그러한 일이 용납되지 않습니다. 거기에는 찌끼로부터 완전히 순결한 정금과 같은 사람들만 있습니다. 자신들에게나 다른 사람들에게 사랑스럽지 않은 이들이 하나도 없습니다.

거기는 공격할 것이 하나도 없습니다. 어느 때라도 미워하는 마음과 싫어하는 혐오감이 자리 잡을 기회가 전혀 주어지지 않습니다. 하늘에 있는 모든 것들이 언제나 사랑을 드러냅니다.

(2) 완전하게 사랑스런 대상들

'거기 있는 모든 대상이 다 완전한 사랑을 받기에 합당합니다.' 이 세상에서 일반적으로 사랑을 받는 자들도 아직 사랑스럽지 못한 부분으로부터 완전히 벗어나지 못하였습니다. 태양에도 흑점이 있듯이, 매우 칭찬하고 사랑할 만한 사람들에게도 못마땅하고 거룩하지 않은 것이 섞여 있습니다. 선한 사람들 중에도 결함이 발견되는 일이 흔하고 성품이나 행실에 연약이 있습니다. 만일 그들에게 그 결점이 없었다면 매우 호감을 살만한 훌륭한 사람들이었을 터인데, 그 결점 때문에 가치가 깎이는 경우가 적지 아니합니다. 지상에서 정말 선하다고 여겨지는 사람에게도 결점은 있어 불완전합니다. 그러나 하늘에서는 그렇지 않습니다. 하늘에는 점도 티도 없습니다. 흉한 것이나 불쾌감을 일으킬 요소가 전혀 없습니다. 지상에서는 누구에게나 어떤 사물에도 그런 것이 존재합니다. 그러나 복된 하늘에는 어두움이 조금도 없이 완전히 밝습니다.

점도 티도 없이 완전히 깨끗한 곳이 하늘입니다. 구름 한 점 없이 완전히 청명합니다. 도덕적으로나 육신적인 결함이 영원토록 기어 들어오지 못합니다. 죄악이나 약함이나 어리석음을 하늘에서는 전혀 볼 수 없습니다. 불쾌함이나 조급한 경향이 전혀 없습니다. 아무리 예민한 지각이나 예리한 눈총에도 거슬릴 것이 하나도 없습니다. 불협화음을 내는 선율의 곡조로 연주하는 일이 전혀 없습니다. 하늘의 음악은 화음을 깨뜨려 귀에 거슬리는 것이 전혀 없을 것입니다. 성도들과 천사들의 찬송도 듣기 거북한 대목이 전혀 없습니다. 그런 것이 없는 곳이 하늘입니다.

하늘에 그렇게 충만하고 명백하게 스스로를 드러내시는 위대한 하나님은 절대적이고 무한한 완전함으로 완벽하신 분입니다. 아버지 하나님의 영광의 광채이신 하나님의 아들은 충만한 영광을 지니고 거기 나타나십니다. 그분이 이 세상에 나타나셨을 때 갖추셨던 외모상 연약함의 흔적이 전혀 없이 그저 영광스러운 충만으로 나타나실 것입니다. 하늘에서는 성령을 부어 주시되 부요함과 아름다움으로 하실 것입니다. 마치 생명수의 순전한 강 같이, 수정같이 맑게, 하나님과 어린 양의 보좌에서 흐르는 것 같이 부어주실 것입니다. 그 거룩하고 복된 공동체의 각 지체는 죄의 찌끼가 하나도 없는 완전한 모습을 띠고 있을 것입니다. 각자마다 불완전과 연약과 어떤 종류의 흠도 없이 순전할 것입니다.

거기 하늘에서 구속받고 순전하게 된 교회가 사랑이신 그리스도께 드려질 것입니다. 깨끗한 세마포를 입고, 점도 티도 없고 주름 잡힌 것이나 그와 같은 것이 하나도 없는 모습으로 그리스도께 인도될 것입니다. 그 복된 세상에 거하는 사람들은 어디를 바라보더라도 아름다움과 존영과 영광 밖에는 볼 수가 없을 것입니다. 이 세상에 잘 통제되어 장엄한 건물들을 보유한 훌륭한 도성들도 그 기초가 먼지 속에 있습니다. 거리는 더럽고 지저분합니다. 그 거리를 발로 밟게 되어 있습니다. 그러나 이 하늘 도성의 거리들은 순전한 금으로 되어 있습니다. 투명한 유리 같은 길입니다. 그 도성의 기초들은 보석입니다. 문들은 진주로 되어 있습니다. 이 모든 것들은 거기 거하는 자들의 순전함과 완전함의 희미한 상징에 불과합니다.

(3) 성도들이 이 세상에서 사랑하던 것이 하늘에도 있어

'성도들이 세상에 있을 때에 애착을 가졌던 것들이 거기 하늘에도 있을 것입니다. 우리 성도들이 무엇보다 더 사랑하였던 것들이 거기 하늘에 있겠다는 말입니다.'

성도들이 이 땅에 있을 때에 사랑스러워 보이던 것들을 거기서도 발견하게 될 것입니다. 성도들의 판단으로 찬사를 들을 만하여 사랑을 독차지하였던 것들이 거기 하늘에도 있을 것입니다. 세상에 있을 때에 성도들의 영혼의 시선을 세상에 있는 매우 즐겁고 사랑스러운 것에서 옮겨 주목하게 하던 것이 하늘에도 있을 것입니다. 성도들로 하여금 기뻐하게 하던 것들을 하늘에서 만나게 될 것입니다. 성도들은 이 세상에 있을 때에 묵상하기를 좋아하던 대상들, 자주 그들 마음의 생각을 깊이 사로잡아 사모하던 것들을 거기에서 발견하게 될 것입니다.

또 거기 하늘에는 성도들이 땅에서 진정한 기업으로 삼았던 것들이 있습니다. 너무 사랑스러워 그것들을 위해서라면 어떤 고난도 감수할 각오를 갖게 하던 바로 그것들이 거기에 있습니다. 그들은 그것들 때문에 부모나 친척이나 자기의 친구들을 버릴 각오까지 하였습니다. 그것들을 위해서라면 아내나 자녀나 목숨까지도 버릴 각오를 하였습니다.

이 세상에서 나오는 모든 참으로 위대하고 선한 것, 모든 순전하고 탁월한 것들은 부단히 하늘을 향하는 성향을 가지고 있습니다. 아니 그러한 선한 것들이 온 우주의 각 부분에서 나올 수도 있습니다. 시냇물이 대양을 향하여 흘러가듯이, 모든 것들은 무한한 순결과 복락의 큰 대양을 향하는 경향이 있습니다. 시간이 흐를수록 복된 하늘의 복락 쪽으로 방향을 잡습니다. 시간이 흐를수록 우리도 하늘에 있는 선한 것들과 연합하기를 희망하게 됩니다. 우리가 거룩하다면 그렇게 된다는 말입니다.

세상에서 죽음이 와서 거칠게 우리 손에서 빼앗아 간 모든 보화가 거기 하늘에서는 영원히 빛나는 영광스러운 보석으로 발견될 것입니다. 우리 앞서간 모든 그리스도인 친구마다 우리가 하늘에 오기를 기다리는 속량贖良 받은 영들로 존재합니다. 우리가 이 세상에서 잃었던 영아들을 거기에서 만날 것입니다. 위에서 받는 은혜로 그들이 거기 존재할 것입니다. 그곳에 그리스도인이었던 아버지와 어머니, 아내와 자녀들, 친구들이 있을 것입니다.

우리는 그들과 함께 거룩한 성도의 교제를 새롭게 시작하게 될 것입니다. 그 교제가 이 세상에서는 죽음으로 인하여 중단되었습니다. 그러나 하늘 성소에서 다시 시작되면 그 교제는 끝나지 않을 것입니다. 하늘에서 우리는 구약이나 신약의 족장들과 신앙의 아버지들, 곧 세상이 감당치 못했던 그이들을 만나게 될 것입니다. 그들은 이 땅에서 믿음으로만 교제하였던 자들입니다.

무엇보다도 이 땅에서 온 마음을 다하여 사랑하였던 하나님 아버지와 함께 거하고, 그 하나님과 함께 즐거워하며 살아가는 삶을 누리게 될 것입니다. 또한 우리에게는 수천 수만의 사람들 중에서 가장 중요한 분이셨고, 온전히 사랑스러우셨던 예수 그리스도와 만나 함께 거하게 될 것입니다. 우리들을 거룩하게 하시는 주主와 보혜사와 인도자이신 성령님을 거기서 만날 것입니다. 그래서 우리는 하나님의 모든 충만함으로 영원히 충만함을 입게 될 것입니다.

3. 하늘의 주체들

하늘에 거하는 자들의 마음에 관하여 숙고해 봅니다. 거기 하늘에 있는 모든 이들의 마음은 사랑이 왕 노릇합니다. 하나님의 마음이 사랑의 근원적인 자리座所요, 원주체原主體입니다. 하나님 안에는 신적인 사랑이 있습니다. 다른 이로부터 사랑을 받는 주체와는 다릅니다. 하나님의 마음은 자체로 사랑이 본래부터 거하는 사랑의 처소입니다. 빛이 태양 안에 있는 것 같이 사랑이 하나님 안에 있습니다. 달이나 위성들은 다른 것에서 빛을 받아서 반사하지만 태양은 그렇지 않습니다. 하나님께서도 다른 존재로부터 받은 사랑을 반사하시는 분이 아닙니다. 태양은 그 자체의 빛으로 빛을 내고 있습니다. 태양은 큰 빛의 원천입니다. 사랑은 하나님으로부터 흘러나와서 하늘에 거하는 모든 거민들에게 흘러갑니다.

하나님으로부터 흘러나온 사랑은 제일 먼저 하나님의 독생자를 향하여 무한하고 필연적으로 흘러갑니다. 그 사랑은 혼합된 것이 없이 무한하고, 그 무한하고 충만한 모든 사랑을 받기에 너무나 합당하신 그분에게 흘러 부어집니다. 이 무한한 사랑은 하나님의 독생자를 향하여 끝없이 행사됩니다. 샘이 그분을 향하여 흘러나오는 물줄기를 뿜어낼 뿐만이 아닙니다. 샘 전체가 이분을 향하여 나아갑니다. 하나님의 아들은 무한한 사랑의 대상이 될 뿐 아니라, 사랑의 무한하신 주체도 되십니다. 그분은 아버지의 사랑을 받으십니다. 그뿐 아니라 아버지를 무한히 사랑하시는 분이기도 합니다. 하나님의 무한하고 진수적인 사랑은 말하자면 아버지와 아들 사이의 무한하며 영원하고 상호적이며 거룩한 동력입니다. 순전하고 거룩한 활동으로 말미암아 아버지와 아들로부터 발원發源하는 신성神性이 무한하고 불변하는 사랑의 감동emotion이 됩니다. 이 신적 사랑이 신성 안에 자리합니다. 그 사랑은 신성 안에, 또는 자신을 바라보고 계시는 하나님 안에서 행사됩니다.

그러나 이 사랑은 이상과 같은 행사들에만 국한되지 아니합니다. 그 사랑은 피조물 된 하늘의 모든 거민들을 향하여도 헤아릴 수 없는 시내를 이루어 흘러갑니다. 하늘에 있는 모든 성도들과 모든 천사들에게 흘러갑니다. 하나님 아버지의 사랑은 그들의 머리되신 그리스도를 향하여 흘러가고, 그 머리로 말미암아 모든 지체들에게 흘러갑니다. 머리되신 그리스도 안에서 모든 지체들은 창세 전부터 사랑을 받았습니다. 그리스도 안에서 아버지의 사랑이 때가 찬 경륜을 위하여 지체들에게 나타났습니다. 곧 그의 죽으심과 고난을 통해 나타났습니다. 이제는 하늘에서 그 사랑이 온전하게 나타납니다. 성도들과 천사들이 거룩한 사랑의 제 이차적인 주체들입니다. 사랑의 원천은 아니라도 자기들에게 비취인 사랑을 반사하여 내는 주체들이기는 합니다. 마치 태양이 빛을 내고 다른 것들은 그 빛을 반사하는 것과 같습니다.

그들의 사랑의 빛은 제일 먼저 그 사랑의 위대한 원천을 향하여 반사됩니다. 하나님께서 성도들과 천사들에게 사랑을 주셨듯이, 그들의 사랑도 첫째로 원천이신 하나님을 향하여 행사됩니다. 그것은 가장 이치에 합당한 일입니다. 그들 모두는 하나님을 가장 많이 사랑합니다. 하늘에는 하나님을 대적하는 원수가 하나도 없습니다. 그들은 모두 하나가 되어 한 마음으로 온 영혼을 다해 자기들의 영원하신 아버지를 사랑하고, 공동의 구주救主시며 머리이신 그리스도와 친구들을 사랑합니다.

그리스도께서는 하늘에 있는 자기의 모든 성도들을 사랑하십니다. 하늘에서 그의 사랑은 그의 온 교회를 향하여 흘러 나갑니다. 모든 교회의 지체들에게 흘러갑니다. 그들은 모두 한 마음과 한 영혼으로 한 구속주救贖主를 사랑합니다. 그들의 마음은 다 거룩하고 신령한 신랑을 향한 사랑에 빠져 있습니다. 그들은 모두 그 안에서 즐거워합니다.

한편 천사들도 그들과 연합하여 사랑합니다. 천사들과 성도들은 모두 서로 사랑합니다. 하늘의 영광스러운 사회의 모든 지체들은 진지하게 연합합니다. 모든 이들은 은밀하게나, 내놓고나 서로 원수로 여기는 일이 없습니다. 사랑이 충만하지 않은 마음은 하나도 없습니다. 다른 사람들에게 사랑을 전혀 받지 못하는 쓸쓸한 거민은 하나도 없는 곳이 바로 하늘입니다. 모두 다 서로 사랑스럽게 보이므로 모든 기쁨과 즐거움을 가지고 서로를 사랑합니다. 각 영혼마다 다른 영혼들을 사랑하는 사랑을 표현합니다. 복된 거민들 사이에 오가는 상호 사랑은 충만하고 영원한 사랑입니다.

4. 하늘의 사랑의 원리

이 제목 아래서는 하늘의 세계를 채우며 복되게 하는 사랑 그 자체를 설명하려고 합니다. 우리는 사랑의 본질과 사랑의 분량에 대해서 관찰해 볼 수 있습니다.

(1) 하늘의 사랑의 본질

'그 사랑은 본질에 있어서 전적으로 거룩하고 신적입니다.' 세상의 사랑은 거의가 더러워지는 성질을 띠고 있습니다. 그러나 하늘에 있는 사랑은 육적이지 않고 영적입니다. 부패한 원리들이나 이기적인 동기에서 나오지 않습니다. 작고 비열한 의도와 목적을 향한 사랑이 아닙니다. 하늘의 사랑은 이 모든 것과는 달리 거룩한 동기에서 유발되며, 부단하게 하나님의 영광과 온 우주의 행복을 위한 목적으로 행사됩니다. 하늘에 있는 성도들은 하나님을 위하여 하나님을 사랑합니다. 하나님과의 관계 때문에 하나님을 사랑합니다. 그들에게 주어진 하나님의 형상 때문에 하나님을 사랑합니다. 그들의 모든 사랑은 순전하고 거룩합니다. 우리는 이 사랑의 분량에 대하여도 알아볼 수 있습니다.

(2) 사랑의 분량

'그 사랑은 분량에 있어서 완전합니다.' 하나님의 마음에 거하는 그 사랑은 온전합니다. 절대적으로 무한하고 전적인 완전성을 가지고 있습니다. 하나님과 그리스도를 사랑하는 천사들과 성도들의 사랑은 그 차원이 완전합니다. 그 사랑의 성향에 합당하게 완전합니다. 죄가 전혀 없다는 의미에서도 완전합니다. 또 그 사랑의 수용 능력에 상응하는 완전함을 가지고 있습니다. 본문 말씀에 "온전한 것이 올 때에는 부분적으로 하던 것이 폐하리라"고 되어 있습니다. 그들의 사랑은 사랑의 원리에 반대되는 어떤 것도 용납하지 않는 완전한 사랑입니다. 사랑을 어지럽게 하고 그 행사를 방해하는 교만과 이기심이 하나도 없습니다. 그들의 마음은 사랑으로 충만하여 있을 것입니다.

지상에서는 그 마음이 작았지만 하늘에서는 큰 나무가 될 것입니다. 이 세상에 있는 영혼은 그 안에 신적 사랑의 작은 불씨 밖에는 지니고 있지 않습니다. 그것이 하늘에서는 밝게 훨훨 타오르는 불길로 변합니다. 태양이 흑점이 하나도 없는 가장 충만한 밝음으로 빛나는 것과 같이 될 것입니다.

하늘에는 적대감이나 냉담이나 하나님과 그리스도를 향하여 죽어 있는 마음이 하나도 남아 있지 않을 것입니다. 천사들이나 영광 중에 있는 우월한 존재들을 향하여 시기하는 어떤 씨앗도 남아 있지 않은 곳이 하늘입니다. 아주 미세한 부분도 남아 있지 않습니다.

그 하늘의 영광 중에 다른 존재들보다 낮은 지위에 있는 자들은 더 영광스러운 존재들을 넘보며 시기함으로 자기 행복을 감소시키는 고통을 전혀 당하지 않습니다. 오히려 그 복된 사회의 모든 지체들은 서로 다른 지체들의 행복을 즐거워합니다. 모든 자들 안에 존재하는 자비의 사랑이 완벽하기 때문입니다. 각자는 진지할 뿐 아니라 모두 서로에게 완전한 선을 행합니다. 진지하고 강한 사랑은 사랑하는 상대의 부요함을 보면 감격하고 감사하며 즐거워합니다. 그 사랑이 완전하다면, 사랑 받는 자가 더욱 부요해질수록 그 사랑을 베푸는 그 자신이 더 기쁘고 더 즐거워집니다. 사랑하는 자의 형통은 그 사랑의 양식糧食이기 때문입니다. 그러므로 더 잘될수록 그 사랑은 더욱 풍성하게 베풀어집니다. 자비하심의 사랑은 다른 사람의 형통을 보면 즐겁고 기쁩니다. 마치 마음으로 만족함을 얻는 사랑이 다른 사람의 아름다움과 완전함을 보고 기뻐하는 바와 같습니다. 그러므로 영광에 있어서 더 높은 자리에 있는 자들의 우월한 부요는 그들을 향한 사랑의 분량을 축소하기는커녕 오히려 더하게 하며, 그 부요함을 보는 것이 사랑의 일부가 됩니다.

의심할 여지없이 영광 중에 있는 성도들 사이의 사랑은 짐작하기 어려울 정도의 순전함과 달콤함과 열심을 품은 사랑일 것입니다. 그 사랑은 감탄할 만한 모든 아름다움에 비례하여 완전하고 칭찬할 만한 수준에 이를 것입니다. 필연적으로 성도들은 다른 성도들의 행복과 영광을 볼수록, 또 다른 성도들의 아름다움을 볼수록, 그들의 온전함과 충만함 때문에 더 큰 기쁨이 마음에서 일어날 것입니다.

영광에 있어서 가장 높은 자리에 있는 자들은 거룩에 있어서도 가장 높은 자리에 있는 자들일 것입니다. 그러므로 그들은 모든 성도들에게 가장 큰 사랑을 받을 것입니다, 왜냐하면 성도들은 가장 거룩한 자들을 사랑하기 때문입니다. 그들은 자기들이 가장 행복해지는 것을 보고 다 기뻐할 것입니다. 거룩과 하나님을 닮는 일에 자기들보다 더 높은 자들을 하나님께서 더 사랑하셔도 결코 슬퍼하지 않을 것입니다. 왜냐하면 모든 자들 다 바라는 만큼 사랑받을 것이기 때문입니다. 그러므로 그들 모두는 다 온전히 만족할 것입니다. 완전한 만족이 있는 곳에 시기할 하등의 이유가 없습니다.

자기보다 높은 영광에 있는 자들을 시기하게끔 시험당하는 일이 결단코 없을 것입니다. 하늘에서는 더 높은 영광에 있는 자들이 우쭐대는 일을 보는 일이 없을 것이기 때문입니다. 하늘에는 '교만'이라는 악이 전혀 없습니다. 하늘에서 다른 이들보다 더 거룩하고 더 행복한 자들이 마음으로 '다른 이들보다 내가 낫다'고 우쭐대는 일이 있을 거라 상상하지 말아야 합니다. 왜냐하면 성화에 있어서 다른 이들보다 위에 있는 자들은 겸손에 있어서도 우월할 것이기 때문입니다. 영광에 있어서 가장 높은 성도들은 그만큼 높은 수준의 마음의 겸손을 갖추고 있어, 가장 낮은 데 처할 줄 아는 겸비함도 가지고 있을 것이기 때문입니다. 왜냐하면 뛰어난 겸손은 그들의 뛰어난 거룩의 일부이기 때문입니다.

모든 사람들이 교만한데서 완전히 자유로롭겠지만, 하나님을 아는 지식에 있어서 모든 이들이 다 같은 분량을 가지고 있지는 않을 것입니다. 하나님의 완전하심을 아는 일에 있어서 다른 이들보다 우월한 이들이 거기 있을 것입니다. 그런 일에 있어서 우월한 자들은 그만큼 통찰력도 더욱 우월해서 자기들이 하나님의 완전하심에 비하여 얼마나 보잘 것이 없는지를 더 많이 알고 있을 것입니다. 그러니 그런 이들은 겸손에 있어서도 가장 철저할 것입니다.

영광에 있어서 좀 못한 자들은 자기들보다 더 많은 영광을 가진 사람들을 시기하고픈 시험을 받지 않을 것입니다. 가장 높은 영광을 누리는 자들은 그 거룩 때문에 낮은 자로부터 더 많은 사랑을 받을 것입니다. 그뿐 아니라 더 높은 자들은 다른 사람들을 사랑하는 마음이 더 많을 것입니다. 그들보다 못한 이들을 사랑할 것입니다. 만일 영광을 덜 누렸더라면 그만큼 덜 사랑하였을 것입니다. 그러나 영광을 크게 누리고 있으니 자기들보다 못한 이들을 더 크게 사랑할 것입니다. 영광의 분량이 가장 높으면 능력에 있어서도 가장 높은 분량에 이를 것입니다. 그들의 지식도 가장 높은 단계에 이르렀을 것입니다. 하나님의 사랑하심을 가장 잘 알 것입니다. 결과적으로 하나님을 사랑하고 성도들을 사랑하는 마음에 있어서도 가장 넘칠 것입니다. 이 때문에 영광에 있어서 더 낮은 상태에 있는 이들은 자기보다 높은 영광을 누리고 있는 이들을 시기하지 않을 것입니다. 영광에 있어서 더 우월한 이들이 못한 이들을 깔보기는커녕 더 넘치는 사랑을 베풀 것입니다. 그들의 지식과 행복이 우월한만큼 사랑의 분량에서도 더 우월할 것입니다. 누구라도 영광에 있어서 높으면 높을수록 이 사랑의 방면에서 그리스도를 더 많이 닮을 것입니다.

영광이 높은 자가 자기보다 낮은 자를 사랑하되, 낮은 자들끼리 주고받는 사랑보다 더 크게 사랑할 것입니다. 더 많은 행복을 누리는 자들이 그보다 못한 자들을 의기소침하게 만들지 않을 것은 의심할 여지조차 없습니다.

다음과 같은 사실을 보면 명백하게 알 수 있습니다. 우월한 행복을 누리는 자들은 더 큰 겸손을 가지고 있을 것이고, 더 작은 행복을 누리는 자들을 사랑하되 더 많이 사랑할 것입니다. 하나님과 그리스도를 사랑하는 사랑에서도 우월한 자들이 열등한 자들보다 더 깊이 사랑할 것입니다. 하늘의 성도들 사이에 달콤하고 완벽한 조화는 그렇게 이루어집니다. 성도들 간에 거리낌이나 한계나 장애가 없는 완전한 사랑이 오갑니다. 모두의 마음에 완전한 사랑이 왕 노릇합니다. 시기와 복수심과 경멸과 이기심이 발붙이지 못합니다. 이러한 느낌이 죄가 거룩에서 먼 것 같이 멀리 있는 곳이 하늘입니다. 마치 지옥이 하늘에서 먼 것 같이 그 모든 생각들이 멀리 떨어져 있습니다. 다음으로 넘어가 보겠습니다.

5. 하늘의 탁월한 환경

사랑이 행사되고 표현되고 향유되는 하늘의 훌륭한 환경을 알아보기로 합시다.

(1) 항상 서로 사랑

'하늘에 있는 사랑은 언제나 상호적입니다.' 사랑은 언제나 그에 상응하는 사랑으로 되받습니다. 행사된 사랑에 비례하는 사랑으로 되받습니다. 사랑은 언제나 그러한 반응을 추구합니다. 언제나 사랑을 요구합니다. 어떤 사람이 다른 이를 사랑하면 그 분량만큼 다른 이로부터 사랑받기를 원합니다. 하늘에서는 이 사랑의 소원이 부족함 없이 이루어질 것입니다. 복된 세계의 거민들 중 누구라도 자기가 사랑하는 이로부터 만홀히 여김을 받았다는 섭섭한 마음을 갖지 않습니다. 자기 사랑이 온전한 사랑의 보답으로 돌아오지 않았다고 섭섭한 마음으로 불만을 토로하는 이가 없을 것입니다.

하늘의 거민들은 하나님께서 자기들을 영원 전부터 사랑하셨음을 압니다. 그리고 그 하나님의 사랑이 지금과 장래 영원히 계속될 것을 알 것입니다. 하나님께서 하늘의 거민들에게 당신 자신을 영광스럽게 나타내실 것입니다. 그들은 자기들이 소유한 모든 행복과 영광이 하나님의 사랑의 열매들임을 알게 될 것입니다. 성도들은 같은 신앙심과 열심으로 주 예수 그리스도를 사랑할 것입니다. 그들의 사랑은 하나님께 열납될 것이고, 하나님께서 자기들을 죽기까지 미쁘시게 사랑하신 것을 알 것입니다. 그리고 자기들을 위하여 목숨을 버리신 그리스도 안에서 나타난 사랑의 크기를 이 세상에서보다 더 예리하게 의식할 것입니다.

거기 하늘에서는 그리스도께서 그들의 눈을 열어 그들을 향하신 주님 자신의 마음에 있는 사랑의 위대한 샘을 보게 하실 것입니다. 그때 보는 분량은 이전의 모든 것을 초월하게 됩니다. 이렇게 함으로써 하나님과 그리스도를 향한 성도들의 사랑이 응분의 응답을 받고 있음이 드러납니다. 그리고 "나는 나를 사랑하는 자들을 사랑한다"는 선언의 성취가 드러날 것입니다. 그들을 향한 하나님의 사랑이 하나님을 향한 그들 사랑의 대가였다고 말하는 것은 합당하지 않습니다. 하나님께서 먼저 그들을 사랑하셨기 때문입니다. 그럼에도 불구하고 하나님의 그 사랑을 앙망하는 것이 그들을 더욱 기쁘게 하고 더욱 찬미케 하여 하나님을 더 사랑하게 할 것입니다.

성도들이 서로 사랑하는 사랑도 일방적이지 않고 항상 서로 주고받을 것입니다. 물론 모든 이가 모든 방면에서 동등한 분량의 사랑을 받는다고 생각할 수는 없습니다. 지상에서조차 성도들 중에 어떤 이들은 다른 이들보다 하나님께 더 사랑을 받습니다. 다니엘은 천사로부터 "너는 크게 은총을 입은 자라"(단 9:23)는 말을 들었습니다. 누가는 "사랑을 받는 의사"(골 4:13)라는 칭호를 들었습니다. 요한은 "예수께서 사랑하시던 제자"(요 20:2)였습니다. 이와 같이 충성과 거룩에 있어서 가장 뛰어났던 자들은 의심할 여지없이 영광에 있어서도 가장 높은 위치에 있던 자들인데, 그들이 하늘에서 그리스도의 사랑을 가장 크게 받습니다. 그리스도께 가장 큰 사랑을 받고 영광에 있어서 그리스도께 가장 가까이 있는 성도들이 있습니다. 그들은 모든 성도들보다 가장 많이 사랑을 받는 자들입니다. 그래서 우리는 사도 바울이나 사도 요한과 같은 성도들이 다른 성도들에 비하여 더 많이 은총을 입는다고 결론내릴 수 있습니다. 그들은 자기들과 동등한 지위에 있는 성도들에게서보다 낮은 위치에 있는 성도들에게서 더 많은 사랑을 받습니다. 이러한 경우에도 응분의 사랑의 응답을 받습니다. 그들은 다른 성도들로부터 더 많은 사랑을 받는 만큼 다른 성도들을 사랑하는 사랑에 있어서도 더 충만합니다. 모든 성도들의 위대한 머리되시는 그리스도의 마음은 어떤 성도의 마음보다도 사랑으로 더 충만합니다.

그리스도께서는 성도들이 서로 나누는 어떤 사랑보다도 훨씬 더 많은 사랑으로 모든 성도들을 사랑하십니다. 어떤 성도이든지 그리스도를 더 사랑할수록 이 방면에서 그리스도를 더욱 많이 닮게 될 것이고 그리하여 그의 마음은 사랑으로 더욱 충만할 것입니다.

(2) 투기 없는 사랑

'하늘에서는 사랑의 기쁨이 투기에 방해 받거나 어지럽혀지는 일이 결코 없을 것입니다.' 하늘에서는 사랑하는 자들끼리 서로 사랑하는 마음을 가지고 있습니다. 의심할 수 없습니다. '사랑하는 줄 알았더니 사실은 가식이었다'는 고백이나 선언을 들을까봐 두려워할 일이 결코 없습니다. 서로 상대방을 사랑합니다. 그 진지한 사랑의 힘으로 말미암아 서로 완전한 만족을 누립니다. 마치 모든 마음의 창문이 열려 있어 그 마음속에 있는 것들을 전부 보게 한 것과 같은 모습입니다. 하늘에서 아첨이나 위선으로 가장하는 일 따위는 존재할 수 없습니다.

하늘에서는 온전한 진지함이 모든 이들 속에서 왕 노릇합니다. 모든 이가 보이는 대로 의롭고, 겉으로 보이는 만큼의 실제적인 사랑이 있습니다. 이 세상에서는 보이는 것과 실제의 차이가 있습니다. 흔히 사랑한다는 고백이 의미 없는 경우도 있습니다. 있다고 해도 아주 적을 수 있습니다. 그러나 하늘에서 사랑의 모든 표현은 모두 다 마음의 밑바닥에서 우러나옵니다. 사랑한다고 고백하는 모든 말이 진실과 참으로 느껴집니다.

성도들은 하나님께서 자기들을 사랑하신다는 사실을 압니다. 그리고 하나님의 사랑의 위대성을 결코 의심하지 않습니다. 하늘에 거하는 동료 거민들의 사랑도 전혀 의심하지 않습니다. 그들은 서로 계속 사랑하고 투기하지 않을 것입니다. 자기들의 사랑의 진실이 다른 이들에게 다 전달되지 못할까 염려하지 않습니다. 또는 다른 이들과의 경쟁관계 때문에 자기들의 사랑이 온전하게 받아들여질까 하는 의문을 가질 필요가 절대 없을 것입니다.

자기들의 의심 때문에 다른 이들이 마음에 거리낌을 갖지 않을까 하는 염려를 하지 않아도 될 것입니다. 또는 자신들과 다른 사람들의 마음에 일관성이 없어 그런 일이 일어나지 않을까 하는 의아심도 갖지 않을 것입니다. 그러한 일이 하늘에서는 있을 수 없습니다. 또 그들은 다른 이들이 가진 자기들을 향한 사랑이 줄어들지 않을까 절대로 걱정하지 않습니다. 하늘에 있는 거민들의 마음에 그러한 변덕이 있을 턱이 없습니다. 불신실함이 있을 턱이 없습니다. 그 복된 사회의 교제를 깨뜨리는 미세한 거침돌도 없습니다.

성도들은 하나님께서 자기들을 덜 사랑하실까봐 전혀 두려워하지 않는 것입니다. 그리스도께서 자기들을 사랑하시기는 하는데, 변심하시어 항상 같은 자비와 애정으로 사랑하시는 일이 중단될까봐 걱정하는 일이 전혀 없을 것입니다. 그들은 서로 전혀 투기하지 않을 것입니다. 오히려 그들 사이에 존재하는 사랑이 하나님의 은혜로 인하여 결코 변하거나 썩는 일이 없음을 알게 될 것입니다.

(3) 거침없이 표현되는 사랑

'하늘에는 성도들이 사랑을 행사하고 표현할 때 거침이 되거나 장애를 일으키는 요소가 전혀 없을 것입니다.' 이 세상에서는 성도들이 사랑할 때에도 자기들 안에 많은 장애 요소들을 발견합니다. 마음이 둔하고 무겁습니다. 몸도 무겁고 민첩하지 않습니다. 그 영혼은 하나님이 주신 신적 사랑의 불길이 붙기에 적당하지 않은 혈과 육의 덩어리로 지어진 몸을 지니고 있습니다. 그 몸이 영靈에 대하여 큰 장애와 방해거리가 될 때가 많습니다. 그래서 그러한 몸을 입고 있는 사람들은 하나님을 향한 사랑을 원하는 대로 다 표현할 수 없습니다. 원하는 대로 능동적이거나 활동적이지도 못합니다. 자주 날고 싶어질 때가 있으나 날개가 너무 무거워 밑으로 가라앉고 마는 새와 같을 때가 흔합니다. 불길 같은 열심으로 활동하여 산 정상까지 오르고 싶은 마음은 있으나 몸이 무거워 아래로 쳐지는 자신을 발견합니다. 그래서 그들이 가진 사랑의 성향에 비하여 성장할 수 없습니다. 사랑은 그들에게 찬미하고 싶은 마음을 줍니다. 그러나 그들의 혀가 말을 듣지 않습니다. 입으로 자기 영혼의 불타는 열심을 표현하고 싶습니다. 그러나 우준함으로 인하여 말을 조리 있게 하지 못합니다.

"우리가 그에게 할 말을 그대는 우리에게 가르치라 우리는 아둔하여 아뢰지 못하겠노라."(욥 37:19)

자기 마음의 의도를 다 나타내지 못하여 신음하는 일로 만족해 버리기도 합니다(롬 8:26).

그러나 하늘에서는 그런 장애들이 하나도 없습니다. 그들에게 무거움이나 우준함이 전혀 없습니다. 사랑을 표현하기에 거치는 것이 없습니다. 신적인 사랑을 막는 마음의 부패나, 사랑의 표현을 방해하는 마음의 그릇됨이 전혀 없습니다. 하늘에는 하늘의 불꽃을 막아 꺼지게 하는 땅에 속한 몸이 없습니다. 하늘에 있는 성도들은 자기들의 사랑을 표현하는데 하등의 어려움을 겪지 않습니다. 그들 영혼은 거룩한 사랑으로 불타고 있습니다. 가려진 불이 아니라 다 노출이 되어 자유롭게 타오르는 불길과 같습니다. 그들의 영은 사랑을 날개 삼아 마음껏 날 수 있습니다. 아무런 무게를 느끼지 아니하고 기상을 펼칠 수가 있습니다.

힘이나 활동에도 하등의 부족이 없습니다. 그들이 사랑하는 대상을 칭찬하려 할 때에도 말의 아둔함이 전혀 없습니다. 하나님과의 교통을 방해하는 것도 전혀 없습니다. 그들의 사랑이 북돋아 주는 대로 하나님을 찬미하고 섬기게 될 것입니다.

사랑은 자체를 드러내고 싶어하는 자연스런 욕구입니다. 하늘에서는 성도들 사이의 사랑을 표현하는데도 완전히 자유로울 것입니다. 그 사랑이 하나님을 향하든 피조물을 향하든 문제가 되지 않습니다.

(4) 사랑을 표현하는 방식

'하늘에서는 사랑이 완전한 품격과 지혜로 표현될 것입니다.' 이 세상에서는 마음에 진지함을 가진 이들도 표현에 있어서는 걸맞는 표현 방식을 따르지 못하는 경우가 흔합니다. 사랑의 표현 경위와 방식이 온전하지 않다는 말입니다. 하나님을 향한 진실한 사랑의 원리를 가지고 있으면서도 표현할 때에는 그런 문제가 있습니다. 이웃들을 향해 사랑하는 마음이 있으면서도 그것을 나타낼 때에는 그러지를 못합니다. 의도들과 하는 말이 선하기는 하지만 때에 맞지 않거나, 다른 사람들의 눈에 은혜롭지 않은 경우가 적지 않습니다. 또 처지에 맞지 않는 사랑의 표현으로 다른 사람들의 눈에 크게 거슬리기도 합니다. 그러나 하늘에서는 성도들의 사랑의 훌륭함과 탁월함이 어떤 방면에서든지 흐려지지 않습니다. 경우에 합당하지 않는 말이나 격에 어울리지 않는 행동을 하늘에서는 발견할 수 없습니다.

어리석음이나 감정적인 잘못을 범하지도 않을 것입니다. 필요이상으로 지나치게 구는 실수도 없을 것입니다. 정욕을 죄악적으로 비열하게 발산하는 일도 없습니다. 이성을 흐리게 하거나 어둡게 하는 애정행각 같은 일도 하늘에는 없습니다. 이성을 앞지르거나 거스르는 애정행각은 없게 될 것이란 말입니다.

하늘에서는 성도들의 사랑이 온전함같이 성도들의 지혜도 완전할 것입니다. 모든 사랑의 표현이 가장 아름답게 장식되며, 완전한 총명으로 옷 입게 될 것입니다. 지혜와 명철의 지시를 따를 것입니다.

(5) 서로를 이간시키는 외적 장벽이 없는 세계

'하늘에는 거민들을 서로 이간시키는 외적인 요인이 결코 존재하지 않을 것입니다.' 또는 서로 사랑을 누리지 못하게 하는 외적인 무엇이 있지 않을 것이란 말입니다. 하늘에는 성도들을 분쟁케 하는 중간 장벽이 전혀 없을 것입니다. 또한 서로간의 사랑을 온전히 누리지 못하게 방해하는 어떤 장애물의 고통도 결코 받지 않을 것입니다. 사랑이 멀어지게 되는 일이 전혀 없을 것이란 말입니다. 모두 한 가족이 되어 하늘 아버지 집에 있기 때문입니다. 완전한 친숙함이 부족하여 최대한의 친밀감이 방해받는 일도 없을 것입니다.

그들 사이에 오해는 더더욱 없습니다. 서로 말이나 행동으로 오해하는 일도 전혀 없습니다. 기질이나 방식이나 처지의 차이로 인한 불화가 거기는 없습니다. 견해와 관심이나 느낌이나 동맹의 차이로 인하여 오는 분열도 전혀 없을 것입니다. 모두 다 하나로 연합하여 같은 관심을 갖고, 한 구세주를 닮아 결속될 것입니다. 모두 같은 일에 종사할 것입니다. 즉 하나님을 섬기고 영광을 돌리는 일에 다 함께 전력할 것입니다.

(6) 모두 다 가장 가까운 친척

'하늘에 있는 이들은 모두 가장 가깝고 가장 사랑스러운 친척들이 되어 있을 것입니다.' 사랑은 언제나 사랑하는 자와 가까운 관계의 유지를 추구하게 합니다. 하늘에서도 그들 모두는 서로 가까이 결속되고 관계를 맺을 것입니다. 사랑의 최고 대상이신 하나님께 친밀하게 연결됩니다. 그들은 모두 하나님의 자녀이기 때문입니다. 모든 이들이 그리스도와 가까이 관계합니다. 그리스도는 하늘 사회 전체의 머리이시기 때문입니다. 또한 그분은 온 교회 성도들의 남편이십니다. 성도들은 하나가 되어 그리스도의 신부가 됩니다. 그들은 모두 형제로 결속될 것입니다. 그 모두가 한 사회, 한 공동체를 이루고 있으며 한 권속이기 때문입니다. 그들은 모두 하나님 집의 가족들입니다.

(7) 재산과 소유권

'하늘에서는 모든 이들이 서로 같은 재산을 가지고 있으며 소유권을 함께 누릴 것입니다.' 사랑은 사랑하는 자를 자기 소유로 삼기를 추구합니다. 신적인 사랑은 "나의 사랑하는 자는 나의 것이요 나는 그의 것"이라고 말하기를 즐깁니다. 하늘에서는 모든 이들이 서로 관계를 맺을 뿐 아니라, 서로를 소유합니다. 서로 각각 다른 상대방에게 소속됩니다. 성도들은 하나님의 소유가 될 것입니다. 하나님께서는 영광 중에 그들을 자신의 집으로 인도하여 들이십니다. 그는 백성들을 자기의 소유된 특별한 보배로 삼으셨습니다. 피조물들 중에 그들을 자신의 보배로 삼으셨습니다. 반면에 하나님께서도 그들의 소유입니다. 이 세상에서 맺은 영원한 언약으로 하나님은 그들의 소유로 양도되셨습니다. 이제 그들은 하나님을 자기들의 기업으로 온전히 소유하되 영원히 소유합니다. 그와 같이 성도들은 그리스도의 것이 됩니다. 그리스도께서 그들을 값으로 사셨기 때문입니다. 그리스도께서도 그들의 소유가 될 것입니다. 그리스도께서 그들을 위하여 자신을 내어 주셨기 때문입니다. 그리스도와 성도들 간에는 상호 영원한 언약의 끈이 서로를 소유하고 있습니다.

하나님과 그리스도께서 성도들의 소유이듯이 천사들도 그들의 소유가 될 것입니다. 마태복음 18장 10절의 말씀과 같습니다.

"삼가 이 작은 자 중의 하나도 업신여기지 말라 너희에게 말하노니 그들의 천사들이 하늘에서 하늘에 계신 내 아버지의 얼굴을 항상 뵈옵느니라."

성도들이 서로를 소유합니다. 사도는 그리스도의 날에 성도들이 어떤 위치에 있게 될지에 대하여 말합니다.

"우리가 바라던 것뿐 아니라 그들이 먼저 자신을 주께 드리고 또 하나님 뜻을 따라 우리에게 주었도다."(고후 8:5)

그들은 자신들을 먼저 주께 드리고, 그 다음에 하나님의 뜻을 따라서 서로 자신들을 나눕니다. 이 일이 지상에서 이루어진다면 하늘에서는 얼마나 더욱 그러하겠습니까!

(8) 사랑의 부요한 환경

'하늘에 있는 자들이 서로 거침이 없는 완전한 풍요로움 속에서 사랑을 나눌 것입니다.' 이 땅에는 세상적인 즐거움의 유쾌함과 달콤함을 방해하는 것이 꽤 있습니다. 비록 사람들이 사랑하는 가운데서 살아가지만 그 형편이 빈핍합니다. 큰 어려움과 지독한 고난을 만나기도 합니다. 그러면서 그들은 서러워지고 서로 슬퍼집니다. 그런 경우에 사랑과 우정이 어떤 면에서는 그들이 짊어진 짐을 가볍게 하기도 하고, 다른 면에서는 짐을 더 무겁게 하기도 합니다. 서로 사랑하는 자들은 그 사랑으로 인하여 자기 환난을 나누어지는 면에서는 가벼워지고, 한편으로 자기 시련만이 아니라 친구의 환난도 함께 짊어져야 하니 더 무거워집니다. 그러나 하늘에는 그러한 역경이 하나도 없습니다. 불쌍한 심령의 비통함을 느끼게 할 만한 것이 하나도 없습니다. 하늘의 거민들이 서로의 사랑과 우정을 어지럽게 하거나 성가시게 하는 일이 전혀 존재하지 않습니다. 하늘에 있는 이들은 가장 부요한 상태에서 사랑을 누립니다. 영광스러운 부요와 안전함 가운데서 자기들의 사랑을 구가합니다.

가장 높은 영예와 존영 가운데서 함께 사랑을 누리며 하늘나라 안에서 왕노릇 합니다. 그들은 모두 면류관을 쓰고 보좌에 앉아 있으며, 하나님의 영원한 제사장들입니다.

그리스도와 그의 제자들이 이 땅에 함께 있을 동안에 자주 어려움과 시련을 만났습니다. 크고 지독한 시련 속에서도 서로 가장 강하고 위대한 사랑과 우정을 나누었습니다. 지금 그들은 하늘의 불멸하는 영광 속에서 서로 사랑을 누립니다. 모든 슬픔, 고통은 영원히 사라졌습니다. 그리스도와 그의 성도들은 이 세상에서 많은 슬픔을 만났었습니다. 그리스도께서는 가장 큰 고난을 당하신 분으로 '슬픔을 아는 자' 라는 칭호를 얻으셨습니다. 그러나 하늘에서는 하늘 보좌에 함께 앉아서 왕 노릇하십니다. 그곳은 슬픔과 서러움이 무엇인지 더 이상 모르는 곳입니다. 성도들도 다 같이 영광과 부요 가운데 사랑을 나눌 것입니다. 이 세상의 부요와 영광은 하늘에서 누리는 그것들에 비하면 궁색하기 짝이 없는 것으로 보일 것입니다. 그들이 서로 사랑을 나눌 때에 자신의 부요만이 아니라 다른 이의 부요도 함께 누릴 것입니다.

그리고 거기 하늘에서는 자신의 영광뿐 아니라 다른 이의 영광과 복락도 함께 누릴 것입니다. 서로 이러한 사랑을 나누니 다른 성도들이 자신의 영광을 누리고 있는 것을 보는 기쁨을 가질 것입니다. 각자 다른 이들이 그러한 영광을 누리는 것을 보면 즐겁고, 때로 다른 이들이 누리는 영광의 체험이 자신의 영광의 체험이 되기도 합니다. 성도들은 각자 그런 아름다운 체험을 누리면서 서로의 사랑을 구가합니다.

(9) 사랑을 장려하는 하늘의 모든 것들

'하늘에서는 모든 것들이 사랑을 장려합니다.' 서로 사랑을 누리게 촉진시키고 도울 것입니다. 미워하거나 시기하게 시험하는 어떤 유혹도 없습니다. 정신 차리지 못하는 일이나 악의에 찬 궤휼이나 오해를 살만한 표현이나 악한 소문이나 그 소문을 퍼뜨리는 일이 전혀 없습니다. 오히려 모든 것이 사랑을 촉진하고 온전히 누리게 하는 일 뿐입니다. 하늘 자체는 즐거움의 동산입니다. 하늘은 낙원樂園입니다. 모든 면에서 하늘의 사랑을 나누기적합합니다. 거기에서 아름다운 사회를 이루고 서로의 사랑을 가장 완전하게 누릴 수 있습니다. 비사회적이거나 이간질하는 이가 전혀 없습니다. 이 세상의 불쌍한 차별이 하늘 사회에 따라오지 못합니다. 모든 하늘에 있는 이들은 거룩과 거룩한 사랑의 동질성 속에서 만납니다.

하늘에 있는 모든 것들은 하나님과 그리스도의 아름다움과 사랑스러움을 훌륭하게 발산합니다. 하나님과 그리스도를 향하여 신적 사랑의 광채와 찬연함을 비춥니다. 세상을 비추고 가득 채우는 그 빛은 바로 사랑의 빛입니다. 하나님 어린 양의 영광이 거기에 비치는 것은 하늘 예루살렘을 빛으로 가득 채우는 어린 양의 온유함과 사랑에 미치는 가장 놀라운 영향이기 때문입니다.

"그 성은 해나 달의 비침이 쓸 데 없으니 이는 하나님의 영광이 비치고 어린 양이 그 등불이 되심이라."(계 21:23)

하늘에서 왕 노릇하는 어린 양의 주위에 있는 영광이 어찌나 찬연하고 아름답던지 다음과 같이 비유합니다.

"또 무지개가 있어 보좌에 둘렸는데 그 모양이 녹보석 같더라."(계 4:3)

구약에서는 흔히 무지개가 하나님의 언약 안에 있는 하나님의 은혜와 사랑의 적당한 상징으로 쓰여집니다. 하나님의 영광의 빛인 새 예루살렘의 빛은 "벽옥碧玉과 수정 같이 맑더라"(계 21:11)고 하였습니다. 가장 값지고 아름다운 것을 표현한 말씀입니다. 그리고 그러한 것이 계속 지속된다고, 거기는 밤이 없다고 말씀하십니다. 끝이 없을 뿐 아니라 계속 영광스러운 낮만이 있습니다. 이 점을 다음의 항목에서 더 생각해 봅시다.

(10) 하늘 시민들의 확신

'하늘 거민들은 서로 사랑을 완전하게 누리며, 그러한 일이 끊임없다는 것을 인식합니다.' 그들은 하나님과 그리스도께서 영원한 분깃으로 함께 계실 것을 압니다. 하나님의 사랑이 영원히 지속되고 표현될 것을 확신합니다. 그들의 동료 성도들도 영원히 영광 중에 함께 살아 있을 것을 알 것입니다. 각자 가진 사랑도 떨어지지 않고 그 상태의 동일성을 영원히 유지하게 될 것을 알 것입니다. 그리고 자신들도 하나님을 영원히 사랑하며, 동료 성도들 간에서 그 사랑이 영원함을 알 것입니다. 모든 사랑의 충만함과 달콤함을 거기 하늘에서 완전하게 누릴 것을 압니다. 영원히 그럴 것이라고 알 것입니다. 그 행복이 끝날까봐 마음 조리며 두려워하는 일은 없습니다. 사랑의 온전함과 복락의 충만함이 약화될까봐 조바심이나 두려움을 가질 필요가 전혀 없습니다.

또한 그 사랑의 표현과 행위에 진력나지 않고 도리어 영원히 즐거워할 것입니다. 사랑하는 자들이 서로에 대하여 권태를 느껴 진부해 보인다고 해서 마음에 들지 않게 되거나, 그들 사이에 사랑이 식어져 영영히 사라질까봐 염려하는 일은 전혀 필요 없습니다. 하늘은 청초함과 신선함이 영원히 유지되며 충만합니다. 세월이 지나도 그 아름다움과 발랄함을 잃어버리지 않습니다. 사랑이 모든 이의 마음에 거합니다. 영원히 꺼지지 않는 불꽃처럼 언제나 타오릅니다. 사랑의 거룩한 즐거움은 영원히 깨끗하고 가득한 강물이 되어 흐를 것입니다. 가면 갈수록 그러한 강물은 더욱 넘치게 될 것입니다. 하늘이라는 사랑의 낙원은 마치 언제나 봄같을 것입니다. 거기는 가을이나 겨울은 없을 것입니다. 서리가 내리거나 잎이 지고 떨어져 썩는 일도 없습니다. 나무들마다 언제나 신선합니다. 꽃이 피는 싱그러운 자태를 언제나 지니고 있는 곳이 하늘입니다. 아름다움이 언제나 돋보이고, 항상 꽃이 피고 열매가 맺힙니다. 의인의 잎사귀는 결코 마르지 않습니다(시 1:3). 하늘의 거리와 강변에는 생명나무가 자라납니다. 그 나무는 열두 가지 열매를 맺는 나무요, 달마다 열매를 맺는 나무입니다(계 22:2).

이같이 하늘 세계에 있는 모든 것은 성도들의 기쁨을 도와줍니다. 하늘의 모든 즐거움과 기쁨은 영원합니다. 하늘에 영원한 낮의 광채를 사그라지게 하는 석양夕陽은 없을 것입니다.

우리는 이제까지 사랑이 행사되는 하늘의 모든 복된 환경에 대하여 알아보았습니다. 이제 저는 처음 제안하였던 사항들 중 마지막을 다루려 합니다.

6. 하늘에서 행사되는 사랑의 복된 결과들과 열매들

이러한 환경들 속에서 행사되는 사랑의 열매들과 복된 결과들이 많으나 저는 두 가지 측면에서만 말씀드리겠습니다.

(1) 모든 하늘 시민들의 완벽한 행실

'하늘의 거민들은 하나님과 서로들을 향하여 가장 훌륭하고 완벽한 행실을 도출합니다.' 신적인 사랑은 모든 선한 원리들의 총합입니다. 그래서 그 사랑의 샘에서 모든 사랑스러운 것들과 선한 것들이 나옵니다. 하늘에서는 이 사랑이 완벽합니다. 하나님이나 같은 동료들을 향해 적대심을 갖게 하는 죄에서 완전하게 벗어나 있습니다. 그렇듯이 하늘에서의 사랑의 열매도 모든 이들을 향해 가장 완전한 행실로 나타납니다. 그래서 하늘에 있는 생명에게는 아무리 작은 죄악된 실수도 있을 수 없습니다. 어떤 이도 부족한 행실을 내지 않습니다. 아주 미세하게라도 거룩한 길에서 벗어나지 않습니다. 모든 행실과 정서 자체가 완전합니다. 행사되는 모든 처지와 환경도 완전합니다. 모든 행실의 각 부분이 본질과 형식에 있어서 거룩하고 신적이며, 심령과 목적에서도 그러합니다.

우리는 하늘에 있는 성도들이 어떤 방식으로 일하는지 세밀하게는 모릅니다. 그러나 일반적으로 하나님을 찬양하고 섬기는 일에 성도들이 진력하고 있다는 것은 알고 있습니다. 그들은 이 소임을 완전하게 해냅니다. 우리들이 지금까지 생각하여 본 바와 같이 그런 사랑의 영향으로 인하여 그럴 것입니다. 때로는 하늘에 있는 성도들이 하나님의 지시를 받아 다른 성도들을 위해 일하기도 하리라는 생각이 듭니다. 그들은 하나님을 섬기면서 서로의 행복을 위하여 일하리라 생각할 정당한 이유가 있습니다. 성경의 표현대로라면, 그들은 거기서 한 공동체를 이루어 연합합니다. 그러한 연합을 이루고 있으니 서로의 유익과 행복을 위하여 일하는 외에 다른 목적이 없습니다. 그들은 서로 복종합니다. 서로를 향해 가장 온전한 행실로 복종합니다. 그것이 서로 완전한 사랑을 나눈 결과입니다.

만일 그들 중에 어떤 이들은 그런 일에 국한되지 않고 다른 이러저러한 일에 시선을 돌리거나 먼 세계를 위하여 의무를 감당해야 한다고 합시다. 하늘에 있는 영혼들이 이 세상에 있는 친구들을 위하여 여전히 무엇인가 해야한다고 생각하는 자들도 있습니다. 그들의 생각대로 정말 하늘에 간 이들이 세상에 있는 이들을 위하여 일한다고 가정해 봅시다. 그런 일이 정말 실재한다 해도, 하늘에 있는 성도들은 사랑의 영향을 받아 모든 행실에 하나님을 기쁘시게 하는 방식으로 해 나갈 것입니다. 그렇게 자신들과 다른 상대방의 행복 모두를 위하는 일을 할 것입니다. 그러한 상황에서 행사되는 사랑의 열매는 완전한 겸손과 완전한 기쁨입니다. 다음의 제목으로 그것을 알아봅시다.

(2) 하늘에서의 완전한 평온과 완전한 기쁨

'거룩하고 겸손한 그리스도인의 사랑은 영혼에 한없이 평온함과 조용함을 끼치는 놀라운 능력입니다.' 그 사랑은 모든 영혼의 어지러움을 몰아냅니다. 영혼에 은근하고 조용한 휴식을 줍니다. 모든 이들에게 하나님께로부터 오는 고요함과 달콤함과 행복을 가져다줍니다. 신적인 사랑이 그 속에서 살아 역사하여 왕 노릇하는 영혼은 전혀 풍파를 일으킬 수 없습니다. 구름조차 끼게 할 수 없습니다.

이 세상을 흉용한 바다같이 만드는 세상적인 사랑과 반대되는 원리들이 많습니다. 이기적인 생각, 시기심, 투기하는 마음, 혐오감 등은 이 땅위의 삶을 끊임없이 소란하게 하며 혼란과 격동된 광경을 연출합니다. 이러한 곳에서는 세상을 포기하고 다른 것들을 쳐다보지 않고는 어떤 평정도 가질 수 없습니다. 오! 그러나 하나님께서 당신의 은혜로운 임재로 가득 채운 그 세상은 얼마나 평안하고 안온한지요!

하나님은 화평과 사랑의 하나님이십니다. 그곳은 하나님과 하나님의 어린 양이 살아 계시고 왕 노릇하십니다. 하나님의 어린 양이 가장 밝은 빛과 가장 달콤한 사랑의 광채로 가득 채운 곳이 하늘입니다. 온전한 사랑스러움과 그윽함이 둘러싸고 있는 곳에는 어지럽히는 그 무엇도 없습니다. 상하게 하는 것들이 전혀 없습니다. 거기서 성도들은 자기들이 사랑하는 모든 것들을 발견하고 누립니다.

거기서는 미워하는 일이나 원수되는 일이 없습니다. 모든 이의 마음마다 사랑, 완전한 사랑이 자리합니다. 하늘의 모든 거민들은 서로 완벽한 조화를 이룹니다. 그들 사이에 어떤 불행도 없습니다. 모든 이들마다 다른 이들의 행복을 즐거워합니다. 시기하는 일이란 있을 수 없습니다. 하늘에서 행사되는 모든 사랑은 겸손하고 거룩한 사랑입니다. 그리고 온전히 그리스도인다운 사랑입니다.

거기에는 아주 미세하게라도 불손함이나 육적인 것이 전혀 없습니다. 그곳의 사랑은 언제나 서로 주고받는 사랑입니다. 겉치레나 가장하는 일도 없습니다. 언제나 완전한 순결과 진지함만이 있습니다. 하늘에는 불신실하거나 속이거나 일관되지 못하거나 모순된 것이 없으며, 어떤 형태의 투기도 없습니다.

사랑을 표현하고 사랑을 행하는 데 아무런 장애가 없습니다. 그것을 표현하는데 거만한 과정이나 뻔뻔스러움 같은 것이 없습니다. 말이나 행동에 어리석음의 영향을 받지도 않으며 경솔하지도 않습니다. 모든 이들 간에 온전한 친밀함과 경의와 애정만이 있을 뿐입니다. 거기서는 의견이 달라서 일어나는 분쟁은 없습니다. 그 영광스럽고 사랑스러운 사회 속의 모든 이들은 긴밀하게 영적으로 연결되어 있습니다. 각자 서로 다른 이에게 속하여 있습니다. 모든 성도들이 완전한 부요와 풍성 속에서 서로를 보며 즐거워합니다. 어떤 아픔이나 슬픔이나 핍박이나 환난이나, 그들을 못살게 구는 원수도 없습니다. 어떤 시기심으로 오해하려는 사람들도 없습니다. 하늘에는 완전한 사랑과 완전한 거룩과 완전한 평화를 깨뜨리는 것이 전혀 없습니다.

사랑의 낙원이요 사랑으로 충만한 하나님의 동산인 하늘에 거한다는 것은 바로 그와 같습니다. 동산에 있는 모든 것이 사랑으로 충만합니다. 모든 것이 사랑을 촉진시키고 사랑을 불타게 하여 사랑의 불꽃이 꺼지지 않습니다. 사랑의 불꽃을 끄는 요소가 전혀 없습니다. 하나님께서는 모든 것을 적합하게 조화시켜 사랑을 장려하셨습니다. 또 영원히 그 사랑을 누리기에 적합하게 하셨습니다!

거기 하늘에서는 사랑을 받는 모든 대상들이 아름다움을 잃는 일은 결코 없습니다. 사랑이 지루하여지거나 점점 부패해지는 일이란 없습니다. 영혼은 사랑 안에서 영원히 즐거워합니다. 즐거워하되 갈수록 더 큰 사랑 속에서 즐거워한다는 말입니다!

오! 이와 같은 세계에 얼마나 놀라운 평온이 깃들어 있겠습니까! 누가 이 화평의 온전함과 복락을 다 표현할 수 있겠습니까! 하늘은 얼마나 조용하고 평온하겠습니까! 얼마나 달콤하며, 얼마나 거룩하며, 얼마나 기쁨이 충만하겠습니까! 이 세상의 폭풍을 지나서 그 세계에 들어가게 될 때 사람들은 얼마나 큰 안식을 맛보겠습니까! 그 하늘의 안식이여! 이 세상의 교만과 이기심, 악독과 조롱, 이 세상의 경멸과 멸시는 마치 요동하는 대양大洋과 같습니다. 그 대양의 파도는 쉴 새 없이 일어나 항상 출렁거리며 거세게 밀어 닥칩니다! 독사와 올무와 덫으로 충만한 이 광야를 지나 가나안의 안식에 들어가면 얼마나 좋겠습니까! 이 세상이라는 광야에는 안식이 없습니다.

오! 성도들의 마음에서 우러나오는 기쁨 또한 얼마나 클까요! 성도들이 이 세상의 지루한 순례의 길을 마치고 거기에 들어갈 때 기쁨이 얼마나 충만하겠습니까! 낙원에 들어가게 되다니요! 하늘에는 형언할 수 없는 기쁨이 있습니다. 영광으로 충만합니다. 그 기쁨은 겸손하고 들뜨지 않는 기쁨입니다. 완전함에 이른 신적인 기쁨입니다! 사랑은 언제나 달콤한 원리입니다. 이 세상에서도 사랑은 꿀샘입니다. 하늘에서 그 사랑이 시내를 이루고 강을 이루고, 더 크게는 바다를 이루어 흐릅니다! 모든 성도들이 영광의 하나님 주위에 서 있을 것입니다. 하나님께서는 위대한 사랑의 샘입니다. 그 샘은 개방된 샘으로써, 하나님의 충만함에서 흘러나와 부어지는 사랑의 진액이 가득한 샘에서 모든 성도의 영혼이 마시게 되어 있습니다. 이 세상에서도 밝고 기쁜 봄날이면 꽃은 만발하여 태양을 향하여 가슴을 열어 놓습니다. 태양의 빛과 온기로 채움을 입기 위하여 꽃은 그 모습을 하고 있습니다. 하늘에 있는 영혼들도 하나님을 향하여 가슴을 열어 놓고 그분의 따스함과 빛으로 채워지려고 서 있습니다. 그 밝고 힘 있는 빛으로 말미암아 아름다움과 싱그러움을 더 충만하게 하기 위하여 자기 영혼의 가슴을 열고 서 있습니다.

하늘에 있는 모든 성도는 하나님의 동산에 있는 꽃과 같습니다. 거룩한 사랑은 모든 성도들이 발산하는 아름다움과 신선함이요, 달콤한 우아함입니다. 그러한 싱그러움과 우아함을 통하여 하늘 동산의 그늘을 채웁니다. 거기 있는 모든 영혼은 기쁨에 찬 연주회에서 들리는 아름다운 선율들과 같습니다. 선율들이 하나로 조화를 이루어 아름답고 달콤한 곡을 연주합니다.

모든 선율들은 하나님과 어린 양을 영원히 찬양하느라고 감격하여 환희에 찬 곡조를 연주합니다. 각자 서로를 돕습니다. 그리하여 조화를 이루어서 그 사회의 사랑을 하나님 아버지께 돌리며, 사회의 머리되시는 그리스도께도 함께 돌립니다. 그들은 사랑의 근원을 향하여 그 사랑을 드립니다. 그 사랑의 샘에서 그들은 사랑을 공급받았고 사랑의 충만함을 입었습니다. 복락과 영광의 충만함을 그 샘에서 얻었습니다. 그들은 사랑 안에서 왕 노릇할 것입니다. 그들은 또한 눈으로 보지도 못하고 귀로 듣지도 못하고 사람의 마음으로 생각하지 못한 그 사랑의 복된 열매들로 하나님을 닮은 기쁨 가운데 왕 노릇할 것입니다. 이 세상에서는 그러한 아름다움의 열매를 꿈꾸어 보지도 못하였습니다. 그들은 보좌의 충만한 빛 가운데서 왕 노릇하며, 갈수록 더해가는 기쁨으로 충만해지고 감격하여 어쩔 줄 모르게 될 것입니다. 그러함으로 그 기쁨은 언제나 충만한 기쁨이 될 것입니다. 그들은 하나님과 그리스도와 함께 영원히 왕 노릇할 것입니다.

7. 적용

저는 다섯 가지 항목으로 나누어 이 주제를 적용해 보겠습니다.

(1) 하늘 소망의 증거를 어둡게 하는 다툼과 분쟁

'만일 하늘이 위에서 묘사된 대로라면, 싸움과 분쟁이 왜 하늘을 소유하기에 적합한 사람임을 나타내는 증거를 흐리게 하는지 알 수 있습니다.' 우리는 싸움과 쟁투가 어떤 결과를 가져오는지 체험을 통하여 압니다. 하나님의 백성들이 때로 마음에 남아있는 부패함으로 인하여 악한 의도로 분쟁하고 싸울 때가 있습니다. 다투는 정신이 있을 때가 있습니다. 사적인 일이든지 공적인 일이든지 그들의 영이 이웃을 향하여 적대적인 감정을 갖는 경우가 있습니다. 그럴 때는 그들이 전에 보여주었던 하늘의 백성이라는 증거가 희미해지는 것 같습니다. 아니 그 증거들이 죽어버린 것 같은 느낌이 듭니다. 그리고 그들이 영적인 흑암 상태에 처하여 있을 때에는 늘 즐겨왔던 안위적이고 만족한 소망이 보이지 않습니다.

이와 같이 회심한 사람들의 감정이 상하고 가정에서 문제가 생기면, 그 결과는 항상 그런 것은 아니라도 보편적으로 하늘에 속한 위로나 하늘에 대한 산 소망을 많이 상실합니다. 전에 사랑과 화평을 누리며 살았을 때의 신령한 평정과 달콤함을 많이 누리지 못합니다. 그들은 하나님으로부터 그러한 도움을 받지 못하고, 하나님과의 교제도 어려워집니다. 다른 사람들이 기도로 누리고 있는 하늘과의 영적 교통을 누리지 못합니다. 사도는 가정 내의 싸움이 초래하는 결과를 불러오는 것을 생각하며 이런 말을 하는 것 같습니다.

"남편들아 이와 같이 지식을 따라 너희 아내와 동거하고 그를 더 연약한 그릇이요 또 생명의 은혜를 함께 이어받을 자로 알아 귀히 여기라 이는 너희 기도가 막히지 아니하게 하려 함이라."(벧전 3:7)

여기서 사도는 가정 내의 불화는 그리스도인의 기도생활을 방해한다고 설명합니다. 그리스도인이 이러한 슬픈 체험을 하면 스스로를 슬프게 한 것이 아니면 무엇이며, 사도가 지적한 바가 진리임을 스스로 증거함이 아니면 무엇이겠습니까?

우리가 숙고한 교리로부터 배우는 바는, 다툼이 영적인 행사와 위로와 소망을 방해하고 하늘에 속한 것에 대하여 가진 달콤한 소망을 파괴하는 결과를 가져 온다는 것입니다. 하늘은 사랑의 세계이니 이런 논리가 성립됩니다. 사랑의 체험은 아주 적고 정반대로 싸우는 심령은 아주 많이 경험하였다면, 결국 그가 가진 하늘에 속한 것은 극히 적어서 그 생각의 구조가 하늘에 속한 것으로부터 멀리 떨어져 있게 됩니다. 하늘을 본 삼고 그 하늘을 위하여 예비함이 되는 것을 아주 적게 가지고 있다 합시다. 그런 경우 하늘에 갈 권리를 보여주는 증거가 아주 희소할 것임에 분명합니다. 그 사람은 그 증거가 공급하는 위로로부터 아주 멀리 떨어져 있는 사람입니다.

(2) 하늘의 시민권을 가진 자들의 행복

'하늘 세계의 나라에 들어가게 되어 있는 자들은 얼마나 행복합니까!' 지상에 살면서 하늘 세계의 행복을 소유하되, 지상에서 다른 사람의 재산이 자기의 소유가 될 때보다 훨씬 큰 행복을 누리는 자들이 있습니다. 사랑으로 충일한 하늘의 세계에 참여하여 거기서 분깃을 찾아 소유로 삼은 이들입니다. 그들은 하늘의 분깃을 차지할 권리를 획득한 사람들입니다. 왜냐하면 그들은 말씀에 기록된 사람들의 부류에 속하기 때문입니다.

"자기 두루마기를 빠는 자들은 복이 있으니 이는 그들이 생명나무에 나아

가며 문들을 통하여 성에 들어갈 권세를 받으려 함이로다."(계 22:14)

의심할 여지없이 우리 중에 그러한 사람들이 있습니다. 오! 그런 하늘 세계에 분깃을 가진 자들이 있으니 얼마나 행복한 자들입니까! 그 권세를 가진 자들은 얼마나 행복한 이들인지요! 분명히 그들은 복된 사람들입니다. 그들의 복락이 어찌나 충만한지 다 형언할 수 없습니다.

그러나 여기서 어떤 이들은 이러한 말을 할는지 모릅니다. "그런 복락을 가진 자들은 행복한 이들임에 틀림없다. 하늘의 기쁨을 영원히 소유하고 그 세계로 곧 들어갈 자들은 복이 있음에 틀림없다. 그러나 그들은 누구인가? 어떻게 그런 사람들을 알아본다는 말인가? 무슨 표지標識로 그러한 사람들을 가려낼 수 있단 말인가?" 이 질문에 대한 답으로, 저는 그들 성품의 세 가지 특성을 말씀드리려 합니다.

첫째로, '그들은 이 세상에 살 때에 하늘에서 왕 노릇하는 그 사랑의 씨앗을 받아 마음에 가진 자들입니다.' 곧 그들은 중생重生의 역사役事 속에서 그 씨앗을 받았습니다. 그들은 마음에 본성의 원리가 전혀 없는 이들은 아닙니다. 그들도 처음 날 때는 본성의 원리를 가지고 태어났습니다.

"육으로 난 것은 육이요."(요 3:6)

그러나 그들은 성령으로 말미암아 새롭게 태어난 사람들입니다. 그들 속에 성령의 영광스러운 역사가 있습니다. 하나님의 성령께서 하늘의 사랑의 세계에 속한 순결한 체계와 거룩의 빛의 일부를 가지고 하늘에서 강림하시어 그들 심령 속에 자리하게 하셨다는 말입니다. 그들은 그렇게 새로움을 입었습니다. 그들의 마음은 하늘의 씨앗이 심겨진 밭과 같습니다. 그 밭에 씨앗이 심겨져 자라갑니다. 그들은 그렇게 변화되었습니다. 그리고 그들은 세상으로부터 하늘에 속한 성향을 가지는 데로 변화했습니다. 세상을 향한 사랑이 제재를 당하고 하나님을 사랑하는 사랑이 심겨졌습니다. 그래서 그들의 마음이 하나님과 그리스도를 향하여 이끌려 갑니다. 그들의 관심은 겸손하고 신령한 사랑으로 살아가는 성도들에게 쏠립니다.

"너희가 거듭난 것은 썩어질 씨로 된 것이 아니요 썩지 아니할 씨로 된 것이니."(벧전 1:23)

"이는 혈통으로나 육정으로나 사람의 뜻으로 나지 아니하고 오직 하나님께로부터 난 자들이니라."(요 1:13)

둘째로, '그들은 하늘에서와 같은 사랑을 행사하고 누림으로 파생되는 행복을 다른 모든 상상할 수 있는 행복보다 더 크게 여기고 선택합니다.' 그들은 그것이 제일의 선善임을 알 정도로 잘 알고 이해하는 이들입니다. 단순히 그 선을 위하여 제기되는 합리적인 논증들을 통하여 수긍하거나 확신하게 된 사람들이 아닙니다. 도리어 그들은 그것이 무엇인지 어느 정도 맛을 보고 결정하였습니다. 그것이 사랑의 행복이요, 거룩하고 겸비하고 신적이고 하늘에 속한 사랑의 생명의 시작입니다. 하나님과 그리스도를 사랑하고, 하나님과 그리스도 때문에 성도들을 사랑하고, 하나님과 그리스도와 거룩한 교제로 하나님의 사랑의 열매들을 누리고, 거룩한 사람들과 교제하는 일에 눈이 열렸습니다. 그들의 새로워진 성품은 이런 것들로 누리는 행복이 다른 무엇보다도 그들의 성향과 관심과 소욕과 맞습니다. 지금 자기들이 가진 다른 모든 것이나, 앞으로 가질 수 있다고 여겨지는 다른 모든 것보다도 그 행복을 더 원합니다.

세상은 그들에게 그런 행복을 전혀 제공하지 못합니다. 그들은 다른 모든 것을 우선하여 그것을 선택하되, 자원하여 선택합니다. 그들의 영혼은 모든 다른 일 다도 하늘에 속한 것들을 향하여 기울어집니다. 그들의 마음은 그것을 추구하는데 온통 기울어집니다. 슬픔을 당했기 때문에 선택한 것이 아닙니다. 어려운 환경을 만나거나 낮은 위치에 떨어진 나머지 세상에서는 더 이상 많은 것을 기대할 수 없어서 하늘에 속한 것을 선택하지 않았다는 말입니다. 마음이 하늘에 속한 선善 자체에 사로잡힌 나머지 선택했습니다. 그들이 세상적인 것을 더 많이 갖고 오래 누려도 하늘에 속한 것을 선택하였을 것입니다.

셋째로, '그들은 그들 안에 있는 사랑 때문에 마음과 삶, 원리와 실천을 통하여 거룩을 추구하는 투쟁을 하는 자들입니다.' 그 사랑의 원리는 성장을 갈구합니다. 그 원리는 이 세상에서는 유아적幼兒的이고 불완전한 상태입니다. 그래서 성장하기를 사모합니다. 세상의 여러가지가 그 원리를 대적합니다. 세상에 있는 그들의 마음에 아직도 사랑의 원리를 대적하는 다른 원리들이 있습니다. 그래서 투쟁합니다.

그들의 투쟁은 더 큰 일관성을 가지고, 해방감을 더 누리며 자유롭게 더 많은 행사를 하고, 더 나은 열매를 맺기 위한 것입니다. 새 사람은 거룩을 추구하기 위하여 큰 싸움과 투쟁을 겪습니다. 그의 기업은 하늘에 있기 때문입니다. 그래서 하늘의 기업에 관심을 갖지 못하게 방해하는 죄와 싸웁니다. 거룩해지고 싶어 견딜 수 없는 열정과 열망을 내뿜고 있습니다. 그는 거룩해지는 일을 위하여 혼신의 힘을 다합니다. 마음만이 아니라 그의 손까지도 싸웁니다. 실제 삶에서 투쟁합니다. 신실함과 열심으로 범사에 거룩하고, 거룩의 증가를 위하여 진력합니다. 자기는 충분히 거룩하지 못하다고 느낍니다. 거룩과는 거리가 멀다는 것을 인식하고 더 완전에 가까워지길 소원합니다. 하늘에 있는 자들과 더 닮고 싶어집니다. 그가 하늘에 있기를 갈망하는 이유는 완전한 거룩을 성취하기 위해서입니다.

그가 그렇게 투쟁하게 하는 위대한 원리는 사랑입니다. 두려움만이 아니라 하나님과 그리스도를 향한 사랑입니다. 또한 거룩을 사랑합니다. 사랑이 그 안에 있는 거룩한 불입니다. 마치 갇혀 있는 불길이 그 가둔 것을 떨쳐내고 자유롭게 활활 태우며 번져나가기를 원하여 투쟁하며 타오르는 것과 같습니다.

(3) 경고와 각성

'우리가 이 주제에 대하여 숙고한 결과들은 회개하지 않는 자들을 각성시키고 경고하기에 족합니다.'

첫째로, 회개하지 않는 자들에게 자기들은 그런 사랑의 세계에서 분깃도 자격도 없다는 비참한 생각이 들게 함으로써 각성과 경계를 받게 합니다. 우리는 하늘이 어떤 세계인지에 대해 들었습니다. 하늘의 영광과 복락이 어떠한 종류라는 것도 들었습니다. 그 완전한 사랑의 세계에 있는 성도들과 천사들이 얼마나 행복한 존재들인지도 들어 알았습니다. 그러나 여러분이 어디에도 해당되지 않는다면, 그런 것들에 대하여 들을 때에 아무 관계도 없는 것을 들은 셈입니다. 하나님과 그리스도를 대적하는 정신을 가진 악인들 중에 그 세계에 들어갈 자가 없습니다. 선한 것은 무엇이든지 반대하는 영을 가진 셈입니다. 그런 경우 다음과 같은 말을 듣게 될 것입니다.

"하나님 앞에서 네 마음이 바르지 못하니 이 도에는 네가 관계도 없고 분깃 될 것도 없느니라."(행 8:21)

이 말은 베드로가 시몬에게 한 말입니다. 느헤미야가 산발랏과 그와 함께 한 자들에게 한 말을 들어 보십시오.

"내가 그들에게 대답하여 가로되 하늘의 하나님이 우리를 형통하게 하시리니 그의 종들인 우리가 일어나 건축하려니와 오직 너희에게는 예루살렘에서 아무 기업도 없고 권리도 없고 기억되는 바도 없다 하였느니라."(느 2:20)

이런 영혼들이 하늘에 들어가는 것이 허락된다면, 그 세계가 사랑의 불꽃이 타오르는 복된 심령들에게는 얼마나 메스꺼운 세계이겠습니까! 사랑스럽고 복된 사회가 얼마나 비천해지겠으며, 모든 것이 얼마나 혼란에 빠지겠습니까! 그 세계는 더 이상 하늘의 세계가 아닙니다. 만일 그 영혼이 들어가는 것이 허락되면, 그 세계는 하늘의 세계가 아닙니다. 악한 영혼들이 들어가는 것이 허락되면, 하늘이라는 사랑의 세계는 미움의 세계로 변하게 될 것입니다. 하늘은 교만과 시기와 악의와 복수심이 가득한 세계가 될 것입니다. 그렇게 되면 하늘은 이 세상과 같아질 것입니다! 그러나 하늘의 세계는 결코 그럴 수 없습니다. 오직 하늘은 단 하나의 입장만을 고수합니다.

"개들과 점술가들과 음행하는 자들과 살인자들과 우상 숭배자들과 및 거짓말을 좋아하며 지어내는 자는 다 성 밖에 있으리라."(계 22:15)

곧 비열함과 더러움과 부정한 사람들은 들어가지 못하는 곳이 하늘입니다.

둘째로, '이 주제는 회개하지 않는 이들에게 그들이 미움의 세계인 지옥의 위험에 처하여 있음을 보여줌으로 그들을 각성시킬 수 있습니다.' 세상에는 세 가지 유형의 세계가 있습니다. 하나는 우리가 지금 살고 있는 중간세계intermediate world로 선과 악이 섞여 있는 곳입니다. 이 세계는 영원히 계속되지는 못할 것이라는 분명한 표증을 보이는 세상입니다. 또 다른 세계는 하늘로 사랑의 세계입니다. 미움이 전혀 없는 사랑의 세계입니다. 그리고 다른 또 하나는 지옥입니다. 그곳은 미움의 세계입니다. 사랑이 전혀 없습니다. 그리스도가 없는 상태에 있는 자들이 다 거기에 속하여 있습니다. 이 마지막 세계야말로 하나님의 진노와 불쾌하심이 분명하게 나타나는 세계입니다. 하늘에서 사랑을 나타내시듯이 지옥의 세계에서는 진노하심을 분명하게 나타내십니다. 지옥에 있는 모든 것은 전부 혐오할 만한 것입니다. 거기에는 괴이하고 밉고 볼상 사나운 것만 있습니다. 그 세계에 있는 것들이나 사람들은 다 미움을 살만합니다. 사랑스러운 것이라고는 하나도 없습니다. 순전하거나 거룩하거나 유쾌한 것이 하나도 없습니다. 모든 것들이 구역질나고 기괴합니다. 마귀들 밖에 없는 곳이 바로 지옥의 세계입니다. 마귀처럼 정죄받고 저주받은 영들이 있는 세계입니다. 독을 품은 뱀들이 우글거리는 소굴입니다. 옛 뱀, 마귀, 사단이 있습니다. 그와 함께 모든 혐오할 만하고 구역질 나는 존재들의 소굴이 바로 지옥이라는 말입니다.

그 어두운 세상에는 하나님께 영원하고 완전한 미움을 받는 자들밖에 없습니다. 지옥에 있는 어떤 존재들에게도 하나님께서는 긍휼과 인애를 베풀지 않으십니다. 그들 모두에게 있는 힘을 다하여 무서운 진노를 퍼부으시고 어떤 사랑도 나타내지 않습니다. 온 우주의 넓은 세계 안에서 하나님께 미움을 받을 만한 존재들이 이 지옥에 다 모이게 됩니다. 지옥은 그러한 목적을 위해서 만들어진 큰 용기와 같습니다. 하나님께서 지으신 우주에서 쓸데없는 것 모두를 그 악하고 음울한 수렁으로 쓸어 넣음으로 우주가 더러운 찌끼로부터 깨끗해집니다. 지옥은 하나님의 진노를 행사하기 위하여 예비된 세계입니다. 하나님께서는 그 목적으로 지옥을 만드셨습니다. 하나님은 얼마나 죄를 미워하시며, 죄인을 혐오하시는지를 증거하기 위해서 지옥을 만드셨습니다. 다른 용도로 쓰시는 일이 없습니다. 지옥에는 사랑과 긍휼의 표가 하나도 없습니다. 거기에는 하나님의 진노와 의분 외에는 다른 것이 드러나지 않습니다. 거기 있는 모든 존재들이 진노의 대상입니다.

그 지옥은 진노의 불길로 충만합니다. 말하자면 기름불이 들끓고 있는 곳입니다. 그래서 '불 못'이라고도 하며 '유황불'이라고도 합니다. 또는 두 번째 사망이라고도 합니다.

지옥에는 하나님의 미움을 받는 것 외에 아무것도 없습니다. 거기에는 하나님의 진노를 선고받고 스스로 역겨워진 것들 뿐입니다. 하나님을 미워하는 것 밖에 없습니다. 하나님을 사랑하는 것이 지옥에서는 전혀 느껴지지 않습니다. 지옥에 있는 자들은 다 하나님을 철저하게 미워하며 항상 하나님을 미워합니다. 하나님 미워하는 마음을 절제 없이 나타냅니다. 계속적으로 하나님을 모독하고 거스르고 격동합니다. 그러면서 그들은 고통으로 인하여 자기들의 혀를 깨물고 있습니다. 그들이 모두 합하여 하나님을 반대하고 대적하여 일어난다 하더라도 그들 사이에 어떤 우정이나 연합은 전혀 존재하지 않습니다. 그들은 외적으로 미워하는 일에 일치를 보입니다. 그 일 밖에는 일치하는 것이 없습니다. 그리스도와 천사들과 하늘에 있는 성도들을 미워합니다. 그들은 그러한 일을 할 뿐 아니라, 서로 미워합니다. 독사와 같이 말입니다. 그들은 하나님을 대적하여 짖어대고 있을 뿐입니다. 서로 물고 뜯습니다.

지옥에 있는 귀신들이 저주받은 영혼들을 미워합니다. 그들은 이 세상에 있을 때에도 계속 귀신들의 미움을 샀습니다. 그러므로 귀신들이 교활함과 지칠 줄 모르는 유혹으로 그들의 영혼의 멸망을 위하여 애를 써왔습니다. 영혼의 피에 목말라 갈망하는 것이 귀신들입니다. 그것은 마귀들이 그 영혼을 미워하였기 때문입니다. 그들은 그 영혼들이 자기들의 수중에 들어와서 고통당하기를 갈구합니다. 우는 사자가 삼킬 것을 찾아 울부짖음과 같이 귀신들도 그 영혼들을 지켜 노려보고 있습니다. 그들 귀신들이 그 영혼들을 미워하기 때문입니다. 그러므로 귀신들은 시옥의 개들처럼 그 영혼들을 삼키려고 합니다. 영혼이 몸에서 분리되자마자 물어뜯으려고 온갖 기회를 노리며 기다립니다. 지옥에서 귀신들은 자기들의 힘으로 지옥에 있는 이들을 더욱 더 고통스럽게 할 수 있습니다. 온 힘을 다하여 잔인하게 거기 있는 영혼들을 괴롭힙니다. 영원히 그러한 일을 계속 할 것입니다. 말하자면 그들은 계속적으로 영원히 저주받은 가련한 영혼들을 물어뜯고 있습니다. 그들의 손에 있는 영혼들을 그렇게 괴롭힙니다. 이 영혼들은 마귀의 미움을 받을 뿐 아니라 고통을 받습니다.

거기서 그치는 것이 아닙니다. 그 영혼들은 서로 불쌍히 여기는 마음이나 사랑하는 마음을 가질 수가 없습니다. 서로 귀신들 같이 울부짖습니다. 있는 힘을 다하여 서로를 괴롭게 합니다. 불 가운데 있는 석쇠같이 서로를 불태웁니다.

지옥에서 왕 노릇하는 원리들은 사랑과는 정반대입니다. 세상에서는 그 악한 원리가 어느 한계를 벗어나면 작용하지 못하게 통제를 받습니다. 그러나 지옥에서는 그런 은혜의 제어가 없으니 마음대로 작동합니다. 거기서는 교만이 제어되지 않습니다. 악의와 복수와 맹렬한 노가 한없이 일어나며, 서로 화평하는 일이란 전혀 알지 못합니다. 그 비참한 지옥의 거민들은 서로를 물고 뜯으며 서로를 먹고 있을 것입니다. 하나님과 그리스도를 미워할 뿐 아니라, 거룩한 존재들을 미워합니다. 이 땅에서는 악을 행할 때 서로 연합하고 육적인 우정을 나누던 자들이 거기서는 어떤 우정도 보이지 않습니다. 그들은 철저한 미움으로 꺼질 줄 모르고 서로 대적합니다. 땅에서는 서로 죄악을 조장하더니 거기 지옥에서는 서로 심판을 자초합니다. 땅에서는 서로의 영혼들을 망하게 하던 도적들이었습니다. 서로 정욕에 불을 붙이는 일에 몰두하였습니다. 이제 지옥에서는 서로에게 영원히 고통의 불길을 일으키는 자들로 존재합니다. 세상에서 죄를 짓게 하는 일로 서로를 망하게 하였습니다. 서로에게 악한 본을 보여주고 악한 대화로 서로를 더럽히며 범죄하였습니다. 그런데 이제 지옥에서는 함께 고통 받는 처지입니다. 전에 그들이 서로에게 시험과 부패를 일삼았던 것 같이 지옥에서도 같은 악에 빠져 있습니다.

지옥에서는 자기들의 미움과 시기와 모든 악한 정욕들은 스스로에게 고통이 됩니다. 하나님과 그리스도를 가장 미워할 것입니다. 불 위에 얹어 놓은

번철과 같이 하나님과 그리스도를 향하여 미움이 끓어오릅니다. 그러나 하나님과 그리스도께서는 그들의 손이 미치지 못하는 위에 계십니다. 그들이 어쩔 수 없는 영광과 복락의 세계에 거하십니다. 하늘에 있는 성도들과 천사들을 향한 가득한 시기심은 자신들에게 고통만 더할 뿐입니다. 그들은 아무리 해도 하늘에 있는 성도와 천사들에게 도저히 가까이 할 수 없습니다.

거기 있는 자들은 어떤 이에게도 불쌍히 여김을 받지 못합니다. 성도들이나 천사들로부터도 긍휼히 여김을 받지 못합니다. 지옥에 있는 이들은 미움의 대상이 될 뿐 아니라 불쌍히 여김과 긍휼을 전혀 베풀 수 없는 대상으로 여겨집니다.

그리스도 밖에 있는 너희 모든 사람들이여 생각하라. 너희 거듭나지 못한 사람들아 생각하라. 너희는 하나님의 성령의 능력으로 거듭나지 못한 자들이다. 너희는 성령에 의하여 마음이 새롭게 하심을 받지 못한 사람들이다. 마음에 신적인 사랑을 받지 못한 자들이 너희들이다. 너희들이 만일 성령의 새롭게 하시는 은혜 가운데 신적인 사랑을 마음속에 받아 심었으면 너희는 거룩한 사랑을 내용으로 하는 행복을 너희에게 있어 가장 훌륭하고 가장 사랑스런 유익으로 선택하였을 것이다. 그리고 너희의 모든 삶을 거룩하게 되는 일에 드릴 것이다. 너희가 처하여 있는 위험이 무엇인가 생각하라. 너희 앞에 있는 것이 무엇인지 생각하라. 너희가 소속된 세상, 너희가 저주받아 들어갈 세상이 그 지옥이니 너희의 위험이 어떠한가를 깊이 생각하라. 너희는 율법의 선고로 그 세상에 속하여 있는 것이다. 너희가 매일 매시간 영원히 고정되어 꼼짝하지 못할 세계가 바로 그러하다는 것을 잊지 말라. 만일 너희가 회개하지 아니하면 곧 가게 될 곳인데, 네가 갈 그 세계는 이제까지 들어온 복된 사랑의 세계가 아니다.

오! 회개하지 아니한 너희에게 그 세계가 언제나 함께 있다는 것을 잊지 말라. 이러한 것들은 우습게 꾸며낸 이야기가 아니다. 하나님의 말씀에서 보여주는 무서운 실상이다. 회개하지 않으면 머지않아 그 일들이 영원한 확실성으로 드러날 것이다.

어떻게 그러한 상태에 계속하여 머물러 하나님과 교제하지 않을 수 있는가? 보배롭고 불멸하는 너희의 영혼을 그처럼 돌보지 아니하고 내버려 둘 수 있는가? 이러한 일들을 심각하게 생각하라. 스스로 지혜롭게 행동하라. 너무 늦지 않게 하라. 너희 발이 어두운 산 위에 닿게 되기 전에 너희는 회개하라. 진노와 미움의 세계에 떨어지기 전에 너희는 회개하라. 거기에는 이를 갊과 울부짖음이 있다. 하나님과 그리스도를 대적하며 악한 생각으로 서로 물고 뜯는 무시무시한 심령의 고통을 느끼는 세상으로 들어가기 전에 회개하라.

소망의 문이 닫히고 두 번째 사망의 고통이 시작되기 전에, 소망의 죄수로 있는 동안에 요새로 피신하라. 너희의 영원한 운명이 고정되기 전에 그리하라!

(4) 모든 열심을 다하여 하늘을 추구하라

'하늘에 대하여 말해 온 것을 상기함으로써 모든 열심을 다하여 하늘을 추구하십시오.' 만일 하늘이 그렇게 복된 세상이라면 그것이 우리가 선택한 나라가 되게 하십시다. 우리가 추구하고 살피는 기업이 되게 하십시다. 진로를 바꾸어 하늘을 향하게 합시다. 하늘을 소유하기까지 밀고 나갑시다. 이 영광스러운 세계가 우리의 소유가 되는 것은 불가능하지 않습니다. 그것은 우리에게 제공되었습니다. 그곳이 매우 탁월하게 복된 나라라도, 하나님께서는 우리로 그 기업을 얻게 하시려고 늘 준비하고 계십니다. 하나님은 우리에게 선택할 권을 주십니다. 언제라도 선택하여 우리 기업으로 삼을 수 있습니다. 만일 그 나라를 사모하고 열심히 추구하면, 그 나라는 언제라도 우리의 기업이 됩니다.

우리는 여기 이 세상에서 광활한 광야와 같은 곳에 있습니다. 광야 주위에 여러 나라들이 있습니다. 여러 나라들과 연결된 통로가 매우 많습니다. 어떤 길로 갈지는 우리가 정할 일입니다. 진정 하늘을 원하고 우리 마음이 복된 가나안을 원한다면 그 길로 들어갈 수 있습니다.

그 나라는 사랑의 나라입니다. 그 나라에 이르는 길을 택하고 사랑하면, 우리는 그 길로 들어갈 수 있습니다. 그 길로 계속 진행하여 나간다면 마침내 하늘에 이르게 될 것입니다.

사랑의 나라인 하늘에 대하여 들은 내용을 상기하여 그 사랑의 나라로 마음을 돌리십시오. 우리 마음이 하늘을 바라보며 격동되어 그 사랑의 나라를 계속 바라보게 하자는 것입니다. 들은 것을 수고하여 우리의 장래가 항상 그리로 향하게 합시다. 하늘의 즐거움에 대하여 들은 내용은 우리로 하여금 열심을 다하여 그 나라를 추구하게 하기에 충분하지 않습니까? 우리 마음을 휘저어 가장 큰 열심과 견고한 결심으로 그것을 향하여 매진하게 하기에 충분하지 않습니까? 온 힘과 우리의 생애 전체를 기울여 그리로 인도하는 길로 회향하도록 종용하기에 충분하지 않습니까? 그 완전한 평화와 거룩한 사랑의 세계에 대하여 들으니 얼마나 큰 기쁨이 샘솟습니까! 그 거룩하고 사랑이 가득한 세계에 이를 수 있고, 그럴 기회가 충분히 있음을 들으니 그 기쁨이 얼마나 큽니까! 그 세계의 기쁨 안에서 영원히 살 수 있는 가능성이 우리에게 주어졌다니 이 얼마나 기쁜 일인지요!

우리가 그 세계에 대하여 들어온 것이 교만과 악의와 다툼과 싸움이 끊임없는 이 세상을 싫어하게 만들기에 얼마나 충분합니까! 이 세상은 혼돈하고 교활한 뱀들이 우글거리며, 유혹이 가득 찬 대양입니다. 안식이 없고, 사람들은 모두 자신을 위하여 살아갑니다. 이기심이 왕 노릇하며, 다른 사람들에 관해서 관심도 두지 않는 세상입니다. 다 세상에서 잘되기를 위하여 열심 냅니다. 그것이 바로 사람들 사이에 있는 무서운 다툼의 목적입니다. 사람들 사이에서 바라는 큰 소원입니다. 이 세상에 있는 사람들은 끊임없이 서로 비방하고 중상하고 모략하는 일을 거듭합니다. 서로 해를 끼치며 욕하고 있습니다. 불의와 압박이 가득하고 잔인이 판을 치는 세상입니다. 배반과 거짓과 변덕과 위선과 고통과 사망이 너무나 많은 반면, 사람을 신뢰하는 일은 너무나 적습니다.

세상에서는 어떤 선인善人이라도 많은 결함이 있으며, 사랑스럽지 못하고 불안정한 데가 너무 많습니다. 세상은 슬픔이 너무나 많고 죄책이 지나치게 편만합니다. 모든 형태의 죄가 판을 칩니다. 실로 이 세상은 악합니다. 그럴 수밖에 없습니다. 이 세상이 죄악의 세계 이상이 되기를 기대하는 일은 헛수고에 지나지 않습니다. 교만과 시기와 다툼과 원수맺는 세상 이상은 될 가망이 없습니다. 그러므로 세상에는 안식이 없습니다. 세월이 많이 흘러간 뒤라도 언제나 그 모양을 지니고 있을 것입니다.

그런 세상에 있는 몫으로 만족할 사람이 어디 있겠습니까? 지혜롭고 사려 깊게 행하는 사람이 그런 세상에 보물을 쌓는 일에 몰두할 것이 무엇입니까? 그러한 사람은 세상에 도취한 세상을 자기의 몫으로 삼게 내버려 둘 것입니다. 그리고 그는 있는 힘과 마음을 다하여 하늘에 있는 보화를 쌓기 위하여 매진할 것입니다. 이 세상에 많이 저축하는 것이 우리에게 무슨 의미가 있습니까? 하늘에서 우리에게 허락된 영광이 있는데 이 세상에서 받는 것에 대하여 생각한들 무슨 기쁨이 되겠습니까? 특히 이 세상에서 우리의 몫을 가지고 있다 하여도 세상을 떠나 지옥에서 영원한 분깃을 받는다면,

이 세상에서 가진 몫이 우리에게 무슨 기쁨이 되겠습니까? 지옥은 미움의 세계요 하나님의 끝없는 진노가 계속되는 곳입니다. 오직 마귀와 귀신들과 같이 저주받은 영들만이 거하는 곳입니다. 그러한 곳에 가게 되었는데 이 세상에서 누리는 것이 무슨 의미가 있겠습니까?

우리 모두는 자연히 안식과 평온을 사모합니다. 만일 그것을 얻었다면 우리가 이제까지 들어온 평화와 사랑의 세계를 추구합시다. 그 세계는 아름답고 복된 안식이 하나님의 백성들에게 예비되어 있습니다. 만일 우리가 그 세계에서 기업을 상속받고, 현재 살고 있는 이 세상과는 관계를 끊었다면, 모든 염려와 수고와 악한 병과 복잡함과 시끄러움을 영원히 떠나보낸 것입니다. 그 때 우리는 이 세상에서 일고 있는 이 풍랑과 폭풍을 피하여 안식을 누릴 것입니다. 하나님의 낙원에서 우리는 이 세상에서 당했던 모든 수고와 고통을 다 벗어버릴 것입니다. 이웃에게 멸시를 당하고 사람들 중에서 중요하게 여겨지지 않는 불쌍한 사람이라 해도, 너무 신경쓰지 마십시오. 세상의 우정에 대하여 큰 관심을 기울이지 마십시오. 하늘을 추구하십시오. 거기는 경멸하는 일 같은 것이 전혀 없습니다. 아무도 멸시 받지 않습니다. 모든 사람이 존경을 받고 존귀히 여겨지는 곳입니다. 모두 서로에게 사랑을 주고 받는 곳입니다.

이 세상에서 모두에게 모욕과 푸대접을 받았다고 생각하고 있는 여러분, 그것에 마음을 크게 두지 마십시오. 그런 일 때문에 다른 사람들을 미워하지 마십시오. 마음을 하늘에 두십시오. 거기는 사랑의 나라입니다. 더 좋은 나라를 바라보고 전진하십시오. 거기서는 모든 이들이 친절하고 거룩한 애정이 있습니다. 이 세상에 있으면서 시선은 하늘을 향하여 두고 그곳을 추구해 나갑시다.

(5) 하늘을 추구하려는 자들을 위한 실천적 제안

첫째로, '이 세상의 것들을 가장 중요하게 알고 추구해 나가는 일을 하지 마십시오.' 이 세상에 있는 소유가 마음을 만족시키기라도 할 것 같이 세상의 것들을 가지기 위하여 자신을 내던져 몰입하지 마십시오. 그것은 하늘을 추구하는 일에 반합니다. 그 길은 하늘의 사랑의 나라로 인도하는 길과 정 반대입니다. 만일 여러분이 하늘을 사모하면 생각은 세상의 즐거움에서 떨어져야 합니다. 감각적인 쾌락에 자신을 방임하여도 안됩니다. 세상적인 것에 자신을 맡겨도 안됩니다. 세상의 즐거움과 명예에 전력을 기울여서는 안 됩니다. 이 땅의 먼지를 쌓고 모으는 일에 사로잡혀 생각을 집중해서는 안 됩니다. 헛된 영광을 구하는 여러분의 소원을 죽여야 합니다. 그리고 가난하며 심령이 겸손한 사람이 되어야 합니다.

둘째로, '묵상과 거룩한 행위들을 통하여 하늘에 속한 사람들이나 하늘에 소속된 것들과 많은 대화를 하십시오.' 하늘의 기쁨에 대하여 많은 것을 생각하십시오. 하늘에 대한 것을 아무리 많이 생각하고 하늘에 속한 것들을 아무리 열심히 추구한다 해도 지나치지 않습니다. 여러분의 생각과 정서의 시냇물이 그 사랑의 세계로 흘러가게 하십시오. 거기 거하시는 사랑의 하나님, 우편에 계신 그리스도, 그리스도와 함께 거하는 성도와 천사들을 향하여 여러분의 생각과 애정의 강물을 들이대십시오. 그 사랑의 세계의 대상들과 사랑의 세계가 가진 즐거움에 대해 많이 생각하십시오. 기도로 하나님과 그리스도와 교제하십시오. 하늘에 있는 전부를 자주 생각하십시오. 그곳에 간 친구들을 자주 생각하십시오. 하늘의 사랑의 세계를 복되게 하고 있는 모든 것을 자주 생각하십시오.

"우리의 시민권은 하늘에 있는지라"(빌 3:20).

셋째로, '하늘에 가는 길목에서 만나는 모든 고난들을 당연하게 여기십시오.' 여러분 앞에 길이 있고 원하는 대로 갈 수 있다고 하지만 올라갈수록 많은 어려움과 장애들이 있을 것입니다. 빛과 사랑이 넘치는 영광스러운 도성은 말하자면, 높은 산꼭대기에 있는 셈입니다. 그리고 가는 길은 올라가면 갈수록 힘든 길 밖에 없습니다. 비록 올라가는 길이 어렵고 시련으로 가득 찼지만, 끝내는 영광스러운 도성에 이르러 거기 거할 것을 위해서는 모든 어려운 환난을 겪을 만한 가치가 있습니다. 수고와 서러운 시련을 기꺼이 맞이하십시오. 어려움을 극복하는 일에 즐거움을 가지십시오. 순례의 길을 마치면 차지하게 될 아름다운 안식과 비교하면 그 모든 것이 무엇이겠습니까? 혈과 육과 본성을 기꺼이 십자가에 못 박아 버리십시오. 그것은 올라가는 길을 방해합니다. 위를 향해 상을 바라보고 매진하십시오. 한 단계 한 단계 오를 때마다 올라가기가 더 쉬워질 것입니다. 여러분이 높이 올라 갈수록 여러분 앞에 있는 영광스러운 전망에 더욱 힘을 얻게 될 것입니다. 높이 올라갈수록 이제 조금만 가면 그 영광스러운 도성에 도달하겠다는 생각으로 더 힘이 나게 될 것입니다.

넷째로, '여러분이 가는 모든 길에서 시선을 예수님께 고정시키십시오.' 예수님은 여러분보다 선구자로 하늘에 가셨습니다. 하늘에 계신 그리스도의 영광을 바라보십시오. 그것을 보면 더욱 열심히 그리로 가서 살고 싶은 마음이 불일 듯 일어나게 될 것입니다. 그분의 본을 통하여 그를 바라보십시오. 선한 일을 하는데 온전히 인내하시고 큰 고난을 참으신 다음에 우리 앞서 하늘에 가셨습니다. 그것을 생각하여 보십시오. 여러분의 중보자이신 그분을 바라보십시오. 하늘 지성소에 들어가셔서 이루어 놓으신 속죄를 신뢰하십시오. 그분을 여러분의 힘으로 여기십시오. 성령으로 말미암아 순례길에서 만나는 모든 어려움을 이기게 하실 것입니다. 당신을 따르고 사랑하였던 자들에게 하신 하늘에 대한 그리스도의 약속들을 기억하십시오. 그분은 머리로써 하늘에 들어가심으로 그 약속들을 확증하셨습니다. 백성들의 대표와 구주로서 하늘에 먼저 들어가셔서 그 약속을 확증하셨습니다.

다섯째로, '만일 여러분이 사랑의 세계로 가는 길목에 있다면, 사랑의 삶을 영위하고 있는가 확인하십시오. 하나님과 사람들을 사랑하는 사랑 안에 살고 있는지 확인하십시오. 우리 모두는 이후에 가게 될 사랑의 세계에서 분깃을 받을 소망을 가지고 있습니다. 그러므로 우리는 사랑의 정신을 길러야 합니다. 이 땅에서도 거룩한 사람의 삶을 살아야 합니다. 그것이 바로 영원토록 사랑 안에서 거주하게 된 하늘 거민들과 같은 삶의 방식입니다. 이런 방식을 통해서만이 탁월함과 사랑스러움에서 그들을 닮게 될 것입니다. 행복과 안식과 기쁨에 있어서 그들을 닮을 수 있는 유일한 길은 바로 거룩한 사랑을 영위하는 삶 뿐입니다. 이 세상에서 사랑의 삶을 영위함으로써, 행복하고 거룩한 평화를 누리며 이 세상에 있을 때에 하늘의 즐거움과 기쁨에 대하여 첫 열매의 맛을 보았던 하늘 거민들과 닮아갈 수 있습니다. 그렇게 되면 여러분은 하나님과 그리스도와 거룩에 속한 일들, 곧 하늘에 속한 것들이 가진 영광에 대한 감각을 가질 수 있습니다. 여러분의 마음은 하나님을 향하여 거룩한 사랑을 하고 싶어지며 그 사랑에 의하여 열립니다. 그리고 평화의 마음과 사람들을 사랑하는 마음이 열리게 됩니다. 하늘에서 얻게 될 모든 것의 탁월함과 아름다움을 아는 감각을 갖게 될 것입니다. 그리하면 하늘의 참 문들이 열리고, 하늘의 영광스런 빛이 여러분의 영혼 속에 들어가 비춰게 될 것입니다. 여러분이 복된 세계에 합당한 사람이라는 증거를 갖게 됩니다. 여러분이 하늘을 소유하게 되는 길에 들어서 그 길을 가고 있다는 증거를 확보한 셈이 됩니다. 은혜로 말미암아 빛 가운데 있는 성도들과 함께 기업을 이을 준비가 되어 있으니, 몇 날이 지나면 영원한 복락에 거하고 있는 성도들을 만나게 될 것입니다.

오, 행복한 사람들이여! 그들은 끝까지 신실하게 이겨낸 자들이요, 주님으로부터 기쁨의 영접을 받을 사람들이로다! 그들은 참으로 복이 있도다! 거기에서 "그들이 다시는 주리지도 아니하며 목마르지도 아니하고 해나 아무 뜨거운 기운에 상하지도 아니하리니, 이는 보좌 가운데 계신 어린 양이 그들의 목자가 되사 생명수 샘으로 인도하시고 하나님께서 그들의 눈에서 모든 눈물을 씻어 주실 것임이라."(계 7:16,17)

은혜의 방식 *The Method of Grace in Gospel Redemption*

존 플라벨 지음 | 서문강 옮김 | 신국변형 양장 648면 | 값 27,000원

이 책은 존 플라벨의 저작들 중에 가장 유명하고 가장 많이 읽혀진 책으로 19세기 프린스톤 신학대의 거장 아취벌드 알렉산더(Archibald Alexander)가 회심하는 데 이 책이 결정적 역할을 하였다. 목양적인 저자의 영적 지각과 충정으로 성도들의 마음속을 들여다보며, 그들의 마음을 움직여 구원하시는 하나님의 방식으로 데리고 가서 죄의 각성과 구원의 은혜와 그 확신에 이르게 한다.

영의 생각, 육신의 생각 *On Spiritual Mindedness*

존 오웬 지음 | 서문강 옮김 | 신국변형 양장 360면 | 값 16,000원

원제(原題)는 On Spiritual Mindedness로서 로마서 8장 6절의 "육신의 생각은 사망이요 영의 생각은 생명과 평안이니라."를 기초 본문으로 저자가 당시 목양하던 회중들에게 진정한 '영적 생각의 방식'을 연속 강론한 것이다. 저자는 '마음의 생각과 그 방식'이 구원받은 이후 그리스도인의 성화(聖化) 생활을 지로하는 결정적 방향타(方向舵)임을 역설한다. 이 책을 다 읽고 나서 독자마다 성령께서 마태로 하여금 예수님의 산상설교를 마무리하게 하던 그 진술의 능력을 반드시 음미하게 될 것이다.

사망의 잠 깨워 거듭나게 하는 말씀 *Sermons in the Natural man*

윌리엄 쉐드 지음 | 서문강 옮김 | 신국변형 양장 336면 | 값 16,000원

"사람이 거듭나지 아니하면 하나님 나라를 볼 수 없느니라…물과 성령으로 나지 아니하면 들어갈 수 없느니라"(요 3:3)고 하신 말씀은 예수 그리스도를 믿음으로 말미암아 구원에 이르는 복음의 이치에 눈을 뜨는 일은 거듭난 사람에게만 가능하다는 의미이다. 아직 거듭나지 못한 상태에 있는 자연인들은 영적으로 죽은 자들로서 깊은 사망의 잠을 자는 자들이다. 교회를 다니거나 교회 밖에 있거나 자연인의 상태에 있으면 그 이치를 모른 채 사망의 잠에 빠져 있게 된다.

하나님의 열심을 품은 간절목회 *An Earnest Ministry*

존 에인절 제임스 지음 | 서문강 옮김 | 신국변형 양장 392면 | 값 18,000원

이 책은 분명 '진정한 목회'를 지로하는 불후의 고전(古典)이다. 저자는 "하나님의 열심을 품어 사람들을 정결한 처녀로 그리스도께 중매하려 하던"(고후 11:2) 모든 사도들이 견지하던 사역의 본질과 실천을 '간절한 열심'(earnestness)이라는 개념 속에 응집시키고 있다. 그것을 분석하고 종합하고 적용하여 모든 사역자들에게 도전하고 격려한다. 실로 이 책은 리처드 백스터의 '참 목자상'(Reformed Pastor), 찰스 브릿지스(Charles Bridges)의 '참된 목회'(Chriatian Ministry)와 함께 나란히 '목회학'의 3대 고전이라 불려지기에 충분하다.

구원을 열망하는 자들을 위하여 *The Anxious Inquirer*

존 에인절 제임스 지음 | 서문강 옮김 | 신국변형 양장 256면 | 값 13,000원

영국에서 19세기 후엽 첫 출간 당시 50만부가 팔린 고전으로, 영적 각성을 받아 자신의 죄인 됨과 구원에 대한 '절박한 근심'을 하는 이들을 위한 책이다. 빌립보 감옥의 간수가 바울과 실라에게 "선생들아 내가 어떻게 하여야 구원을 얻으리이까?"(행 16:30)라고 간절하게 물은 것과 같은 단계에 있는 이들을 가리켜 'Anxious Inquirer'(염려하여 묻는 자)라고 하는데, 이 책은 이 상태에 있는 이들을 구원으로 인도하시는 하나님의 성령님의 말씀이 담겨 있다.

고통 속에 감추인 은혜의 경륜 *The Crook in the Lot*

토마스 보스톤 지음 | 서문강 옮김 | 신국변형 양장 328면 | 값 16,000원

"하나님께서 행하시는 일을 보라 하나님께서 굽게 하신 것을 누가 능히 곧게 하겠느냐?"(전 7:13)를 주제로 지상 성도들의 단골 메뉴인 '고통'의 문제를 하나님의 은혜와 그 능하신 손 아래서 어떻게 접근해야 하는지를 가르치고 있다. 하나님께서는 지상의 자녀들 각자에게 분정(粉定)된 몫을 주시되, 그 속에 반드시 '굽은 것'을 넣어 주시어 그로 인해 '고통'을 느끼게 하신다. 그리하시는 하나님의 목적은 그들로 '고통 자체'가 아니라 그것을 방편 삼아 사랑하시는 자녀를 향해 그리스도 안에서 예정하신 그 하늘에 속한 신령한 '은혜의 경륜'을 이루고자 하심이다.

요한계시록 그 궁극적 승리의 보장

서문강 지음 | 신국변형 양장 320면 | 값 16,000원

이 책은 '요한계시록 바르게 깊이 읽기'를 선도할 개혁주의적 강해서다. 저자는 1:3의 말씀, "이 예언의 말씀을 읽는 자와 듣는 자와 그 가운데에 기록한 것을 지키는 자는 복이 있나니 때가 가까움이라." 하신 것에 착안하여, 성경의 다른 65권의 책들과 같이 동등하게 묵상하고 강론되어 섭취할 영적 양식임을 확신한다. 또한 현대의 그리스도인들은 요한계시록을 처음 받은 초대교회 성도들보다 그리스도의 재림에 더 가까이 서있으니, 요한계시록의 메시지야말로 그 어느 때 보다 절박하게 필요함을 저자는 역설한다.

믿음의 깊은 샘 히브리서 시리즈(전 6권 완간)

아더 W. 핑크 지음 | 서문강 옮김 | 신국변형 양장

오늘을 사는 우리에게 로마서가 믿음의 본질을 창조주 하나님과 인간의 관계에 기초하여 접근하게 한다면, 히브리서는 그리스도를 믿는 자들로 하여금 그 믿음의 절대성을 확신하게 하며, 믿기 이전의 상태로 회귀하게 하려는 사탄의 간계를 물리치고 믿음의 경주를 완주하게 하는 능력과 위로의 깊은 샘을 제공한다.

시편 119 말씀을 사모하여 헐떡이는 사람

찰스 브리지스 지음 | 신국변형 양장 820면 | 값 33,000원

스펄전 목사가 참된 신앙의 3요소로 줄기차게 강조한 '참된 성경 교리, 체험, 실천'의 실상을 이 책의 모든 지면에서 만난다. 주의 말씀과, 기도와, 은혜의 능력으로 순종하여 말씀을 실행하는 역동성은 지상에 있는 하나님의 자녀들의 선명한 표지다. "내가 주의 계명을 사모하므로 입을 열고 헐떡였나이다"(시 119:131). 하늘의 시민권을 가진 이는 이 책에서 더 큰 확신과 영적 진보의 영광을 맛보게 될 것이고, 영적 안일에 빠진 사람은 각성을 받아 '주의 말씀을 사모하여 헐떡임'의 행복을 회복할 것이다.

사도가 자랑한 복음의 진수 로마서 상, 하

서문 강 지음 | 신국변형 반양장 상권 442면, 하권 393면 | 상권 값 20,000원, 하권 값18,000원

이 책은 단순한 주석을 뛰어넘어 로마서 전문(全文)을 관통하여 흐르는 복음의 은혜와 능력을 목양적인 간절함으로 강해하고 설파하고 있다. 전체 52강을 상, 하 두권으로 나누어 구성하였다. 이 책을 통해 독자는 '사도가 전한 참된 복음의 진수에 이르러 구원의 기쁨과 확신과 소망을 뿜어내는 샘'을 갖게 될 것이다.

청교도신앙사

역자 서문 강 목사

현재 서울 녹번동에 위치한 '중심교회'의 담임목사로 고려대 신문방송학과, 총신대 신학대학원을 졸업하고, 미국 리폼드 신학대학에서 '강해설교의 회중반응과 그에 대한 목회적 대응' 이라는 논제로 목회학 박사 학위를 받았다. 그 학위 논문의 우수성을 인정받아 그 학교 D. Min 프로그램의 논문지도교수와 설교학 객원교수로 섬기고 있다. 1988년 이래 칼빈대학에 출강해 왔고 지금은 전임대우로 칼빈대학원에서도 강의하고 있다. 그는 자기에게 맡기신 하나님의 교회를 목양하며 문서로 복음의 영광을 선파하는 일에 소명받은 사람으로서 본서와 함께 존 오웬의 대표작인 '그리스도의 영광'(지평서원 간)과 '죄 죽이기'(SFC 간), 로이드 존스의 '로마서 강해' 전 14권, '목사와 설교', '부흥', '청교도 신학과 신앙', '시대의 표적', 존 칼빈의 '욥과 하나님', '내가 자랑하는 복음', 조나단 에드워즈의 '신앙과 정서', '그리스도를 아는 지식' 외 수십권의 역서가 있다. 저작으로 '요한계시록 그 궁극적 승리의 보장', '신앙의 초석', '내가 다시 말하노니 기뻐하라(빌립보서 강해)' 가 있다.

고린도전서 13장 사랑

초판 1쇄 펴낸날 2012년 3월 26일
5쇄 펴낸날 2023년 10월 10일

지은이 조나단 에드워즈
옮긴이 서문 강
펴낸이 전수빈
펴낸곳 청교도신앙사

주소 서울시 은평구 녹번로 3길 2(녹번동 98-3)
전화 02-354-6985(Fax겸용)
전자우편 smkline@naver.com
등록 제8-75(2010.7.7)

디자인 백현아
출력,인쇄 예원프린팅

파본이나 잘못된 책은 구입처에서 바꾸어 드립니다.

ISBN 978-89-87472-24-9 93230

책값은 뒤표지에 있습니다.